精品课程新形态教材
21 世纪应用型人才培养系列教材
新时代创新型人才培养精品教材

U0736291

销售管理

主　审　张雪佳

主　编　方　亮　唐　琦　杨学分

XIAOSHOU
GUANLI

中国海洋大学出版社
CHINA OCEAN UNIVERSITY PRESS

图书在版编目（CIP）数据

销售管理／方亮，唐琦，杨学分主编 .—青岛：
中国海洋大学出版社，2018.7（2024.6重印）
ISBN 978-7-5670-1901-0

Ⅰ.①销… Ⅱ.①方… ②唐… ③杨… Ⅲ.①销售管
理 Ⅳ.①F713.3

中国版本图书馆 CIP 数据核字（2018）第 180837 号

出版发行	中国海洋大学出版社			
社　　址	青岛市香港东路 23 号		**邮政编码**	266071
出 版 人	杨立敏			
网　　址	http://pub.ouc.edu.cn			
电子信箱	2880524430@qq.com			
订购电话	010-82477073（传真）		**电　话**	010-82477073
责任编辑	王积庆			
印　　制	涿州汇美亿浓印刷有限公司			
版　　次	2018 年 7 月第 1 版			
印　　次	2024 年 6 月第 3 次印刷			
成品尺寸	185 mm×260 mm			
印　　张	18			
字　　数	423 千			
印　　数	13000—18000			
定　　价	45.00 元			

《销售管理》编写委员会

主　　编：方　亮　唐　琦　杨学分

主　　审：张雪佳

副主编：李　颖　胡常春　金运澈　刘　舒
　　　　易　楠　张传文　滕雪芳　陈　迪
　　　　张　颖　蔡映珍　陈勇强　董　帅
　　　　姜利丽　闫静娴　高桥锋

前　言

党的二十大报告提出，"全面贯彻党的教育方针，落实立德树人根本任务，培养德智体美劳全面发展的社会主义建设者和接班人。"

销售管理是一门建立在市场营销学、行为科学和现代管理理论基础之上的应用学科，重点研究企业销售及其管理活动过程的规律和策略。目前，该学科在结构体系、理论、方法等方面正处于不断完善和充实的过程中。销售管理课程是工商管理和市场营销专业学生必修的专业主干核心课程，近年来在许多院校得到了普及。

本书参考国内外销售管理专著的框架结构，增加了销售管理学发展的最新理论，突出案例教学。围绕销售规划设计与管理、销售方法探索和销售人员管理三大块内容展开。具体内容包括：销售管理概述；建立销售组织；销售计划管理；销售区域的设计与管理；销售渠道管理；促销策划；客户管理；销售货品管理；销售人员的招聘与培训；销售人员的薪酬与激励；销售过程管理；信用管理等。每章开篇均有导入案例，章节中间附有相关资料介绍，每章末附有中外案例和相关思考题，通过介绍最新的方法和技术，把实际的销售管理的理论和实际结合起来，具有很强的实践性。本书适用于工商管理、市场营销等专业教学，也可供从事工商管理实践的企业管理人员及销售人员参考使用。

在编写过程中，我们得到了社会同行的大力支持和指导，在此表示衷心的感谢。书中参考了国内外大量的文献资料，我们尽可能在引用时注明出处或者在参考文献中予以列出。在此，特别对所参考的书籍、论文的作者及相关网站表示最诚挚的谢意。本书的出版得到了安徽省质量工程项目精品开放课程"市场营销学"（2017kfk094）、国家级大学生创新创业训练计划项目（201610375034）、安徽省省级大学生创新创业训练计划项目（AH201610375038）的支持。最后，由于销售管理理论与方法仍处在发展之中，有待不断充实完善，再加上作者水平有限，本书中有许多不足之处，欢迎专家和广大读者予以批评指正。

编　者

目　录
Contents

第 1 章 销售管理概述

本章导读

1. 理解销售的含义、销售活动的类型
2. 了解销售工作的特点
3. 理解销售与营销的区别与联系
4. 理解销售管理的内容与过程

导入案例

一位老太太每天去菜市场买菜买水果。一天早晨，她提着篮子来到菜市场。遇到第一个卖水果的小贩，小贩问："你要不要买一些水果？"老太太说："你有什么水果？"小贩说："我这里有李子、桃子、苹果、香蕉，你要买哪种呢？"老太太说："我正要买李子。"小贩赶忙介绍："我这个李子，又红又甜又大，特好吃。"老太太仔细一看，果然如此。但老太太却摇摇头，没有买，走了。

老太太继续在菜市场转，遇到第二个小贩。这个小贩也像第一个一样，问老太太买什么水果。老太太说买李子。小贩接着问："我这里有很多李子，有大的，有小的，有酸的，有甜的，你要什么样的呢？"老太太说要买酸李子，小贩说："我这堆李子特别酸，你尝尝？"老太太一咬，果然很酸，满口的酸水。但老太太越酸越高兴，马上买了一斤李子。

老太太没有回家，继续在市场转，遇到第三个小贩。同样，小贩问老太太买什么。（探寻基本需求）老太太说买李子。小贩接着问："你买什么李子？"老太太说要买酸李子。但他很好奇，又接着问："别人都买又甜又大的李子，你为什么要买酸李子？"（通过纵深提问挖掘需求）老太太说："我儿媳妇怀孕了，想吃酸的。"小贩马上说："老太太，你对儿媳妇真好！儿媳妇想吃酸的，就说明她想给你生个孙子，所以你要天天给她买酸李子吃，说不定真给你生个大胖小子！"老太太听了很高兴。小贩又问："那你知道不知道孕妇最需要什么样的营养？"（激发客户需求）老太太不懂科学，说不知道。小贩说："其实孕妇最需要的是维生素，因为她需要供给这个胎儿维生素。所以光吃酸的还不够，还要多补充维生素。"他接着问："那你知不知道什么水果含维生素最丰富？"（引导客户解决问题）老太太还是不知道。小贩说："水果之中，猕猴桃含维生素最丰富，所以你要经常给儿媳妇买猕猴桃才行！这样的话，我保证你家儿媳妇生出一个漂亮健康的宝宝。"老太太一听

1

很高兴，马上买了一斤猕猴桃。当老太太要离开的时候，小贩说："我天天在这里摆摊，每天进的水果都是最新鲜的，下次就到我这里来买，还能给你优惠。"从此以后，这个老太太每天在他这里买水果。

从这个故事中，我们可以看到：第一个小贩急于推销自己的产品，根本没有探寻顾客的需求，自认为自己的产品多而全，结果什么也没有卖出去。

第二个小贩有两个地方比第一个小贩聪明，一是他第一个问题问得比第一个小贩高明，是促成式提问；二是当他探寻出客户的基本需求后，并没有马上推荐商品，而是进一步纵深挖掘客户需求。当明确了客户的需求后，他推荐了对口的商品，很自然地取得了成功。

第三个小贩是一个销售专家。他的销售过程非常专业，他首先探寻出客户的深层次需求，然后再激发客户解决需求的欲望，最后推荐合适的商品满足客户需求。他的销售过程主要分六步：第一步，探寻客户基本需求；第二步，通过纵深提问挖掘需求背后的原因；第三步，激发客户需求；第四步，引导客户解决问题；第五步，抛出解决方案；第六步，成交之后与客户建立客情关系。

（资料来源：http://wenku.baidu.corn/view/1719dd234635eefdc8d333cb.html，有删改）

第一节　销售概述

随着信息技术的日新月异，社会正经历着以数字和网络化为主要特征的科技革命，以科技革命为基础的知识经济对企业营销管理和销售管理而言，都将产生极为深刻的影响。传统的销售方式主要是通过中间商和零售商，现代的销售方式更多地利用和依靠飞速发展的信息技术。传统的营销管理模式受到地理位置和时间的约束，实行的是所谓松散型的管理，面对以信息产业和高科技产业为基础的知识经济，企业要迎接挑战，就必须进行营销创新去适应现代社会的发展。营销创新的一个重要方面就是要有销售方式的创新，传统条件下是企业把东西卖到消费者手上，只是满足顾客的需要。现在随着社会环境的改变，要求企业去创造满足顾客需求的新的营销观念和方式。

一、销售的含义

管理理论家彼得·德鲁克曾说过"销售只是市场营销冰山上的顶尖而已"。可见，销售活动必须建立在与其他营销活动相配合的基础上，如需求分析与评价，营销信息调研，产品或服务的开发、定价、分销和促销等。如果不进行消费者需求的调查和开发新产品，不进行定价、分销和促销等工作，企业的销售活动就不可能顺利完成。因而现代营销导向下的销售是不能离开营销而独自完成的，必须服从营销的整体战略，与营销的其他功能相互配合，在不断满足市场需求的前提下实现销售收益。

销售就是在最短的时间内，用合适的价格把产品或服务卖给相关的人或组织的行为。销售最主要的工作就是主动去与有潜力的消费者或客户沟通。销售本身可以看作是一种服务，帮助消费者或客户解决问题，或帮助消费者或客户把工作做得更好。销售在日常生活中非常普遍，当然销售活动首先是由众多要素组成的系统活动，是商品、信息传递、心理变化等过程的统一；其次，销售的核心问题是说服客户；最后，销售是一种设法以最方便和吸引人的方式向可能的买主介绍商品的艺术。通常认为销售包含销售主体、销售对象、销售客体、销售手段及销售环境五个要素，如图1-1所示。

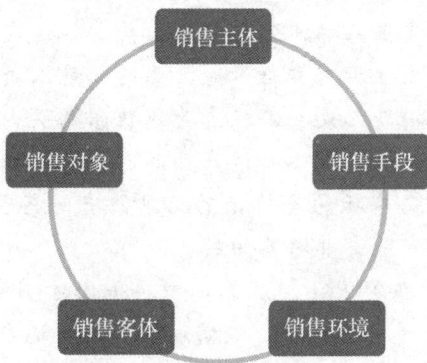

图1-1 销售五要素

销售主体就是企业或企业销售团队；销售对象就是现实客户和潜在客户；销售客体包括产品或服务及其质量、营销组合等方面；销售手段就是把产品或服务介绍给客户的方法方式及工具，包括介绍、演示、说服、广告宣传等；销售环境包括人口、经济、自然、技术等方面。

销售是最富挑战性的职业，也是流动性最强、工作量极大、工作最辛苦、最富社交性的职业。产品或者服务的销售直接或者间接地推动经济的发展，因为人们消费的大部分商品或服务都是买来的，而有买的，就有卖的。

销售是市场经济不可缺少的环节，企业不论从事什么，都需要有人去做销售，销售的可以是产品，也可以是服务。销售是在买卖双方同意的条件下所完成的交易行为。这种交易，实现了所有权的转移：买方获得了有形产品或无形服务，取得了商品效用；卖方实现了商品市场价值，收回了货币。所以销售是卖方将产品或服务传递到买方手中，获得销售收入而进行的经营管理活动或过程。

销售功能在现代市场经济条件下扮演着重要角色。销售活动的目的、过程和结果，往往体现了企业的战略变化和执行效果，企业正是通过销售功能与外部市场环境中的消费者、竞争者、零售批发机构、交通运输部门以及政府机构产生有机的联系，因此销售功能在企业的市场经营活动中具有战略性的作用。

销售活动效果的好坏，决定着企业的成败，反映了企业营销战略的有效程度。一个企业无论其营销战略制定得多好，如果没有销售活动，其他一切活动只能是空谈，所以销售是营销活动中不可缺少的重要功能。

小资料 1-1

销售职业的产生与发展

　　"推销"一词来源于古希腊，"销售人员"一词最早出现在柏拉图的著作中。但是，真正通过推销来维持生计的销售人员直到18世纪中叶英国工业革命时期才出现，而且主要是以小贩的形式。小贩们将当地农民生产的农产品收购上来，然后再卖到城市，同时将在城市收购的工业品运送到农村地区销售，这在当时社会经济的发展中起到了重要的作用。一名代表生产者并携带着产品的销售人员可能会吸引大量潜在顾客的注意。人们或者为自己消费而购买，或者为销售而购买，或者为自己生产需要而购买。没有销售人员的来访，人们就不知道产品的存在。即使销售人员没有成功获得订单，他们也常常会带回有关市场的有价值的信息，有时甚至是产品遭受拒绝的原因，但这些信息对生产者来说可能是非常有用的。

　　19世纪初，人员推销在英国已经成熟，但在美国才刚刚兴起。到了19世纪末和20世纪初，随着美国工业革命的开展，销售人员的销售逐渐成为美国企业销售活动的重要组成部分。这时，富有冒险精神、有强烈进取心的销售人员成为一个有价值的群体，独立的、四处叫卖的小商小贩逐渐消失。销售人员为企业工作，企业为销售人员提供服务，以较少的行动分销大量的产品成为企业管理者的追求目标。

　　19世纪40年代中期，人员推销开始变成一种职业。不仅购买者开始对销售人员要求更多，而且他们也不再容忍高压强卖型的、滔滔不绝的销售人员，他们更喜欢精通专业知识和了解顾客需求的销售人员。销售职业化是指销售人员利用诚实的、非操纵性的战术来满足顾客和企业双方的长期需求。销售人员已经不仅仅是一个信息的传达者，而且必须准备好售前、售中和售后的各种各样的顾客需求，必须能够在组织内与其他人协调工作，以达到或超越顾客的期望。转变顾客的需求以适应企业的产品或服务已经是"昨天的推销方式"，新的推销方式要求具备"询问、聆听和理解产品需求背后的问题"的能力，销售人员的工作不是告诉顾客为什么你的产品比其他人的产品都好，而是要去理解顾客的思想；否则，就不会成为一名成功的推销员。

（资料来源：万晓、左莉、李卫，《销售管理》，清华大学出版社、北京交通大学出版社，2009年版）

二、销售的分类

　　销售活动的类型是多种多样的，不同行业又有着不同的销售方式，即使在同一行业中，不同企业通常也选择不同的销售方式。通常情况下，可以把销售活动分为两大类：一类是针对消费者的销售，也称零售销售，主要是指为个人、家庭消费而出售的产品和服务的活动，其主体包括从事这些活动的人员和组织，如挨家挨户访问的销售人员、保险代理商、房地产经纪商和零售商店的职员等；另一类是针对组织市场的销售，也称产业销售，指的是批发层次的销售活动，按顾客的不同又可分为以下三种。

　　（1）针对中间商的销售：生产者将商品卖给零售商，再由零售商出售给最终用户。

　　（2）针对生产企业的销售：生产者将原材料或零部件出售给另一个生产者，由其作为投入品进行再生产。

（3）针对非营利组织的销售：产品的买方是政府或其他非营利机构团体，主要用于公共事业消费。

三、销售与其他有效手段的区别

销售不等于推销（selling）。推销是一种说服顾客购买某种产品和服务，并协助满足其需要的一种活动。推销是一种"推"的策略，顾客在推销活动中一般处于被动地位。而科学的销售概念不仅包括"推"的策略，而且包括"拉"的策略，即通过广告、营业推广等促销手段，吸引消费者主动上门求购产品和服务。

销售不同于交换（exchange）。交换是一种以满足基本需要为动机的物与物（及其后来衍化为物与货币）的交易行为。而企业销售则是出于一种发展的动机，企业通过销售产品和服务来获得利润，并通过积累利润和缴纳税金来发展自己并造福于社会。交换是为了满足需求，而销售不仅满足需求，而且创造需求，创造价值，求得发展。

销售不同于营销（marketing）。著名市场营销学者菲利普·科特勒认为，"营销是个人和集体通过创造，提供出售并同别人交换产品和价值，以获得其所需所欲之物的一种社会的和管理的过程"。营销活动涉及企业所有的经营活动，销售只是其中的活动之一。因此，销售概念要小于营销概念，企业千万不能以销售活动来代替营销活动，也不可重视营销战略而忽视销售活动。

菲利普·科特勒认为市场营销是指企业的一种职能，即识别目前尚未满足的需求和欲望，估量和确定需求量的规模，选择和确定企业能最好地为之服务的目标市场，并决定适当的产品、劳务和计划，以便为目标市场服务。实际上就是个人和组织通过创造并同他人进行交换产品和价值，以取得其所需的过程。换句话说，营销是指企业在了解消费者或顾客需求的基础上，通过各种途径和方法为其提供相关产品或服务的过程。

销售的角色更多的是指企业在目前的事业基础上让顾客购买自己的产品及服务。销售是实现营销目标的重要手段。销售就是单纯地通过一种或多种渠道把产品或服务卖出去，如果通过主动给客户介绍的方式，就是一般意义上的推销，推销只是销售的一种方式；营销是产品策划、生产、推广、出售、售后以及服务的综合完整过程，包含销售，推销是销售的一种手段，销售是营销的一个部分。

从市场营销的角度来研究，销售的概念可以分为广义与狭义的销售。广义的销售就等于促销，包括人员销售、广告、营业推广、公共关系，如图1-2所示；狭义的销售就等于人员销售，销售与促销、营销的关系如图1-3所示。

从企业的角度来看，销售不是一股脑地解说商品的功能；销售不是与客户辩论、说赢客户；销售不是我的东西最便宜，不买就可惜；销售不是只销售商品，因为客户对你有好感，才会信任你所说的话。好的销售不是强有力的销售，而是把问题提出，让别人以与以往不同的方式进行思考。销

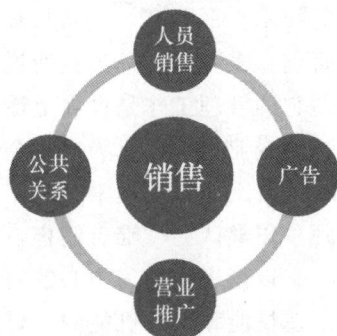

图1-2 广义的销售

售多数是通过销售渠道实现的。

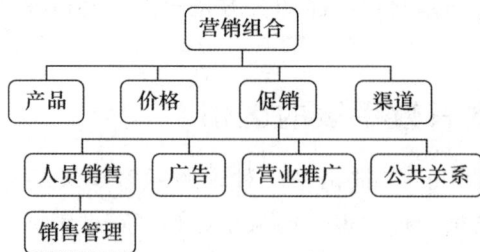

图1-3 销售、促销、营销之间的关系

小知识1-1

销售与营销的区别

营销包含销售，可以说销售是营销的组成部分。一般也可以这样理解：销售是实现将产品、服务卖出去，营销是帮助策划、出主意、出谋略使得产品或服务卖出去，卖得更多更快、价格更合理、时间更持久、货款收回更及时。销售负责任务完成，是"做"，营销是帮助，重在回答和解决为什么"做"和怎么"做"的问题。营销工作主要是市场调研，市场分析，竞争分析，营销策略如产品策略、价格策略等的制定，活动策划等，是"谋"的问题。

四、销售的作用

经济发展和企业经营实践表明，经过市场竞争的实践与市场经济的洗礼，现代企业家已达成一个共识，即企业的前途和命运取决于销售。企业竞争的主战场在市场上，市场是企业优劣高低的评判者，企业之间的竞争最终表现在市场上产品销售的竞争上。缺乏有力的销售措施，缺乏有效的企业销售策略，缺乏一支强有力的销售队伍，是不少企业陷入困境的主要原因之一。一支高素质的销售队伍是企业竞争力的主要组成部分，是企业立于不败之地的必备条件。如果说企业间的竞争归根到底是人才的竞争，那么，销售人才也是影响竞争成败的重要因素，优秀的销售人员是企业竞争的有力武器，他们用优异的销售业绩显示企业强劲的竞争实力。"销售创造价值"已成为现代企业销售管理的理念。一个企业的技术水平再高，产品与服务质量再好，如果销售不出去，都将是徒劳的。正如英国著名管理专家罗杰·福尔克所说："一个企业，如果它的产品和劳务不能销售出去，那么，即便它的管理工作是世界上最优秀的，对于企业的前途和命运来说也毫无意义。"国际上的一流企业之所以成为一流企业首先在于它销售的成功。如可口可乐、微软公司等都十分重视销售工作，并将销售工作做得非常出色。正因为如此，日本最杰出的营销咨询和实践大师牟田学认为"唯有销售，才是事业繁荣的全部基础"。

以销售活动为中心的销售机能与制造机能、财务机能共同构成企业经营的主要机能。制造机能和财务机能的主要经营活动属于企业内部活动，而销售机能则是直接进入市场的外部活动。在买方市场条件下，企业的收入最终是通过销售来实现的，企业的营销战略必须通过人员推销和销售管理来执行。在发达国家，一个企业营销预算的75％用于人员推销及其管理。所以销售机能在企业营销中的地位不可动摇，可以说不存在"没有销售机能的营销"。由此可见，销售在企业中具有其他经营活动所不可替代的功能，销售是经营管理活动的中心内容。

对销售是企业经营管理活动的中心内容要从两方面去理解。

首先，销售工作是企业一切工作的重中之重，企业销售工作的好坏，将决定着企业产品和服务在市场上的份额，而市场份额的多少决定了企业在市场竞争中的成败。因此，一个企业要在激烈的市场竞争中取胜，就应理顺企业组织体制，建立以销售为中心的营销组织体制，使销售部门成为实现企业经营目标的核心职能部门。

其次，企业其他部门要理解、支持销售部门开展工作，其他经营工作要围绕销售工作来展开；同时销售部门要主动协调好与其他部门的关系，销售工作要取得其他工作的配合与支持才能顺利展开。企业销售部门与其他职能部门由于各自工作职责的不同，当涉及各自利益时，不可避免地会产生矛盾和冲突。因此企业在确认销售工作是企业经营管理的中心内容并建立以销售为中心的营销组织体制以后，就应从制度上、政策上确保这种组织体制的建立，通过制度协调好各部门之间的关系，特别是利益关系，使各部门充分认识到销售工作对于企业经营的意义，让各部门自觉支持、配合和服务销售。所以，企业要求得生存和发展，就必须树立"销售创造价值"的理念，强化销售工作，通过销售来达到企业的经营目标。

小资料1-2

优秀销售人员的七项特质与影响

将优秀销售人员的测试结果与一般和较差销售人员进行比较。结果表明，某些关键性格特质直接影响了优秀人员的销售风格及其最终的成功。下面是顶尖销售人员的主要性格特质，以及每个特质对他们销售风格的影响。

(1) 谦逊。人们往往认为成功销售人员爱出风头、自高自大，但测试结果恰恰相反，91％的顶尖销售人员在谦逊方面的得分处于中高水平。而且，结果还表明，虚张声势、好卖弄的销售人员错失的客户远远多于所赢得的客户。

(2) 有责任心。85％的顶尖销售人员拥有很强的责任心，可以说他们拥有强烈的责任感、尽职尽责、为人可靠。这些销售人员对待自己的工作极为认真，而且对工作结果高度负责。

(3) 成就导向。84％的顶尖销售人员在成就导向上得分很高。他们专注于实现目标，而且会不断将自己的表现与目标进行比较。

(4) 好奇心。好奇心是指一个人对知识和信息的渴求。82％的顶尖销售人员在好奇心上得分极高。与表现较差的同仁相比，顶尖销售人员天生拥有更强的好奇心。

(5) 不合群。顶尖销售人员和排名最后1/3的销售人员之间最令人吃惊的差异，在于他们的合群性（喜欢和人在一起，表现友善）。总体而言，顶尖销售人员比较差销售人员的合群性平均低了30％。

（6）不气馁。只有不到 10% 的顶尖销售人员容易气馁，经常被消极情绪打倒。相反，90% 的顶尖销售人较少或只是偶尔出现消极情绪。

（7）缺少自我意识。自我意识衡量的是一个人容易觉得尴尬的程度。高度的自我意识会让人容易感到害羞和自我压抑。而只有不到 5% 的顶尖销售人员具有高度的自我意识。

（资料来源：http：//xueyuan.cyzone.cn/，史蒂夫·马丁：《哈佛商业评论》，有删改）

第二节　销售管理

一、销售管理的含义

销售管理是企业营销战略管理的重要组成部分。对于销售管理的含义，国内外专家有许多不同的认识。营销学权威菲利普·科特勒认为，销售管理就是对销售队伍的目标、战略、结构、规模和报酬等进行设计和控制。美国学者约瑟夫·P·瓦卡罗（Joseph. P. Vaccaro）认为，销售管理就是解决销售过程中出现的问题，销售经理应该是一个知识渊博、经验丰富的管理者。拉尔夫·W·杰克逊和罗伯特·D·希里奇在《销售管理》一书中这样表述，销售管理是对人员推销活动的计划、指挥和监督。美国资深销售管理专家查尔斯·M·富特雷尔（Charles M. Futrell）教授认为，"销售管理是一个通过计划、配置、训练、领导和控制组织资源以达到销售目标的有效方式"。美国印第安纳大学的达林普（D. Dalrymple）教授定义如下：销售管理是从市场营销计划的制定开始，销售管理工作是市场营销战略计划中的一个重要组成部分，其目的是执行企业的市场营销战略计划，其工作的重点是制定和执行企业的销售策略，对销售活动进行管理。

我国学者李先国等人认为，所谓销售管理就是管理直接实现销售收入的过程。总体来说，对于销售管理的理解分为两种：一种是狭义的销售管理，即对销售人员的销售管理，销售管理是企业营销活动中促销的一部分；二是广义的销售管理，即对企业所有销售活动的管理，销售管理应该包括企业促销的所有活动。本书将销售管理概括为对企业中与销售有关的所有活动进行计划、组织、指导和控制的过程。

综上所述，销售管理主要是指对销售人员的管理，是企业营销组合中促销策略的一部分。

二、销售管理的内容

关于销售管理包含的内容，不同的专家学者有不同的观点。菲利普·科特勒认为，销售管理涉及三个方面的内容：一是销售队伍的设计，它研究的是公司在设计销售队伍时应做什么决策的问题；二是销售队伍的管理，它涉及公司应该怎样招聘、挑选、训练、指导、激和评价它们的销售队伍；三是销售队伍的有效改进，它涉及怎样改进销售人员在推销、谈判和建立关系上的技能。结合销售及销售管理的实际情况，本书认为，销售管理包括的内容因管理者把握销售管理工作的角度不同其表述亦有所区别。如果管理者是从销售活动的程序和相关内容的角度来进行销售管理工作，那么，销售管理的内容主要包括：销售组织的建立、销售规划管理、销售对象

图 1-4 菲利普·科特勒

管理、销售货品管理、销售人员管理、销售过程管理、销售诊断与分析。如果管理者是从管理职能的角度来进行销售管理工作，那么，销售管理的主要内容包括：销售规划管理、建立销售组织、销售指导与协调、销售诊断与分析控制等。具体来说，销售管理的主要内容如下。

（一）销售管理的目的是要实现组织的销售目标

为了实现组织的销售目标，销售经理不但要组织好销售人员，而且要和广告、营销及其他部门相互合作、协调配合。组织销售目标的实现仅仅靠销售经理和销售部门的努力是不够的，必须依靠包括广告、营销，甚至其他职能部门的支持和合作。组织的销售目标可能也是广告和营销部门应实现的工作任务，但销售经理应对此负关键责任——销售经理的主要目标是实现高层管理者所期望的销售额、利润及顾客满意度。

（二）五种基本管理职能

实现组织的销售目标需要通过计划、人员配备、培训、领导和控制等五种基本管理职能。销售经理要将这五种职能有机地结合在一起，最终实现销售目标，如图 1-5 所示。

（三）销售管理要追求一种高效的方式来实现特定的销售目标

由于组织资源的有限性，销售经理的主要责任是以一种高效的方式对组织资源进行分配和协调，以实现组织的销售目标。不管是对企业而言，还是对销售部门而言，销售经理都应

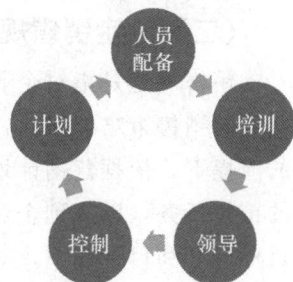

图 1-5 五种基本管理职能

致力于不断改善绩效。在过去，为了增加销售额，最常采取的手段是雇用更多的销售人员及支付更多的销售费用，但是今天的市场已经不允许企业通过这种手段实现自己的目标了。相反，现在企业在销售方面出现问题的时候，通常不是雇用更多的人员而是裁员。任何企业都必须以更少的人员更快、更好地实现更多的销售。

三、销售管理的过程

在明确了销售管理的含义与内容之后，企业销售管理的过程一般包括以下步骤，如图 1-6 所示。

```
建立销售组织并        制定销售规划及                    对销售计划成效
进行人员招聘与   →    销售管理政策      →   销售业绩管理   →   及销售人员的工
培训                                                 作表现进行评估
```

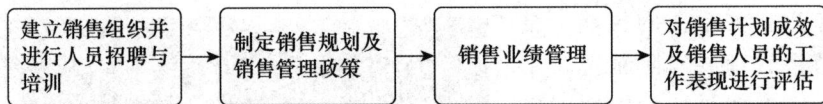

图 1-6　销售管理的过程

（一）建立销售组织并进行人员招聘与培训

销售目标必须由销售人员来实现。但任何一项销售计划都不可能由一个人去实施，需要进行人员配备，构建一支高素质的销售团队。因此，合理构建销售组织是保证销售目标实现的基础。构建销售组织，也就是以顾客为中心、以实现企业利润为目标建设销售团队。要设计好销售组织，就必须从销售队伍的目的和战略入手，确定销售队伍的规模与结构，并选择适当的报酬形式。例如，销售队伍的结构是按地区设置，还是按产品设置，抑或是按客户设置，这些都必须认真考虑。企业首先需要研究并确定如何组建销售组织架构，确定销售部门的人员数量和岗位设置、销售经费的预算、销售人员的招聘办法和资历要求，明确适合企业销售工作的销售人员条件，选择合理的招聘途径，公开、公平、公正地招募和选拔销售人员。同时，对销售人员要进行有效的培训以提高其业务能力。要制订详细的培训计划，科学、合理地设计培训内容，有效组织和实施销售培训，并评估和考核培训效果。

在销售计划的制订和执行过程中，如何组织销售部门、如何划分销售地区、如何组建销售队伍和安排销售人员的工作任务是非常重要的工作。销售部门需要根据目标销售量、销售区域的大小、销售代理及销售分支机构的设置情况、销售人员的素质水平等因素进行评估，以便确定销售组织的规模和销售分支机构的设置。

（二）制定销售规划及相应的销售管理政策

销售规划是指对企业销售活动的计划与安排。销售规划是在销售预测的基础上，设定企业的销售策略与目标，编制销售配额和销售预算。立足于公司整体营销战略和发展目标的前提下，依据营销计划，销售部门开始制订具体细致的销售计划，以便开展、执行企业的销售任务，以达到企业的销售目标。销售部门必须清楚地了解企业的经营目标、产品的目标市场和目标客户，对这些问题有了清晰的了解之后，才能够制定出切实而有效的销售策略和计划。

销售规划的具体内容如下。

（1）制定销售策略。销售策略是依据企业的营销策略而制定的，它涉及销售模式、销售渠道、价格政策、货款回收政策、销售远景规划和销售部门整体目标。

（2）制定销售目标。要制定好销售目标，首先必须对企业销售面临的环境与形势进行分析，做好销售预测，然后再制定销售目标。制定销售目标要切合企业实际，量力而行。

（3）制定销售行动方案。销售行动方案涉及销售的具体工作程序和方法，所有的销售行动方案都应当细化和量化，并定期加以检查。

在制定销售管理政策的时候，必须考虑市场的经营环境、行业的竞争状况、企业本身的实力和可分配的资源状况、产品所处的生命周期等各项因素。特别是信用政策的确定、应收账款政策的制定及窜货管理等政策的制定尤为重要。

根据预测的销售目标及销售费用，销售部开始确定销售人员的具体工作安排、培训安排、销售区域的划分及人员的编排、销售人员的工作评估及报酬标准等。销售计划必须要做到具体和量化，要能够明确定出每一个地区或者每一个销售人员需要完成的销售指标。

（三）销售业绩管理

销售工作的最终目的，是为了出售产品及维持与客户的关系，从而为企业带来销售利润。销售人员的销售业绩，一般以销售人员所销售出的产品数量或销售金额来衡量。此外，销售人员所销售出的产品的利润贡献，是衡量销售人员销售业绩的另一个标准。而对于一些需要重复购买产品的客户，销售人员要维持与其的关系。维持与客户的业务关系的能力及对客户的售后服务质量也是一个重要的考核因素。

销售部需要按照销售计划去执行各项销售工作，要紧密跟进和监督各个销售地区的销售工作进展情况，要经常检查每一个地区、每一个销售人员的销售任务完成情况。发现问题立刻进行了解及处理，指导、协助销售人员处理在工作中可能遇到的困难，帮助销售人员完成销售任务。销售部需要为销售人员的工作提供各种资源，支持和激励每一个销售人员去完成他们的销售指标。

（四）对销售计划的成效及销售人员的工作表现进行评估

销售人员的工作表现评估是一项重要的工作，销售部必须确保既定的工作计划及销售目标能够完成，需要有系统地监督和评估计划及目标的完成情况。销售人员的工作表现评估一般包括检查每一个销售人员的销售业绩，这当中包括产品的销售数量、完成销售指标的情况和进度、对客户的拜访次数等各项工作。对销售人员的销售业绩的管理及评估必须定期地进行，对评估的事项必须订立明确的准则，使销售人员能够有规可循。而评估的结果，必须对销售人员进行反馈，以便他们知道自己做得不够的地方，从而对工作的缺点做出改善。

工作评估最重要的不仅在于检查销售人员工作指标的完成情况和销售业绩，更重要的是要检讨销售策略和计划的成效，从中总结出成功或失败的经验。成功的经验和事例应该向其他销售人员进行推广，找出的失败原因也应该让其他人作为借鉴。对销售业绩好的销售人员应当给予适当奖励，以促使他们更加努力地做好工作，对销售业绩差的销售人员，应当向他们指出应该改善的地方，并限时予以改善。

根据销售人员的工作表现情况和业绩评估的结果，销售部需要对公司的市场营销策略及销售策略进行检讨，发现需要进行改善的地方，应该对原制定的策略和计划进行修订。与此同时，也应该对公司的销售组织机构和销售人员的培训及督导安排进行检讨并加以改善，以提高销售人员的工作水平和销售工作的效率。

本章小结

销售就是在最短的时间内，用合适的价格把产品或服务卖给相关的人或组织。销售最主要的工作就是主动去与有潜力的消费者或客户沟通，销售本身可以看作是一种服务，是帮助消费者或客户解决问题，或帮助消费者或客户把工作做得更好。通常认为销售包含销售主体、销售对象、销售客体、销售手段及销售环境五个要素。

通常情况下，可以把销售活动分为两大类：一类是针对消费者的销售，也称零售销售，主要是指为个人、家庭消费而出售的产品和服务的活动，它包括从事这些活动的人员和组织，如挨家挨户访问的销售人员、保险代理商、房地产经纪商和零售商店的职员等；另一类是针对组织市场的销售，也称产业销售，指的是批发层次的销售活动。

对销售是企业经营管理活动的中心内容要从两方面去理解。首先，销售工作是企业一切工作的重中之重，企业销售工作的好坏，将决定着企业产品和劳务在市场上的份额，而市场份额的多少决定了企业在市场竞争中的成败。其次，企业其他部门要理解、支持销售部门开展工作，其他经营工作要围绕销售工作来展开；同时销售部门要主动协调好与其他部门的关系，销售工作要取得其他工作的配合与支持才能顺利展开。

销售管理是企业营销战略管理的重要组成部分。总体来说，对于销售管理的理解分为两种：一种是狭义的销售管理，即对销售人员的销售管理，销售管理是企业营销活动中促销的一部分；二是广义的销售管理，即对企业所有销售活动的管理，销售管理应该包括企业促销的所有活动。如果管理者是从销售活动的程序和相关内容的角度来进行销售管理工作，那么，销售管理的内容主要包括：销售组织的建立、销售规划管理、销售对象管理、销售货品管理、销售人员管理、销售过程管理、销售诊断与析。如果管理者是从管理职能的角度来进行销售管理工作，那么，销售管理的主要内容包括：销售规划管理、建立销售组织、销售指导与协调、销售诊断与分析控制等。

实现组织的销售目标需要通过计划、人员配备、培训、领导和控制五种基本管理职能。销售经理要将这五种职能有机地结合在一起，最终实现销售目标。

企业销售管理的过程一般包括以下步骤，建立销售组织并进行人员招聘与培训、制订销售规划及相应的销售管理政策、销售业绩管理、对销售计划的成效及销售人员的工作表现进行评估。

思考题

1. 销售管理为什么重要？
2. 列出销售经理的职责。
3. 讨论如何做一名合格的销售经理。
4. 现代销售理念是怎样的？

案例分析

乔·吉拉德，原名约瑟夫·萨缪尔·吉拉德（Joseph Sam Girardi），1928 年 11 月 1 日出生于美国密歇根州底特律市，是美国著名的推销员，从 1963 年至 1978 年总共推销出 13001 辆雪佛兰汽车。他连续 12 年荣登世界吉尼斯纪录大全世界销售第一的宝座，他所保持的世界汽车销售纪录：连续12年平均每天销售6辆车，至今无人能破。

乔·吉拉德在将汽车卖给顾客数星期后，就从客户登记卡中找出对方的电话号码，开始着手与对方联系。

"买的车子情况如何？"他一般会这样询问。

白天打电话，接听的多半是购车者的太太，她们大多回答："车子情况很好。"

吉拉德接着说："假如车子震动历害或有问题的话，请送回我这儿来修理。"并且请她提醒她丈夫，在保修期内送来检修是免费的。

同时，吉拉德也会问对方，是否知道有谁要车子。若对方说有位亲戚或朋友想将旧车换新的话，他便请对方告知其亲戚或朋友的电话号码和姓名，并请对方拨个电话替他稍微介绍一下。他同时告诉对方如果介绍的生意能够成功，对方可得到25美元的酬劳。最后，乔·吉拉德没有忘记对方的帮助再三致谢。

乔·吉拉德认为：即使是质量上乘的产品，在装配过程中也会发生莫名其妙的小差错，虽经出厂检验也难免有疏漏。这些毛病在维修部修起来不难，但对顾客来说就增添了许多麻烦。把车卖给顾客后，对新车是否有毛病的处理态度和做法如何，将会影响顾客向别人描述购车经历时的角度和重点。他可能会说："我买了一辆雪佛兰新车，刚购回来就出毛病！"但在你主动征询对方对车子的评价，及时发现毛病并给予免费维修时，顾客就会对别人说："吉拉德这个人挺有意思，时时为我的利益着想，虽然车子出了点毛病，他一发现就马上给我免费修好了。"

思考讨论题：
1. 你认为乔·吉拉德作为销售人员具备什么素质？
2. 此案例对你有何启发？

第 ② 章

建立销售组织

本章导读

1. 理解销售组织设计的影响因素
2. 了解销售组织的类型与结构
3. 理解建设销售团队的要点

导入案例

　　安全地平线公司是一家从事老年人健康保险的公司。多年来，公司一直在当地行业中处于领先地位，但是从1月份开始，公司的这种领先地位不断受到挑战，竞争对手纷纷调整自己的经营活动，公司的市场份额不断减少。面对严峻的形势，公司逐渐认识到需要对公司的销售人员进行必要的调整。同时，公司也知道对组织进行重组和调整会让销售人员感到惊慌失措，所以公司要让销售人员对即将到来的调整做好充分的思想准备，以使轻松地面对。

　　公司决策层深入第一线，倾听销售人员的呼声，与公司的各级管理人员共同分析公司面临的困难，探讨行业未来的发展趋势以及公司应该采取怎样的措施来面对竞争环境的变化。2月，公司公布了一项调查报告，对行业未来发展方向、公司现存的问题及未来工作的重点进行了分析，特别指出了公司存在着效率低下的问题。4月，公司在每一个人都做好准备的情况下，宣布了公司的人员调整方案，并在5月份对接受新岗位的销售人员进行了培训。

　　在实施销售组织调整计划的一年后，公司在当地老年人健康保险行业仍然保持了领先的地位，当地45%的老年人购买了公司的健康保险。

　　每一个企业都面临许多与组织效率有关的问题，为了适应新的战略和市场环境的变化以及生产技术的创新，企业有必要进行组织的重新设计与整合。

（资料来源：张启杰，《销售管理》，电子工业出版社2005年版）

第一节 销售组织的设计

一、销售组织的概念

巴纳德在《经理人员的职能》一书中，从最简单的人类协作入手，揭示了组织的本质及其最一般的规律。巴纳德将组织定义为"把两个以上的人的各种活动和力量有意识地加以协调的体系"。他进而又论证了组织存在的三个要素，即共同的目标、协作的意愿和良好的沟通，将组织的本质落脚于信息沟通问题上，用信息交流来揭示组织与管理的本质，这是一个划时代的创举。

销售组织指企业销售部门的组织，就是将企业生产或经营的商品销售给客户的部门组织。销售组织是企业为了实现销售目标而将具有销售能力的销售人员、产品、资金、设备、信息等各种要素进行整合而构成的有机体。一个销售组织要想有效地达成其目标，就必须在协调合作的原则下，将员工在工作中的地位、职责、权利，以及他们相互间的关系加以明确的规定，分工协作，并各司其职。

销售人员是来自五湖四海的不同背景、不同学历、不同人生追求的人，销售工作是一项自由度较高的工作，大多数员工长期远离总部，分布在不同的地方孤军奋战，而且大多肩负各项业务指标，因此销售管理工作更需要高度计划与协调多方资源，来保证企业销售目标的实现。销售组织的目标是通过销售人员访问和接待顾客、介绍产品、把握顾客需求、促成交易、提供售后服务以及反馈市场信息等一系列销售活动的完成而实现的，从而形成开放的、可见的、正规的组织结构，组织成员之间进行严格的分工，明晰职责，形成团队；以建立共同目标，并运用"协调"的方法，使部门与部门之间协调，人员彼此之间协调，相互了解沟通，消除冲突，整合资源，发挥各部门力量，按照企业的销售目标，有计划、有步骤、有分工、有协同地行动。

现代企业内部的销售活动与分工越来越细，销售组织层次不断增加，企业为求得销售各部门之间，销售人员之间的协调，必须建立授权制度，给予销售人员一定的资源支持并给予其需要的、一定范围的决策权限，以利于销售人员顺利达成工作目标。为保证企业销售目标的达成，必须建立明确的组织结构，明确各部门间、岗位间的分工与合作关系，形成为实现特定目标而共同合作的团队。对分配给各销售团队的工作种类、性质、范围等分别加以限定，明晰对应的职责、沟通关系、沟通渠道和权限范围等。只有通过专业的分工，例如细分为产品采购、物流、销售、收款、售后服务等工作，才能完成好企业的销售任务，企业才能最获得效益。

小资料 2-1

两个关于销售组织的情景片段

第一个片段。记得几年以前的一次面试，简历上显示，一个有着多年销售经验的业务人员来参加一个办事处销售主任职位的面试。这位仁兄的口才和思维很不错，上来先介绍他的任职经历，头头是道，看得出来是有备而来，也确实经过了精心准备。他从品牌的推广，活动策划、执行以及产生的效果，列举了大量结果，来体现他的业绩。粗看问题不大，有数据、有结果。

但总有一个疑惑让人不解：怎么完成的呢？他自始至终没有说他负责区域的组织架构、人员配备、团队情况。笔者只问了一个问题："都是你一个人做的吗？"他一时语塞。可以想见，这些基本不是他做的，如果是一个真正的市场操盘手，不会一上来就大谈战略规划、谈品牌、堆砌数据等。也就是说，他没有管理一个办事处和开发一个或几个区域市场的全盘操控能力和经验。

任何营销（销售）工作或者区域销售工作，都是在一个平台上，也就是"销售组织"上来进行资源整合的。不是说这位有多年经验的业务人员不行或者很差，而是他不适合做整个区域市场的管理者，他也不具备这个全盘的管理能力和经验。

第二个片段。一个多年的朋友，很有能力，也很强势，从业务员一直做到主管销售的副总，但自此到处碰壁，不得不开始创业。但几年过去了，他还是在创业，生意几乎没有任何发展。其实，问题也并不复杂，主要一点是：他身边没有形成一个强有力的团队。公司初创，需要领导者的能力和强势，这样，能掌控公司的发展方向和控制局面，但表现得过于强势，则没有人愿意和他在一起共事，更不愿意和他一起共"患难"。而凭一个人的能力又能干成什么事情呢？

这是一个复杂的问题，需要处理好领导者心态和各级利益的平衡。很多时候，仅仅靠章程和制度也很难保证平稳的发展。

（资料来源：http://blog.sina.com/s/blog_547b001f0100kvgm.html，有删改）

二、销售组织的地位与作用

销售组织与其他组织一样具有良好的汇集个人力量、提高组织活动的有效性以实现资源放大效应的作用，它是组织建立与发展的重要手段。

销售组织使人们联合起来，相互协作、合作，共同努力完成企业销售目标；销售组织追求的是销售效率，销售组织设计追求实现组织资源群体效率，实现"1+1>2"的组织力量的放大效应。而放大效应依赖于组织完备的沟通渠道和畅通的信息交流，依靠组织成员的良好协调、合作精神，以及分工、协调、授权、团队成员的团队意识。

三、销售组织设计的原则

不同的组织由于其目标、环境及构成要素之间的不同，其形式也不相同，但是其建立的基本原则是一样的，销售组织的建立需要满足以下几个基本原则。

（一）精简有效原则

精简有效原则是指要精简机构，提高效率。精简与效率是手段与目的的关系，只有精才能提高效率。这里讲的精简有三层含义：一是组织应具备高素质的人和合理的人才结构，使人力资源得到合理而充分的利用，做到权责相等，人尽其才；二是按需设人而非按人设职；三是组织结构应有利于形成群体合力，避免内耗。

（二）统一指挥原则

统一指挥是管理学中一个非常重要的原则，明确组织中上下级的关系，有利于组织人员的管理。在现代销售组织越来越复杂的今天，统一指挥原则有利于销售组织提高效率，明晰权责。贯彻统一指挥原则应做到以下几点：第一，使上下级之间形成一个等级链，必须是连续的，不能中断。第二，任何下级都只有一个上级领导，只接受一个人的指挥。第三，上级领导不能越级进行指挥，下级不可越级接受更高一级领导的指挥。因为多头领导会使组织产生混乱。第四，组织内部的职能管理部门同样也应当执行统一指挥的原则。他们对上级有权力提出建议和意见，对执行系统起监督作用，但无权直接指挥执行系统的工作。

（三）管理幅度原则

管理幅度又称管理的宽度，是指经营管理者所直接而有效地管理其下级的人数。客观上讲，管理幅度是有限的。传统组织理论提倡高耸的组织结构，即管理层次多，管理幅度小。现代组织理论提倡扁平的组织结构，即管理层次少，管理幅度大。企业应根据自身的具体情况设置合理的管理幅度。

（四）权责对等原则

现代组织理论认为，在管理等级链上的每一个环节，每一个岗位都应规定其相应的权利和职责，必须遵循权责对等原则。组织中在一定职位上的人拥有多大的权利就必须承担相应的责任。

（五）分工协调原则

企业规模越大，专业化要求越高，分工也就越细。专业分工细分化造成了专业之间的依赖性增强，如何协调好不同专业之间的关系成为企业需要面对的重要问题。协调的核心是服从系统和互利目标的沟通、协作或合作。

四、影响销售组织设计的因素

建立销售组织时，需要考虑以下几个因素，即商品特征、销售策略、商品销售的范围、渠道特性以及外部环境等。

（一）商品特征

不同的商品具有不同的销售特征，应采用不同的销售组织。因此，在建立销售组织时，首先要考虑该商品的性质和特征。例如，本公司将出售的商品究竟是生产资料还是消费资料，是专用品还是一般商品，等等。家电企业的销售队伍结构就不同于计算机企业销售队伍的结构。

有时由于商品性质的不同（如生产资料、专用品等），在销售方式上技术方面的因素便显得十分重要，因而销售组织也不相同。特别是当产品技术复杂，产品之间联系少或数量众多时，按产品专门化组成销售队伍就较合适。例如，柯达公司就为它的胶卷产品和工业用品配备了不同的销售队伍。胶卷产品销售队伍负责密集分销的简单产品，工业用品销售队伍则负责那些具有一定的技术含量的工业用品。

除上述内容外，还需考虑本公司预备的商品是否齐全，在预备商品的过程中是否要安排重点商品。如果商品少、重点性强，那么就要采取按地区建立组织的方式。

（二）销售策略

企业如何销售产品影响着销售组织的设计。企业是通过广告销售还是人员推销来销售产品则对企业销售组织的要求不同。例如通过广告销售产品的企业的销售人员较少，则其销售组织较简单；通过人员推销销售产品的企业就要求有较多的销售人员，则其销售组织结构较复杂。企业是通过中间商销售产品还是直接销售产品，其销售组织也不一样。例如美国安利公司采用直销形式，其销售队伍庞大，销售组织也较复杂。此外，企业的售后服务政策也影响着企业的销售组织结构。

在销售策略中，影响企业销售组织结构最大的因素是推销形式。各公司为从消费者手中获得订单而互相竞争。它们必须有一套销售策略，即在适当的时间以适当的方法去拜访适当的顾客。销售人员可用以下几种办法和消费者打交道。

（1）销售人员对一个顾客。一个销售人员通过电话或亲自拜访，和一个现有顾客或潜在顾客进行交谈。

（2）销售人员对一群顾客。一个销售人员尽可能多地结识顾客群体中的成员。

（3）销售小组对顾客群体。公司销售小组向顾客群体进行销售工作。

（4）推销研讨会。公司销售小组为客户单位举办一个有关产品技术发展状况的讲座。

企业采用什么样的推销形式就要求设立相应的销售组织。

（三）商品销售的范围

在最简单的销售组织中，各个销售人员被派到不同地区，在该地区全权代理公司业务。商品销售的区域范围影响着销售组织的结构。区域由一些较小的单元组成，如市或县，它们组合在一起就形成了具有一定销售潜力或工作负荷的销售区域。划分区域时要考虑地域的自然障碍、相邻区域的一致性、交通的便利性等。因此，产品销售区域范围小，销售组织则相对简单；产品销售范围大，销售组织则较复杂一些。例如，地区性的产品销售组织就不同于全国性的销售组织，而国际性的销售组织也不同于全国性的销售组织。

（四）渠道特性

还有一个重要的问题是要考虑商品的流通渠道究竟有多宽，还要看各渠道的不同行业性质。如果渠道宽且行业性强，那么就要按顾客对象或商品建立销售组织。此外，如果整个企业组织采用部门制，那么就要考虑其部门是按商品类别还是按商品群类别建立。

（五）外部环境

企业外部环境对销售组织变化的影响较大。一般来讲，在比较稳定的外部环境中，企业的销售组织结构一旦确定，就会在一个较长的时间内发挥效用，而不会产生剧烈的变动。而在迅速变动的外部环境中，企业的销售组织乃至整个公司组织体系也会经常呈现出一种相应的变动状态。导致销售组织变动的外部因素主要有两个：一是市场需求变化，二是竞争状况。从消费者市场来看，市场需求的变化也会影响销售组织的调整。如当家电在城市市场逐渐趋于饱和时，开拓农村市场就成为家电企业销售工作的新增长点，一些企业相应地加强了对农村市场的促销力度，并成立了专门的销售部门承担这项工作。从竞争的角度来看，企业为了谋取竞争优势，往往需要加强某一方面的销售力量或增加某些销售组织机构。例如，一些公司为了提高销售管理质量，聘请了销售管理专家，并且设立了销售策划部，以加强对企业销售工作的指导。另外，一些奉行市场跟随战略的企业，也往往会学习竞争者的销售组织设计模式，增加或调整某些销售部门。又如外国企业进入我国市场加剧了市场竞争的激烈程度，也影响了许多企业的销售组织设置，一些企业模仿外国企业设立了相应的销售组织部门。

第二节　销售组织的基本类型

一、地域型销售组织

按地区划分销售区域是最常见的销售组织结构类型之一。相邻销售区域的销售人员由同一名销售经理来领导，而销售经理向更高一级的销售主管负责，图2-1是区域型结构组织。

区域型结构组织的优缺点可以归纳如下。

优点：

（1）地区经理权力相对集中，决策速度快。

（2）地域集中，费用低。

（3）人员集中，容易管理。

（4）区域内有利于迎接销售竞争者的挑战。

```
                    销售经理
        ┌──────────────┼──────────────┐
  A地区区域主管    B地区区域主管    B地区区域主管
        │              │              │
      销售员          销售员          销售员
```

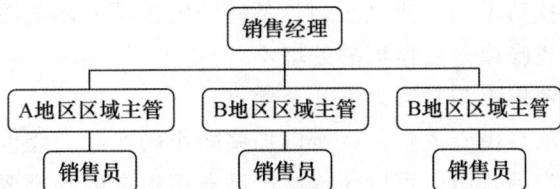

图 2-1　区域型销售组织

缺点：销售人员从事所有的销售活动，技术上不够专业，不适用于种类多、技术含量高的产品。

　　Campbell 公司是一家食品零售业的供应商，它原来的组织结构是按产品来划分的，结果，往往是一家零售店被多次访问，这样费用很高。另外随着市场竞争的日趋激烈，零售商受当地促销活动影响很大。所以 Campbell 决定针对不同地区的营销状况，成立以地区划分的组织结构，取消部门经理，增设品牌经理，并赋予基层经理充分的权力，增加了地区竞争力及产品竞争力，取得了很好的效果。

　　设立销售组织时，应根据各地区来考虑销售组织的结构。无论是采用何种形式，最终销售组织单位的分布都是根据各地区的因素而定的。那么安置在各地区的销售点数量是多少呢？这要由销售渠道的长度、渠道的使用形式、商品的购买特性、需求特性等因素确定。

　　销售组织需按地区分布，组织之间要统一管理，并明确下放权限。分布在各处的销售点的称呼，通常都是与地区的各级划分相对应的，如销售部、销售分公司、销售点、经销处、办事处等。要明确这种上下级组织关系，并统一管理。统一管理就是使指示命令、销售商品的责任、功能范围和任务及指导性建议内容等明确化。上级销售组织对下级销售组织实施统一管理的同时，还要明确下放权限，关键是要在销售、回收、利润指标的完成等基本职能范围方面给予独立权限，彼此要相互确认具体的活动范围。

二、产品型销售组织

　　产品结构型的销售组织是指按照不同商品或不同的商品群组建的销售组织，比如 A 商品销售部、B 商品销售部、C 商品销售部等。但是在一些情况下，其基层组织会按地区来划分。

　　建立不同产品销售组织的条件有以下四种：

　　(1) 公司产品的种类之间性质明显不同，如家电和食品。

　　(2) 各产品的销售方法和销售渠道不同，如化妆品和计算机的销售渠道和方法就不相同。

　　产品结构型销售组织适用于拥有多种品牌或生产多种产品的企业，尤其是对于产品品种太多或产品品种差异太大的企业更为有效。

　　(3) 各产品的推销技巧不同，或是必须具备特殊的推销主体条件（如工程师）。

　　(4) 产品打入市场较晚或是在市场的处境不佳。

　　一般来讲，产品型销售组织具有以下几个优点：

　　(1) 由于各个产品项目由专人负责，所以那些较小的产品一般也不会被忽视。

　　(2) 专人负责某项产品，所以可以使得该产品营销组合的各个要素更加协调。因此产品经理更加贴近市场，对市场的反应更为迅速。

　　(3) 容易实现销售计划，便于进行着眼于追求利润的产品管理，而且还易于进行生产与销售之间的调整。

　　(4) 产品型销售组织是年轻的经理人大展宏图、一试身手的场所。

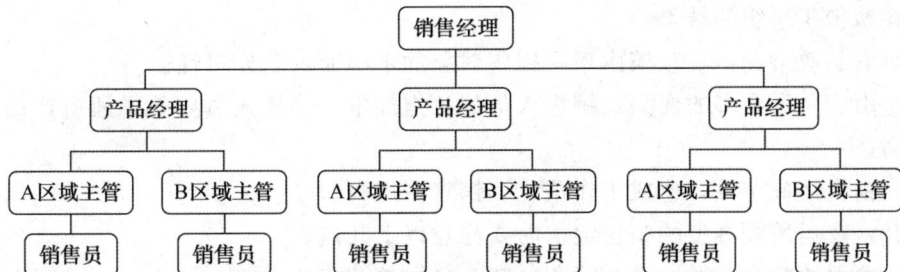

图 2-2 产品型销售组织

然而，产品型销售组织机构也有一些弊端，比如，成本支出费用较高；产品经理对其他营销职能部门的依赖性较强；许多销售人员要应付同一位顾客，浪费人力且会使顾客感到麻烦；销售人员的视野会逐渐狭窄，他们在销售活动中会缺乏灵活应用的能力；由于产品经理的频繁更换，造成营销活动缺乏连续性。因此，产品结构型销售组织的运用应注意以下三点。

（1）在实施销售部门和计划销售部门之间进行认真的调整。

（2）越是基层销售组织，按产品建立组织就越是不适宜，应调整与不同地区组织要素和不同顾客组织要素之间以及按产品分管制度之间的关系。

（3）设法提高销售人员灵活推销的能力。

三、顾客型销售组织

顾客型的销售组织是根据不同顾客对象（根据客户、销售活动对象或销售途径）组建的销售组织。对不同的顾客销售相同的产品，但由于顾客的需求不同，销售人员所需要掌握的知识也不同，企业按顾客类型规划销售组织模式，便于销售人员集中精力服务各种类型的顾客，从而成为服务于某类顾客的专家。图 2-3 说明按顾客类型规划的组织模式。

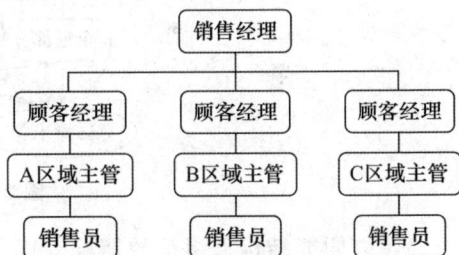

图 2-3 顾客型销售组织

在下述三种情况下可以组建这种类型的销售组织。

（1）针对各销售活动的对象要求的销售技巧不同。

（2）商品的关联性强，或是在商品的处理和采用方面有较强的关联性，能够进行关联性销售。

（3）本公司的商品在市场上处于强有力的地位。

顾客型的销售组织具有以下优点。

（1）更好地满足顾客需要，有利于改善交易关系。

（2）可以减少销售渠道的摩擦。

（3）易于展开信息活动，为新产品开发提供思路。

（4）易于加强销售的深度和广度。

顾客型销售组织的缺点。

（1）商品政策和市场政策由于受销售对象的牵制而缺乏连贯性。

（2）由于负责众多的商品，销售人员的负担加重。销售人员要熟悉所有产品，因而培训费用高。

（3）销售区域重叠，造成工作重复，销售费用高。

因此，在运用顾客型的销售组织时要注意以下几点。

（1）要看清整个市场、整个行业、整个公司的潮流和动向。

（2）不要造成销售人员只专一项，其他不闻不问，而应发展多项能力。

（3）不要搞成偏向销售对象的销售活动。

四、职能结构型销售组织

职能结构型的销售组织就是按照不同职能组建的销售组织，如销售业务科、销售计划科、宣传推销科、售后服务、客户管理等。销售人员不可能擅长所有的销售活动，但有可能是某一类销售活动的专家，基于这种思路，有些公司采用职能型组织结构。由于这种组织结构管理费用大，因此，经济实力小的公司不宜采用；规模较大的公司，由于销售队伍庞大，很难协调不同的销售职能，较多采用这种结构。图2-4是按照销售功能类型划分的职能型销售组织。

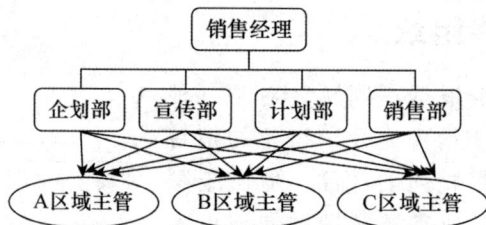

图2-4 职能型销售组织

建立职能结构型组织的情况有以下五种：

（1）企业规模比较大，需要将销售所需的各种职能专门化并需辅助经营者和管理者。

（2）销售分公司、经销处、办事处广泛分散在各地区，并且由于销售渠道的关系，销售点较多。

（3）生产的商品或经营的商品品种繁多，需要突出个性，体现差别。

（4）销售人员的素质水平高，可以根据各种销售职能指示完成指标。

（5）根据各种销售职能所建立的推销制度已成为其他竞争公司的竞争焦点。

其优点是销售职能可以得到较好地发挥，并可进行专门而合理的销售活动，因而销售活动分工明确，有利于培养销售专家。

其缺点是指示命令系统复杂，如果各职能间失调，就会发生混乱；责任不明确；销售活动缺乏灵活性等。

职能结构型组织也可按销售活动的功能类型划分。要想使不同职能的销售组织有效地发挥作用，就应注意以下几点。

（1）给各职能之间设定明确的职能范围，密切进行相互之间的联系和调整。

（2）使指令系统一元化，避免因繁多的指令而造成不必要的混乱。

（3）使销售组织的运行带有灵活性，避免迟缓和不适宜的情况出现。

五、混合型销售组织

以上类型的销售组织各有利弊，企业要根据实际情况、企业现有资源和发展阶段来选择一种适合自己的销售组织形式。同时销售组织形式不是一成不变的，企业要随着公司内外的环境变化适时完善或进行组织的变革。以上是比较单纯的销售组织，事实上企业可以根据自身情况选择几种形式进行结构组合，形成混合型销售组织。混合型销售组织可以满足企业对于销售目标需求、客户需求、产品要求、市场竞争等多种需要，适应企业发展。图 2-5 是混合型销售组织结构。

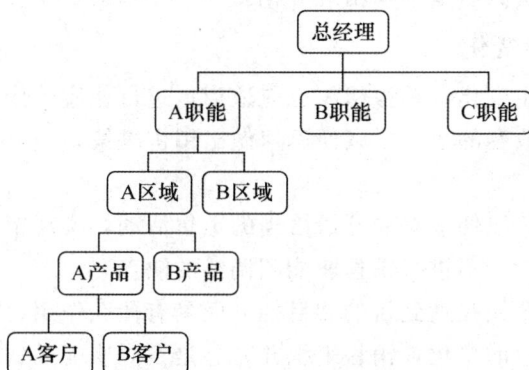

图 2-5 混合型销售组织

随着市场的发展和现代技术的进步，企业的销售活动有了很多新的变化，企业的销售组织也在发生改变，且有很多新型销售组织不断涌现。例如，由销售人员和必要的职能人员构成，组织目标明确，共同承担销售任务，保证销售工作顺利进行的团队型销售组织，以及将本公司外部的批发商和零售商及客户组织起来，形成销售组织的补充队伍的外部销售组织的模式，通过他们来进行市场开发，发掘有效的销售方法，开发销售工具，以使销售组织发挥更大的作用。

第三节 销售组织的发展与团队建设

一、销售组织的发展

企业销售组织是一个开放的系统，随着外部市场、技术、环境的变化，企业的销售组织也是不断发展变化的。企业处于不同的发展阶段，销售组织承担不同的销售目标和任务，企业内、外部的动态反映促使销售组织也要不断地发展。

（一）外部条件变化

因不景气而造成的需求停滞不前、在市场成熟情况下销售增长率降低和竞争加剧、竞争焦点的变化和本公司在市场中的地位以及商品在各销售渠道中的流通量比率的变化等，都要求企业适当地改变销售组织的结构。例如，随着家电市场竞争日趋白热化，价格战成为许多家电企业的营销手段。如果企业不加入价格战，就必须在提高产品质量、加强售后服务、减少流通环节上下功夫，因此，企业就要改变销售组织结构，加强售后服务组织体系的建设。

（二）内部条件变化

内部条件的变化包括：

（1）由于新产品和新业务的增加，出现了本公司要开发的新市场。

（2）本公司产品在寿命周期上的位置发生较大变化。

（3）本公司产品之间的销售比率出现较大变化。

（4）本公司的流通政策有了较大的变化。

（5）本公司销售人员的质量结构出现变化。

（三）销售组织的变化

公司内外部条件发生变化，销售组织也应适当地进行相应的变化：

（1）简化销售组织改变的手续，以便迅速做出销售决策，使其具有可应付内外部条件变化的灵活性。

（2）重新集结力量，以便能够展开最恰当的销售活动，实现销售组织的目标。

（3）克服"单打一"和不进行销售职能间调整的缺点。

（4）明确销售人员个人在达到目的和目标方面具有什么作用、占什么位置。

面对内外部环境因素的变化，销售组织并非总是不同职能销售组织、不同商品销售组织、不同地区销售组织、不同顾客销售组织中的某一种，而是根据条件的变化和市场的变化而采用的不同的销售组织形式，在销售业务运行方面不能够发挥应有的作用，不合理的销售组织会阻碍销售目标的顺利达成。

小资料2-3

用人之道，最重要的是要善于发现、发挥下属的一技之长。

在用人大师的眼里，没有废人，正如武林高手，不需名贵宝剑，摘花飞叶即可得心应手，关键是如何运用。

一个销售团队里也有各式各样的人才，人不可能每一方面都出色，但也不可能每一方面都差劲，这就要求团队领导者有容人之智，善于发现、利用下属的优势。用兵无固定方式，如水无固定流向，能依情势变化而取胜，就是用兵如神。

（资料来源：http://blog.163.com/qingfeng_417/blog/static/31507793201021111032549/）

二、销售团队建设

管理与建设一支团队是销售经理的主要工作。他需要确保团队有清楚明确的目的和足够达成目标的资源，要以开放和公正无私的态度对待团队成员。团队建设一般包括以下内容，如图2-6所示。

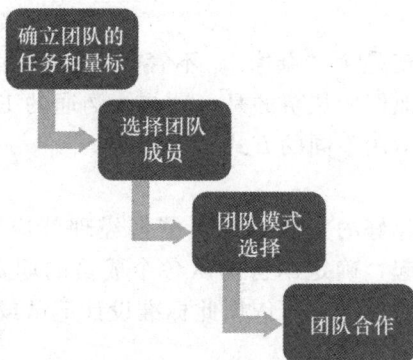

图 2-6 团队建设内容

（一）确立团队的任务和量标

企业在不同的发展阶段，对销售队伍的要求即销售团队的任务是不同的。企业发展初期，公司只有产品而几乎没有客户，这时销售团队的任务就是努力寻找目标客户，实现销售，迅速进行产品铺货。当企业成立了三五年后，公司的区域开发已基本完成，这时销售团队的重点已不是开发客户，而转移到维护客户关系、保持长期交易的阶段了。

销售团队目标必须以公司目标、市场特征和公司在这些市场的预期位置为前提，要考虑到人员推销在市场营销组合中的独特作用，它能更有效地为消费者提供服务。人员推销是成本最高的沟通工具，然而却又是最有效的工具。

1. 建立共识

团队成立初期，会议是增进团队精神及适应团队工作的一个好方法。可安排一系列热身会议，让团队成员能彼此了解，并对团队目标有一致的看法。要确定每位成员对团队交付的任务和即将面对的问题都有清楚的认识，同时在决定如何组织团队前，评量所有的可能性。最后，讨论和决定完成每个阶段性任务的期限。

2. 分析目标

目标会随团队是否要推选一套行动方案、是否要从事或推动某件事而有所不同。比如说，推动改善方案的小组，可依据来自机构内部的回馈测量自己的成功率；一支做实事的团队，如产品小组团队，就要向降低成本和提升顾客满意度的目标努力；一支负责创造销售业绩的团队，则必须严控开支预算，并按时间表来推动工作。

3. 目标激励

具挑战性的目标比起较小而明确的目标更具激发力。如果可能，同时设定概括的和特定的目标，不过目标虽高，但仍要考量实际情形。因此，要确定每个人皆参与设定自己的目标，同时亦了解团队的共同目标。另外，对团队的任何需求不可妥协。要找出兼具适合团队工作和优良专业技能两项条件的最佳团队组合。

（二）选择团队成员

团队成员的素质、技能、心态将直接影响到团队的整体水平及工作效率的发挥。大部分的企业人力资源部对于各部门相关岗位都有较规范的规定，因此，销售负责人对于自己团队成员的选择应该注意最基本的几个方面。

1. 选择复合型人才

一个优秀的销售人员一定是个"杂家"。不管是对经济学，还是对宗教、钓鱼，抑或是足球都应有所了解。因为他们所从事的是一项与人沟通的工作，每天要遇到不同类型的客户，对不同的客户就应当运用不同的方式。

2. 招聘过程结构化

要想提高招聘效率，保障好的招聘结果，销售经理就应该花点时间建立一套招聘程序，应该和人力资源经理一起，确定销售团队各个成员的职责，对应各职能的应对技能、经验、素质等方面制定规范的标准，再依据此标准设计笔试或面试问题，根据各环节应聘人员的综合表现选择相符合的人才。

3. 具备解决问题的能力

销售人员需具备的基本要求，如吃苦耐劳、保持平常心、善于沟通等在招聘选择时都会有严格的规定，但体现一个销售人员是否合格的最重要的一条标准，就是主动解决问题的能力。现在很多企业的销售人员所起的作用，仅仅是问题的收集和反馈，而对于来自客户或市场的问题和需求则缺乏适当解决的能力，也就是说，销售团队执行力的强与弱，其实是由销售人员解决问题能力的强与弱所决定的。

（三）团队模式选择

团队的组成形态千变万化，其中有正式的也有非正式的，它们各自适合特定的任务。销售经理可以根据公司组织结构的要求选择适合的团队模式，这样才能将任务分配给最适合的团队。

（四）团队合作

成功的团队合作最重要的特点是信赖。团队在互信的基础上会欣欣向荣，所以在团队成立的初期就必须建立互信。可透过授权、开放透明的行事方式及意见、允许信息的自由流通来促进相互信赖。

1. 授权

团队要培养互信合作，需要实施必要的授权。将每个计划打散成多个任务或目标，赋予个别的团队成员。然后充分授权，除非有迹象显示目标将无法达成，否则不要介入。以向成员咨询所有问题的方法与团队分享权力，若个人的专业领域亦牵涉其中，则应给予他们充足的权力，并与他们分享权力，这就是授权的方法。要求成员随时告知进度，以便掌握进度，然后放手让他们做下去。

2. 沟通

团队合作和保守秘密是不能兼顾的，所以说，一位不会和团队成员开诚布公的领导者，无法让团队成员发挥最佳潜能。应定期和不定期地安排会议，作为沟通的管道。成员会因彼此了解而解除戒心、放松心情，这有助于培养忠诚和凝聚力。试着在适当的场合，充分开放所有与团队任务有关的信息，如数据、事实、议程或记载成员个人对整个计划所应负责的备忘录。

每个人在团队工作时，一定远比一个人独自工作有创意。鼓励公开讨论意见，并确保每项意见都受到聆听及尊重。如果对某个意见持保留态度，要委婉地表示，驳回的理由一定要合理正当。提醒成员团队中有何专业知识可供运用，并促进成员之间公开讨论与团队目标有关的意见。

3. 分担责任

团队刚成立时，设定共同目标和安排个人角色只是一个程序的开端。此程序持续的时间与团队持续的时间等长。一支团队须负起执行政策、控制进度的责任，遇有不能达到目标的行动时，必须向上级做有建设性及创意性的反馈。作为一个整体，团队有责任确保成员间沟通自由且畅通，还要让每位成员都清楚明了政策上的改变和工作的进度。

小资料2-4

运用 TOPK 技术组建销售团队

美国销售界把"按照别人喜欢的方式进行销售"作为销售的白金定律，即客户是分析型，销售员就要调适为分析型。

亚洲销售界根据人类行为学家 Hertzberg、McGregor、Maslow、Skinner 与 McClelland 等教授的理论，推论人类有六大基本需求：权力、成就、安全、秩序、合作、认同。他们把支配力作为横坐标，把自制力作为纵坐标，从而把人类思维沟通风格分为类：威权者（权力与成就）、思考者（秩序与安全）、合作者（安全与合作）与外向者（认同与成就）。

何为 TOPK 技术？

在招聘与提拔销售员和销售主管时，需要坚持三个核心原则：价值观一致（志同道合）、能力互补、风格差异。其中风格差异主要是采取 TOPK 技术。所谓的 TOPK 就是：T—tiger，O—owl，P—peacock，K—koala，即老虎、猫头鹰、孔雀与考拉。

T 型的人的口号是"我们现在就去做，用我们的方式去做"。他们做事当机立断，大部分根据事实进行决策，敢于冒风险，在做决策前，会寻找几个替代方案，更多地关注现在，忽视未来与过去。他们对事情非常敏感，而对人不敏感，属于工作导向型，注重结果而忽视过程，工作节奏非常快，很容易与下属起摩擦，如孙悟空。

O 型的人非常崇尚事实、原则和逻辑，他们的口号是"我们的证据在这里，所以我们要去做"。他们做事情深思熟虑，有条不紊，意志坚定，很有纪律性，能系统地分析现实，把过去作为预测未来事态的依据；追求周密与精确，没有证据极难说服他们。他们对事情非常敏感，而对人不敏感，也属于工作导向型，但注重工作证据，决策速度比较缓慢，为人很严肃，难以通融；遇到快速变化的环境时，很容易与下属起摩擦，如唐僧。

P 型的人热情奔放，精力旺盛，容易接近，有语言天赋，擅于演讲，经常天马行空，做事比较直观，喜欢竞争，对事情不敏感，而对人很敏感并很感兴趣。他们更关注未来，把他们的时间和精力放在如何去完成他们的梦想上，而不关注现实中的一些细节；行动虽然迅速，但容易由于不冷静而改变主意；喜欢描绘蓝图，而不愿意给员工实在的指导与训练。决策时主要依据自己的主观和别人的观点，与员工谈工作时，思维属于跳跃式，员工经常难以跟得上；员工得到的是激励，而得不到具体指导；爱开玩笑，如猪八戒。

K型的人喜欢与别人一道工作，营造人与人相互尊重的气氛。他们决策非常慢，决策时总是寻求与做决定的相关人员达成一致意见，总是试图避免风险。他们办事情不紧不慢，对事情不敏感，而对人的感情很敏感，是关系导向型，很会从小处打动人，为人随和、真诚；非常擅于倾听，属于听而不决型；也很少对员工发怒，员工很喜欢找他们倾诉；但他们优柔寡断，如沙和尚。

我们把客户分为老虎型、孔雀型、猫头鹰型与考拉型，如果我们只招聘孔雀型的员工为销售员，那么将近有3/4的客户，将难以采取白金销售定律——待人如人愿。如果招选老虎型的员工为销售主管，那么管理工作的风格只有老虎型，其他三种风格的员工将很难真正的快乐工作。而且这种情况下的决策都很容易走极端，对整个销售队伍而言，管理决策就好比赌博，靠运气生存。

四种风格，相互共存，相互启发。一件事情不仅仅靠老虎型的思路可以解决，其他三种类型的思路也可以解决，这就容易造就一支成熟的市场销售管理团队，这支市场销售管理团队就必定可以造就非凡的销售业绩。

一般在招选人时，可以通过谈话与笔试来判断候选人属于哪一型。

如面试销售员时，可以问：现在有个产品有四种属性：质量、效果、服务与情感，您最喜欢使用哪种属性？只能选一项。如果候选人选择质量，而且言之有理，那么这位候选人多半是猫头鹰型；如果候选人选择效果，而且言之有利，那么这位候选人多半是老虎型；如果候选人选择服务，而且言之有义，那么这位候选人多半是考拉型；如果候选人选择情感，而且言之有情，那么这位候选人多半是孔雀型。

如果这个提问无法帮助我们在面试时判断候选人的风格，那么再提问：人类行为学家认为，一般人类有六种基本需求：权力、成就、合作、安全、秩序和认同，您最喜欢的个人需求有哪两项？如果他选择权力与成就，那么就可以判断候选人为老虎型；如果他选择权力与合作，那么就再次追问：权力与合作的需求中，如果只能满足一项，您会选择哪一项？如果候选人轻而易举地说出权力，那么就表明他属于老虎型。如果难以决策，犹豫不决，那就表明他属于考拉型。

一个好汉三个帮。这里的"三个帮"，其实就是其他三类人的帮助，如果自己是老虎，就需要猫头鹰、考拉与孔雀的帮助。

西游记取经团队其实是由观音菩萨设计与实施的，笔者根据TOPK技术，认为唐僧是猫头鹰，孙悟空是老虎，猪八戒是孔雀，而沙和尚是考拉。这四个不完美的个人，组成了完美的团队，经过九九八十一难而最后取得真经。

刘邦经常说自己的成功是靠萧何、张良与韩信，根据TOPK技术，笔者认为刘邦是孔雀、韩信是老虎、张良是猫头鹰、而萧何是考拉。而项羽只有老虎与猫头鹰，而且猫头鹰亚父范增最后也被项羽赶走了。

销售是流动式的、极具挑战性的工作，销售管理也是企业管理中难度最大而最具挑战性的管理，要做到中庸管理之道，光靠制度不行，光靠明星领导不行，需要用TOPK技术来组建销售队伍，尤其是销售管理团队，并且做到相互尊重与包容差异，那么就能缔造出卓越的销售队伍。

（资料来源：第一营销网 http://www.cmmo.cn，有删改）

本章小结

销售组织是指企业销售部门的组织，就是将生产或经营的商品销售给客户的销售部门的组织。销售组织是企业为了实现销售目标而将具有销售能力的销售人员、产品、资金、设备、信息等各种要素进行整合而构成的有机体。

销售组织与其他组织一样具有良好的汇集个人力量、提高组织活动的有效性以实现资源放大效应的作用，它是组织建立与发展的重要手段。销售组织使人们联合起来，相互协作、合作，共同努力完成企业销售目标；销售组织追求的是销售效率，销售组织设计即是追求实现组织资源群体效率，实现"1+1＞2"的放大效应。

销售组织的建立需要满足精简有效原则、统一指挥原则、管理幅度原则、权责对等原则、分工协调原则。

建立销售组织时，需要考虑以下几个因素，即商品特征、销售策略、商品销售的范围、渠道特性以及外部环境等。

销售组织的基本类型包括区域型销售组织、产品型销售组织、顾客型销售组织、职能结构型销售组织、混合型销售组织。区域型结构组织的优点包括决策速度快、费用低、人员集中易管理、有利于迎接销售竞争者的挑战。缺点是销售人员从事所有的销售活动，技术上不够专业，不适应种类多、技术含量高的产品。产品结构型的销售组织是指按照不同商品或不同的商品群组建的销售组织，产品型销售组织具有以下几个优点：由于各个产品项目由专人负责，所以那些较小的产品一般也不会被忽视；专人负责某项产品，所以可以使得该产品营销组合的各个要素更加协调。因此产品经理更加贴近市场，对市场的反应更为迅速；容易实现销售计划，便于进行着眼于追求利润的商品管理，而且还易于进行生产与销售之间的调整；产品型销售组织是年轻的经理人大展宏图、一试身手的场所。产品型销售组织机构也有一些弊端，比如，成本支出费用较高；产品经理对其他营销职能部门的依赖性较强；许多销售人员要应付同一位顾客，浪费人力且会使顾客感到麻烦；销售人员的视野会逐渐狭窄，他们在销售活动中会缺乏灵活应用的能力；由于产品经理的频繁更换，造成营销活动缺乏连续性。顾客型销售组织是根据不同顾客对象（根据客户、销售活动对象或销售途径）组建的销售组织。职能结构型的销售组织就是按照不同职能组建的销售组织，如销售业务科、销售计划科、宣传推销科、售后服务、客户管理等。混合型销售组织是根据自身情况选择几种形式进行结构组合。企业销售组织是一个开放的系统，外部市场、技术、环境的变化，企业的销售组织也是不断发展变化的。企业处于不同的发展阶段，销售组织承担不同的销售目标和任务，企业内、外部的动态反映，促使销售组织也要不断地发展。

团队建设一般包括以下内容，确立团队的任务和量标、选择团队成员、团队模式选择、团队合作。

思考题

1. 销售组织的基本功能及特点有哪些?
2. 销售组织建立的影响因素有哪些?
3. 讨论如何选择销售组织类型。
4. 销售团队建设的要点有哪些?

案例分析

案例一:无锡某互联网公司——主营网站建设、常规互联网产品、网络软件等(备注:该公司为同行业二线城市销售力最强公司之一)。

一日下午拜访该公司,一进门,看见一个财务人员在一个黑板上写着当日的销售排行表,具体如下:某某,当日销售×元,周排名第×名,月排名×名,全公司当日总销售额×元,离本周目标额还差×元。一看到这个黑板报我吸了一口冷气,心想一个常规互联网企业如果每天有这么多人能成交这么多单的话,这个公司确实不简单,因为我对这个行业不陌生,其产品在市场上的推销难度相当大,因为大家都不怎么了解,而且推销对象大多是年龄偏大而且多是不懂互联网的企业老总。

只见大家都争相看着今天的黑板报。"嘿,老刘今天又拿了一单3万元的销售,厉害哦!"知道谁说了一句话。我知道老刘是他们的一个业务主管,于是找到老刘细谈,他说了这样的话:"我的这点在公司里算不上什么,你不知道我们的张经理更厉害,几乎是一天一单,还有新来的小伙王朋,短短一个月就做到了全公司前五,我们公司都是精英中的精英呀。"

听完老刘的一番叙述后我环顾了一下这个公司的所有员工,发现一小半是女孩,一大半是小伙,年龄基本在30岁以下,不过个个都显得那么的成熟老练。通过和老刘的谈话我还知道一些公司的内幕,公司给每个销售人员配备一台笔记本电脑、一辆小轿车,不会开车的就和会开车的同一辆,当时我下意识地看了看自己的笔记本电脑,惭愧:真比不上这里的销售员!同时我的脑子里面也来了一个问号:这么高的投入,如果销售员不合格,不是浪费超大吗?看见他们的老总才让我是吃惊中的吃惊:互联网企业做到如此程度的老总,竟然是一个年过半百的中年人,和大多数互联网企业的老总30岁左右相比实在不相称。我进去的时候他正给一个主管打电话,只听他说:"王经理,晚上去我家吃点便饭,你嫂子亲自做点菜,味道不错的,去尝尝。"打完这个电话,人事部进来汇报今天招聘和培训的事情,大概意思是今天招聘面试60个人,第一轮合格8个人,第二轮合格3个人,基本和公司要求接近的只有两个人,只听该老总如此回复:"招聘的工作不可以停下来,一定要大海捞针捞到最优秀的,对于初步合格的两个人让他们明天早上就进入拉练阶段,交给老刘带着。"等他说完这话,我就问什么叫拉练,他笑着说:"我们企业的新员工进来是经过层层筛选的,一般都是百里挑一。一场招聘会下来最多也就一两个可以进入拉练阶段。一旦进入拉练阶段就是由老员工带着,带他们每天拜访客户,拜访的数量不低,通过谈判对他们的耐心和技巧进行打分，一旦通过拉练就可以单独开展业务，公司马上为其配备电脑和小轿车。"听完该老总的叙述我才知道，原来他们公司的每一个正式业务人员都不简单呀。聊了一会该老总对我说："实在不好意思，我们下午的会议时间到了，每周这个时候是发周业务提成的时候，也是我们总结学习的时候，我就不便陪你。"说完该老总就急匆匆地走了。

案例二：西安某广告公司——主营媒体销售（备注：该公司从组建到至到行业前三仅用了半年）。

中午吃饭时间，驻咸阳办事处的张经理正准备吃饭，今天是他从咸阳回来汇报工作的日子，恰巧碰到了销售总监刘经理，只见他气喘吁吁地对张经理说："今天跑了一上午，到现在也没吃饭，现在的时间真紧，一定得抓紧了，我先忙了，回头聊。"说完就走，留下张经理一个人在那里若有所思地发呆。张经理负责咸阳市场，3个月没有什么业绩可言，一回到公司看着每天黑板上西安同事的业绩，张经理实在坐不住了。这次回总公司开会，当总经理表扬那些同事的时候，他无形中感觉自己颜面无光，暗暗下定决心回办事处后就拼了，无论如何得在总公司露露脸。

会议结束后行政部的梅总监来了，在公司，很多人都喜欢和这个梅总监说心里话，无论何时何地，她总是那么认真听你讲，耐心听你说，细心地为你分析。梅总监这次也不例外，把张经理拉到一边，公事也聊私事也谈，张经理在公司感觉此刻是最尴尬一天中最开心的时刻，聊完以后张经理说了一句话："这次回去就是瘦掉10斤肉，也要把销售提上去，下次再来总公司也好扬眉吐气。"其实在这家公司，那有形的业绩榜和大家心中无形的排行榜决定了每个人在公司的地位，尽管张经理身为外地一把手，但是业绩的靠后让他在公司实际的地位非常尴尬。

案例三：杭州某直销公司——主营文具产品（备注：该公司的分公司经理都是25岁以下，年薪数十万）。

早上一到公司，大老远就听见振奋人心的音乐，该公司早会基本流程是大会、小会、小组会。每场会都是那么的激情澎湃，大会主要是业务高手的经验分享，小会是部门工作的反思，小组会是出发前的放松游戏。该公司的这些会议一定程度上对成员造成很大的影响，比如，看到那一个个成功领取高额奖金的身影，每个人追求金钱的欲望就被激发出来了。小组会的活动和游戏大家是那么的开心和无所拘束，尤其是当你做了第一笔销售单的时候，小组会的成员会一个个地向你道喜，并说一句话：恭喜你又赚了100万元，顺便给你一个热情的拥抱。在整个公司同事的眼里，只要有同样的坚持，100万元迟早会赚到。同样还要提到的是该公司实行的是每周一次小活动，每月一次大活动，唱歌、旅游在该公司是家常便饭。

（资料来源：《销售与市场》，http://www.cnxz.cn/dealer/news/201112/15/11822.html）

问题：

通过三个案例的叙述，你认为一流销售团队一般都具备有哪些核心要素？

第 3 章
销售计划管理

本章导读 --

1. 了解销售计划的重要性
2. 了解销售计划的概念和内容
3. 掌握销售目标的内容和制定程序
4. 理解销售计划和预算的编制

导入案例 --

某国际面膜品牌西南销售计划

西南市场作为中国西部大开发的重要阵地，很多大中型国际企业也毫不犹豫地选择了这个机会，扎根西南，由此带来的高薪人才和高薪老板是中高档化妆品的又一次良好的销售机会，同时也是各大国际知名化妆品展示销售的机会。但谁输谁赢，暂且不论，关键看谁的营销策略制胜、谁的销售渠道稳定。

那么作为国际知名面膜品牌，维肌泉怎样打开西南之门呢？又怎样拥有一席销售突破阵地呢？对于该品牌，首先我们要进行清晰的认识，在西南地区，该产品的知名度不高，这是一大弱点，同时没有很多消费者尝试购买使用过。作为90～300元的面膜产品，如果没有好的销售渠道，没有好的包装和质量效果，同时没有配备完善的销售策略，是很难打开销售局面的。所以在产品进入市场之前，我们先要进行市场的具体分析，再根据产品特点和消费市场制定相匹配的销售策略。如此方可减小销售投入风险，确保占领一席阵地。

首先，对产品消费对象来讲，西南市场属于潮湿气候，面膜产品不是消费者护肤过程中重要的选择品，选择对象应该对自己皮肤要求完美、进行科学护理保养且拥有一定消费能力的消费者，那么这类消费群体大部分生活在一级城市和重要的二级城市、部分三级城市。我们必须针对消费群体来制定策略和渠道。

其次，对渠道的策略应该针对消费群体来制定，零售网络必须重点针对西南的一级城市和二、三级城市有化妆品有相当影响力的化妆品专卖店、商场、美容美体护理店，因为消费者是注重生活品位和时尚的人，所以她们对购买渠道也是很挑剔的，那么我们选择的渠道必须是有知名化妆品销售的品牌连锁店等，加上利用渠道进行推广也容易提升产品的购买力和影响力，如四川美乐、蓝天时尚、泸州金甲虫、三商、贵州的广明日化、兴义的顾氏日化、云南的佳佳美妆、艳丽日化等一定是我们的重点谈判对象。因为他们是我们重要的销售突破口，更是高消费者重点的光顾对象。

那么对代理商的选择，我们首先要对代理商进行分析：一是他对以上的销售网络有一定兴趣和客情关系。二是具有一定的资金实力。三是具有良好的品牌推广意识，因为要将在西南区域还不知名的面膜产品销售好，必须投入一定的精力来进行产品的推广。四是必须具有一定销售团队和培训教育团队。因为维肌泉的销售必须要对零售商团队进行系统的销售培训和产品推广教育。五是具有诚信经营理念和长期的经营打算。所以选择好代理商等于成功了一半，对代理商的选择我们必须细致。

对于产品的推广，作为在西南区域还不知名的面膜产品要想在零售终端得到良好的销售，要制定良好的销售策略，可分五个阶段来进行：①省级经销商建立期；②零售渠道建立期；③产品销售培训期；④产品推广期；⑤产品终端陈列、渠道整理期、强化重点网络。下面进行具体的分析。

（1）省级经销商建立期：这个阶段重点开发四川、云南、贵州、重庆、西藏的省级代理商，用3～4个月全部完成。建立第一渠道基础，找到产品的辐射点。

（2）零售渠道建立期：这个阶段首先要指导省级代理商及其销售人员、促销队伍，让他们明白怎样同零售商沟通和谈判，怎样说服零售商去接受产品、拿出资金和陈列位置销售面膜产品，怎样去签订合同，先开发哪些零售商、后开发哪些零售商，怎样确定合作方式等。

（3）产品销售培训期：这个阶段首先要指导省级代理商及其销售人员、促销队伍，让他们明白怎样同零售商沟通和谈判，怎样让零售商的人去销售产品、陈列产品、推广产品，怎样服务消费者，什么样的推广方式适合什么样的零售商，以及产品的功能特点和独特之处。

（4）产品推广期：这个阶段是给零售商带来最大利润的阶段，而利润来自产品的销量，关键在于我们是否制定了合理、有效的推广方式。所以在推广一个大家不熟悉的面膜产品的过程中，我们除了展示和试用以外，更要提升品牌价值，因为这些消费者不但要购买好质量的产品，更需要有品牌价值的产品，我们必须面对市场，重点围绕产品和具体的市场制定不同阶段的产品推广活动和服务活动。特别是在夏季的旺季季节，我们选择1～2款低价位的产品进行品牌渗透。靠低价位的产品渗透品牌影响力，高价位产品拉动产品的特色服务和功能服务，产生更高的品牌魅力价值。

（5）产品终端陈列、渠道整理期、强化重点网络：这个阶段我们要进行网络的整合，太差又销售不好的网络既费人力成本又影响产品的品牌魅力，甚至对网络带来负面的影响，所以我们必须分析每个网络的销售情况，进行有效的整合。建立适合零售商的销售策略，同时寻找公司和省级代理的销售缺点，进行纠正更改。检查和落实零售终端还没有执行到位的地方，不断完善整改。强化网络质量，提升终端销售和品牌价值。

在完成以上五个阶段后，我们必须还要对网络进行反复的销售教育培训、分析零售商的不足和需要为了销售要改善的地方。同时建立客户服务体系、完善不同阶段的销售推广策略。随着销售时间的积累，网络不断完善，渠道就要进行慢慢地细化和跟踪服务。

这样我们西南市场整体布局也就清晰明朗了，从渠道到服务、从销售推广到网络的细化我们就有了良好的销售思路。

（资料来源：http://ww.mrhzp.cn/cn/2007/07/20070717367.html）

第一节　销售计划概述

一、销售计划的概念

销售计划是指企业根据历史销售记录和已有的销售合同，综合考虑企业的发展和现实的市场情况制定的针对部门、人员的关于任何时间范围的销售指标（数量或金额），企业以此为依据来指导相应的生产作业计划、采购计划、资金筹措计划以及其他计划安排和措施。

销售计划是企业为取得销售利润而进行的一系列销售工作的安排，包括依据销售预测设定销售目标、编制销售定额和制定销售预算。只有销售数字和金额是不完整的，还需要有切实可行的实施方案来指导销售人员的工作。

企业在制订销售计划时，要对市场有充分的了解，要在企业营销战略的指导下决定年度的销售额与销售活动。企业只靠产品本身的优势来扩大销售还不够，还必须进行一系列有计划的促销活动。这些都对销售计划的编制提出了很高的要求，销售计划管理工作的好坏，将会直接影响企业在市场中的地位。

二、销售计划的内容

提前做好销售计划是非常重要的，合理地按照计划来实现销售业绩，实施起来非常方便。一份合理的市场销售计划包括以下几个方面。

（1）市场分析。根据了解到的市场情况、竞争对手的销售情况，对产品的卖点、消费群体、销量成绩等进行定位。

（2）销售方式。找出适合自己产品销售的模式和方法。

（3）客户管理。对已开发的客户进行服务，促使他们提高消费；对潜在客户进行跟进。这一点是非常重要的，应在计划中占主要篇幅。

（4）销量任务。就是定出合理的销售任务，销售的主要目的就是要提高销售量。只有努力地利用各种方法完成既定的任务，才是计划作用所在。完成了，要总结出好的方法和模式；完不成，也要总结存在的问题和困难。

（5）考核时间。销售计划可分为年度销售计划、季度销售计划、月销售计划。考核的时间也不一样。

（6）总结。对上一个时间段销售计划的执行情况进行评判。

小资料3-1

××公司年度销售计划书

一、基本目标

本公司××年度销售目标如下。

（一）销售额目标：

（1）部门全体：××××元以上；

（2）每一员工/每月：×××元以上；

（3）每一营业部人员/每月：××××元以上。

（二）利益目标（含税）：××××元以上。

（三）新产品的销售目标：××××元以上。

二、基本方针

（一）本公司的业务机构，必须一直到所有人员都能精通业务、人心安定、有危机意识、有效地活动时，业务机构才不再做任何变革。

（二）贯彻少数精锐主义，不论精神或体力都须全力投入工作，使工作朝高效率、高收益、高分配（高薪资）的方向发展。

（三）为加强机能的敏捷、迅速化，本公司将大幅委让权限，使人员得以果断速决，实现上述目标。

（四）为达到责任目的及确立责任体制，本公司将贯彻重赏重罚政策。

（五）为使规定及规则完备，本公司将加强各种业务管理。

（六）××股份有限公司与本公司在交易上订有书面协定，彼此遵守责任与义务。基于此立场，本公司应致力达成预算目标。

（七）为促进零售店的销售，应设立销售方式体制，将原有购买者的市场转移为销售者的市场，使本公司能握有主导代理店、零售店的权力。

（八）将出击目标放在零售店上，并致力培训、指导其促销方式，借此进一步刺激需求。

（九）策略的目标包括全国有名的××家店，以"经销方式体制"来推动其进行。

三、业务机构计划

（一）内部机构

1. ××服务中心将升格为营业处，借以促进销售活动。

2. 于××营业处的管辖内设立新的出差处（或服务中心）。

3. 解散食品部门，其所属人员则转配到××营业处，致力于推展销售活动。

4. 以上各新体制下的业务机构暂时维持现状，不做变革，借此确立各自的责任体制。

5. 在业务的处理方面若有不备之处，再酌情进行改善。

（二）外部机构

交易机构及制度将维持经由本公司—代理店—零售商的原有销售方式。

四、零售商的促销计划

(一) 新产品销售方式体制

1. 将全国重要的××家零售商店依照区域划分，于各划分区内采用新产品的销售方式。

2. 新产品的销售方式是指每人各自负责30家左右的店，每周或隔周做一次访问，借访问的机会督导、奖励销售，并进行调查、服务及销售指导、技术指导等，借此促进销售。

3. 上述的××家店所销出的本公司产品的总额须为以往的2倍。

4. 库存量须努力维持在零售店为1个月库存量、代理店为2个月库存量的界限上。

5. 销售负责人的职务内容及处理基准应明确化。

(二) 新产品协作会的设立与活动

1. 为使新产品的销售方式与其推动的促销活动得以配合，另外需以全国各主力零售店中心，依地区另设立新产品协作会。

2. 新产品协作会的主要内容大致包括下列10项：

(1) 分发、寄送机关杂志；

(2) 赠送本公司产品负责人员领带夹；

(3) 安装各地区协作店的招牌；

(4) 分发商标给市内各协作店；

(5) 协调商店之间的销售竞争；

(6) 分发广告宣传单；

(7) 积极支援经销商；

(8) 举行讲习会、研讨会；

(9) 增设年轻人专柜；

(10) 介绍新产品。

3. 协作会的存在方式是属于非正式性的。

(三) 提高零售店店员的责任意识

为加强零售商店店员对本公司产品的关心，增强其销售意愿，应加强下列各项实施要点。

1. 奖金激励对策。零售店店员每次售出本公司产品则令其寄送销售卡，当销售卡累积达到10张时，给予资金以激励其销售意愿。

2. 人员的辅导。

(1) 负责人员可在访问时进行教育指导说明，借此提高零售商店店员的销售技术并增加对产品的知识。

(2) 销售负责人员可亲自站在店头接待顾客，示范销售动作或进行技术说明，让零售商店的店员从中获得指导。

五、扩大顾客需求计划

(一) 确实的广告计划

1. 在新产品销售方式体制确立之前，暂时先以人员的访问活动为主，把广告宣传活动作为未来进行的活动。

2. 针对各广告媒体，再次进行查阅，务必使广告计划达到以最小的费用创造出最大的效果的目标。

3. 为达成前述两项目标，应针对广告、宣传技术作充分的研究。

(二) 活用购买调查卡

1. 对购买调查卡的回收方法、调查方法等进行检查，借此确实掌握顾客的真正购买动机。

2. 利用购买调查卡的调查统计、新产品销售方式体制及购买调查卡的管理体制等，确实做好需求的预测。

六、营业实绩的管理及统计

1. 利用各零售店店员所送回的购买调查卡，将销售额的实绩统计出来，或者根据这些来改革产品销售方式体制并进行其他的管理。

(1) 依据营业处、区域别，统计××家商店的销售额。

(2) 依据营业处别，统计××家商店以外的销售额。

(3) 另外几种销售额统计须以各营业处为单位制作。

2. 根据上述统计，可观察各店的销售实绩及掌握各负责人员的活动实绩、各商品种类的销售实绩。

七、营业预算的确立及控制

(一) 必须确立营业预算与经费预算，经费预算的决定通常随营业实绩做上下调节。

(二) 预算方面的各种基准、要领等须加以完善成为示范本，本部门与各事业部门则需交换合同。

(三) 针对各事业部门所做的预算、实际额的统计、比较及分析等确立对策。

(四) 事业部门经理应以年、期、月别，分别制定部门的营业方针和计划，并提出本部门修正后的定案。

(资料来源：http://baike.baidu.com/view/185084.htm)

三、销售计划的作用

销售计划就是事先拟定的销售工作内容与步骤。销售计划的制订与实施能从提高销售工作效率、提高实现销售目标的可能性以及有利于企业成本预算与控制这三个方面为企业的销售工作带来好处。

（一）提高销售工作的效率

无论是销售经理，还是普通销售员，日常工作都很琐碎。因此，全面提高销售管理工作的效率需要有一个切实可行的销售工作计划。制订计划很重要，好的计划必须具有可执行力。一般不要订太长时间的计划，否则就成了规划。计划要划分得很细，具体到每个销售人员。计划不要超出自己的能力范围。

（二）提高最终实现销售目标的可能性

一个好的销售计划不仅能富有成效地保证一个企业的销售工作顺利进行，而且对每一个员工都是一种鼓舞与鞭策。为了实现销售目标和企业的发展蓝图，追求未来美好的前景，每个员工都会增强凝聚力并忘我工作。一个好的销售计划凝聚着每一个员工的智慧，体现着每一个员工的价值，代表着每一个员工的切身利益，因此他们会以更强的责任感，发挥出最大的才智。

（三）有利于做好企业的预算和成本控制工作

从企业的整体管理来看，企业的各项工作都是围绕着预算工作展开的，当然销售管理工作也不会例外。销售预算做得科学与否，关键要看销售计划做得是否准确，销售计划制订得越准确，预算工作就会做得越科学。而预算工作做得好坏会直接影响企业成本控制。

第二节　销售目标

一、销售目标的内容

销售目标是指公司在一定时间内期望达成的销售水准。销售目标的设定极为重要，因为销售目标设定后，企业所投入的资源，如执行策略的资源、广告及促销费用、雇用的营销及推销人员、采用的营销渠道及所要生产的产品、设定的库存等，都是为了实现销售目标而服务的。

二、销售目标制定的程序

制定合理的销售目标会使销售人员士气大增，但如果销售目标遥不可及则必然大挫其士气。制定合理销售目标的程序有以下 5 个步骤，如图 3-1 所示。

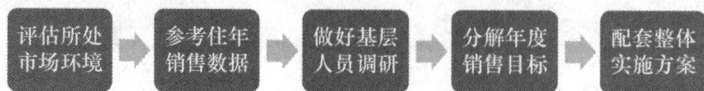

图 3-1　销售目标制定的程序

（一）评估所处市场环境

根据行业环境、竞争对手和自身产品的市场处境进行综合评估，是制定销售目标的基础。

（1）要看行业的发展趋势。如保健酒每年以 30％的速度递增，而白酒处于略有下滑的趋势。

（2）要看直接竞争对手今明两年的推广方案、广告力度、新品开发等营销推广方式。

（3）要看自身品牌的市场状况。是处在成长期、成熟期还是衰退期？去年市场投入的力度及效果怎样？市场占有率多大？还有多大上升空间？去年的销售瓶颈有没有能力打破？

（二）参考往年销售数据

往年销售数据是年度决策的重要因素之一。应尽量多参考几年的销售数据，而不能单看最近一年的销售数据。数据是参考依据，不是直接定目标的基数，参考数据的目的是结合所处市场环境，找出销售的走势。销售走势并非简单的直线，它与所处环境紧密相连。

（三）做好基层人员调研

总部人员制定年度目标前，要选择几个有代表性的市场进行翔实调研。调研市场的选择要综合考虑区域分布、市场成熟程度、市场容量、人员能力等因素。调研的方式除了对分公司人员和代理商访谈外，还要敢于走到终端最低层，与零售商和消费者直接沟通，直接掌握一手资料，最直接的一线调研数据是预测来年销售状况的基础。

（四）分解年度销售目标

一般在制定总体目标前，让分公司上报明年的计划。总部在结合分公司计划的基础上确定总体销售目标后，还需要对年度销售目标进行分解。一般按照分公司、月度、产品等因素进行分解，分解时要根据各自实际情况进行调整。分解过程也是一个修订总目标的过程，有时会反过来根据分解后目标的可行性对总目标进行修改。

（五）配套整体实施方案

没有整体推广方案做保障的年度销售目标只能是画饼充饥。只有具体的广告计划、促销计划、新品开发计划、营销政策、管理制度等实施措施跟目标配合，才能确保销售目标的完成，销售人员和代理商才会信心十足。

小资料 3－2

影响销售目标达成的因素

成功有其方法，失败有其原因。营销人员目标的达成亦是如此。一个企业的销售指标能否保质保量地完成，事关企业的发展大计，牵涉企业战略目标规划能否顺利实现，也是企业月度、年度指标能否顺利分解的坚实基础。

销售目标的制定是一门学问，因为它关系到营销人员的薪资考核和职位升迁，所以，需要营销和市场部门认真研究和谨慎对待。目标定得太低，易于达成，往往会使营销人员缺乏挑战精神，让营销人员丧失斗志和激情，不思进取，安于现状；目标定得太高，"踮起脚尖，甚至蹦一下都够不着"，则容易"拔苗助长"，引发市场后患，不利于企业和市场的深入、持久发展，因此，制定符合市场实际的、科学的销售目标尤其重要。

2012年4月，某饮料公司在湖北省实现销售收入300万元，5月份，该公司考虑到随着气温进一步升高，饮料市场全面进入旺季，同时，也为了达到缩减相应营销费用的目的，经过权衡，销售目标就定到了500万元。此销售目标一经公布和下分，整个营销中基层一片哗然，因为他们心里都明白，上个月之所以完成了300万元的销售量，其实都是通过良好的客情关系，"苦口婆心"地劝说压货甚至不惜动用公司促销、返利等资源才完成的，由于湖北省是该饮料公司的老市场，市场增长空间已不是很大，因此，这些"拔高"的销售任务无法往下派发。由于营销高层一再坚持，这多出的200万就硬性地层层分解到了片区经理、营销人员以及经销商的身上。半个月过去了，令人想不到的是，该公司才销售了100多万元，这时，公司高层急忙派人下去调查，反馈过来的结果是，过高的销售任务让营销员和经销商"喘不过气来"，他们自认为再努力也完不成，于是消极怠工，得过且过，个别区域甚至出现与公司对抗的过激现象。整个营销团队丧失了应有的战斗力，加上5月中旬以后，天气阴雨连绵，该饮料公司在湖北省的销售计划彻底落空了。

案例中该饮料厂家之所以销售目标全盘皆输，与该公司过分想当然、不切实际的制定销售目标有直接关系。因此，销售目标的科学设定，事关营销全局，既能"加压"，又能"驱动"的销售目标才是好的销售目标。

（资料来源：火爆招商网，http://www.1168.tv/coliege/cehua/news_28965.htm）

第三节　销售预测

一、销售预测的影响因素

图3-2为销售预测影响因素模型。

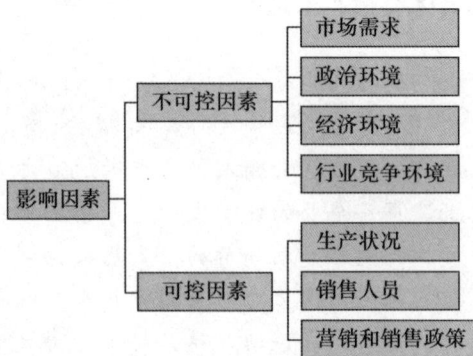

图3-2　销售预测影响因素模型

（一）不可控因素

1. 市场需求

市场需求是外界因素中最重要的一项，经济发展形势、流行趋势、消费者生活习惯的转变等都会引起需求量的变动。因此，企业应该密切关注该行业相关市场动态，提前对市场形势进行分析预测，以掌握市场的需求动向。

2. 政治环境

政策的变动往往会对销售产生较大的影响，例如 2008 年 6 月起禁止超市免费发放塑料袋的规定，就使得塑料袋生产厂家调整销售预测，甚至调整生产结构，以适应政策变动引起的市场变化。

3. 经济环境

销售收入深受经济变动的影响，尤其是近年来，石油价格上涨、通货膨胀加剧、股市震荡、人民币升值等，国内外的经济环境直接影响企业的销售甚至生存，因此企业一定要对经济形势的发展有一个正确的认识，采取灵活的措施来适应经济形势的新变化。

4. 行业竞争环境

企业的销售是整个行业销售的一部分，销售额的高低直接受到业内竞争者的影响。新的竞争者的出现、竞争对手采取了新的竞争战略等等，这些都会对行业格局产生一定的影响，自然也会对企业的销售产生一定的影响。

（二）可控因素

（1）生产状况。生产能力是影响企业销售额的重要因素。

（2）销售人员。销售人员是销售活动的核心，直接决定企业销售的实现情况。

（3）营销和销售政策。包括产品、价格、渠道、促销政策在内的营销政策和包括交易条件、付款方式等的销售政策也会直接影响企业的销售情况。

二、销售预测的程序

销售预测程序主要包括以下步骤，如图 3-3 所示。

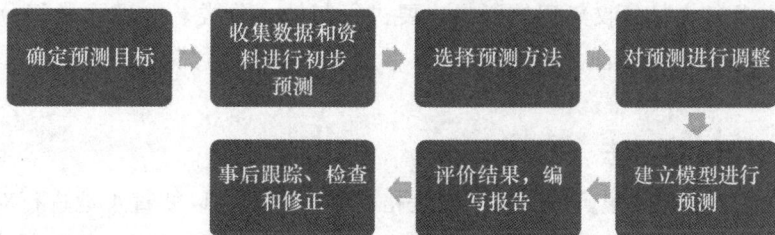

图 3-3 销售预测的程序

（一）确定预测目标

这一步需要考虑的主要内容包括预测目的是什么，预测结果将会被如何使用。进行销售预测之前，首先要明确预测的目标。具体来讲，就是指销售预测的具体对象的项目和指标。其次还要分析销售预测的时间性、准确性要求，划分商品、地区范围等。对市场经济活动可以从不同的目的出发进行销售预测，目标不同，需要的资料、采取的销售预测方法也都有一些区别。有了明确的销售预测目标，根据目标需要收集资料，确定进程和范围。

在市场营销活动中，企业会遇到选择发展战略方向、制订经营计划等具体问题。在日常经营管理中，也会遇到按照未来市场情况做出正确决策的问题，这都需要在不同程度上进行销售预测工作。通过销售预测，使企业在未来经济发展的客观市场环境中，做出最佳选择。企业在制订发展计划时，需要对未来的市场情况做出分析、判断和预见，要了解哪些因素有利于销售计划指标的完成，哪些因素不利于指标的实现。通过全面细致的销售预测，了解未来市场，制订出科学、准确的经营计划。

销售预测也要根据不同层次管理的决策要求对市场变化做出可行的预测。每次预测要区分清楚预测目标，这是搞好销售预测的前提。企业在每次销售预测活动时，可能不止一个目标，这时需要分清主次关系，从实际出发，解决那些最迫切、最主要、最关键的问题。确定了销售预测目标之后，接着要考虑时间性和准确性的要求。如果是短期预测，允许误差范围要小，而中长期预测，误差在20％～30％是允许的。销售预测的地区范围应是企业的销售活动范围，划定预测的地区范围过宽过窄都会影响预测的进程。预测目标确定之后，企业则可考虑编制费用开支计划和具体的工作日程安排。

（二）广泛收集数据和资料进行初步预测

充分的市场信息资料是进行销售预测的前提，因此，选择并且确定了市场预测目标以后，接下来要广泛系统地收集与本次预测有关的各方面数据和资料。收集资料是进行销售预测工作的重要环节。按照要求，凡是影响市场供求发展的资料都应尽可能地收集。资料收集得越广泛、越全面，销售预测的准确性程度就越高。收集的市场资料可分为历史资料和现实资料两类。历史资料包括历年的社会经济统计资料、业务活动资料和市场研究信息资料。现实资料主要包括目前的社会经济和市场发展动态，生产、流通形势、消费者需求变化等。

收集的信息资料应力求系统、完整、准确，这就需要对资料进行必要的核实与审查。例如，可以从不同角度复核历史资料，剔除非正常因素对数据的干扰，从已掌握的过去市场信息去预测未来状况。收集到的资料，要进行归纳、分类、整理，最好分门别类地编号保存。在这个过程中，要注意标明市场异常数据，结合预测进程，不断增加、补充新的资料。

（三）选择预测方法

常用的方法是先将收集到的资料列出表格，制成图形，以便直观地进行对比分析，观察市场活动规律。分析判断的内容还应包括寻找影响因素与市场预测对象之间的相互关系，分析预测期市场供求关系，分析判断当前的消费需求及其变化以及消费心理的变化趋势等。

在分析判断过程中，要考虑具体采用哪一种预测方法进行正式预测。销售预测有很多方法，要根据预测的目的和掌握的资料来决定选择哪一种。各种销售预测方法有不同的特点，适用于不同的市场情况。一般而言，掌握的资料少、时间紧，预测的准确程度要求低，可选用定性预测方法；而掌握的资料丰富、时间充裕，则可以选用定量预测方法。在预测过程中，应尽可能地选用几种不同的预测方法，以便互相比较验证结果。

（四）根据可控因素、不可控因素对预测进行调整

可控因素主要考虑的问题包括：有无新产品推出，价格是否发生变化，促销活动会产

生什么影响，销售渠道有无变化，整个营销战略是否有变。不可控因素主要考虑的问题包括：是否出现新的政策法规对销售产生影响，经济形势的变化，是否有新的竞争对手加入，竞争者的营销策略有什么变化。

（五）建立模型进行预测

销售预测是运用定性分析和定量测算的方法进行的市场研究活动，在预测过程中，这两方面不可偏废。一些定性预测方法，经过简单的运算，可以直接得到预测结果。定量预测方法要应用数学模型进行演算、预测。预测中要建立数学模型，即用数学方程式构成市场经济变量之间的函数关系，抽象地描述经济活动中各种经济过程、经济现象的相互联系，然后输入已掌握的信息资料，运用数学求解的方法，得出初步的预测结果。

（六）评价结果，编写报告

通过计算产生的预测结果是初步的结果，这一结果还要加以多方面的评价和检验，才能最终使用。检验初步结果，通常有理论检验、资料检验以及专家检验。理论检验是运用经济学、市场学的理论知识，采用逻辑分析的方法，检验预测结果的可靠性程度。资料检验是重新验证、核对预测所依赖的数据，将新补充的数据和预测初步结果与历史数据进行对比分析，检查初步结果是否合乎事物发展逻辑，符合市场发展情况。专家检验是邀请有关方面专家，对预测初步结果做出检验、评价，综合专家意见，对预测结果进行全面论证。

对销售预测结果进行检验之后，就可以着手编写预测报告了。与调查报告相似，销售预测报告也分为一般性报告和专门性报告，每次根据不同的要求，编写不同类型的报告。主要分为一般性报告和专门性报告。其中一般性报告的读者是各级管理人员、决策人员，其目的是提供预测结果和市场活动建议。这类报告要求将预测结果简单、明确地反映出来，对预测过程和结果作扼要的解释性说明和简单论证。而专门性报告的读者是市场研究人员，对预测技术方法比较了解的管理、决策、咨询人员，这类报告要求详尽，要对预测目标、预测方法、预测资料来源、预测过程做出详细说明，阐明对市场的分析，对市场运行规律的认识，还应包括预测检验过程、计算过程，并且需要从多方面论证预测结果的可靠性，最后附有必要的资料处理说明、预测计算公式等。这两类预测报告都可以附有必要的预测图表，以便直观形象地反映预测结果。

（七）事后跟踪、检查和修正

完成销售预测报告并不是销售预测活动的终结，下一步还要对预测的结果进行追踪调查。销售预测结果是一种有科学根据的假设，这种假设毕竟仍要由市场发展的实际过程来验证，因此，要考察销售预测结果的准确性和误差，并分析总结原因，以便取得销售预测经验，不断提高销售预测水平。实际销售预测过程中，根据不同的情况，程序也可能有所变化，顺序有所调整，每个程序之中还可能派生出若干个子程序。但是预测中都应该包括这些基本过程，这样才能获得相应的预测结果。

检查和修正主要考虑的问题包括：销售预测值与实际销售情况是否存在较大差异，为什么会出现这种差异，是否需要对销售预测进行调整修正。

在制定销售预测的过程中，为了提高预测的准确性，企业需要遵循以下原则：①选择适合企业和产品的销售预测方法；②保证预测的灵活性，根据市场的变化及时对预测进行跟踪调整；③尽量采用多种预测方法进行预测。

三、销售预测的方法

销售预测的方法有多种，既可以通过统计方法来进行，也可以凭直觉或经验来估算。一般来讲，销售预测方法分为调查方法和数理方法两种。

调查方法包括购买者意向调查法、销售人员综合意见法、高级管理人员估计法和专家意见法。

数理方法包括市场试验法、时间数列分析法、回归分析法、趋势外推法、模拟分析法等。

购买者意向调查法即根据购买者的意见来进行销售预测的方法。许多企业在对产品的市场总体无法把握的情况下采用这一方法往往能达到很好的效果。

（一）优点

预测本是一种在假设条件下，预估购买者将来可能的消费行为的一种技术，这也表示最有用的情报来源是购买者本身。在实际调查中，企业一般根据购买者（包括潜在顾客）的名单，接近他们（有时是面对面），问他们在某一特定情况下，在未来的某一特定时间，对某些特定产品的购买意向。也请他们说明愿意从某一特定厂商购买的数量或有什么因素影响他们对于卖者的选择。假定厂商可以获得这些情报，同时这些情报也很可靠的话，那么厂商便可据以预测其未来的销售量。

（二）缺点

在许多情况下，购买者是不会表露他们的购买意向的，即意愿问题。例如，一位计算机采购人员不会告诉计算机推销员有关他们明年购买计算机的预算到底有多少，因为这被认为是商业秘密。消费者在回答调查时说愿意购买某产品，但实际上他并不一定购买该产品。此外购买者有时可能有敷衍的情形，其不愿合作的心态也会使调查结果有所偏差。

第四节　销售预算

一、销售预算的作用

销售预算是指完成销售计划的每一个目标的费用分配。完成一定的销售量需要一定的销售费用，它构成了公司内的最大费用。企业增加销售利润一般是通过销售预算来实现。例如，规定销售人员每月完成某一销售量有 2000 元的费用，用于产品样品、展示、手册、促销展览和一些具体的项目花费如笔、纸张等。

设置销售预算的目的是使销售人员从单一地强调销售量改变为注意费用控制和增加利润上来。它能对销售活动起到计划、协调和控制的作用。

（一）计划作用

销售费用预算是销售管理过程中主要的计划和控制工具。它对销售计划中不同项目的费用提供具体的数字化的指导，使销售人员可以在一定的销售费用内来实现销售目标，从而保证利润目标的实现。但是如果环境有了变化，就需要销售经理调整预算以争取各种机会，保证公司长期目标的实现。

（二）协调作用

销售预算是销售管理过程中的一个主要协调管理工具。销售经理利用销售预算可以协调各个方面的活动。销售活动需要费用，而费用又是有限的，因此为了合理地使用有限的费用，需要协调各部门活动，使有限的费用发挥最大的作用，赚取最大的利润。

（三）控制作用

提高利润率的关键因素在于对销售费用的控制。销售费用预算总是与销售量配额一起使用，其目的是用来控制销售人员的费用水平。销售预算可以增加销售人员的责任感。销售目标与销售费用的对照可以衡量销售任务完成的质量，有助于销售经理评价销售计划的优缺点以及识别问题，及时采取正确的行动。

二、销售预算的编制过程

销售预算的编制方式有两种：自上而下和自下而上。自上而下制定销售预算时，管理层会考虑企业的战略和目标，根据销售预测，利用一定的预算制定方法草拟预算，分配给各个部门，各部门据此编制详细预算。自下而上制定销售预算时，销售人员一般会参考上年的销售预算和今年的销售定额来编制预算，提交给销售经理，经汇总后层层上报，形成企业的整体预算。两种方式各有利弊，数字上也会一定的差距，因此实践中往往把它们结合起来运用，具体过程如图 3-4 所示。

图 3-4 销售预算的编制过程

（一）确定销售工作范围

根据销售目标，销售经理首先确定为了达到该目标而应该采取的措施，例如产品开发、定价、沟通形式、促销活动以及培训等。

（二）确定成本

根据上一步骤中确定的销售活动，企业可以计算出其固定成本和变动成本。固定成本包括与员工工资、销售办公费用、培训师工资、理性的展销费用、保险费、固定税收、固定交通费用、固定娱乐费用、折旧费用等，变动成本通常包括提成和奖金、邮寄费、运输费、部分税收（如增值税）、交通费、广告费和促销费等。

（三）进行本量利分析

盈亏平衡点是本量利分析法中最重要的概念，它表示了企业为使收入能够弥补成本（包括固定成本和变动成本）的最低销售量，只有销售额高于盈亏平衡点时企业才有利可图。因此，销售经理需要通过本量利分析来调控成本，同时明确各种销售活动对成本、利润的影响。

（四）向管理层提交预算

将设计好的预算表在规定时间内直接提交给负责预算管理的管理人员，确认预算表提交成功以后，等待管理人员做进一步批示。

（五）预算调整

管理层根据企业发展的战略和销售规划来决定销售经理提交的销售预算是否需要调整，以保证预算与企业目标的一致性。

（六）分配并执行预算

将经过管理层核准的销售预算分配下去，除特殊情况，个人和单位都要严格按照预算来进行销售活动，预算对企业的销售活动起着重要的控制作用。

三、确定销售预算的方法

销售经理在确定销售预算水平时，采用何种方法应根据公司的历史、产品的特点、营销组合的方式和市场的开发程度等多方面因素加以确定。各公司采用的预算方法各不相同，这里介绍几种常用的方法，销售经理可根据实际情况进行选择。

（一）最大费用法

这种方法是在公司总费用中减去其他部门的费用，余下的全部作为销售预算。这个方法的缺点在于费用偏差太大，在不同的计划年度里，销售预算也不同，不利于销售经理稳步地开展工作。

（二）销售百分比法

用上年的费用与销售的百分比，结合预算年度的预测销售量来确定销售预算。另外还可以把最近几年的费用占销售的百分比进行加权平均，将其结果作为预算年度的销售预算。这种方法适合于销售市场比较成熟的公司，它的缺点是会使销售经理只注重短期目标，而忽视对公司具有长期意义的人才的培养。

（三）同等竞争法

同等竞争法是以行业内主要竞争对手的销售费用为基础来制订的销售预算。同意用这种方法的销售经理都认为销售成果取决于竞争实力，用这种方法必须对行业及竞争对手有充分的了解，并及时得到大量的行业及竞争对手的资料，但通常情况下，得到的资料往往反映的是以往年度的市场及竞争状况。用这种方法分配销售预算，有时不能达到同等竞争的目的。

（四）边际收益法

这里的边际收益指每增加一名销售人员所获得的效益。由于销售潜力是有限的，随着销售人员的增加，其收益会越来越少，而每个销售人员的费用是大致不变的，因此，存在一个临界点，超过此临界点后，再增加销售人员，费用反而比收益要大。边际收益法要求销售人员的边际收益大于零。边际收益法也有一个很大的缺点：在销售水平、竞争状况和市场其他因素变化的情况下，确定销售人员的边际收益是很困难的。

（五）零基预算法

在一个预算期内每项活动都从零开始，销售经理提出销售活动必需的费用，并且对这些活动进行投入产出分析，优先选择那些对组织目标贡献大的活动。这样反复分析，直到把所有的活动按贡献大小排序，然后将费用按照这个序列进行分配。这样有时贡献小的项目可能得不到费用。另外，使用这种方法需经过反复论证才能确定所需的预算。

（六）目标任务法

目标任务法是销售经理根据由预测得到的目标，确定实现该目标必须完成的任务，并估计这些任务的成本，然后对照企业利润目标来审查这些成本是否合理的一种方法。如果成本过高，销售经理就应该调整目标或者换一种实现目标的方式，重复这个过程直到管理层对目标、实现方式及成本感到满意为止。

目标任务法十分有用，很多企业都采用目标任务法或其演变形式，以有效地分配实现目标的任务。这种方法要求数据资料充分，因此工作量较大，但直观易懂。

（七）投入产出法

这种方法是对任务目标法的改进。任务目标法是一定时间内费用与销售量的比值。但有时有些销售费用投入后，其产生的效果在当期显示不出来，因此无法真实反映本期销售费用和销售量的比率。投入产出法不强调时间性，而是强调投入与产出的实际关系，因此一定程度上克服了任务目标法的缺点。

四、销售预算控制

销售预算不仅是销售计划的重要组成部分，而且是确保销售活动有计划且顺利展开的基础，对销售预算进行控制是十分必要的。销售预算控制主要包括销售收入预算控制、直接材料采购预算控制、直接人工预算控制、制造费用预算控制、单位生产成本预算控制、推销及管理费用预算控制等。

编制销售预算实际上就是控制过程的第一步，也就是拟定标准。由于预算以数量化的方式来表明管理工作的标准，本身具有可考核性，因而有利于根据标准来评定工作成效。找出偏差是控制过程的第二步，采取纠正措施消除偏差是控制过程的第三步。编制预算能使确定目标和拟定标准的计划工作得到改进。但预算的最大价值还在于它对改进协调和控制的贡献。同时，由于对预期结果的偏离将更容易被查明和评定，销售预算也为控制销售工作中的纠正措施奠定了基础。所以它可以导致更好的计划和协调，并为销售控制提供基础，这正是编制销售预算的基本目的。

如果要使销售预算对主管人员真正具有指导和约束作用，就必须反映该组织的机构状况。只有充分按照各部门业务工作的需要来制订、协调并完善计划，才有可能编制出足以作为控制手段的分部门的预算。同时，要把各种计划缩略为一些确切的数字，以便使主管人员清楚地看到哪些资金由谁来使用，将在哪些单位使用，并涉及哪些费用开支计划、收入计划和实物表示的投入量和产出量计划。主管人员明确了这些情况，就有可能放心地授权给下属，以便使之在销售预算的限度内去实施计划。销售预算在实际应用当中应当注意避免出现以下问题。

（一）销售预算进行得过细过繁

由于对极细微的支出也作了琐细的规定，致使主管人员丧失了管理自己部门需要的自由。所以，销售预算究竟应当细微到什么程度，必须联系授权的程度进行认真酌定。过细过繁的销售预算等于使授权名存实亡。

（二）销售预算目标取代了企业目标

在这种情况下，主管人员只是热衷于使自己的销售费用尽量不超过预算的规定，但却忘记了自己的首要职责是千方百计地实现销售目标。例如，某个企业的销售部门为了不突破产品样本的印刷预算，在全国的订货会上只向部分参加单位提供了产品样本，因此丧失了大量的潜在用户，失去了可能的订货。目标的置换通常是由两个方面的原因引起的：一方面可能是没有恰当地掌握预算控制的度，如预算编制得过于琐细，或者制定了过于严厉的制裁规则以保证遵守；还可能制定了有较大吸引力的节约奖励措施，以刺激主管人员尽可能地压缩开支；另一方面，为职能部门或作业部门设立的预算标准，没有很好地体现计划的要求，与企业的总目标缺乏更直接、更明确的联系，从而使得这些部门的管理人员只是考虑如何遵守预算和程序的要求，而不是从企业的总目标出发考虑如何做好自己的本职工作。为了防止在销售预算控制中出现目标置换的倾向，一方面应当使销售预算更好地体现计划的要求；另一方面应当适当掌握销售预算控制的度，使其具有一定的灵活性。销售预算的详细程度和销售预算控制的严格度都有一个合理的限度，一旦超出了这个限度，就会背离其目的走向反面。

（三）效能低下

销售预算有一种因循守旧的倾向，过去所花费的某些费用，可以成为今天中预算同样一笔费用依据；如果某个部门曾支出过一笔费用购买物料，这笔费用就成了今后预算的基数。此外，主管人员常常知道在销售预算的层层审批中，原来申请的金额多半会被削减。因此，申报者往往将销售预算费用的申请金额有意扩大，远远大于实际需要，所以，必须有一些更有效的管理方法如编制可变预算、零基预算法等来扭转这种倾向，否则销售预算很可能会变成掩盖懒散、效率低下的主管人员的保护伞。

本章小结

销售计划是指企业根据历史销售记录和已有的销售合同，综合考虑企业的发展和现实的市场情况制定的针对部门、人员的关于任何时间范围的销售指标（数量或金额），企业以此为依据来指导相应的生产作业计划、采购计划、资金筹措计划以及其他计划安排和措施。

一份合理的市场销售计划包括以下几个方面：市场分析、销售方式、客户管理、销量任务、考核时间、总结。

销售计划就是事先拟定的销售工作内容与步骤。销售计划的制订与实施能从提高销售工作效率、提高实现销售目标的可能性以及有利于企业成本预算与控制这三个方面为企业的销售工作带来好处。

销售目标是指公司在一定时间内期望达成的销售水准。制定合理销售目标的程序有以下五个步骤：评估所处市场环境、参考往年销售数据、做好基层人员调研、分解年度销售目标、配套整体实施方案。

销售预测的影响因素包括不可控因素和可控因素。不可控因素包括市场需求、政治环境、经济环境、行业竞争环境等。可控因素包括生产状况、销售人员、营销和销售政策等。销售预测程序主要包括以下步骤，确定预测目标、广泛收集数据和资料进行初步预测、选择预测方法、根据可控因素和不可控因素对预测进行调整、建立模型进行预测、评价结果，编写报告、事后跟踪、检查和修正。

销售预测的方法有多种，既可以通过统计方法来进行，也可以凭直觉或经验来估算。一般来讲，销售预测方法分为调查方法和数理方法两种。调查方法包括购买者意向调查法、销售人员综合意见法、高级管理人员估计法和专家意见法。数理方法包括市场试验法、时间数列分析法、回归分析法、趋势外推法、模拟分析法等。

销售预算是指完成销售计划的每一个目标的费用分配。完成一定的销售量需要一定的销售费用，它构成了公司内的最大费用。设置销售预算的目的是使销售人员从单一地强调销售量改变为注意费用控制和增加利润上来。它能对销售活动起到计划、协调和控制的作用。

销售预算的编制方式有两种：自上而下和自下而上。自上而下制定销售预算时，管理层会考虑企业的战略和目标，根据销售预测，利用一定的预算制定方法草拟预算，分配给各个部门，各部门据此编制详细预算。自下而上制定销售预算时，销售人员一般会参考上年的销售预算和今年的销售定额来编制预算，提交给销售经理，经汇总后层层上报，形成企业的整体预算。确定销售预算的方法各种各样，一般包括最大费用法、销售百分比法、同等竞争法、边际收益法、零基预算法、目标任务法、投入产出法等。

销售预算不仅是销售计划的重要组成部分，而且是确保销售活动有计划且顺利展开的基础，对销售预算进行控制是十分必要的。销售预算控制主要包括销售收入预算控制、直接材料采购预算控制、直接人工预算控制、制造费用预算控制、单位生产成本预算控制、推销及管理费用预算控制等。

思考题

1. 销售计划的内容有哪些？
2. 如何制定销售目标？
3. 简述制定销售预算的过程。
4. 为什么要进行销售预算？

酷 V 饮料为何昙花一现

短短 4 个月，怡乐的员工经历了一场由大喜到大悲的闹剧。就在 6 月份，酷 V 饮料刚刚推出 2 个月，月出货量就达到了 40 万箱，这让怡乐上下无不欢欣鼓舞。可是到了 8 月底，产品库存量已达到 77.3 万箱，瓶子成品 6 万箱，累计达到 83.3 万箱。而库存的饮料专用瓶坯数量达到 22.51 万支（500ml），折算为成品大约 150 万箱，折算金额则约为 1210 万元，如果做成产品的话，那么金额高达 4650 万元。

酷 V 饮料是怡乐公司面对现在茶饮料、果汁饮料横行市场的情况下，精心策划推出的一款运动型饮料。酷 V 饮料一亮相就以其独特而前卫的定位、包装、广告语和大手笔的广告活动在市场上独领风骚。从公共汽车上青少年的手中、批发商门前堆砌杂乱的装酷 V 饮料的箱子、零售店的货架上就能看出酷 V 饮料的风靡程度。

销售的火爆令怡乐公司始料未及。市场的需求大大超出了怡乐当初的产能规划，导致在一些区域市场，那些青春气氛浓郁的时尚消费地带和一部分大专院校的终端出现过断货。在怡乐这边，为了满足市场需求，紧急采购和运输，加班生产，调整生产过程，结果产品口味出现偏酸偏苦等问题，影响到消费者的忠诚度和自身的口碑。而在看到市场异常火爆之后，包括马克在内的怡乐的管理者自信心又有些膨胀，准备在下一年度大干一场，采购部门甚至采购了可以用一个季度的酷 V 饮料原材料。而与此形成强烈反差的是，酷 V 饮料在一些社区终端由于走货慢、出货少，货满为患，竟遭到店主们无情的清退。

这一缺一退，使酷 V 饮料在很短的时间内遭到了消费者无情地抛弃。为何会出现缺货和退货并存的情况呢？当初马克在进行策划时，根据产品策略对供应链整体运作策略进行了认真的考虑，并制定了详细的方案。比如，酷 V 饮料的消费通路规划：以一、二类城市 KA 卖场、品牌旗舰店和校园零售点为主（市场重心锁定在一类城市），同时采用传统渠道并进的策略，配合 KA 卖场打入夜店（娱乐场所）。为了有效形成渠道的推力与市场的拉力，怡乐还采取了由经销商出钱、库房、物流和一部分的市场网络，自己出品牌、市场人员和其他资源的方式，使自己的营销人员能直面消费终端，增加了市场控制力和渠道推力。拟投放的 10 万块店招和 3 万多台冰柜及为一些重点城市配备的车辆，有力地增强通路接受度。方案看起来好像没有问题，那到底哪里出了问题？

怡乐平时是依靠 ERP 系统管理客户订单的。只要把订单信息往 ERP 系统里面输入，则供应链的各个环节都可以看到订单，可以对订单自动处理。本来 ERP 的订单管理能够提供二批商直送的功能，产品可以直接送到二批商或者终端，从而提高反应速度。但是怡乐的经销商担心企业这样送货会把自己架空，自己失去存在的价值，因此拒绝怡乐给二批商甚至终端直送。

由于行业的特点，怡乐的经销商同时经营多个厂家的多个品牌，经销商和大多数制造商一样，都是"见钱眼开"的"俗人"，谁的利润大、谁的出货快、走量大、谁的市场支持大、谁的品牌有前途，就主要做谁的产品。在这种情况下，想与经销商建立集成的订单系统，有效地对产品分配进行控制是困难的。同样，由于无法在经销商中推广信息平台，无法把客户的进销存信息都管理起来，因而无法根据客户的销量信息比较准确地预测客户需求，甚至由系统自动产生订单，向客户补货。因此，怡乐对二批商和终端信息的掌握有限，辐射和渗透能力受限，无法向他们主动补货，更不用提从普通终端中分析、提取一些发生高频率消费行为的销售网点，并将之当作重点终端客户来服务了。

（资料来源：http：//financ：e.sina.com.cn/leadership/mxsgl/20060803/19092790347.shtml）

思考讨论题：

怡乐公司的主要问题到底出在哪儿？产生问题的原因是什么？如何解决？

第 ④ 章
销售区域的设计与管理

1. 了解销售区域划分的作用
2. 理解销售区域设计的过程
3. 掌握销售区域管理方法

导入案例

格力空调到底怎么了？继 2008 年格力在北京、陕西等地出现"专营店携款潜逃门"事件后，2009 年末在北京再度出现了格力"安装质量门"事件，事件的矛头直指格力空调多年来坚持并推动的"区域股份制销售公司"模式。2009 年 12 月，格力集团再度减持格力电器所持有的股份，并表示未来 12 个月还将继续减持。对此，格力集团表示是为了自身资金需求。但业内人士分析，此举有利于格力空调通过资本市场的纽带捆绑区域核心经销商，加强与区域经销商的合作关系。此前，河北、山东、重庆等全国 10 家格力经销商共同成立的河北京海担保投资有限公司入股格力电器，成为格力集团之后的第二大股东，持有格力电器 9.82 % 的股份。

总部与区域的管理脱节？

业内人士指出，2008 年出现的格力空调"专卖店携款潜逃门"事件，从市场销售的环节折射出了格力总部与区域销售公司之间的管理弊端。各地销售公司为扩大市场份额、获得销售利润的最大化，在区域市场上往往采取粗放式管理手段，对格力空调的专卖店和加盟店管理不严，引发了一些短期利益投机者"浑水摸鱼"，最终伤害到格力空调的品牌声誉和整体利益。

此次北京再度爆发"安装质量门"事件，从售后服务管理的环节再次印证了格力空调总部与区域销售公司之间的管理问题。区域销售公司为了自身利益的最大化，往往会采取各种手段降低成本，增加利润，甚至不惜牺牲市场和消费者利益。在空调业历来有"三分质量七分安装"之说，此次由安装工讨薪从而披露的空调安装质量问题，还存在哪些隐患没有暴露？为什么在问题出现 2 个月后，格力空调北京分公司迟迟没有拿出解决方案？

记者在艾肯空调网论坛上看到，多位格力空调区域经销商曾就格力总部不兑现政策奖励、不支付安装服务费等问题要求媒体曝光。不过，这些经销商并未留下具体的联系方式，记者也无法证实此事是个案还是共性问题。

区域销售模式能走多远？

一位行业观察家告诉记者，北京格力"安装质量门"事件并非偶然，这实际上是反映多年来支撑格力空调高速发展的区域销售公司的营销模式正面临发展的瓶颈和管理上的脱节。该人士告诉记者，目前格力总部与销售公司之间只是一种商业合作关系，而非上下级的内部管理或监督关系。而这些区域经销商为了谋求自身利益的最大化，在一些阶段往往会采取一些非常规的手段，获取自身利益的最大化。

但格力总部对于这些区域销售公司的监督，往往会以"市场份额和销售利益最大化"为指导思路，形成了"只认市场份额忽视市场管理"的怪圈。今年，格力重庆分公司还出现过"虚假宣传"事件，被法院判定向原告赔偿 3 万元并在媒体公开道歉。目前，格力空调的区域销售公司模式正面临"发展扩张与监督管理"的新瓶颈，即区域销售公司在进行市场份额和商业利益的竞争中，如何确保企业的利益，如何保持企业一贯风格和理念，如何承担起商业利益与社会利益的平衡职责。而作为格力空调总部，又能通过何种手段和方式来对这些独立的销售公司进行标准而规范化的管理，也面临着巨大考验。

作为一家在全球市场上具有广泛影响力的空调企业，格力近年来通过加大产品技术创新力度，不断夯实企业竞争力。但在市场销售环节，一度被格力空调誉为制胜法宝的区域销售公司模式，却在多年的市场实践中遭遇了自身发展中的管理与监督瓶颈，不仅未能有效与格力的技术特色相匹配，反而成为现在格力在市场的短腿和软肋。

（资料来源：http://blog.sina.com.cn/s/blog—5flf7e550100hgw8.html，2010 年 1 月 4 日《中国企业报》，有删改）

第一节　销售区域概述

一、销售区域的含义

所谓销售区域，是指在一定销售期间，由销售人员、销售部门、中间商等为之提供服务的一群现有的和潜在的顾客群体，是指在一段给定时间内，分配给一个销售人员、销售部门、经销商、分销商的一组现有的和潜在的顾客。企业一般将总体市场划分为多个细分市场，通过估计每一个细分市场的潜力及企业自身优势，选择目标市场，确定企业的市场目标。销售区域的关键在于顾客，良好的销售区域是由具有购买力和购买意向的顾客组成的。销售区域可以有地理界限，也可以没有地理界限。企业一般将总体市场划分为多个细分市场，通过估计每一个细分市场的潜力及企业自身优势，选择目标市场，确定企业在竞争中的地位。一个销售区域可以被认为是一个细分市场。

设计销售区域是销售战略规划的重要组成部分。销售区域设计得不好，会增加销售和生产的费用，还会产生其他副作用。因此如何设计销售区域，如何设置销售区域的数量，以及对每一个销售区域如何管理，就成了摆在销售管理者面前的重大课题。

小资料4-1

如何合理划分销售区域

销售区域指的是"顾客群"。好的销售区域由一些有支付能力并乐意支付的消费者组成。销售区域的划分需要一开始就做好。这样才能稳固客户关系，树立销售人员的信心。

对一贯成功的销售案例的调查表明，销售代表获得成功最重要的因素是他在销售区域的任期时间。原因很简单，几乎所有产品的销售都要依赖良好的关系。

然而仍然有不少销售公司经常性地重新划分销售区域，有时甚至每隔一个月就改变销售代表的销售区域。这样做不仅造成收入损失，也动摇了客户关系。没有哪一个客户愿意主动登门拜访新来的销售代表。这种做法制造出不稳定的氛围，使销售势头减缓，并且让竞争对手有机可乘。

一开始就要分好销售区域事关销售代表的工作动力和士气。无论是销售新手还是行家，他们最头疼的事就是在已经投入了大量时间去培养客户关系之后，自己负责的销售区域却经常变来变去。不管是有意还是无意，这种变动表明了公司对销售代表的个人成功漠不关心。

那么，为什么有的公司经常改变销售区域的划分呢？有很多切实存在的压力使得公司难以长期保持销售区域固定不变。许多成长型的公司都有长期的销售人员编制计划，但仍然得不断增添人手，以适应收入增长所带来的成本增加的需要。其他的公司则可能因为新产品的开发或新市场的拓展而需要改变销售区域的划分。

1. 让销售人员参与决策销售区域的划分

"三个臭皮匠，也顶一个诸葛亮。"尤其是在根据公司名称和购买力大小来划分销售区域时，让销售代表参与销售区域划分是有益的。公司会从他们的集体智慧中获益，而销售代表则会对因为划分自己的"专卖店"拥有发言权而心存感激。先将总表分发给销售代表们，要求他们对上面的公司的总体情况进行调查研究，准备对表上的公司进行"初步筛选"。销售代表们经过调研后，便轮流做出各自的初步筛选。

销售代表通常喜欢选择他们已经建立了联系的公司，而不同的销售代表在同一公司里有不同的联系人，通常其中一个联系人职位较高。例如，Joe的表兄是技术总监，比Mark的邻居设备经理的职位要高，那就要把该公司划分给Joe并要求销售小组的其他成员向该销售代表提供各自的联系人姓名。

身为公司的销售主管或总经理，全权负责销售区域的划分。随着市场或业务的变化，当然也需要改变销售区域的划分。但是调整之前，一定要通盘考虑尚在进行中的销售业务，考虑重要的客户关系，考虑销售人员的士气等因素。

如果销售人员将过多的精力浪费在公司内部的势力范围纷争，而不是在提高竞争力上面，销售势头就会减缓，收入就会减少。如果能够杜绝这类内耗，效果就会在销售业绩上反映出来。如果根据下面讨论的步骤来有效地确定和调整销售区域，就可以结束销售区域划分的混战局面。

2. 合理划分销售区域

已经确定了目标市场，也许还明确了该市场的行业类别、规模大小、员工人数及其他参数。现在第一步是要制定一张目标市场内所有潜在客户的总表。需要找准信息源，以便根据以上各种参数来搜索和筛选潜在的客户。

有不少商业和财务信息公司通过互联网、光盘或纸张出售这类信息。关键是要找到有公司地址、电话号码的信息源，销售代理得到这样的信息后才知道下一步如何行事。找到某一公司主管的姓名当然有用，但即使在大型的国家级信息源中这类信息常常也是过期失实的。要鼓励销售代表通过电话来证实这些主管名单。

注意，要在电子表格、数据库或联络信息管理程序中创建并维护这一总表，以便日后筛选。采用直接邮寄和调用数据库等销售手段前要确定信息供应商的合同条款里允许这样的行为。

这套程序的下一步是对总表中潜在客户的"质量"进行总体评估。评估应该尽量简单一些，三级的评估制度就是最好的一种，即将总表中每一家公司排名为"A"（极好）、"B"（良好）、"C"（合格）。

这一评估是很主观的，而且也不可能熟悉总表中的每一家公司的情况。不妨找出每一家公司已经公布的数据作为该公司能否成为潜在客户的标志。例如，如果想出售的是人力资源软件，那么"员工人数"也许就是潜在客户的标志。

在对整个市场有了宏观的把握后，就可以用不同的方式来建立销售区域的模型。可以将潜在客户的排名表输入制图软件中，根据省份、城市甚至街道来划分销售区域的地理位置。现在比较流行的制图软件能够在生成的城市或省份地图上形象地显示出潜在客户的分布情况。在不熟悉的地区划分销售区域的地理位置时，这类视觉辅助工具是非常有帮助的。

如果公司向不同的行业销售不同的产品，则最好根据行业的类别来划分销售区域。其好处是提高了销售团队的生产力和工作效率，同时使销售人员能够全力投入，熟谙某一行业。而不利之处显然是几个销售代理会出差到同一城市，分头拜访他们各自的客户。

划分销售区域的另一方法是依据客户的规模和购买力。潜在大客户的销售区域最好由销售专家来管理，他们才具有达成大宗生意的能力。一旦生意成交，可由客户经理或客户小组来"照料"，以便让大客户销售专家腾出手来争取其他的大笔生意。具有"猎取"技能但欠缺大笔买卖经验的销售代表则可负责中小型公司所在的销售区域。

如果销售市场范围较窄，或者潜在客户较少，则可以根据名称将每一公司划分到特定的销售区域。根据名称来划定潜在客户的一个好处是，划定的每个销售区域中都均匀分布有"A""B""C"级客户。

在销售人员编制满员时，这种分区是最好的，这样可以将总表中的所有客户立即分配给销售代理。否则，会倾向于把所有的"A"级客户分配给当时在岗的销售人员，而等以后招满销售人员时，再被迫把部分"A"级客户转交给他们，否则新来的销售代理将面临不公平的销售机会。

要使销售获得成功，在雇佣人手或发布新产品之前，最关键的是要有一套确定并划分销售区域的程序。不错，销售区域肯定都要根据将来的情况进行调整，但届时就可以根据这套程序来公平合理地划分销售区域，分配销售机会，同时最大限度地发掘创收潜力。如果公司的销售代表们都清楚这套程序，了解其运作方式，公司就不会因此而造成大量的人才流失。

（资料来源：http://bbs.dichan.corn/tie－641422.html，有删改）

二、销售区域的作用

（一）提升销售团队的士气

一个销售人员被安排在哪一个销售区域，往往对其个人的兴趣和精神影响很大，公司只有拥有很广泛的客户，才能使销售人员有机会取得业绩。因此销售区域的好坏对销售人员的成功至关重要。不平等销售区域的划分，是造成销售队伍士气低落的主要原因。

不当的销售区域设计会对士气产生不良影响，相反，好的销售区域设计会对士气产生积极的影响。好的销售区域对于销售人员的正面影响在于：他们会自觉有效地开展业务，有效地把握顾客的需求并知道如何有效地服务于顾客。

销售区域划分得越清楚，销售人员的责任也就越明确。销售人员是他们所管销售辖区的业务经理，他们负责保持和增加销售量。销售人员的任务是被明确规定了的，他们知道顾客位于何处以及每隔多久去访问他们，他们还知道预期的业绩目标，这能提高销售人员的业绩和士气，一旦销售人员被赋予对所在区域全体客户负责的重任，就会很自然地唤起销售人员的责任感。销售人员会很乐意地努力工作以使客户满意，客户的满意与信任让销售人员获得成就感，感到工作是有意义的，从而更倾力于自己的工作。同时，明确的区域划分体现了权责一致的原则。各区域销售人员感到目标明确，相互之间就不会发生争夺顾客的恶性竞争的局面。销售人员会自觉地挖掘潜力实现规定的任务，即使产生了矛盾，如果销售区域划分清晰，销售人员也能和谐有效地解决冲突和问题。

（二）确定企业的市场覆盖面

设计良好的销售区域，可以提高市场服务质量，有利于挖掘顾客和准顾客，更易于决定谁应被访问和访问的频率。销售人员在规定区域内有可能更加积极地争取业务，这比毫无目的地寻找客户要有效得多。销售区域设计得过大或过小，都不利于销售人员实现其业绩目标。

销售区域设计得当，为顾客服务的质量也会提高。销售人员能在服务区域内认真地访问客户，深入了解客户的问题和需求，他们可以更好地体会什么样的产品更适合客户，什么样的产品对客户意义不大，同时也能更好地理解客户并了解他们决策购买的过程，这有助于销售人员更加有效地出售产品，为客户提供长期满意的服务。这也意味着，区域设计应该具有长远眼光，销售人员的安排也应相对稳定，以防止销售人员的短期行为。一般来说，销售人员与客户之间共同点越多越容易成功，但共同点是建立在长期接触之上的，良好的区域设计有助于销售人员与客户之间建立长期稳定的关系，使企业、销售人员和客户三方共利。

良好的销售区域设计，还能使销售人员合理地运用营销组合策略，尤其是在促销组合方面。例如，在潜在客户较小的区域内，销售经理可以采用广告和电话销售的方式，以减少人员访问的消耗。如果区域内有较多的潜在客户而且相对集中，销售经理则可以完全放弃电话访问，而采用人员访问的形式。在推出一种新产品之前，销售人员可以重点访问中间商，为其提供 POP 展示材料和其他促销支持。

（三）便于评价和控制销售力量

有效的区域设计，能提高经理对于现场销售力量的评价和控制。按地理区域划分的销售区域，使得按地区收集销售数据比较容易。企业将不同区域的数据资料进行统计汇总和对比分析，可以很清楚地看出本企业在竞争中的优势和劣势，为今后开展业务提供依据。然后针对不同区域的问题，设计新的营销计划。此外，还可以将本企业不同地区的销售额与市场销售总额相对比来评价每个销售人员的个人业绩。同时，销售区域管理还有利于成本分析和成本控制。企业通过对各销售人员在不同销售活动中花费的时间与成本的分析，可以设计出更好的方案，提高工作效率，降低销售成本，并为科学地规划销售队伍规模提供数据支持。

如果销售区域按地理位置划分，销售经理就更容易评价销售力量，评价销售业绩与其潜在业绩的相互关系。除此之外，按地理区域划分销售区域，同样有助于对公司成本的评价。

（四）有利于建立良好的客户关系

由于每一个销售人员的销售范围固定，销售区域内与客户的关系如何将直接影响推销效果。因此，销售人员必然会自觉地以追求推销的长期效果为目标，在努力增加销售量的同时，也会努力关心客户的需要，帮助客户解决困难，取得客户的信赖，与客户建立良好的关系。从客户角度来说，与某企业的销售人员打交道就是与该企业打交道，客户购买该企业的产品往往不是由于对该企业或该企业产品的偏爱，而是基于对这位销售人员的信任。销售人员一旦与客户之间建立起长期合作与信任的关系，企业也就留住了该客户。

当客户受到定期访问时，公司的商誉和销售额有望提高。在客户看来，经过几年努力后，一些销售人员建立起了极高的信誉，为此预期客户会推迟下订单，因为他们知道销售人员将在每个月的某一天或是某一特定时间前来谈生意。一些销售人员甚至赢得了为某些客户订购商品的权力。

（五）有利于节约销售费用

由于每个销售人员的销售范围相对固定，每一个销售区域由指定的销售人员负责，销售费用的预算相对容易确定，非常有利于销售经理合理分配有限的费用预算，避免不同销售人员对同一客户的重复访问。销售人员可以细心设计访问路线，合理利用时间，从而降低销售成本。不仅如此，一对一的访问还可以在客户心目中树立起统一的企业形象。

三、销售区域的划分

一个销售区域可以被认为是一个细分市场或多个细分市场按照一定原则组成的集合。好的销售区域由一些有支付能力并乐意支付的消费者组成。企业销售区域的设计关键在于顾客，对于很多企业来说，拿来行政区划地图，以地理界线为界线对"顾客群"进行分配，方法简单、费用低廉，便于管理和区分管理责任，是很好的方法，但对于相对复杂市场的销售区域划分或者细化的销售区域管理目标，还有很多划分方法可以采用。常常被企业采用的销售区域的划分方法有以下几种。

（一）按地区划分

依据行政区域或地标界线来划分不同销售区域的边界，这是指定销售区域最普遍的方法。其方法简单、费用低廉。

（二）按产品划分

当企业的产品技术复杂或销售工作中对技术要求较高时，可以根据产品的特定使用者即客户类型来培养、选拔具有不同技术背景的专门技术型销售人员来服务特定要求的客户群体。

（三）按客户划分

即依据客户的规模和购买力划分。该方法是基于潜在大客户的销售区域最好由销售专家来管理的思路，认为他们才具有达成大宗生意的能力。那些具有猎取技能，但欠缺大笔买卖经验的销售代表可以负责中小型公司所在的销售区域，合理调配销售资源。

（四）按行业划分

如果公司向不同的行业销售不同的产品，则最好根据行业的类别来划分销售区。其优点是提高了销售团队的生产力和工作效率，同时使销售人员能够全力投入区域销售活动，熟谙某一行业；缺点是可能发生派多名销售人员访问同一城市不同行业客户，造成销售费用较高问题。

（五）综合划分

即应用两个或两个以上原则进行综合性的划分。该方法对销售区域的划分更细致，或更切合企业销售资源状况或客户的不同需求。

企业可以依据企业销售资源及发展状况选择不同的划分方法，各个企业对"顾客群"的分配各有高招，适合自己的就是最好的方法。既然销售区域是"顾客群"，也就是说销售区域具有动态性的特点，那么销售区域的划分就不是一成不变的。企业可以依据自身的需要及"顾客群"等各方面因素的变化进行动态的销售区域调整，保证企业销售目标的实现。

小资料 4-2

如何做好区域销售工作

转眼之间，一年又过去了一大半。总部与区域经理心里都非常清楚，又是计算"收成"和计划来年的时候了。关于"来年任务"，一直以来都是总部与区域争论不休的话题。为此，多数区域经理都怨声载道，认为逐年上涨的任务是"头顶悬剑"，随时都可能斩在自己的身上。

为什么任务只增不减？

许多区域经理都无法理解为何"来年任务"拼命狂涨？好不容易使出"吃奶的力气"才勉强完成了今年的任务，可没有想到的是来年的任务又上涨了50%（有的公司增长更是达到150%）。凡事都要寻求原因，笔者认为"来年任务"只增不减有以下两方面原因。

1. 市场发展需要

对于企业来说，每年同样要做"来年任务"这道试题：新的一年市场应该如何做？如何通过销售的增长实现目标以及保持"江湖地位"？销售的增长点在哪里？该如何防守竞争对手的攻击和打击对手？有多少区域可以保证自己整个目标的实现？等等。因而，为了完成企业的战略目标，应变复杂的竞争环境，任务本身只能随着市场的竞争不断增加。这种对外界的应变，逐级分解，就成为区域市场每年应对的"试题"。

2. 管理需要

从管理角度而言，为加强对区域的管理与控制，使其顺利地完成任务以及防止过程中不可预测事件的发生，通常都会制定比实际期望更高的任务。

销售部门制定任务指标的手段落后。通常，销售部门在制定指标时都会简单地依据当地人口、GDP来判断决定销售任务。经济的繁荣、每年上涨的GDP是销售部门主要参照依据。尽管冰冷的数据缺乏合理性，缺乏过程激励，甚至可操作性不强，但多数销售部门似乎钟情于以"一贯"的姿态处理。

概括而言，笔者认为"来年任务"是总部与区域从不同角度看待问题而产生的矛盾，是无法完全解决的问题。一些区域经理以为在会议上吵闹或者采取消极的态度对待任务可扭转局面。但多年的事实证明，区域与总部"争吵"的最后结果是：任务没有因吵闹而降低，也没有因部分区域经理的抵触情绪而缓和。吵闹反而令局面更加难堪！因而，与其为任务而争吵，不如更多地关注如何完成会更好。

如何"应付"来年任务？

区域：拓新挖潜＋激发热情＋获得支持

1. 以积极的心态"拓新挖潜"

态度决定一切。销售业绩虽然只是一个表面化的数字结果，但其中却包含了区域代表对整个过程的付出与努力。因而，与其将任务看作头顶悬剑，不如以宽松的心态、积极的态度面对，反而会令思路开阔，容易寻找突破口及解决方法。对"来年任务"，笔者认为可以从"拓新与挖潜"两个方面考虑。"拓新"是指：（1）是否可以开辟新的渠道?(2)是否可以开辟一些新的区域(二、三级市场)?(3)是否可以建立新的样板终端?"挖潜"是指:(1)是否可以提高现有分销商的分销能力,提高分销商的增值服务能力提升整体销量?(2)是否可以挖掘渠道的深度,加强网络的覆盖?(3)是否可以增加对渠道的支持?(4)是否可以增强专业渠道的建设?

2. 激发热情,提高团队的执行能力

专家认为,通常人只能发挥1%的能力,表现出来的能力是"冰山一角",而99%的潜力都未被挖掘而隐藏在"冰山"的下面。很多销售人员刚刚进入一个新的领域时,因为有新鲜感可以保持积极热情的态度,但随着营销工作时间的延长,工作相对固化,客户、工作和问题的单调重复,兴奋感渐渐消失,心态发生重大变化——工作不再具有愉悦感而成为包袱。销售是充满激情与挑战的工作,不断地激发销售人员的热情,给其"充电"是任务完成的重要前提。因而,任务当前,区域经理要像"精神教父",能激发团队热情与潜力,营造乐融融的工作氛围。

此外,团队成员缺乏责任心以及执行能力不强也是不能达成预定目标的主要因素。对此,区域经理应首先表明"完成任务"是自己不折不扣的责任,并身先士卒起到良好的示范作用:对完成任务指标充满信心并主动与团队的每一个销售成员沟通、筹划解决办法;其次,将任务细化到每个月、每周甚至是每天。加强对事前、事中、事后的控制;最后,制定小团队的"游戏规则",注重过程激励。对于努力并有成效的团队成员给予奖励,反之给予适当的惩罚。

3. 与总部保持良好的沟通

在任务没有确定前,通过沟通表明自己对任务的看法,可能达到降低任务的目的。即使是任务指标已经"木已成舟",保持良好的沟通同样可以应变其中的问题。总之,无论是从达成未来的任务看还是从自身工作开展的角度来看,良好的沟通都常常使不利变为有利。与总部沟通的内容很多,这包括:(1)自己的业务进程(这些不是通过报表来实现的);(2)区域推广想法(也非每月定期上报的);(3)具体问题的解决办法。与总部保持良好的沟通,对任务的完成帮助很大,可以明确工作方向,避免走弯路。

笔者认为,做好区域销售工作,默默无闻并非"优良品德"的表现。通过沟通,可以让总部了解到自己在做事,并且是勤于做事,这对自己寻求支持会有很大帮助。可能也有很多区域经理认为,每月、每周甚至每日的报表可以说明问题。非也!报表只是冰冷的数字,可以说明工作成效。工作过程当中,与总部沟通需要非法定的沟通方式,如邮件、电话以及有机会面对面的沟通。

4. 寻求更多的支持

与其在总部吵闹,影响个人形象,影响个人业绩发展,还不如明智地寻求支持。总部面对的是全盘,站得高自然看得远,因而对方向的控制与把握相对准确。而且总部有很多可利用的资源,这些资源对区域来说是非常重要的,哪怕是一个小小的信息,都有可能帮助区域获得更多的无形利益。那么,为什么很多资源没有被充分利用呢?

(1)从"心理"上排斥总部。许多区域经理因为心理上的障碍、个人看法,不愿意或尽量与总部少沟通。也有不少经理因为之前因某些问题没有及时得到解决而负气不再跟总部沟通。这样做的结果往往是令很多容易解决的问题或者本应该获得的支持没有解决或没有得到。

（2）从自己的角度来看待问题。任务的完成是上下各方共同努力才能实现的，特别是区域在实行一些特别的推广计划时更是如此。过程中，很多区域往往从自身的角度看待问题，陷入盲目的陷阱，结果是走远路甚至是走偏路。

（3）没有去挖资源。总部的资源对于总部的人来说，也许意义不大，甚至会被忽略掉。但是对区域来说，也许就可以获得意外的"收获"。

A. 政策支持。在区域实际操作过程中，因为良好的沟通，可以获得一些特殊支持也不是不可能的。比如一些价格的倾向，或者是大型卖场的重点扶持或者一些专业的渠道价格支持等。这些都可以帮助区域代表顺利完成任务。

B. 促销支持。一次好的促销活动往往可以让区域市场获得销售上的飞速增长。因而，为了完成任务，除了总部计划的促销外，更要与本区域的拓新挖潜工作结合起来，策划本区域"出彩"的促销活动。

C. 广告宣传支持。除了总部统一的媒体计划外，能够获得特别的"加量宣传"也是非常宝贵的。为了避免与大的媒体宣传计划冲突，区域可以考虑用一些非"传统"的方式。总之，在区域实际操作过程中，只要具备一双慧眼以及敏感的心，就会获得很多机会。

D. 培训管理支持。如果获得总部对本区域团队成员及经销商的培训，对任务的完成将是无形效益。

总部：科学性＋沟通＋激励

对于总部而言，再好的战略目标、再好的策略，如果没有区域不折不扣的完成，都会前功尽弃。因而，对于"来年任务"，笔者对总部有三点建议。

（1）科学性。任务的制定，不能年年都"拍脑袋决定"。尽管GDP、人口等数字有一定的参考价值，但是深入地了解各个区域的差异及资源优劣势，采取相对科学的方法，才能令区域心悦诚服，达到管理的真正目的。

（2）沟通。沟通是双向的，因而指标制定前后以及执行当中都需要积极地了解区域情况，给予温暖的"支持"。

（3）激励。尽管管理的法则永远都是"大棒加胡萝卜"，但是业绩的压力以及销售工作本身的性质，需要总部能多给些胡萝卜。

（资料来源：http://hi.baidu.com/bossjiang2005/item/d26e4405eaefc312addc70d3）

第二节 销售区域的设计

一、销售区域设计的原则

在销售中，销售区域划分与否，与公司的规模、销售的产品以及销售策略密切相关。但销售区域的划分应结合公司的实际，如公司的发展状况、经营状况、人员的配备、资金状况等进行。盲目分区不但不能带来良好的销售业绩，还将浪费大量人力物力。对于需要划分区域进行销售的销售模式来说，区域划分的是否合理直接影响到销售人员的积极性与稳定性，而管理得是否得当又直接影响公司销售的业绩。总之，销售区域的设计有助于地区经理计划和控制销售活动，同时也有助于销售人员完成自己的任务。销售区域的设计应遵循以下基本原则。

（一）公平合理原则

销售区域设计的首要原则是公平合理、机会均等。这一原则主要体现在两个方面：第一，所有销售区域具有大致相同的市场潜力；第二，所有销售区域工作量大致相等。只有当市场潜力相等时，不同区域的销售人员业绩才有可比性；所有区域工作量大致相等则可避免"贫富不均"，减少区域优劣之争，提高销售队伍士气。

（二）可行性原则

销售区域设计的可行性原则，一是指销售区域市场有一定的潜力。销售经理一定要了解市场潜力在哪里、有多大、如何利用才能使市场潜力变成销售需求，实现销售收入。二是销售区域的市场涵盖率要高。销售经理一定要明确与客户联系的方式，要与公司的每一位潜在客户进行联系。三是销售区域的目标具有可行性，一定要使销售人员经过努力可以在一定时间内实现。

二、销售区域设计的程序

销售区域设计是销售区域管理的重点和难点，销售管理的一个重要任务就是销售区域的设计问题。销售经理要力求使所有销售区域的销售潜量均等，以便销售人员能有效地发挥潜力，做好销售业务。当区域潜量均等时，易于对销售人员进行比较，评价每个销售人员的工作。当所有的区域具有相同的工作负荷时，就要把管理的重点放在提高销售队伍的士气和减少销售人员之间的冲突上。虽然销售经理应该考虑到特定区域市场的反应以及销售人员访问频率对市场的影响，但是设计的关键是平衡所有影响销售区域的各种因素。销售区域设计的主要过程包括以下几个步骤，如图 4 - 1 所示。

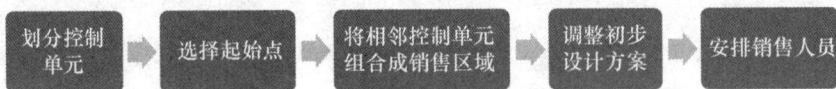

划分控制单元 → 选择起始点 → 将相邻控制单元组合成销售区域 → 调整初步设计方案 → 安排销售人员

图 4 - 1　销售区域设计的程序

（一）划分控制单元

首先将整个目标市场划分为若干个控制单元，划分基本原则就是适中。这是因为：第一，如果控制单元过大，有可能会将市场潜力小的地区包含到市场潜力大的地区中去，造成控制单元内市场潜力分布不均匀，反之亦然；第二，便于灵活调整初步分配方案，控制单元太大，就不容易调整均衡，另一方面，如果控制单元太小，则会无谓地增加工作量。

划分控制单元的目的是为了按照一定标准将它们组合成销售区域。一般可以按省、市、地区、县等行政区域的邮政编码划分控制单元。划分控制单元时常用的两个标准是：

现有客户数和潜在客户数。利用现有客户数可以很好地估计目前的工作量，而潜在客户数则只能是预测值。这一工作应由营销调研部门来做。一般来说，工业品市场客户数量比较少，购买比较集中，因此市场潜力估计相对容易一些，而对消费品市场的估计就要困难一些，由于实际销售额不能很好地反映工作量及市场潜力，所以一般不用作划分标准。此外，地理面积、工作量等也可以作为划分标准。企业还可以根据本企业实际情况设计划分控制单元的标准。

（二）选择起始点

起始点是销售人员设计客户访问路线的出发点。合理的起始点应该是使访问路线最短、访问成本最低的地点。一般有以下几种选择：

（1）以销售人员的居住地为起始点。以销售人员目前的居住地为起始点的好处是可以节省重新安家的费用，同时销售人员可以兼顾工作与家庭。

（2）以大城市为起始点。大城市可能是销售区域中市场潜力最大的部分，交通与信息交流较方便。

（3）以主要客户所在地为起始点。以主要客户所在地作为销售人员的工作生活基地，再加上周围其他次要控制单元构成一个销售区域。如工业品销售往往以某一大客户所在地为起始点。

（4）以销售区域的地理中心为起始点。在各个控制单元内客户分布比较均匀时，可以考虑采用这种办法。

（三）将相邻控制单元组合成销售区域

选定起始点之后，接下来的工作是将邻近的控制单元组合成销售区域。在这一过程中，设计者必须牢记划分标准。如果以客户数量为标准，在将邻近起始点的控制单元组合到该区域中时，一定要考虑各区域之间客户数量的平衡。那些位于几个起始点之间的控制单元就是整体平衡的砝码，这也是一开始我们强调控制单元不可太大的原因。

依照划分标准将每一个控制单元都组合到相应销售区域之后，就完成了销售区域的初步设计。在初步设计完成后，各个销售区域依据某一划分标准已经达到平衡。但一般而言，这种基于一个标准的平衡需要在兼顾其他标准的基础上进一步调整，使之达到更高要求。例如，初步设计的销售区域具有大致相等的客户数，但是各销售区域地理面积却相差很大，销售经理希望各区域在客户数相等的同时，地理面积也能大致相当，以平衡各区域的工作量。为此，可以将客户规模最大的销售区域中一个地广人稀、客户较少的控制单元重新划分给一个地理面积较小的区域，以达到新的平衡。如果面积大的区域正好与面积小的区域相邻，而且符合条件的客户正好处于两区域交界处，新的平衡就很容易实现；否则，就可能要同时调整好几个区域才能成功。

要协调各个区域的销售量，首先要做工作量分析；而进行工作量分析，首先要做客户分析。销售经理即使不能对所有客户逐个进行分析，起码要对大客户进行分析，按分析结果将客户分类排队，并以此结果为依据来制定有区别的客户政策。除了总销售潜力标准外，也可以采用其他标准进行客户分类，只要这些标准能够准确反映工作量与销售成果之间的关系就可以了。

各类客户数量统计出来之后，按照公司客户政策规定的各类客户的访问频率及每次访问的时间，可计算出整个销售区域的工作量。

另外，销售区域的设计一般分为合成法和分解法两种，如图4-2和图4-3所示。

图 4-2　合成法

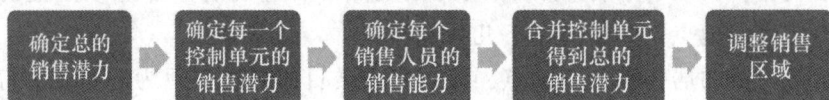

图 4-3　分解法

（四）调整初步设计方案

要保证市场潜力和工作量两个指标在所有销售区域的均衡，还应对初步设计方案进行调整。虽然利用手工作业来调整有一定的难度，但通过努力至少可以使修正后的方案优于初次设计方案。比较常用的有两种方法：一种方法是改变不同区域的客户访问频率，即通过修改工作量的办法来达到平衡，因为市场潜力已经达到平衡了；另一种办法是用试错法连续调整各个销售区域的控制单元以求得两个变量同时平衡。如果还要兼顾更多标准，调整过程就更加复杂了。这种情况下一般采用"渐进法"，即先将标准排出优先次序，如先满足工作量大致相等的要求，再考虑客户数或地理面积的平衡；然后遵循上述步骤设计出满足工作量平衡要求的初步方案，再用反复试错的方法满足第二、第三标准的要求，逐步接近目标。

（五）安排销售人员

实际中销售人员在能力和工作效率方面存在明显差异。最后一步要做的就是将销售人员分配到特定的销售区域中去，让他们各尽所能，创造出最好的销售业绩。

在实际操作中，这项工作将会遇到很多麻烦。因为销售区域与销售队伍都不是一朝一夕建立起来的，而是随着企业成长不断发展扩张的。假如企业已经建立了一支稳定的销售队伍，每个销售人员已经在各自的销售区域中工作，此时再来重新设计和分配销售区域，那么可以设想，若新旧方案差异较大，则无论新方案多么科学合理，实施起来都会遇到很大阻力。另外一种情况是，在企业刚刚成立时，虽然没有新旧交替问题，却也没有可靠的数据资料，所以也难以设计出精确的方案。

第三节　销售区域的管理

一、销售定额管理

（一）销售定额的概念

销售计划管理中一个非常重要的因素就是为每个销售人员确定所要完成的目标。确定销售人员所要完成的目标一般称为定额。定额是销售经理用于管理销售人员最有效的手段，是评价销售人员销售能力的最重要指标，它有助于分析每个销售人员完成任务的情况以及销售队伍的整体活力。

所谓销售定额，是指为一个销售单位所确定的销售目标。销售单位可以指某个销售人员、某个销售区域、某个销售分支机构、某个地区以及某个代理分销商等。例如，某销售区域某销售人员在一定时期内，计划要完成的销售目标就是销售定额。虽然销售定额要以销售潜量为基础，但它并不代表销售潜量。销售潜量反映的是公司在某一销售区域内理想状态下的销售（或服务）数量。但是结果不总是像理想预料的那样，有时可能因销售区域不好划定，销售人员不好安排，以及销售人员的特点如年龄、经验、精力、创业性以及物质条件的差别等，造成销售区域中销售定额的差异。同样，销售定额也不能等同于销售预测。销售预测是指公司假定在某种销售努力下所完成的销售估计，一般是根据产品线、客户线和销售区域等因素进行综合考虑的。可以说，好的销售预测是制订销售计划最有力的依据。然而，销售定额的作用不能等同于销售计划，当一个销售人员的销售额超过预测水准时，公司并不会对他进行奖励，而当销售人员的销售额超过其定额时，公司才会给予奖励。这说明，销售定额是管理的手段，而不是工具，它是用于激励销售人员、提高销售业绩的重要手段。销售定额可以取值于销售潜量和销售预测之间。

销售定额在某个特定期间，可以用金额或者商品数量来表示，销售经理可以用金额或商品数量来为公司的现场销售人员确定某个季度或某年的销售定额。在用产品或客户作为目标时，一定要将定额具体化。产品定额要反映产品线中各个项目的获利性；客户定额则要反映为特定客户服务的相对效果。

制订销售定额计划需要对各种类型的定额进行决策，同时还要确定各种定额的相对重要性和每个销售人员或者销售单位所应完成的目标水平。

（二）制定销售定额的目的

制定销售定额是为了对销售人员进行管理和控制，其具体目的如下。

1. 激励销售人员

首先，销售定额可用于对销售人员进行有效的诱导。最基本的方法就是为销售人员确定一个具有挑战性的目标。一个清楚明晰的目标要比一个不清晰的目标更能激励销售人员的积极性。

其次，通过定额来影响销售人员的动机。竞赛是许多公司激励计划中的一个重要组成部分。竞赛的关键就是谁能做得最好，谁就会得到奖励。然而由于销售能力、区域潜量和工作负荷的不同，销售人员赢得机会的可能性也不同。因此，最好的做法是，公司所设计的计划能使所有销售人员都有获胜的机会。销售定额可以根据销售区域和人员的差别制定一个通用的标准，以便销售人员都有相对平等的机会。

最后，在大多数公司的报酬计划中，定额是一个有效的诱导因素。它可以采用佣金或奖金的形式，也可以采用与薪金挂钩的形式。在这种情况下，销售人员所得与销售量呈正比关系，或者在超额完成定额后，以额外的奖励作为激励。因此，对于销售人员或者销售部门来说，这类计划直接和销售定额有联系。当销售人员是以薪金作为报酬时，可采用薪金和所完成的定额水平相挂钩的形式作为激励这一类销售人员的诱导因素。

2. 评价销售业绩

定额为销售人员或销售单位进行业绩评价提供了一个组合标准，它能使管理人员有重点地找出问题以及评价那些业绩突出的销售人员或销售单位。没有定额的销售人员在工作中就会感到无所适从，以至于出现效果不佳等情况。为了保证评价业绩的合理性，公司必须深入调查，全面考虑产品、客户、竞争程度等不同要素，以便制定一个考核业绩的定量标准。

3. 控制销售力量

公司制定的销售定额，不仅要有利于评价销售人员的最终业绩，而且还要有利于控制销售人员的工作过程。销售人员必须参加各种不同的销售活动，包括访问新客户、拜访老客户、出售产品、参加会议等。销售定额要有利于公司监控销售人员是否达到了预期目的。如果没有达到，公司就要及早采取措施，而不是等到出现大问题时才开始动手。

采用定额管理，虽有许多优点，但也存在一些不足之处，特别是很难确定统一的定额标准，另外就是确定定额的成本很高，尤其是确定效果良好的销售定额更是如此。

（三）合理销售定额的特点

一个有效的定额意味着销售人员经过努力是可以达到的，而且是易于理解和完整的。过于复杂和难于理解的定额计划，往往会在销售人员之间引起猜忌和疑问，因而不能有效地激励销售人员。一旦销售人员了解了定额是如何制定的，就更有利于完成销售定额。当销售人员发现所估计的市场潜量能够转化为销售目标时，就会乐于接受这些销售定额。另外还要销售人员充分理解所定定额的内容。

销售定额的完整性是指在制定定额时，要考虑各种行为标准。如果销售定额仅考虑销售数量和销售利润，销售人员就不会重视新客户的发展。实际上，销售量和销售利润的指标是与销售人员识别和挖掘新客户相关联的。公司必须根据预测的上限和下限进行综合考虑，下限预测的结果可来自各个区域经理对客户的分析，上限预测可按产品管理的需要来设计，只有这样，所制定的销售定额才是比较完整的。

（四）销售定额的制定

销售定额的制定通常包括三个步骤：选择定额类型、决定每种定额的相对重要性、决定每种定额类型的水平。

1. 选择销售定额的类型

销售定额包括以下三种基本类型。

（1）销售量。销售量和市场潜量直接相关，其可信度较高，易于被销售人员理解。销售量定额一般用金额、商品数量来表示。用金额表示时，可以在不同的商品之间进行比较，有助于销售人员从事系列商品的销售。如果销售人员具有价格决定权时，用金额表示还能使销售经理清楚地觉察利润变化的情况。对于同一商品销售量的分析，有必要考虑价格对于销售额变化的影响。

绩点定额是销售量定额的另一种形式。所谓绩点，就是指规定某种产品的销售达到一定数量后给予的指标表示。例如，某产品 A 每销售 100 单位就记为 3 个绩点；产品 B 每销售 100 单位就记为 2 个绩点；产品 Z 每销售 100 单位时就记为 1 个绩点。销售人员的销售定额量由所有这些产品的销售绩点总和而定。当公司的销售量以产品线为重点时，绩点定额系统就具有广泛的应用价值。

（2）活动定额。销售活动定额主要是为了确定销售人员工作努力的程度。实际工作中，有些活动，如给准客户发出信函、进行产品展示和安排展览会等，可能不会马上产生销售效果，但是，这些活动对于未来的销售业绩具有一定的影响。如果所有的定额体系只以销售额或销售量为依据，销售人员就不会积极地从事上述活动，销售经理就可能对一些活动失去控制。采用活动定额就能弥补这个缺陷。表 4-1 展示了一些典型的活动定额。

表 4-1 常见活动定额的类型

1	访问新客户的次数	6	设备安装
2	向潜在顾客发出信函	7	安排展示
3	提供建议	8	召开销售会议
4	安排现场展示	9	访问老客户
5	服务访问		

（3）财务定额。财务定额可用于对销售人员销售成本和利润进行判断。销售人员往往把重点放在易于出售的商品或易于打交道的客户上。然而这些产品可能报酬利润水平很低。有了财务定额，可以促使销售人员把工作重点集中在那些能够带来更多利益的产品和客户上。财务定额往往是以销售费用、毛利率或者净利润来表示的。当产品进入成熟期时，财务定额就具有实用价值。在市场扩展很困难的情况下，成本控制、提高销售利润率，就成为关键的突破口。

要想提高销售利润率，控制现场销售费用是一项重要手段。费用定额一般是以销售额的百分比来界定的。虽然费用定额在理论上能使销售人员认识到自己在降低成本和控制费用方面的责任，但在实际操作时，仍然存在许多困难，这就迫使一部分销售人员采取其他的方式，原先计划每个季度应对客户进行四次访问，而今由于考虑经费不足，实际只进行两次访问，这就有可能失去挖掘大笔业务的机会。

如果各个产品的毛利率差别很大，那么毛利率定额就很重要。这种定额可以使销售人员将注意力集中在那些高收益的商品项目上。然而，毛利率定额在某些时候，也会带来管理上的困难。一些公司并不会将其生产成本告诉销售人员。这样，毛利率定额在利润结果上就有很大的失真性，也可能不会产生应有的激励效果。

净利润定额和最高管理层的主要目标直接相关，净利润定额比毛利率定额更为重要，尤其是当产品进入成熟期，竞争加剧，费用上升，净利润指标就成为取胜的关键。净利润定额会随着时间的变化而变化，而且其制定需要大量信息，决策成本较高。

2. 决定每种销售定额的相对重要性

每种定额体系都有其优缺点，在不同的情况下，其优缺点也有所不同，有些定额从静态来看是合理的，但从动态来看又显不足。例如，销售量定额在一个稳定的市场状态下是一个有效的定额指标，但从动态情况来看，它又忽略了新客户和新产品的开发。由于不同的销售人员在不同的标准上会有不同表现，因此，销售经理可以采用一套组合定额标准来管理销售人员。依据重点的相对性，对不同的定额予以不同的权重，采用线性组合的办法来衡量每个销售人员的总体业绩。权重的具体确定可由销售经理自己判断，或者由公司管理层根据长期目标进行客观分析后做出。线性组合的最突出特点，就是考虑了不同权重以及销售区域或顾客的区别，用一个总体业绩定额来表示。它易于被销售人员理解，并能进行综合对比分析。

3. 决定每种销售定额类型的水平

销售定额制定的最后一个步骤是决定每种定额类型的水平。在确定每种定额水平时，必须综合平衡包括区域市场潜量、对销售人员的激励及公司的长期目标等因素。

（1）销售量定额的确定。如前所述，销售量定额的适用性最广，但应用时常犯的一个错误，就是只根据以往的统计数据来进行平滑预测，而忽视了区域内的结构变化、快速发展、竞争状况等因素。这样做的结果，会大大挫伤销售人员的积极性，引起一些扭曲行为。

（2）活动定额的确定。活动定额受到区域大小、客户数量和销售人员期望等因素的影响。这些因素将决定着销售人员在一定期间内对客户的访问次数、服务次数以及展示产品的次数等。活动定额的决策来自区域内的销售人员与销售经理的讨论、销售人员的报告及市场营销调研。

销售人员与销售经理的讨论可以过去的经验为基础，围绕关键客户和客户的需求来展开。依据销售人员的报告，可以分析以往销售人员展示的时间以及今后所需要展示的时间。同样，公司可以依赖市场营销调研来确定活动定额水平，通过对以往和未来资料进行比较全面地综合分析，来确定访问客户的最佳次数。

（3）财务定额的确定。财务定额可以反映合理的财务目标。毛利率和净利润定额可以根据区域内所有销售产品加权平均值来确定。销售费用定额可以根据上一年度的销售费用同销售额的比率来确定。这样就得出各个区域的财务定额，并汇总成整个公司的财务目标。虽然一些公司倾向于用销售区域的历史数据为目标，但必须考虑区域内的特殊情况。

二、销售区域时间管理

在销售领域，时间管理已经成为理论界研究的重要内容。销售辖区是分配给销售人员的责任区域。销售辖区的时间分配就是指销售人员如何支配时间，在辖区内履行推销和访问客户。设计销售区域就是为了销售经理和销售人员更好地利用时间进行销售。"时间就是金钱"指的是时间的重要性。对销售人员而言，时间即代表成交，是销售的效率指标，可是却未被赋予应有的重视。一位研究时间管理的专家指出，时间是稀有资产，"销售人员的其他资源，可以随意地累积和支配，只有销售人员的时间却在逐渐地均衡地、经常不断地被花费出去"。时间的浪费代表着对时间本质的误解、销售活动的无效率化、销售的成本大幅增长。在销售实际工作中，销售人员用于销售洽谈的时间正在减少，往往路途奔波、寻找客户、洽谈前的等待以及文书工作占用了一半以上的时间。

维尔和伯斯两位时间管理专家用 3 年时间对 257 家企业进行了调查，结果发现：有83％的企业没有确定每次销售所需要的大致时间；有一半以上的企业没有确定对一个客户进行销售的合理次数；有 30％的企业销售人员没有制定销售日程表；虽然大多数企业都觉察到销售人员的实践方法有待改进，但是只有近一半的企业针对自己的销售人员如何使用时间进行过正式调查。这些结果表明许多企业在销售实践中对时间管理还没有引起充分的重视。销售人员每天有很多事情要做，包括电话沟通、拜访客户、处理合同和报告、为顾客提供售后服务工作以及出差和接待客户等，这些工作杂乱并且费时，一不小心就会陷入混乱。在这种情况下，时间管理对销售人员来说是十分必要的。销售经理也需要了解这些工作所花费的时间，帮助销售人员做好工作计划，合理安排下属的工作，使销售人员的工作时间能够最有效地运用到销售工作中去。

具体来说，销售区域的时间管理主要包括确定拜访频率和制定拜访计划两个方面的内容。

（一）确定拜访频率

拜访频率不是越高越好，因为采购客户的工作一般都比较忙，过于频繁的拜访可能会浪费他们的时间，影响他们的工作，甚至引起他们的反感。拜访频率也不是越低越好，过少的接触会让客户觉得被忽略，给竞争对手制造乘虚而入的机会。所以，在确定拜访频率时需要考虑下列因素。

1. 客户的重要程度

对企业销售起着重要影响的客户，企业应该随时保持与他们的联系，经常了解双方合作的情况和客户反馈，尽量满足客户要求；对其他的小客户，频率不需要很高，尤其是对大量小客户，企业可以采用集中拜访的方法，邀请他们参加客户活动等，从而保持与他们的联系。

2. 与客户的熟识程度

双方熟识、关系稳固的客户，电话联系就能够解决工作上的需要，不仅节省双方的时间，也可以节约销售人员的交通费用。但是当面拜访也是一个必不可少的环节，销售人员可以与熟客协商定期进行当面拜访，以维护相互之间的感情。

3. 客户的订货周期

订货周期的不同影响企业的拜访频率，首先销售人员要对客户所在行业的情况有所了解，对其产品的周期性有比较全面的了解；其次销售人员要与客户建立良好的关系，对客户的生产经营活动有一定的了解，从而可以判断客户什么时候会订货等。

（二）制订拜访计划

"时间就是金钱"，无论销售经理还是销售人员，都要有效地管理好自己的时间。

1. 制订每日、每周、每月拜访计划和完成情况表

月计划是确定本月需要拜访的客户；周计划较为具体，需要确定拜访各个客户的具体

时间地点，并做好约客户、安排食宿等活动；日计划是在头天晚上做出的，销售人员已经确定好第二天即将拜访的客户以及见面的时间地点，并准备销售演示用的相关材料。计划完成情况表一方面可以作为销售人员的工作记录，一方面还可以使销售人员掌握进度，及时调整销售计划，如表4-2所示。

表4-2　月拜访计划完成情况

客户拜访次数	客户1	客户2	客户3	客户4	客户5
当月拜访	2			0	2
当月计划	2		2		2
完成情况	完成	完成	未完成	未完成	完成
未完成情况					
调整方法					
累计拜访次数	8	4	4	4	9
最近拜访时间	20/9	16/9	17/9	10/9	2/9

2. 建立销售频度模型

上文中销售人员已经确定了拜访频率，由此可以得出拜访次数、销售时限和间隔时间等因素，根据这些因素可以建立起销售频度模型，频度模型是销售人员制定计划的重要参考，甚至可以作为销售人员工作的标准程序。

3. 运用时间管理的一般理论

时间管理理论提倡把事情按照是否紧急和是否重要分成四种类型：紧急而又重要、紧急但不重要、重要但不紧急、不重要又不紧急，这也正是四种事件的处理顺序。另外，时间管理还提倡用零散时间处理非重要事件，要尽量留出大块时间处理重要的事情。这些理论对销售过程中的时间管理都是十分有用的。

4. 充分利用现代信息技术

现代信息技术体现在时间管理的每一个细节，利用电脑制定销售拜访计划，可以节省时间，并且有利于前后期的比较分析；客户购买潜力和需求分析、行业内的最新动态，都离不开网络这个最快、最全的信息渠道；销售频度模型的确定、销售路线模型和销售目标的确定等，都可以借助计算机进行系统分析，提高数字和模型的科学性和准确性。

此外，销售经理要指导销售人员安排销售拜访的日程和制订在销售辖区里的行动计划。日程安排是指确定访问客户、洽谈生意的固定时间。行程安排是在辖区内工作时采用的工作路线。一些销售组织喜欢为他们的销售人员设计一个在辖区内工作的正式路线。在这种情况下，管理部门必须要设计出对公司和销售人员而言可行、灵活、有利又能令顾客满意的销售拜访计划。

本章小结

销售区域，是指在一定销售期间，由销售人员、销售部门、中间商等为之提供服务的一群现有的和潜在的顾客群体，是指在一段给定时间内，分配给一个销售人员、销售部门、经销商、分销商的一组现有的和潜在的顾客。一个销售区域可以被认为是一个细分市场。销售区域设计的关键在于顾客，对于许多公司来说，区域设计都是按照地理区域划分的。

销售区域管理有利于提升销售团队的士气、确定企业的市场覆盖面、便于评价和控制销售力量、有利于建立良好的客户关系、有利于节约销售费用。销售区域的划分方法有以下几种：按地区划分、按产品划分、按客户划分、按行业划分、综合划分。销售区域的设计有助于地区经理计划和控制销售活动，同时也有助于销售人员完成自己的任务。销售区域的设计应遵循公平合理原则、可行性原则、挑战性原则、目标具体性原则。销售区域设计的主要过程包括以下几个步骤：划分控制单元、选择起始点、将相邻控制单元组合成销售区域、调整初步设计方案、安排销售人员。

销售计划管理中一个非常重要的因素就是为每个销售人员确定所要完成的目标。确定销售人员所要完成的目标一般称为定额。所谓销售定额，是指为一个销售单位所确定的销售目标。制定销售定额是为了对销售人员进行管理和控制，其具体目的是激励销售人员、评价销售业绩、控制销售力量。销售定额的制定通常包括三个步骤。选择定额类型、决定每种定额的相对重要性、决定每种定额类型的水平。销售定额包括销售量、活动定额、财务定额三个方面。

在销售领域，时间管理已经成为理论界研究的重要内容。销售区域的时间管理主要包括确定拜访频率和时间管理两个方面的内容。在确定拜访频率时需要考虑客户的重要程度、与客户的熟识程度、客户的订货周期。时间管理要制定每日、每周、每月拜访计划和完成情况表，建立销售频度模型，运用时间管理的一般理论，充分利用现代信息技术。

思考题

1. 简述销售区域的含义和作用。
2. 一般而言，企业销售区域是如何设计的？
3. 对销售区域的管理一般有哪些方法？
4. 销售区域管理在实际操作中有哪些步骤？
5. 如何设计销售区域？
6. 为什么要进行销售区域时间管理？

案例分析

　　某电子产品企业的销售部门按行政区域将全国划分成不同的销售区域，每年年初向销售区域总经理下达其所辖销区的年度销售计划。销区奖金总额根据该销区的年度销售总额的一定比例提取。每个业务人员的奖金也与其所负责区域的销售额挂钩。如果销区完不成销售计划，无论什么原因，销区所有人员的奖金都会受到很大影响。

　　为了提高自己的销售量，业务人员在向批发商推销产品的时候，往往向客户承诺一些难以实现的优惠条件，比如批发商进货达到一定量时给予高额返利，向批发商或者专卖店提供进行统一形象装修的补贴等。同时，为了扩大自己的销售额，除了开拓自己负责的区域以外，许多销区还向相邻销区的经销商以优惠条件批发产品，以至于最后各销区之间互相抢占地盘。

　　刚开始时，这种做法的确提高了企业的销售额，企业也因此在一些地方的市场占有率得以大幅度提高，销区经理和业务人员的奖金收入在业内达到了中高水平。但是两三年以后，这种做法的弊端就开始暴露出来。首先是许多经销商发现该企业的业务人员不守信用，令他们蒙受了很大损失，纷纷停止从这家企业进货；其次，由于各销区之间互相冲货愈演愈烈，严重影响了企业的整体市场策略；最后，企业的整体销售业绩开始下滑。

　　（案例来源：http：//www.m448.co m/filelist/library/clause ＿ 51741. html，有删改）

思考讨论题：

该企业的销售业绩管理方法是否合理？为什么？应如何做出调整？

第 ⑤ 章

销售渠道管理

本章导读

1. 了解渠道成员包括哪些及渠道结构的类型
2. 掌握渠道设计的影响因素、原则及流程
3. 掌握渠道管理的内容

导入案例

2011 年 1 月 10 日，在北京西单大悦城一层刚刚开业的苹果直营店内，人山人海，每个人手捧一部 iPad 或者 iPhone，津津有味地玩个不停。2010 年开始，在中国，购买苹果系列产品就像被贴上了"时尚达人"或"酷"的标签。每个年轻人都以能够拥有一款最新的苹果产品而感到自豪。在论坛上，"果粉"和"爱疯"一族不遗余力地"晒"出最新装备。从来没有一部手机，能让运营商们如此彷徨失措；也从来没有一部电脑，让消费者如此疯狂。在给力的产品面前，苹果中国的渠道拓展，到底以一种怎样的架构在进行？等不到 iPhone 4 的消费者不禁要问：是渠道不给力，还是饥饿营销玩得太过火？有传言称，中国移动集团将在山东、四川、陕西、山西、河南等省销售 iPhone 4，进货来源是苹果代理商和直销商。尽管当事方均未对此事做出评论，但是现在的疑问是：苹果会在华继续扩张销售渠道吗？IT 评论人士李易对此事的看法是，2011 年苹果在中国市场的销售渠道将大幅度扩展，估计其基本游戏规则将是"谁有现金，谁能多替苹果压货，谁就可以优先加入"。

1. 复杂的架构

那么到底苹果的销售渠道现在是什么架构？《第一财经日报》采访了多位知情人士，神秘的苹果中国销售渠道，逐渐浮出了水面。现在的苹果销售渠道架构都始自 2008 年下半年，原中国惠普 IPG 高级副总裁邱秋良出任苹果公司中国区总经理之后，苹果总部及中国区对苹果此前稍显混乱的渠道进行调整，现在苹果产品的销售渠道按照 Mac、iPod、iPhone、iPad 四大类产品划分，同时每个产品大类下面又分不同的渠道销售。

由于 iPhone 手机和 iPad 平板电脑的出现，在渠道商眼中，现在的苹果产品已经由原

来的按照 CPU 系列和非 CPU 系列两大类划分，改为了如今的按照电脑类产品 Mac（原 CPU 系列）、数码播放器 iPod（原非 CPU 系列）、手机 iPhone 和平板电脑 iPad 划分的四大类。

随着苹果的新产品 iPhone 手机和 iPad 平板电脑问世，苹果也增加了不同的销售渠道。iPhone 手机的正规销售渠道目前相对比较少，销售渠道也较为独特，只有 Apple Store 在线商店、Apple Store 零售店和中国联通三种渠道，其中，中国联通授权苏宁销售其部分合约 iPhone 手机。尽管此前有传言称方正世纪、长虹佳华和佳杰科技三家 IT 分销商已获得苹果 iPhone 手机的总代权，但是这一传言始终未得到任何厂商的证实，以上三家分销商也未正式发货。

iPad 的销售渠道则相对多了一些。苹果官方介绍，目前 iPad 的正规购买渠道有 Apple Store 在线商店、Apple Store 零售店、Apple 经销商和 Apple 校园体验中心四种。

同样，以上 iPad 的四种销售渠道也负责销售 Mac 和 iPod 两大类产品。据一位知情人士介绍，现在苹果的销售渠道和之前最大的变化，就是先后在北京和上海开设了四家由苹果公司直营的 Apple Store 零售店。按照苹果总部的规划，由于中国市场快速的发展，苹果计划两年内将在华的 Apple Store 零售店增至 25 家。该人士表示："Apple Store 零售店将销售全系列的苹果电子产品，和 Apple Store 在线商店一样。"

除苹果自营的零售店和在线商店销售全系苹果产品外，其余的苹果销售合作伙伴则分别负责销售不同类别的产品，包括神州数码的实体店面神州数码港、国美、苏宁以及各种店面在内，统一称为 Apple 经销商。

该人士还说，Apple 经销商又被分为 Apple 优质经销商、Apple Shop、Apple 授权经销商和行业授权经销商四类，分别面对不同的客户群，销售不同的产品，也根据不同的级别享受不同的待遇。

更细化的区别在于 Apple 优质经销商为专营苹果产品的商店或者店铺，Apple Shop 则针对经销包括苹果在内的多品牌电脑电子产品的商店或店铺，其余两类授权经销商则主要针对不同行业客户或者大客户。

2. 中国区渠道的变数

尽管苹果 CEO 乔布斯从未到访中国，但是苹果产品在中国的热销以及苹果渠道商的增加，表明了苹果总部对中国市场销售的看好。2010 年 9 月 25 日，苹果与联通共同宣布开售 iPhone 4 手机，前者卖裸机，后者卖带有话费的合约机，iPhone 4 手机两天内订出 20 万部，其销售由于众多"黄牛"的介入，而成为万众关注的热点，甚至出现了 iPhone 4 手机断货的情况，而黄牛对 iPhone4 手机囤积居奇，加价销售。

但是 IT 评论人士刘兴亮对此有所质疑："作为一款电子产品，很难出现断货情况，可以看出，苹果在采用比较明显的饥饿营销模式。""不管是不是饥饿营销，目前种种迹象表明，乔布斯开始重视中国市场了，这样一来中国地区负责人的销售压力应该比以前大很多。"李易分析道，早年由于苹果总部对中国市场不重视，所以中国区的销售任务并不重，苹果选择代理商还会根据各自特性进行精挑细选，比如方正世纪主要是为政府、金融、教育、印刷等行业客户提供 IT 解决方案，适合代理 Mac 一类的电脑产品，苹果不会给其分配 iPhone 这样的消费类产品。

"我认为，苹果中国公司未来会逐步放弃按产品线区隔的代理选拔制度，具有资金和分货实力的渠道公司都有可能成为苹果全系列产品的代理商。"李易说。

关于苹果销售渠道的传言很旺盛，最有可能改变格局的是，中国分销老大神州数码出局，方正世纪、长虹佳华和佳杰科技三家 IT 分销商获得苹果 iPhone 手机的总代权。

如果形成这种新的格局，这也意味着，消费者将除了可以从联通及其授权的苏宁和苹果零售店、在线商店这三个渠道之外，找到新的途径去购买苹果 iPhone 手机，并有助于缓解苹果 iPhone 手机缺货的情况，而中国移动也可能从这些渠道商那里拿到 iPhone 手机新货。

不过资深通讯专家、飞象网总裁项立刚对此说法并不太赞同，他认为："中国移动如果能够改变过去要求的合作模式，不要求苹果生产 TD 版手机，那么双方还有可能达成合作。"

3. 严格的渠道管理

一位渠道商知情人士王文（化名）告诉记者，苹果对渠道以及宣传的管理极其严格，在苹果正式宣布最终结果之前，一切都存在变数，此前神州数码在财报中由于提前披露了获得苹果 iPad 平板电脑的分销权，尽管神州数码事后专门发布声明表示财报中表述有误，但这仍然导致苹果追究其责任，致使神州数码至今也没有获得 iPad 平板电脑的分销权。

而苹果中国方面在接受记者询问时，照例表示不会对渠道的变化做出任何评论。这与苹果全球严格的宣传口径一致，在苹果每款新品出来之前，都会有很多传言，但是最终的结果总是让人大吃一惊。对于苹果的渠道变化，另一位不希望透露姓名的在渠道领域多年的人士分析称："过去苹果总部对中国区一直不够重视，也导致苹果在华销售渠道比较混乱。不过这几年看到中国市场的巨大潜力，苹果总部确实改变了态度，加大了对中国市场的投入。很多渠道商或许会接受苹果的严格管理，因为毕竟可以更好地挣钱。"但苹果方面表示，不会去介绍哪家合作伙伴获得了苹果的产品销售权，因为"消费者只关心从哪里购买到产品，并不关心苹果销售的渠道架构"。

（资料来源：YNET.com，《第一财经日报》）

第一节　销售渠道的构成

在市场经济发达的今天，很少有生产者直接将自己的产品出售给最终用户，而是通过一定的分销渠道和实体分配过程，在合适的时间、合适的地点，以合适的价格提供给最终用户，满足市场需求，实现企业的市场营销目标。根据菲利普·科特勒的定义，分销渠道也就是市场营销渠道，是指促使产品或服务顺利地被使用或消费的一整套相互依存的组织。销售渠道管理是管理当局所面临的重大课题，是销售管理的重要内容。本章主要阐述的内容有：销售渠道的构成、销售渠道的设计与开发、销售渠道的管理。

一、销售渠道的成员

商品的分销过程是商品从生产商出发，通过中间商周转，到达最终用户或消费者手中的过程。

在商品分销过程中涉及的组织和个人，就是我们所说的渠道成员。通常情况下，分销渠道成员应该包括生产商、中间商和消费者。而在直接分销渠道中，生产商直接将产品销售给最终消费者，跳过了中间商环节，如图5-1所示。

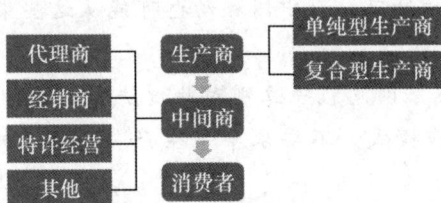

图5-1　渠道成员

（一）生产商

生产商是将原材料通过加工转化成为消费品或工业品的企业。生产商是形成渠道价值链的基础，在渠道中起着举足轻重的作用。在整个销售渠道中，生产商决定着目标市场、产品定位策略等，也决定着产品销售渠道的设计与建设。他们致力于促进产品的销售量和市场占有率，不断地与渠道中的其他成员发生联系，从而保证商品分销渠道的畅通。根据生产商在销售渠道中的参与程度，大致可以将其分为两种类型。

1. 单纯型生产商

这类企业一般只从事生产活动。他们负责提供产品，而产品销售工作则由专职的分销企业负责。单纯型生产商大多为中小型生产企业，专业化程度高，产品的品种、性能、用途较为单一。

2. 复合型生产商

这种类型的企业在从事生产活动的同时，还组建自己的销售机构，通过控制渠道的成本，提高渠道的服务产出，从而提高渠道系统的效率和收益。复合型生产商通常为大型企业，并且对产品的技术含量、售后服务的要求比较高。

（二）中间商

中间商是在商品分销的过程中，介于生产商和最终用户之间的组织，通过参与商品流通业务、促进买卖行为实现并将商品从生产者转移到最终用户等一系列活动获取利润。在销售渠道中，中间商专门从事产品的购买和销售活动，并通过储存、售后服务等活动来支持销售，实现利润。生产企业可以利用中间商将产品迅速打入广阔的市场，取得大规模分销的经济效益。通常情况下，中间商作为企业的组织顾客，其购买往往是大宗的批量购买，涉及的产品项目多，对企业的价值贡献应该说是更大。因此，是否能管理好销售渠道中的中间商客户，直接关系到企业产品销售的成败，进而关系到企业的生存和发展。本部分内容在众多的中间商客户中有选择地介绍代理商、经销商和特许经营三类。

1. 代理商

所谓代理商，是指委托人授予代理商销售代理权，代理商在销售代理权限内代表委托人搜集订单、销售商品，但是没有商品所有权，并在销售完成后领取一定的佣金的销售形式。代理商又可以分为独家代理商、一般代理商和经纪人。

（1）独家代理商。独家代理是指生产商授予代理商在某一市场上的独家代理销售权，生产商、其他代理商与其他贸易商都不得在该市场上销售该厂家的产品。独家代理商通过与生产商签订协议，在规定的市场范围和一定时间内对某商品的销售进行独家代理。但是独家代理商不拥有商品的所有权，所以不用承担信用或市场等风险，只需按照商品销售量的一定比例来抽取其报酬。

（2）一般代理商。一般代理商与独家代理商的区别在于，生产商可以在某一市场范围内利用多家中间商同时代理，代理商也可以同时为多家生产企业进行代理销售。

（3）经纪人。经纪人是专门为供销双方起促进作用的中间商。这类中间商既无现货，又无商品所有权，仅为买卖双方提供产品、价格和市场信息，为双方搭建交易的桥梁，努力促成交易的实现。

2. 代理的特点

（1）代理商是独立的法人组织，并与委托企业有长期稳定的关系。代理商的独立性是指其不等同于厂家的直营销售机构，也不是厂家的子公司或控股公司，其有独立的利益，独立核算。代理商与委托企业的关系是长期稳定的，一般为一年以上，有的长达数十年，这是代理与代销的区别之一，也是代理制优于我国目前通行的买断制（即商业企业单纯的买进卖出）的特点之一。

（2）代理商只拥有销售代理权，而不拥有对代理商品的所有权。这是代理与买断的主要区别。在买断制下，商业企业从生产企业购入商品后再销售，因而拥有商品拥有权，并承受全部买卖风险。而代理制下，代理商只代委托企业进行销售产品，并不拥有产品所有权。

（3）代理商按代理权限行事。代理权限中规定了代理产品的种类、数量，代理区域的大小，是否有独家销售代理权，产品售价的高低及浮动幅度等；同时，代理合同中也规定了代理商的义务，如独家销售代理时，代理商要达到最低代理额，再如代理商负有广告、售后服务、仓储、商情报告、保护委托方的财产等义务，代理商必须在代理权限内完成其应履行的义务。

（4）代理商行为的法律效果应由委托方承担。由于代理商行为体现的是委托方的意志，销售代理产生的权益与义务都通过代理合同转移给委托方。代理商不能占有代理行为产生的权益，从而不能占有销售后的货款；同时也不承担代理行为产生的义务，从而客户若不能及时收到货品或发生货损与产品质量问题，只能要求委托方厂商赔偿损失。

（5）代理商的收入是佣金而不是购销差价。代理商只是一种中间商，其主要功能是提供销售机会，因而要等商品售出、货款汇回委托方后，从委托企业处取得佣金收入，且佣金收入随代理额的浮动而浮动。

3. 代理商的作用

代理商作为销售渠道中中间商的一种，对企业在促进产品销售和节约管理成本方面有如下作用。

（1）有利于企业新市场的开拓。随着经济的发展，产品的销售范围已经打破原有意义上的地域限制，开始由产区走向全国乃至世界，因此，新市场的开拓已经成为企业销售的重要任务。代理商的出现，可以让企业在最短的时间内迅速进入较为广阔的各地市场，完成产品更大范围的销售和品牌知名度的建立。

（2）有利于扩大企业产品销量，保持并提高市场占有率。市场占有率在竞争越发激烈的今天已成为衡量企业成败的重要标准。为了保持市场占有优势，企业需要耗费大量精力，但限于人力财力，有时效果并不理想。而代理商通常是销售领域的专家，他们对代理区域内的市场需求、储运、销售等情况了如指掌。此外，他们也同消费者有着最为密切的联系，能够及时了解消费者的当前需求和潜在需求，因而能帮助企业更好地促进产品销售、扩大销量并提高市场占有率。

（3）有利于增强企业产品核心竞争力。随着商品种类的不断增多，企业花费在销售方面的精力也大大增加，此时如果将优秀的代理商纳入销售渠道，则可以使企业有更多的精力专注于核心产品的研制、完善和新产品的开发，从而在根本上提高企业竞争力。

（4）有利于节约企业销售成本，降低费用。选择代理商代理销售产品，企业就不必再投资建设销售渠道中的硬件设施，不必为组建销售队伍承担更多的人力成本，无疑在很大程度上节约了企业的销售成本，降低了费用。

由此可以看出，选择优秀的代理商可以使企业在销售领域事半功倍，同时更有利于企业专注其核心竞争力，为长远发展奠定坚实的基础。

4. 经销商

所谓经销商，是拥有商品所有权，并从事商品销售的中间商。经销商用自己的资金和信誉进行买卖业务，一旦购入商品，就得到了商品的所有权，独立经营，自负盈亏，承担产品卖不出去、无利或微利的风险。生产商通常在产品比较成熟、销量比较大、市场成熟稳定的情况下通过经销商对产品进行销售。根据经销商销售对象的不同，可以分为批发商和零售商。

（1）批发商。批发商批发是指将一切物品或服务销售给为了转卖或者商业用途而进行购买的人的活动。批发商是指从生产厂家购进产品，然后转售给其他批发商、零售商、产业用户或各种非营利性组织，不直接服务于最终消费者的营销中介机构。

（2）零售商。零售商是指拥有商品所有权并把商品直接转移到最终顾客的中间商。零售商直接面向产品的最终用户，必须能够给消费者提供适销对路的商品，以适应消费者不同的需求。所以零售商的种类最多，包括专业商店、百货商店、超级市场、便利商店、折扣商店等。

5. 选择经销商应考虑的因素

（1）市场覆盖范围。经销商是企业面对消费者的最终窗口，因此，选择经销商要首先考虑其经营范围涵盖的区域与企业的预期销售地区是否一致。例如，企业的目标市场是沿海地区，在选择经销商的时候，就要了解其经营范围是否主要集中在此区域，以便在最短的时间里用最少的成本将产品打入目标市场。另外，潜在消费者也是一个重要考虑因素。

所有企业都希望利用经销商的销售网络打入选定的目标市场并最终说服消费者选择自己的产品，因此经销商的销售对象是否为企业期望的潜在消费者是能否选择此经销商的基本条件。

（2）经销商的销售经验。一般说来，企业选择经销商，评估其能否承担销售重任，往往需要考察其一段时间的销售表现和赢利状况。若经销商以往的销售业绩不佳，则将其纳入企业销售网络的风险就会大大增加。

在评价经销商的销售经验时，首先看其经营某种商品的时间。长期从事某种商品经营的经销商，通常会在此领域积累比较丰富的专业知识和经验，可以为企业节约很多培训和管理成本。同时，这类经销商在行情变动时，比较能够掌握经营主动权，确保产品销量稳定甚至能利用历史经验借机扩大销量。

（3）经销商的声誉。在信用越来越受到重视的今天，经销商的声誉越来越重要，其不仅会关系到销售网络的稳定，还直接影响到企业自身的管理。如果选择的经销商声誉不佳，从长远看来，其得到市场认可的风险就会显著增加，有可能被市场排斥，从而影响到企业产品的销售。另外，若经销商不重信誉，也有可能给企业本身回款带来很大压力，或因不良服务造成额外的客户投诉，无疑给企业增加了很大的管理成本。因此在选择经销商时，企业一定要通过媒体搜索、实地走访、业内了解等途径，调查目标经销商的声誉。

（4）经销商的促销能力。企业利用经销商的主要目的就是为了最大限度地扩大销售，因此推销产品的方式及运用促销手段的能力，是企业选择经销商时必须考虑的因素。企业通常根据产品情况和营销策略会有自身侧重的促销策略，为了达到良好的销售目的，应看目标经销商在此促销策略下是否具有足够的协作能力。例如，有些产品对于广告促销比较合适，有些适合人员推销，还有些需要组织大型的公益活动以提升产品知名度和美誉度。于是在选择经销商的时候就要看其是否具有必要的物质基础及相应的人才基础，是否能够承担一定的促销费用。这些因素需要企业做全面的评价和衡量，必要的时候要引入管理模型进行量化分析。

（5）经销商的财务状况。企业应在综合考虑其他因素的前提下尽量选择资金雄厚、财务状况良好的经销商，这不仅能够保证其能按时结算企业的货款，甚至还可能对企业有更多的帮助，如承担一定的销售费用和客户服务费用，从而有助于扩大产品的销路。

（6）经销商的产品组合。在考察状况时，通常认为如果经销商现有的产品与企业自身的产品是竞争产品，应避免选用此类经销商。但如果在实际情况中经销商的产品组合出现适合企业产品的空档，或企业产品的竞争优势很明显，也可以考虑选用此经销商。

（7）合作意愿。合作意愿是企业选择经销商时最应考虑的因素。有强烈合作欲望的经销商，往往会积极主动地推销企业的产品，甚至还会力邀企业参与促销，扩大市场需求。与这样的经销商合作，企业通常能很好地实现销售目标甚至达到更高飞跃，达到双方共赢的目的。因此，企业应根据产品销售的需要和对备选经销商深入的了解，确定具体合作方式，考察其对销售的重视程度和合作态度，以便选择最理想的经销商进行合作。

6. 代理与经销的区别

在现实经济生活中，由于代理和经销都是企业销售渠道的中间环节，所以经常被混为一谈，但实际代理和经销有着本质的区别，具体如下。

（1）经销双方实质是买卖合同关系，就是双方订立经销协议，由企业向经销商定期、定量供应货物；而销售代理双方则是代理关系，即代理人在代理权限范围内，以被代理人名义与客户进行交易，从而对被代理人负责。

（2）经销商必须自垫资金购买供应商的货物，自行销售，自负盈亏，自担风险，利益来自经销的差价；而代理商不承担销售风险，不管交易的盈亏，只是完成被代理人交付的任务，按照完成任务的出色程度得到报酬。

（3）经销商是为实现自己的利益；代理商是为被代理人的利益进行交易，权利义务归属被代理人。

（4）经销商的利益来自经销的差价，而代理商由于只是代理行为，所以只能收取佣金，当然佣金可以与代理商的业绩相挂钩。

7. 特许经营

特许经营是指特许人将自己所拥有的商标（包括服务商标）、商号、产品、专利和专有技术、经营模式等以特许经营合同的形式授予被特许人使用，被特许人按合同规定，在特许人统一的业务模式下从事经营活动，并向特许人支付相应的费用。特许经营通常分为三种类型。

（1）产品和品牌特许（product and trade name franchising，简称 P&T 型）。该类型的特许经营主要涉及加盟者要使用特许人的品牌和有效的销售方法来批发、销售其产品。作为加盟者仍保持其原有企业的商号，单一地或在销售其他商品的同时销售特许人生产并取得商标所有权的产品。此类型中的加盟者通常属于零售商一级，主要流行于汽车销售、汽车加油站、自行车、电器产品、化妆用品以及珠宝首饰等行业。

（2）生产特许（production franchising）。此类型的特许经营中，加盟者要自己投资建厂，使用特许人的专利、技术、设计标准等加工或制造取得特许权的产品，然后向批发商或零售商出售，加盟者不与最终用户（消费者）直接联系，例如可口可乐的灌装厂、百事流行鞋等。

（3）经营模式特许（business format franchising）。此类型的特许经营的主要特征是：加盟者有权使用特许人的商标、商号名称、企业标识及广告宣传，完全按照其规定的模式来经营；加盟者在公众面前完全以特许人企业的形象出现；特许人对加盟者在内部管理、市场营销等方面具有很强的控制。此类型的特许经营越来越成为当今主导的模式，它集中体现了特许经营的优势，目前在很多行业迅速推广，如快餐食品（麦当劳、肯德基、马兰拉面、好利来），旅店业，洗衣店（荣昌），汽车租赁以及各种服务性行业。

（三）消费者

这里的消费者不仅仅指独立的个人，也包括如医院、学校、政府机构等社会组织，我们还可以将其统称为最终用户。就分销渠道的整体而言，消费者是整个分销渠道的终点，分销渠道的建设和运营都是为了使产品能够顺利到达消费者。消费者的需求偏好、收入水平、购买习惯等，会对分销渠道的建设产生很大的影响。因此，消费者的渠道成员身份不容忽视，如果构建的分销渠道与目标消费者的购买行为不匹配的话，将对企业造成不可估量的损失。

北京奔驰与奔驰中国销售渠道整合失控与失利

这是戴姆勒·奔驰在中国的又一次战争，绝无和平。北京奔驰与奔驰中国销售渠道整合，终于从幕后走到了台前。这是双方在经历了数次的纷争之后，被迫做出的选择。其压力有二：一是奔驰要扩大在中国的销量，以便与奥迪和宝马能进行更直接的竞争，这可以看作是其战略压力；二是奔驰要实行进一步的国产化，降低成本，这必须要与北汽集团进行合作，这可以看作是其利润压力。在这两种力量的作用下，戴姆勒·奔驰需要实现北京奔驰的销售渠道与奔驰中国进口车的销售渠道的整合。所以，北汽与戴姆勒·奔驰动作频频。先是集团层面签署框架合作协议，双方股东注册、扩大产能。之后，双方始才进行营销渠道的整合。在这场必须进行的改变中，北汽集团始终处于弱势。这家汽车集团拿不出足够有力的筹码能从其中获得平等的利益，其唯一能够利用的是掌握北京奔驰的实体工厂，在中国对合资进行管控的状态下，北汽集团唯有利用这一规则进行周旋。但已经发生的事情说明，此事水深异常。

现在，双方的主要冲突集中在北京奔驰系统的销售力量与奔驰进口车的销售力量之间。由于时下奔驰的进口车在销量上占有绝对的优势，而经营奔驰国产车型的经销商处于对应的弱势，所以胜负已分。这显然不是北京奔驰与奔驰中国所希望看到的结果。但要进行彻底的调整，则没有那么容易。在经营进口车的经销商中，利星行与仁孚行以及独立的奔驰进口车经销商之间，已经处于时断时续的博弈之中。其中，最关键的原因出自利星行。这家大型的经销商除去是一家经销商外，它还是奔驰中国销售公司的股东之一，占有销售公司 49% 的股份。这种双重身份决定了矛盾处于无解状态。更为微妙的关系是，利星行的高管与戴姆勒·奔驰的高管之间关系非常。因之，围绕利星行的争议是非不断。

2010 年 1 月，德国《经济周刊》报道了中国汽车流通协会对利星行的投诉，要求暂时吊销奔驰汽车的进口许可。其中，最受关注的当属利星行对浙江奔驰经销商的收购冲突。此事最后不了了之。无论是当事各方还是远在德国的戴姆勒·奔驰，都没有改变利星行的位置。数月之后，当戴姆勒·奔驰 CEO 被问及此事时，他以"随着戴姆勒在中国的进一步发展，我们对于与利星行的合作，是给予充分考虑的"做答。此种深意，值得玩味。

2011 年 3 月，北京奔驰欲整合销售渠道，实行双限政策（"价格管理及回升计划"和"销售区域管理政策"），这直接把北京奔驰销售渠道与进口车奔驰销售渠道之争公开化。此事引发剧烈反弹，部分政府机构以及媒体公开炮轰北京奔驰。但事实远非已经浮现出来的那般简单。

此政策是由北京奔驰发起的，意在对冲进口奔驰经销商对终端销售价格的优势，稳定国产奔驰的经销商。将此事公开并扩大演绎的幕后力量来自于利星行。这给刚刚接手北京奔驰销售的付强带来巨大压力。好在北汽集团给予足够的信任与支持，事情逐渐淡化。但并不说明利星行可以接受北京奔驰的建议。换言之，经此一搏之后，矛盾日深。按照公开的说法，2011 年 8 月，利星行与戴姆勒·奔驰的保护性协议到期。而恰在此时，北京奔驰与奔驰中国进行销售网络的整合。据掌握的资料，即便协议到期，也不能从根本上改变什么。至少在一段时间之内，北京奔驰与奔驰中国很难对利星行有任何实质性的改变。利星行掌握了奔驰中国近一半的经销商网络，以及超过40％的利润。对利星行的任何大幅度改变，都会直接触及奔驰中国的利益。远而观之，可能会使得奔驰在中国的销售遇到直接的问题。奔驰中国没有足够的理由放弃应得的利益，除非北京奔驰能给予补偿。

于北京奔驰与北汽集团而言，如果不能实现更多产品的国产化及产品销量的大幅度提升，它很难改变不盈利的状态，而这首先要改变利星行。简而言之，这种改变最重要的动力来自于北京奔驰的中方。而利星行以及奔驰中国手中没有中国政府主管部门给予的免死金牌。所以，北京奔驰与奔驰中国对销售渠道的整合处于失控与失利之间。如果不选择这两种情况，唯一的可选项即是一个折中的协议，这个协议同样处于失控与失利之间。

（资料来源：《21 世纪经济报道》，付辉，2011—08—03）

二、销售渠道结构的类型

分销渠道的结构是随着多种影响因素而不断变化的，如分销产品的特点、渠道成员的数量等，都对分销渠道的结构有着重要的影响。渠道的结构主要包括渠道的层次结构、宽度结构和类型结构。

（一）层次结构

1. 层次结构概述

在分销过程中，商品要从生产商直接或间接地转移到最终用户。在商品转移的过程中，任何一个或几个对产品拥有所有权或者支配权的组织，可以形成一个销售层次。一般来讲，渠道的层次越多，渠道控制和管理所面临的问题就越多，渠道成本也越高，最终导致产品价格的提升。根据销售层次可以将分销渠道分为直接渠道和间接渠道两大类。

（1）直接渠道。直接渠道，又称零级渠道，是指商品从生产商制造出来以后，没有经过任何中间环节，直接转移到最终用户的分销渠道模式。零级渠道是最短的渠道模式，产品由生产者直接销售给消费者，可以降低交易成本。零级渠道是大型或贵重产品以及技术复杂、需要提供专门服务的产品销售采取的主要渠道。戴尔公司采用的直销模式，就是一种典型的零级渠道。

（2）间接渠道。间接渠道指在渠道中至少含有一个中间商的渠道结构，这种渠道类型在消费者市场上占有主导地位，包括一级渠道、二级渠道、三级渠道等类型，如图 5-2 所示。

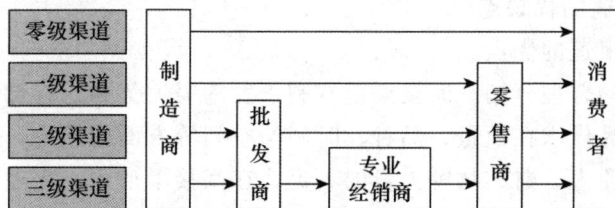

图 5 - 2 渠道层级

一级渠道是指产品从生产商到达最终用户的过程中只包括一个渠道中间商的环节。在工业品市场上，这个渠道中间商通常是一个代理商、佣金商或经销商；而在消费品市场上，这个渠道中间商则通常是零售商，如超级市场、购物中心等。

二级渠道中包括两个渠道中间商。这种渠道形式在消费品市场上使用较为广泛，中间商通常是批发商和零售商。而在工业品市场上，这两个渠道中间商往往是代理商和批发商。

三级渠道包括三个渠道中间商。三级渠道主要应用在消费者经常购买的日用品中，如肉食品、方便面等。因为货源分散，销售面广，可以更好地满足消费复杂的多方面需求。而一些小型的零售商通常不是大型代理商的服务对象，因此，便在大型代理商和小型零售商之间衍生出一级专业性经销商，从而出现了三级渠道结构。

2. 直接分销渠道的优缺点

（1）直接分销渠道的优点。

①有利于及时了解目标顾客的需求。直接渠道通过与顾客直接接触，能及时、准确地了解其需求以及购买行为的特点及其变化趋势等，有助于信息的交流和反馈，进而了解竞争对手的优势和劣势及其营销环境的变化；同时，用户也可以更好地掌握商品的性能、特点和使用方法。

②及时销售，有利于提高整体效率。直接渠道不经过中间商环节，可尽快把产品投入市场，不仅减少了流通时间，而且也降低了产品在流通过程中的损耗。企业可以对生产、销售进行统一管理，提高整体效率。

③易于控制销售过程。对于直接销售的产品，生产商有较大的定价权，而销售方式和服务项目方面也主要由生产商决定，因此生产商可以更好地控制整个销售过程。

④可以在销售过程中直接进行促销。企业直接分销，实际上又是直接促销的活动。比如，企业派出直销员，不仅促进了用户订货，而且也扩大了企业和产品在市场中的影响。

（2）直接分销渠道的缺点。

①市场方面：对于生活资料企业，生产者若凭自己的力量去广设销售网点，很难使产品在短期内广泛分销，目标市场的需要得不到及时满足，势必转向竞争者，这就意味着失去目标市场。

②在商业协作方面：中间商最了解顾客的需求和购买习性，在商业流转中起着不可缺少的桥梁作用。而生产企业自销产品，包揽了中间商所承担的人、财、物等费用，加重生产者的工作负荷，也分散生产者的精力，不利于产品的推广和销售。

3. 间接分销渠道的优缺点

（1）间接分销渠道的优点。

①有利于产品的合理分销。间接渠道有利于发挥渠道集中、存储、平衡和扩散产品的职能，有效调节产品供求在数量、品种、时间与空间等方面的矛盾，使产品合理的分流。

②缓解生产企业人、财、物等力量的不足。在间接渠道中，企业只要与若干个中间商进行交易，中间商承担着销售过程中的仓储、运输等费用，也承担着其他方面的人力和物力。企业不必花大量的人力、物力和财力在产品销售方面，同时借助中间商的力量扩大市场占有率，取得更好的经济效益。

③间接促销，形成双向沟通。中间商通常经销众多厂家的同类产品，他们对同类产品的不同介绍和宣传，对产品的销售影响甚大。另外，中间商作为生产商和消费者之间的纽带，比较了解市场，能有效地将产品信息传达给消费者，反馈给企业。

（2）间接分销渠道的缺点。

①间接分销渠道限制了企业在国外市场上的经营销售。

②间接分销渠道不利于制造商与顾客之间的沟通。

③间接分销渠道中制造商很难及时把握市场需求变化，容易产生"需求滞后症"。

④间接分销渠道中流通环节增大储存或运输中的商品损耗，转嫁到价格中会增加消费者的负担。

（二）宽度结构

分销渠道的宽度结构，指的是在同一个渠道层级上中间商数目的多少。同一层级上中间商数目越多，覆盖面越广，渠道也就越宽，反之就越窄。按照渠道宽度从大到小排列，分销渠道的宽度结构可以分为密集型分销、选择型分销、独家型分销三种类型。

1. 密集型分销渠道

密集型分销是指生产商在渠道的同一层级上使用尽可能多的中间商销售其产品。密集型分销渠道通常适用于日用消费品，如香烟、汽油、肥皂、零食和口香糖等，因为能扩大产品的市场覆盖面，方便消费者随时随地购买。在这种经销方式下，生产商与经销商之间具有比较简单的买卖关系，无须签订复杂的经销协议。但是由于生产企业要让渡给经销商利益，采用尽可能多的中间商，会增加分销成本。此外，众多渠道成员之间的激烈竞争也会导致管理成本上升。

2. 独家型分销渠道

独家型分销是指生产商在某一个地区或某一个分销环节中严格限制中间商的数目，只通过一个中间商经销其产品，双方签订独家分销合同。它强调的是与经销商之间紧密的合伙关系，规定经销商享有独家经销商品的权利。按合同规定，生产商在某个特定市场内不得再请其他中间商同时经销其产品，经销商也只能经销该生产商的产品，不得经销其他厂商同类的或者是对该产品构成竞争的产品。这样，既有利于提高有关生产商、中间商和产品的声誉，也有利于进一步提高商业和技术的服务质量。但是由于缺少竞争，顾客的满意度可能会受到影响，经销商对生产商的反控能力较强。对于生产商来说，如果想对经销商实行大规模的服务水平和服务售点的控制，这种经销方式比较适用。因此，该分销渠道通常应用于特殊、名贵的产品以及技术含量较高的产品等，如销售新式汽车、某些主要电器、大型机械和某些品牌服装。

3. 选择型分销渠道

选择分销是介于密集分销和独家分销之间的一种分销方式，其特点是生产商选择一家以上、但又不是所有愿意经销的机构经营其产品。生产商在渠道的同一层级上按一定的标准选几个符合企业发展需要的中间商经销其产品。选择型分销渠道通常由实力较强的中间商组成，能有效地维护生产商的品牌信誉，树立良好的品牌形象，建立稳定的市场和竞争优势。生产商也能更好地管理渠道，控制渠道成本，提高渠道的效率。这种方式有利于生产商与挑选出来的中间商建立良好的工作关系，并获得足够的市场覆盖面，避免在许许多多的销售点耗费精力，因此所需成本低于密集分销。一些已建立信誉的公司都采用选择分销这种方式，世界上最大的运动鞋生产商耐克就是很好的一例。

渠道宽度结构的几种类型各有优缺点和适应性，企业应根据实际情况进行选择。如表5-1所示。

表 5-1 独家分销、密集型分销和选择型分销区别

分销类型	含义	优点	缺点
独家型分销	在既定市场区域内每一个渠道层次只有一个中间商动作	市场竞争程度低，厂商与经销商关系较为密切，适宜专用产品分销	缺乏竞争，顾客的满意度可能会受到影响，经销商对厂商的反控力较强
密集型分销	凡是符合厂商要求的中间商均可参与动作	市场覆盖率高，比较适宜日用消费品分销	市场竞争激烈，经销商为了自身利益，可能会破坏厂商的统一营销规划，渠道管理成本较高
选择型分销	有条件地选择经销商	通常介于独家分销和密集型分销之间	

此外，分销渠道还有类型结构。渠道的类型结构，指的是分销渠道中所包括不同类型或不同层级渠道的情况。

从理论上看，无法判断哪类渠道结构绝对有效，需要结合实际情况具体分析。对于某个具体企业的某个具体发展阶段是有可能找到最适合该企业在此阶段发展需要、相对最有效率的渠道结构。当然，这就需要企业根据具体情况来设计自己的渠道结构。

第二节 销售渠道的设计

一、销售渠道设计的影响因素

有效的渠道设计，应以确定企业所要达到的市场为起点。从原则上讲，目标市场的选择并不是渠道设计的问题。然而，事实上，市场选择与渠道选择是相互依存的。有利的市场加上有利的渠道，才可能使企业获得利润。渠道设计问题的中心环节，是确定到达目标市场的最佳途径。而影响渠道设计的主要因素有以下方面，如图5-3所示。

图 5-3 影响渠道设计的主要因素

（一）顾客特性

渠道设计深受顾客人数、地理分布、购买频率、平均购买数量以及对不同促销方式的敏感性等因素的影响。当顾客人数多时，生产者倾向于利用每一层次都有许多中间商的长渠道。但购买者人数的重要性又受到地理分布的修正。例如，生产者直接销售给集中于同一地区的 500 个顾客所花的费用，远比销售给分散在 500 个地区的 500 个顾客少。而购买者的购买方式又修正购买者人数及其地理分布的因素。如果顾客经常小批量购买，则需采用较长的分销渠道为其供货。因此，少量而频繁的订货，常使得五金器具、烟草、药品等产品的制造商依赖批发商为其销货。同时，这些相同的制造商也可能越过批发商而直接向那些订货量大且订货次数少的大顾客供货。此外，购买者对不同促销方式的敏感性也会影响渠道选择。例如，越来越多的家具零售商喜欢在产品展销会上选购，从而使得这种渠道迅速发展。

（二）产品特性

例如，易腐烂的产品为了避免拖延时间及重复处理增加腐烂的风险，通常需要直接营销。那些与其价值相比体积较大的产品（如建筑材料、软性材料等），需要通过生产者到最终用户搬运距离最短、搬运次数最少的渠道来分销。非标准化产品（如顾客订制的机器和专业化商业表格），通常由企业推销员直接销售，这主要是由于不易找到具有该类知识的中间商。需要安装、维修的产品经常由企业自己或授权独家专售特许商来负责销售和保养。单位价值高的产品则应由企业推销人员而不通过中间商销售。

（三）中间商特性

设计渠道时，还必须考虑执行不同任务的市场营销中间机构的优缺点。例如，由制造商代表与顾客接触，花在每一顾客身上的成本比较低，因为总成本由若干个顾客共同分摊。但制造商代表对顾客所付出的努力则不如中间商的推销员。一般来讲，中间商在执行运输、广告、储存及接纳顾客等职能方面，以及在信用条件、退货特权、人员训练和送货频率方面，都有不同的特点和要求。

（四）竞争特性

生产者的渠道设计，还受到竞争者所使用的渠道的影响，因为某些行业的生产者希望在与竞争者相同或相近的经销处与竞争者的产品抗衡。例如，食品生产者就希望其品牌和

竞争品牌摆在一起销售。有时，竞争者所使用的分销渠道反倒成为生产者所避免使用的渠道

（五）企业特性

企业特性在渠道选择中扮演着十分重要的角色，主要体现在以下几方面。

（1）总体规模。企业的总体规模决定了其市场范围、较大客户的规模以及强制中间商合作的能力。

（2）财务能力。企业的财务能力决定了哪些市场营销职能可由自己执行，哪些应交给中间商执行。财务薄弱的企业，一般都采用佣金制的分销方法，并且尽力利用愿意并且能够吸收部分储存、运输以及融资等成本费用的中间商。

（3）产品组合。企业的产品组合也会影响其渠道类型。企业产品组合的宽度越大，则与顾客直接交易的能力越大；产品组合的深度越大，则使用独家专售或选择性代理商就越有利；产品组合的关联性越强，则越应使用性质相同或相似的市场营销渠道。

（4）渠道经验。企业过去的渠道经验也会影响渠道的设计。曾通过某种特定类型的中间商销售产品的企业，会逐渐形成渠道偏好。例如许多直接销售给零售食品店的老式厨房用具制造商，就曾拒绝将控制权交给批发商。

（5）营销政策。现行的市场营销政策也会影响渠道的设计。例如，对最后购买者提供快速交货服务的政策，会影响到生产者对中间商所执行的职能、最终经销商的数目与存货水平以及所采用的运输系统的要求。

（六）环境特性

例如，当经济萧条时，生产者都希望采用能使最后顾客以廉价购买的方式将其产品送到市场。这也意味着使用较短的渠道，并免除那些会提高产品最终售价但并不必要的服务。

二、销售渠道设计的原则

（一）顾客导向原则

企业在设计分销渠道时，应以消费者需求为导向，并对其进行认真的分析，在企业内部建立起以顾客为导向的经营思想。通过周密细致的市场调查研究，将产品尽快、尽好、尽早地通过最短的路线，以尽可能优惠的价格送达消费者方便购买的地点。在提供满足消费者需求的产品的同时，必须使分销渠道满足消费者在售前、售中、售后服务以及购买地点、购买时间上的需求，以提高顾客满意度，促进产品销售。

（二）利益最大化原则

对于同种产品，不同的分销渠道有不同的分销效率和分销成本。因此企业应比较可选渠道的成本和效率，从而选出最优的分销渠道。当企业选择较为合适的渠道时，便能够提高产品的流通速度，并降低流通过程中的费用。总之，所设计出的分销渠道应该能够降低产品的分销成本，使企业能够在获得竞争优势的同时获得最大的利益。

（三）适度覆盖原则

企业在设计销售渠道时，还应考虑其市场占有率是否足以覆盖目标市场。不能只强调

降低分销成本，不顾市场覆盖率不足而导致销售量下降，也不应过分扩张，导致范围过宽而造成沟通和服务的困难。此外，随着整体市场的不断细分及市场环境的变化，消费者的购买偏好也在不断变化，他们要求购买更便捷、物有所值。在这种情况下，生产企业应深入考察目标市场的变化，及时把握渠道的覆盖能力，对渠道结构进行相应调整，勇于尝试新渠道，不断提高市场占有率。

（四）发挥优势原则

如今的市场竞争是综合网络的整体竞争，而不再是过去单纯的价格、促销、渠道或产品上的竞争。企业在设计分销渠道时，应选择那些能够发挥自身优势的分销渠道，将分销渠道与企业的产品策略、价格策略、促销策略结合起来，增强营销组合的整体优势，以便达到最佳的成本经济并取得良好的顾客反应，从而争取在市场中处于优势地位。

（五）稳定可控原则

分销渠道是企业的一项战略性资源，一经确定，便需要相当多的人力、物力、财力去建立和巩固，对企业的整体运作与长远利益产生重要的影响。因此，应该从战略的角度出发，考虑分销渠道的构建问题。渠道一旦建立之后，不能轻易改变渠道模式和替换渠道成员。只有保持渠道的相对稳定，才能确保渠道的效益。另外，由于影响渠道的各个因素总是处于不断变化状态，为适应市场环境的变化，分销渠道还需具有一定的弹性。

（六）协调平衡原则

渠道成员之间的密切合作对渠道的高效运行、顺利畅通起着至关重要的作用。因此，企业在设计分销渠道时不能只追求自身效益的最大化而忽略其他渠道成员的局部利益，应妥善处理各成员间的利益关系。当然，渠道成员之间经常会发生一些决策或利益方面的冲突与摩擦，这是不可避免的。企业在鼓励渠道成员进行有益竞争的同时，也要创造一个良好的合作氛围，尽量减少冲突发生的可能性，解决矛盾，从而确保分销渠道的高效运行。此外，企业还应制定一套科学的利益分配制度，根据各渠道成员投入的资源与精力、所担负的职能以及取得的绩效，公平合理地分配渠道所取得的利益，以避免因利益分配不均而引起的渠道冲突。

三、销售渠道设计的程序

生产者在设计其分销渠道时，需要在理想渠道与可用渠道之间进行抉择。一般来讲，新企业在刚刚开始经营时，总是先采取在有限市场上进行销售的策略，以当地市场或某一地区的市场为销售对象。因其资本有限，只得选用现有中间商。而在一地区市场内，中间商的数目通常是很有限的，所以，到达市场的最佳方式也是可以预知的。问题是如何说服现有可用的中间商来销售其产品。

新企业一旦经营成功，它可能会扩展到其他新市场。这家企业可能仍利用现有的中间商销售其产品，虽然它可能在不同地区使用各种不同的分销渠道。在较小市场，它可能直接销售给零售商；而在较大的市场，它需通过经销商来销售产品。总之，生产者的渠道系统，必须因时因地灵活变通。

渠道设计问题可从决策理论的角度加以探讨。一般来讲，要想设计一个有效的渠道系统，必须经过确定渠道目标与限制、明确各主要渠道交替方案、评估各种可能的渠道交替方案等步骤，如图5-4所示。

（一）确定渠道目标与限制

如前所述，渠道设计问题的中心环节，是确定到达目标市场的最佳途径。每一个生产者都必须在顾客、产品、中间商、竞争者、企业政策和环境等所形成的限制条件下，确定其渠道目标。所谓渠道目标，是指企业预期达到的顾客服务水平以及中间商应执行的职能等。

図5-4 销售渠道设计的程序

（二）明确各主要渠道交替方案

在确定了渠道的目标与限制之后，渠道设计的下一步工作就是明确各主要渠道的交替方案。渠道的交替方案主要涉及两个基本问题：一是中间商类型与数目，二是渠道成员的特定任务。

（三）评估各种可能的渠道交替方案

每一渠道交替方案都是企业产品送达最后顾客的可能路线。生产者所要解决的问题，就是从那些看起来似乎很合理但又相互排斥的交替方案中选择最能满足企业长期目标的一种。因此，企业必须对各种可能的渠道交替方案进行评估。评估标准有三个，即经济性、控制性和适应性。

1. 经济性标准

在三项标准中，经济标准最为重要。因为企业是追求利润而不是追求渠道的控制性与适应性。经济分析可用许多企业经常遇到的一个决策问题来说明，即企业应使用自己的推销力量还是应使用制造商的销售代理商。假设某企业希望其产品在某一地区取得大批零售商的支持，现有两种方案可供选择：一是向该地区的营业处派出10名销售人员，除了付给他们基本工资外，还采取根据推销成绩付给佣金的鼓励措施；二是利用该地区制造商的销售代理商（该代理商已和零售店建立起密切的联系），并可派出30名推销员，推销员的报酬按佣金制支付。这两种方案可导致不同的销售收入和成本。判别一个方案好坏的标准，不应是其能否导致较高的销售额和较低的成本费用，而是能否取得最大利润。

2. 控制性标准

使用代理商会增加控制上的问题。一个不容忽视的事实是，代理商是一个独立的企业，它所关心的是自己如何取得最大利润。它可能不愿与相邻地区同一委托人的代理商合作。它可能只注重访问那些与其推销产品有关的顾客，而忽略对委托人很重要的顾客。代理商的推销员可能无心去了解与委托人产品相关的技术细节，也很难正确认真对待委托人的促销资料。

3. 适应性标准

在评估各渠道选择方案时，还有一项需要考虑的标准，那就是生产者是否具有适应环境变化的能力，即应变力如何。每个渠道方案都会因某些固定期间的承诺而失去弹性。当某一制造商决定利用销售代理商推销产品时，可能要签订5年的合同。这段时间内，即使

采用其他销售方式会更有效，但制造商也不得任意取消销售代理商。所以，一个涉及长期承诺的渠道方案，只有在经济性和控制性方面都很优越的条件下，才可予以考虑。

小资料 5-2

建立销售渠道七步走

第一步：策划一个有吸引力的产品招商

企业招商，往往是建立销售渠道的第一步，所以对企业来说，招商的成功，也预示着好的开头，因为接下来的事就好办多了。但很多小企业由于策划能力有限，对招商工作不重视或者操作不当，明明是个不错的产品，问津者却寥寥无几。

所以在确立招商之前，要解决三大问题：一是产品卖点的提炼，二是推广方案的设计，三是相配套的销售政策，在此基础上，企业再制定切实可行的招商方案。

招商策划书一定要阐明以下几个要点：一是科学的市场潜力和消费需求预测；二是详细分析经销本产品的赢利点，经销商自身需要投入多少费用；三是要给经销商讲清楚如何操作本产品市场，难题在哪，如何解决。

目前招商骗局很多，经销商选择厂家合作非常谨慎，所以企业要注意树立自己的品牌意识，招商人员要经过严格的专业培训，热情而不失分寸地接待经销商，使用规范的接待用语。

通常比较有想法或者想有所作为的经销商比较注重以下五点，企业在招商策划中应引起重视：一是企业的实力，二是企业营销管理人员的素质，三是推广方案的可操作性，四是产品市场需求和潜力，五是经营该产品的赢利情况。

招商成功离不开具有轰动效应的招商广告，但目前媒体上所见的招商广告普遍存在一种过分夸大和空洞吹嘘的现象，小企业不如实在一点，干脆说出自己的弱点，并阐明自己的决心，以赢得经销商的重视，有时候过分夸大市场效果的广告只能引来纯粹的投机商，而实在的广告宣传，反而会吸引那些注重商德的经销商。

第二步：选择合适的经销商

经销商是小企业产品在市场上赖以生存并发展的唯一支柱，由于缺乏经济能力，无论在整体推广还是与渠道经销商的谈判筹码上，均占不了主动权，所以，小企业选择合适的经销商并与之合作，就显得尤其重要。大而强的经销商，必然要求也高，同时因为这类经销商经常与大品牌企业合作，所以往往盛气凌人，一般的小企业往往很难控制他们。

企业选择经销商，好的未必一定合适，而渠道伙伴的合适，才是最重要的。所以小企业选择合作的经销商，一定是那些刚起步做市场的、经济实力和市场运作能力较一般的。但正由于这些因素，这类经销商非常需要企业的支持，同时这类经销商对合作的企业忠诚度比较高，而且，他们不像那些大经销商那样要这要那的，如果企业的销售政策完善，多向他们描绘一下企业的发展远景，基本上能吸引他们，企业也可以完全控制他们。

选择这样的经销商加盟，就可以让经销商按照企业的发展战略去运作整个市场，促使整个渠道网络的稳固发展。

问题的关键是，由于这类经销商的资金实力和运作市场的能力均有限，需要企业保持高度的警惕和具备强劲的市场管理团队，以指导和协销来帮助经销商与企业一同成长。

第三步：选择合适的渠道模式

渠道模式的选择或者规划，是小企业建立销售渠道的必然步骤，但小企业由于品牌知名度和企业的经济实力以及市场管理能力都比较弱，因而市场初期的渠道模式以每省级总经销制比较合适，也就是每个自然省只选择一个经销商，因为这个时候你的产品销售力不够，销售区域过于狭小的话，经销商会不满足，从而引起区域窜货的发生。所以，以每省一个经销商，然后由省级经销商自主向下游招商，组建本省区域的销售网络，企业如果有人力，可以协助经销商招商开拓区域市场，这样经销商会因为企业的帮助而心存感激，即便将来壮大了，也不会对企业怎么样。

如果有野心大一点的经销商欲跨区域销售，企业也可以酌情予以考虑，假如该经销商欲跨入的区域尚没有合适的经销商，而该经销商又有现成的网点，不如顺水推舟，做了这个人情，等以后条件成熟，再重新划分区域不迟。毕竟这个时候的企业，需要的是产品的大量铺市和动销，而不是呆板的规范。

笔者曾经为一个化妆品招商，在建立销售网络的初期就是采用了这样的方法，A经销商由于其网点能力可以跨越AB两省，所以同意其为AB两省的经销商，使企业的产品在市场上的能见度很广，并且有了足够的现金流，等到三个月以后，整个市场开始动销起来，该经销商由于做两个省的市场，一时忙不过来，这时我才顺势而为，在B省重新招了一个经销商，劝说A经销商退出B省市场。

小企业在建立渠道初期，不必拘泥于过分规范的销售政策，但需要事先为今后的发展做好系统的规划。

第四步：设计可控的渠道结构

渠道结构通常指渠道的宽度与深浅度和长短度，宽度也就是指企业在选择渠道成员的单一性和复合度，如某企业在一个省内设立多个独立经销商，分别经营不同的小区域。宽度还有一层意思是渠道的多样性，目前多渠道运作的企业很多，如IBM电脑，就是采用了代理商、经销商、公司直营以及直接销售等。多渠道结构，需要企业有强大的渠道管理能力，而小企业由于缺乏一定的管理能力，是不适合采用多渠道结构的，同时，由于多渠道结构容易引起经销商反感，所以小企业很难控制。

渠道的深浅度主要是指零售终端的多样性，譬如化妆品经销商，既可以将产品进入商场超市的专柜销售，也可以进入美容专业店，同时还可以进入医药连锁系统。终端的多样性，可以使产品更有效地渗透进整个市场，达到销售的规模效应。

渠道的长短度则是指，由一级经销商到销售终端，中间需要经过几个层级，如有的产品需要经过省一级经销商，然后由省经销商批发给二级经销商，而二级经销商再将产品分销给终端或者批发给更往下的三级经销商。层级越多，对渠道的管理就越困难，市场信息的反馈也更缓慢。

　　小企业由于在资金、管理能力方面比较弱，所以暂时先采取窄而长的深渠道结构比较合适，等待市场销售起来了，企业有资金回笼了，市场的管理能力也强了，然后才开始逐步削短渠道层级，将其进一步拓宽，并将渠道的管理重心下移。

　　第五步，对渠道经销商的管理

　　对渠道成员的管理，其实是很多企业非常头疼的一个问题，因为大家都知道渠道需要管理，但究竟怎么管理？管什么？谁去管？很多企业尤其是中小企业都对此比较模糊。

　　业内流行对经销商的评价是"有奶便是娘"，或者唯利是图。唯利是图不算过，因为任何一个商业团体或者个人，利润总是第一位的，这无可厚非。而"有奶便是娘"就有点过了，毕竟企业为了建立健康的销售渠道，把经销商当作整个网络布局中的一枚棋子，如果你说背叛就背叛，企业还不吃不了兜着走？

　　所以，一旦销售渠道初步形成，企业就要有专门的渠道管理人员，对渠道成员进行严格的管理，管理的内容包括经销商的库存情况、资金信用情况、每个产品的销售情况、经销商经营的竞争情况、区域市场整体销售统计、协助经销商或者终端进行促销、公司宣传品的摆放以及经销商对公司产品的具体反映等。对经销商的管理不仅仅停留在"管"上，更重要的是让经销商时刻与企业的市场战略保持一致，同时融合企业的文化，这就需要管理人员除了日常的市场管理以外，要适时地对经销商以及经销机构的员工进行产品和市场营销专业知识和技能的培训，使经销商对企业有所依赖，并产生好感。

　　渠道管理人员通常由区域经理、销售业务员以及公司总部领导的定期走访等来完成，有的企业设立专门的渠道管理专员和渠道总监，分别对不同的渠道成员进行专门的管理。

　　第六步：完善的渠道政策和有效的经销商激励

　　对经销渠道成员的激励是企业渠道管理中非常重要的一个环节，很多企业销售网络的瘫痪很大程度是由于企业渠道政策的不健全或者缺乏有效的激励机制。如福建某啤酒企业曾答应某市经销商，如果其全年的销量突破5000件的话，总部就送一辆价值28万元的别克轿车，该经销商经过努力，超额完成了激励指标，但由于企业换了领导，新领导又不承认，致使该经销商的奖励成了一张不能兑现的空头支票，于是该经销商就怀恨在心，策动了一次涉及4个城市的窜货案，造成大半个省的销售网络完全瘫痪，企业遭受重大损失。

　　渠道激励一定要与整体的销售政策相配套，并且要充分估计经销商的销售潜力，在设计激励考核体系时，要有适当的宽度，太容易达标的，企业会得不偿失，过分难以抵达的，又缺乏实际意义。奖励目标太大，企业划不来，太低廉，又吸引不了经销商。所以，如何制定激励指标和奖励目标，是十分重要的。

　　通常的做法是先设定一个最低也就是保底销售指标，然后再设立一个销售激励目标，这两者之间的距离可以是20%到50%，如假设最低销售指标是100万，那么销售目标可以是120万到150万之间。奖励政策就可以按实际完成数来进行，假如正好完成100万，那就按完成指标的奖励兑现，如果超额完成了20万，那么除了该得的指标完成奖以外，还要对超额的20万给予奖励，通常超额的奖励基数要高于指标基数。如果指标奖励是3％的话，超额奖励最低为5％。当然，这可根据企业的实际情况来合理制定。

基础指标，可以根据该经销商的历史记录以及实际的市场销售情况相结合，进行充分评估以后来确定，最好是经过双方的共同认定。

第七步：有计划地收缩，有步骤地扁平化

当企业正常运作了一年或者两年，市场也有了不少起色，这个时候，企业如果有更大渠道野心的话，可以采取逐步收缩、逐步扁平化的策略，即网络初建时期，由于企业的管理能力、经济实力以及品牌的知名度都很弱，所以不得以采取省级总经销的模式，由于总经销模式对企业控制渠道的能力很有限，尤其是对顾客的服务和市场信息的收集，都带来很大的影响，所以，企业要想树立品牌，想健康发展，总经销模式是难以为继的。但由于大部分省级总经销商已经习惯了做省级老大，因而一般很难撼动他们的经销地位，企业要想让他们收缩区域或者让出部分区域，是比较难的，弄得不好，反而会影响到网络的安全。

所以，这个时候企业要逐步将渠道重心下移，首先增派管理人员到二级乃至终端，去进行渠道的日常维护，将总经销商的下游网络紧紧地控制在企业手中。其次将市场渗透指标进一步扩大，让经销商感到按照现有的力量很难达到。然后，企业顺势而为，劝经销商放弃地市批发，将总经销商的势力范围控制在省会城市之内而不影响经销商的收益，而地市级（原二级）经销商逐步上升为直接从企业拿货，跟总经销商平起平坐的一级经销商。企业同时还可以以新产品招商为由，进行补充型区域招商，招商的对象，可以是原来的二级经销商演变而来，也可以是真正的空白地区的新经销商，这样几个步骤下来，企业扁平化渠道的任务就基本完成，网络的布点也更科学，同时企业控制整个网络的愿望也顺利达成。

（资料来源：http：//news. tangjiu. com/html/qiyefengcai/jingyingzhidao/20110524/115394. html，有删改）

第三节 销售渠道的管理

一、销售渠道成员的管理

企业管理人员在进行渠道设计之后，还必须对个别中间商进行选择、激励与定期评估。

（一）选择渠道成员

生产者在招募中间商时，常处于两种极端情况之间。一是生产者毫不费力地找到特定的商店并使之加入渠道系统。他之所以能吸引经销商前来加入渠道系统，可能是因为他很有声望，也可能是因为他的产品能赚钱。在某些情况下，独家分销或选择分销的特权也会吸引大量中间商加入其渠道。对于那些毫不费力地得到所需数目的中间商的生产者来讲，他所做的工作只是选择适当中间商而已。二是生产者必须费尽心思才能找到期望数量的中间商。例如，某一清凉饮料的生产者好不容易在食品商店找到合适的陈列位置。生产者必须研究中间商如何作购买决策，尤其是在他们制定决策时，对毛利、广告与销售促进、退货保证等重视的程度。此外，生产者还必须开发一些能使中间商赚大钱的产品。

不论生产者遇到上述哪一种情况，他都须明确中间商的优劣特性。一般来讲，生产者要评估中间商经营时间的长短及其成长记录、清偿能力、合作态度、声望等。当中间商是销售代理商时，生产者还须评估其经销的其他产品大类的数量与性质、推销人员的素质与数量。当中间商打算授予某家百货公司独家分销时，生产者尚须评估商店的位置、未来发展潜力以及经常光顾的顾客类型。一般情况下，渠道成员选择过程包括以下几个阶段，如图5-5所示。

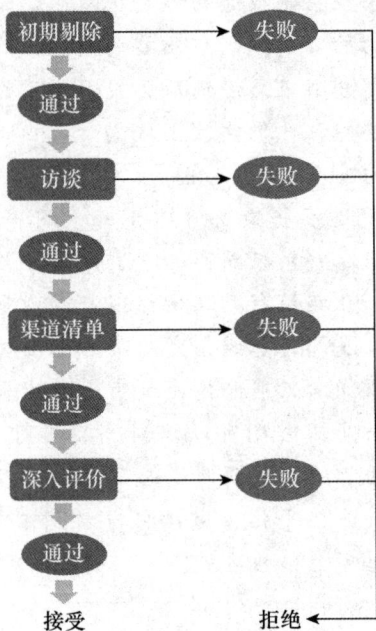

图 5-5 选择渠道成员过程

（二）激励渠道成员

生产者不仅要选择中间商，而且要经常激励中间商使之尽职。即使促使中间商进入渠道的因素和条件已构成部分的激励因素，但仍需生产者不断地监督、指导与鼓励。生产者不仅利用中间商销售产品，而且把产品销售给中间商。这就使得激励中间商这一工作不仅十分必要，而且非常复杂。

1. 生产者对中间商的批评

激励渠道成员使其具有良好表现，必须从了解各个中间商的心理状态与行为特征入手。许多中间商常受到以下批评：

（1）不能重视某些特定品牌的销售。

（2）缺乏产品知识。

（3）不认真使用供应商的广告资料。

（4）忽略了某些顾客。

（5）不能准确地保存销售记录，甚至有时遗漏品牌名称。

2. 从中间商的角度看生产者的批评

生产者所批评的上述缺点，如果从中间商的角度看，可能很容易理解。

（1）中间商是一个独立的市场营销机构，他逐渐形成了以实现自己目标为最高职能的一套行之有效的方法，并且能自由制定政策而不受他人干涉。

（2）中间商主要执行顾客购买代理商的职能，其次才是执行供应商销售代理商的职能，他卖得起劲的产品都是顾客愿意购买的产品，不一定是生产者让他卖的产品。

（3）中间商总是努力将他所供应的所有产品进行货色搭配，然后卖给顾客，其销售目标是取得一整套货色搭配的订单，而不是单一货色的订单。

（4）生产者若不给中间商特别奖励，中间商绝不会保存所销售的各种品牌的记录。而那些有关产品开发、定价、包装和激励规划的有用信息，常常是保留在中间商很不系统、很不标准、很不准确的记录中，有时甚至故意对供应商隐瞒不报。

尽管以上四个论点很简单，但确与以往观点不同。激励的首要步骤，就是站在别人立场上了解现状，设身处地为别人着想，而不应仅从自己的观点出发看问题。

3. 激励过分与激励不足

生产者必须尽量避免激励过分与激励不足两种情况。当生产者给予中间商的优惠条件超过他取得合作所需提供的条件时，就会出现激励过分的情况，其结果是销售量提高，而利润量下降。当生产者给予中间商的条件过于苛刻，以致不能激励中间商的努力时，则会出现激励不足的情况，其结果是销售降低，利润减少。所以，生产者必须确定应花费多少力量以及花费何种力量来鼓励中间商。

一般来讲，对中间商的基本激励水平，应以交易关系组合为基础。如果对中间商仍激励不足，则生产者可采取两条措施。

（1）提高中间商可得的毛利率，放宽信用条件，或改变交易关系组合使之更有利于中间商。

（2）采取人为的方法来刺激中间商，使之付出更大努力，例如，可以挑剔他们，迫使他们创造有效的销售业绩，举办中间商销售竞赛，加强对最后顾客与中间商的广告活动等。不论上述方法是否与真正交易关系组合有直接或间接关系，生产者都必须小心观察中间商如何从自身利益出发来看待、理解这些措施，因为在渠道关系中存在着许多潜伏的矛盾点，拥有控制权的制造商很容易无意识地伤害到中间商的利益。

4. 生产者与经销商的关系

生产者在处理他与经销商的关系时，常依不同情况而采取三种方法：合作、合伙和分销规划。

（1）合作。不少生产者认为，激励的目的不过是设法取得独立中间商、不忠诚的中间商或懈怠懒惰的中间商的合作。他们多利用高利润、奖赏、津贴、销售比赛等积极手段激励中间商。如果这些不能奏效，他们就采取一些消极的惩罚手段，例如，威胁减少中间商的利润，减少为他们所提供的服务，甚至终止双方关系等。这些方法的根本问题，是生产者从未认真研究过经销商的需要、困难及其优缺点；相反，他们只依靠草率地刺激—反应式的思考，把很多繁杂的手段拼凑起来而已。

（2）合伙。一些谙于世故的企业往往试图与经销商建立长期合伙关系。这就要求制造商必须深入了解他能从经销商那里得到些什么，以及经销商可从制造商那里获得些什么。这些都可用市场涵盖程度、产品可得性、市场开发、寻找顾客、技术方法与服务、市场信息等各种因素来衡量。制造商希望经销商能同意上述有关政策，并根据其遵守程度的具体情况确定付酬办法。例如，某企业不直接付给经销商25％的销售佣金，而是按下列标准支付：如保持适当的存货，则付5％；如能达到销售配额，则再付给5％；如能有效地为顾客服务，则再付5％；如能及时报告最终顾客的购买水平，则再付5％；如能对应收账款进行适当管理，则再付5％。

（3）分销规划。制造商与经销商还可以进一步建立和发展更密切的关系。所谓分销规划，是指建立一个有计划的、实行专业化管理的垂直市场营销系统，把制造商的需要与经销商的需要结合起来。制造商可在市场营销部门下专设一个分销关系规划处，负责确认经销商的需要，制订交易计划及其他各种方案，帮助经销商以最佳方式经营。该部门和经销商合作确定交易目标、存货水平、产品陈列计划、销售训练要求、广告与销售促进计划。协助该部门的上述活动，可以转变经销商对制造商某些不利看法。譬如，过去经销商可能认为他之所以能赚钱是因为他与购买者站在一起共同对抗制造商的结果，现在他可能改变了看法，认为他之所以能赚钱是因为他与销售者站在一起，作为销售者精密规划的垂直市场营销系统的一个组成部分而赚钱。

（三）评估渠道成员

生产者除了选择和激励渠道成员外，还必须定期评估他们的绩效。如果某一渠道成员的绩效过分低于既定标准，则需找出主要原因，同时还应考虑可能的补救方法。当放弃或更换中间商将会导致更坏的结果时，生产者只好容忍这种令人不满的局面。当不致出现更坏的结果时，生产者应要求工作成绩欠佳的中间商在一定时期内有所改进，否则，就要取消他的资格。

1. 契约约束与销售配额

如果一开始生产者与中间商就签订了有关绩效标准与奖惩条件的契约，就可避免种种不愉快。在契约中应明确经销商的责任，如销售强度、绩效与覆盖率、平均存货水平、送货时间、次品与遗失品的处理方法、对企业促销与训练方案的合作程度、中间商必须提供的顾客服务等。

除了针对中间商绩效责任签订契约外，生产者还应定期发布销售配额，以确定目前的预期绩效。生产者可以在一定时期内列出各中间商的销售额，并依销售额大小排出先后名次。这样可促使后进中间商为了自己的荣誉而奋力上进；也可促使先进的中间商努力保持已有的荣誉，百尺竿头，更进一步。

需要注意的是，在排列名次时，不仅要看各中间商销售水平的绝对值，而且要考虑到它们各自面临的各种不同的环境变化，考虑生产者的产品大类在各中间商的全部产品组合中的相对重要程度。

2. 测量中间商绩效的主要方法

测量中间商的绩效，主要有以下两种方法。

（1）将每一中间商的销售绩效与上期的绩效进行比较，并以整个群体的升降百分比作为评价标准。对低于该群体平均水平的中间商，必须加强评估与激励措施。如果对后进中间商的环境因素加以调查，可能会发现一些可原谅因素，如当地经济衰退、某些顾客不可避免地失去、主力推销员的流失或退休等。其中某些因素可在下一期弥补过来，这样，制造商就不应因这些因素而对经销商采取任何惩罚措施。

（2）将各中间商的绩效与该地区基于销售潜量分析所设立的配额相比较。即在销售期过后，根据中间商的实际销售额与其潜在销售额的比率，将各中间商按先后名次进行排列。这样，企业的调整与激励措施可以集中用于那些未达既定比率的中间商。

二、销售渠道冲突管理

（一）渠道冲突的分类

渠道冲突是指渠道成员之间因利益关系产生的各种矛盾和不协调，比如窜货、乱价、冷战、要挟等。渠道冲突的主要根源就是利益问题，包括经济利益和渠道权力。一般来说，渠道冲突可以分为三种：横向渠道冲突、纵向渠道冲突和不同渠道间的冲突。

1. 横向渠道冲突

横向渠道冲突，又称为水平渠道冲突，是指同一渠道中同一层次成员之间的冲突。比如，同级批发商或同级零售商之间的冲突。同一渠道层次中成员之间是横向平等的关系，但是在利益上是独立的，由于各自在资本、素质、能力等方面不尽相同，从而发生冲突。横向冲突主要表现形式为压价销售、跨区域销售（也称窜货）、不按规定提供售后服务等。水平冲突产生的原因大多是生产企业没有对目标市场的中间商数量或分管区域做出合理规划，使中间商为各自的利益互相竞争。

2. 纵向渠道冲突

纵向渠道冲突，又称为垂直渠道冲突或渠道上下游冲突，即同一渠道中不同层次成员之间产生的冲突。比如，生产商与分销商之间、总代理与批发商之间、批发商与零售商之间的冲突。一方面，越来越多的分销商采取直销与分销相结合的方式销售商品，这就不可避免地要争夺下游经销商的客户；另一方面，当下游经销商的实力增强以后，希望在渠道中拥有更大的权力，就会向上游渠道发起挑战。在某些情况下，生产企业为了推广自己的产品，会越过一级经销商而直接向二级经销商供货，导致上下游渠道间产生矛盾。

3. 不同渠道间的冲突

不同渠道间的冲突，又称为交叉式渠道冲突或多渠道冲突，是指企业建立了两条或两条以上的渠道向同一市场分销产品而产生的冲突。其本质是几条渠道在同一市场上争夺同一类客户群而引发的冲突。例如，美国的李维斯牌牛仔裤原来只通过特约经销店销售，但是当企业决定将彭尼公司和西尔斯百货公司也纳入自己的销售渠道时，特约经销店对此决策表示强烈不满。需要注意的是，当某一渠道降低价格或降低毛利时，不同渠道间的冲突表现得尤为激烈。

（二）渠道冲突产生的原因

1. 渠道冲突产生的直接原因

（1）价格、折扣原因。生产企业常常抱怨分销商的销售价格过高或过低，从而影响其产品形象与定位；而分销商则抱怨生产商给自己的价格无利可图。折扣是渠道中常用的促进销售的方法之一。生产企业总是希望尽可能地实现利润最大化，给分销商以较低的折扣率；而分销商也要求实现自己的利润目标，希望生产商给予更优惠的条件和更高的折扣率。在这些因素的影响下，渠道冲突便很容易产生。

（2）回收货款。在渠道管理中，生产企业希望尽快回收货款，加快自身资金的周转，缓解企业的资金压力；但是分销商则希望尽量延期付款，使自己承担的风险最低。通常，生产企业在总分销商支付订金或完全依靠信用的基础上，先行发货，待货物售出后，再收回货款；总分销商又以同样的方式将货物转让给其下级分销商，这样就构成了一个很长的回款链条，导致回款速度较慢。而且一旦链条中的某一环节出现问题，就会把风险转移给生产企业，从而使企业蒙受损失。

（3）存货水平。在销售淡季时，企业往往要求分销商多囤货，这样既能减少制造商由于库存而占用的资金，并防止竞争性产品进入，又可为销售旺季到来时占领市场做好准备；但是分销商则不愿意投入大量资金于存货，而希望将资金投入到其他热销产品的经营中，以获取更大利润。而在销售旺季时，分销商则希望企业大量供货，提供供货保证，缩短供货周期，以防止产品的脱销。因此，生产商与分销商通常就存货水平问题而产生冲突。

2. 渠道冲突产生的根本原因

（1）目标错位。产生渠道冲突的一个主要原因是渠道成员有不同的目标。比如生产商希望通过低价政策使市场快速增长，而经销商更偏爱高毛利和实行短期的盈利率；代理商的目标是让零售商更多地存货、更低的毛利、更多的促销支出；而零售商的目标是更快的资金周转、更高的毛利、更低的促销支出。当渠道成员之间的目标值超出对方可接受的范围时，渠道冲突就有可能产生。

（2）观点差异。观点差异是指各渠道成员对渠道的形势，渠道中发生的事件有不同的看法和态度。比如，面对竞争对手的攻击、新的销售政策等，所涉及的渠道成员会有不同的态度来看待这些变化。

（3）角色差异。一个渠道成员的角色是指每一个渠道成员都可以接受的行为范围。但是渠道成员对自己角色的定位与对其他成员的责任及期望的理解有差异。比如，某一渠道中二级代理商可能认为一级代理商给予其赞助是责任与义务，但一级代理商则不这么认为。

（4）期望差异。由于渠道成员对经济形势、市场发展、客户经营的预期不同，也常常会导致冲突的发生。例如，生产企业预测近期经济形势比较乐观，希望分销商能够经营其高档商品，但分销商对近期经济形势的预期并不乐观，拒绝销售高档商品。又如，二级代理商可能会认为一级代理商所制定的销量目标过高，从而导致无法获得期望的返利而不满；而一级代理商认为二级代理商对销售目标的努力程度不够，从而对二级代理商采取惩罚措施等。

（三）渠道冲突的处理

在渠道成员发生冲突时，应及时地分析渠道冲突的类型、内容及原因，选择适当的方法来消除不良影响。

1. 以共同的利益确立长期目标

渠道成员除了自己的局部利益外，也有共同利益，如市场份额、高品质、消费者满意度等。在渠道面临外来威胁时，比如出现政策的改变、强有力的竞争渠道、消费者需求的改变等，紧密合作则能够战胜这些威胁，保护渠道成员的共同利益，同时也保护了渠道成员的局部利益。但是长期目标的确立需要渠道成员之间经常沟通，实现信息共享。

2. 激励

要减少渠道成员的冲突，有时渠道管理者不得不对其渠道政策进行调整，修改以前的规则。这些调整和修改，都是为了激励成员，以物质利益刺激他们求大同，存小异，在出现冲突时大事化小，小事化了。如企业可以通过调整数量折扣、价格折扣、付款信贷、分销商成员的培训等来激励渠道成员。

3. 人员交换

这种处理冲突的方法，是在两个或两个以上的渠道层次上相互交换人员。比如，生产企业的管理人员被派驻分销商处工作，而分销商的管理人员被调到生产企业的营销部门工作。由于深入到对方机构里工作，交换人员再回到各自岗位后，更容易站在对方的立场上考虑问题，从而有利于加强彼此的理解和信任。但是，这种互换行为有可能泄露公司机密，因而使用时需特别注意。

4. 协商、调停、仲裁和诉讼

当冲突经常发生或很激烈时，有关各方可以采用协商、调停、仲裁或诉讼的方法来处理渠道的冲突。

5. 清理渠道成员

对于不遵守渠道运营规则且屡犯不改的渠道成员，应该重新审查，将不合格的渠道成员清除出渠道系统。如对那些肆意压低价格、跨区销售、进行恶性竞争的分销商，或长时间未实现规定销售目标的分销商，都可采取清理的方法。

小资料 5-3

1999 年，天津市十大商城联合抵制北京国美天津分公司开业，长虹、康佳、TCL 等七家国内彩电企业卷入其中，同各大商场签订了一项被戏称为"卖身契"的会议纪要。

1. 与会的各电视机生产厂家天津分公司或办事处不能与国美电器公司发生电器业务往来，各厂家有责任采取措施，坚决制止北京或其他地区货源流入天津。

2. 由于国美电器公司尚有部分库存，或由于制止不力使得其他地区货源继续流入天津，厂家同意以国美在公众媒体上的广告价格作为各大商场的零售价，厂家以此价格下浮 3%，作为对十大商场的供价。

3. 十大商场承诺，对于履行以上承诺的厂家，将竭尽全力保证其销售总量和市场占有率不因此而下降，并且在最短时间内，按厂家的销售政策恢复市场秩序。

此案例说明，厂家与中间商、中间商与中间商之间的冲突是不可避免的，这既缘于强烈的逐利动机，又迫于残酷的市场竞争。十大商场之所以采取联合抵制行动，是害怕国美的低价政策会冲击到天津市场。随着市场竞争的日益激烈，商家只能维持微利的收入，为了保持自己的份额，商家手段各异，制定一系列行业规则阻止新的进入者，然后进行绞杀。商场与商场之间恶性竞争，对双方都是极其不利的，有可能大大损害其声誉。但是凡事都有利有弊，从某种程度上讲，渠道发生适度的冲突又未尝不是一件好事。

其一，有可能一种新的渠道运作模式将取代旧有模式，从长远来看，这种创新对消费者是有利的；其二，完全没有渠道冲突和客户碰撞的厂家，其渠道的覆盖与市场开拓肯定有瑕疵。渠道冲突的激烈程度还可以判断冲突双方实力及商品热销与否。所以，厂家大可不必为渠道冲突而一筹莫展。当然，对于恶性冲突，必须尽快处理，否则，本属于自己的利润可能会落入挑战者的口袋。

总的来说，渠道冲突是不可避免的，不少企业对渠道冲突往往重视不够，缺乏相应的渠道冲突应对机制，对渠道冲突认识不深，往往消极防范或仓促应对，导致更多的矛盾发生。因此早做准备，对冲突的来龙去脉、基本类型及活动特点认真地研究，想想该怎么规避，冲突怎样才能使其为企业所用。渠道冲突是把双刃剑，就看我们如何去应用它，变害为利，为企业谋求新的出路。

（资料来源：来自于百度文库）

本章小结

分销渠道也就是市场营销渠道，是指促使产品或服务顺利地被使用或消费的一整套相互依存的组织。商品的分销过程是商品从生产商出发，通过中间商周转，到达最终用户或消费者手中的过程。分销渠道成员包括生产商、中间商和消费者。

生产商是将原材料通过加工转化成为消费品或工业品的企业。生产商决定着目标市场、产品定位策略等，也决定着产品销售渠道的设计与建设。根据生产商在销售渠道中的参与程度，大致可以将其分为单纯型生产商和复合型生产商。中间商是在商品分销的过程中，介于生产商和最终用户之间的组织，通过参与商品流通业务、促进买卖行为实现并将商品从生产者转移到最终用户等一系列活动获取利润。中间商一般包括代理商、经销商等。

消费者不仅仅指独立的个人，也包括如医院、学校、政府机构等社会组织，我们还可以将其统称为最终用户。就分销渠道的整体而言，消费者是整个分销渠道的终点，分销渠道的建设和运营都是为了使产品能够顺利到达消费者。

分销渠道的结构是随着多种影响因素而不断变化的，如分销产品的特点、渠道成员的数量等，都对分销渠道的结构有着重要的影响。渠道的结构主要包括渠道的层次结构、宽度结构和类型结构。一般来讲，渠道的层次越多，渠道控制和管理所面临的问题就越多，渠道成本也越高，最终导致产品价格的提升。根据销售层次可以将分销渠道分为直接渠道和间接渠道两大类。分销渠道的宽度结构，指的是在同一个渠道层级上中间商数目的多少。同一层级上中间商数目越多，覆盖面越广，渠道也就越宽，反之，就越窄。按照渠道宽度从大到小排列，分销渠道的宽度结构可以分为密集型分销、选择型分销、独家型分销三种类型。影响渠道设计的主要因素有以下方面：顾客特性、产品特性、中间商特性、竞争特性、企业特性、环境特性。一般来讲，要想设计一个有效的渠道系统，必须经过确定渠道目标与限制、明确各主要渠道交替方案、评估各种可能的渠道交替方案等步骤。

企业管理人员在进行渠道设计之后，还必须对个别中间商进行选择、激励与定期评估。

一般情况下，渠道成员选择过程包括以下几个阶段，初期剔除、访谈、渠道清单、深入评价等。生产者必须定期评估他们的绩效。如果某一渠道成员的绩效过分低于既定标准，则需找出主要原因，同时还应考虑可能的补救方法。

渠道冲突是指渠道成员之间因利益关系产生的各种矛盾和不协调，比如窜货、乱价、冷战、要挟等。渠道冲突的主要根源就是利益问题，包括经济利益和渠道权力。一般来说，渠道冲突可以分为三种：横向渠道冲突、纵向渠道冲突和不同渠道间的冲突。在渠道成员发生冲突时，应及时地分析渠道冲突的类型、内容以及原因，选择适当的方法来消除不良影响。

思考题

1. 结合你的生活实践，谈谈你对中间商的理解。
2. 试述渠道设计的主要影响因素。
3. 试述渠道设计的主要步骤。
4. 如何正确认识和管理渠道冲突？

案例分析

山东琥珀啤酒安阳地区总代理商（以下简称"安阳总代"）在全国经销商系统中连续8年排名第一。而当地市场有多达17个啤酒品牌，每年在激烈竞争有许多啤酒品牌撤出，也有一些新的啤酒品牌进入，但琥珀啤酒由于安阳总代的实效运作却一直屹立不倒，在当地占据了40％的强势市场份额。原因在于安阳总代真正掌控住了分销渠道。

前期，安阳总代派遣大量业务人员直接铺货进零售终端，形成了相当大的铺市率，再通过一系列宣传推广运作，强力拉动当地市场需求，然后分隔区域洽谈分销商，由分销商向安阳总代指定的零售终端供货，安阳总代业务人员协助分销商开发和维护零售终端，并监控渠道正常运作。安阳总代给予终端零售商和分销商同样的供货价格，并制定统一的零售价格。安阳总代对分销商进行月度考核，依据其进货量、渠道运作规范性、价格维护等方面的几个核心指标达成情况给予相应的返利。此外，安阳总代在广告宣传、促销推广、终端形象建设以及礼品配置等方面积极支持分销商和零售终端商。安阳总代所辖的区域从没发生渠道冲突现象，正是因为安阳总代在当地具有强势的影响力和号召力，掌控住了自己的分销渠道。

（资料来源：http：// www. wines-info. com/html/2008/11/13－24000. html）

思考讨论题：

你认为安阳总代的成功之处有哪些？说明理由。

第 **6** 章

促销策划

本章导读

1. 了解促销的内涵以及作用
2. 掌握促销沟通的基本概念
3. 掌握促销基本方式的基本概念
4. 了解促销基本方式的实施流程

导入案例

　　上海霞飞化妆品厂针对促销对象，设计了两种类型的促销组合。

sofea霞飞

　　（1）以最终消费者为对象的促销组合。基本策略是：以塑造产品形象的广告宣传活动，并辅之以一定的零售店营业推广活动。

　　（2）以中间商为对象的促销组合。基本策略是：以人员促销为主导要素，配合以交易折扣加耗资巨大的年度订货会为主要特征的营业推广活动。

　　霞飞厂在制定两种促销组合策略的基础上，对促销组合的几个方面都做了十分广泛而入的工作。在广告方面，广告策划历年由厂长亲自决策。

　　（1）广告费投入十分庞大，1991 年为 2400 万元，占当年产值的 6％。

　　（2）广告内容的制作，除聘请著名影星参与外，还把强化企业整体形象作为重点，播映一部以"旭日东升"为主题的电视广告片，同时利用中国驰名商标的优势，强调"国货精品""中华美容之骄"的品质。

　　（3）在广告媒体的选择方面，因其目标市场是国内广大城乡中低收入水准的消费者，而电视在他们日常生活中占有重要地位，因而把 70％的费用用于电视广告，20％的费用用于制作各种形式的城市商业广告和霓虹灯、广告牌，其余 10％的费用用于其他的广告媒体。

　　在人员推销方面，全厂产品的销售任务由销售科全面负责，该科建制占全厂总人数的 1/10。

推销人员实行合同制，每年同厂方签订为期一年的合同。推销人员若不能完成销售指标，第二年即不续签合同。推销人员的报酬实行包干制，无固定月薪收入，按销售实到货款提取0.5％的费用。推销人员工作实行地区负责制，每省区配1～3名推销人员。此外，还派出营业员进驻全国各大百货商店的联销专柜，提高推销主动性。

在公共关系方面，每年投入120万～150万元，主要公关活动有以下方面：

（1）召开新闻发布会。例如1990年在北京人民大会堂召开"霞飞走向世界"新闻发布会，会议地点本身就产生不小的新闻效应。

（2）举办和支持社会公益活动。如赞助"全国出租车优质服务竞赛"、上海"夜间应急电话网络"，特别是针对女性文艺活动的偏好等特点，赞助华东地区越剧大奖赛。

在营业推广方面，霞飞厂对零售环节采取一些常规性的推广活动，创新不大。对批发环节则集中了主要精力，主要包括两类手段：

（1）经常性手段，如交易折扣、促销津贴等。

（2）及时性手段，每年都举办隆重豪华的订货会，既显示企业强大的实力，同时又进行感情投资，融洽工商关系。

（资料来源：http://xwcl36.blog.163.tom/blo/static/17676909320101023752037 3/，有删改）

第一节　促销概述

一、促销的内涵

促销就是营销者向消费者传递有关本企业及产品的各种信息，说服或吸引消费者购买其产品，引起消费者兴趣、激发消费者欲望、促进消费者采取购买行为，以达到扩大销售量的目的。促销实质上是一种沟通活动，即营销者（信息提供者或发送者）发出作为刺激消费的各种信息，把信息传递到一个或更多的目标对象（即信息接受者，如听众、观众、读者、消费者或用户等），以影响其态度和行为。其促销手段主要由人员推销、营业推广、公共关系和广告等方式构成。从市场营销的角度看，促销具有以下几层含义。

（一）传递商业信息，提升知名度

企业与消费者之间达成交易的基本条件是信息沟通。若企业没有将自己生产或经营的产品和劳务等有关信息传递给消费者，那么，消费者对此则一无所知，自然谈不上认购。只有将企业提供的产品或劳务等信息传递给消费者，才能使消费者对其注意，并有可能产生购买欲望。

（二）促销的目的是引发、刺激消费者产生购买行为

在消费者可支配收入既定的条件下，消费者是否产生购买行为主要取决于消费者的购买欲望，而消费者购买欲望又与外界的刺激、诱导密不可分。促销正是针对这一特点，通过各种传播方式把产品或劳务等有关信息传递给消费者，以激发其购买欲望，使其产生购买行为。

（三）促销的方式有人员促销和非人员促销两类

人员促销，亦称直接促销或人员推销，是企业运用推销人员向消费者推销商品或劳务的一种促销活动，它主要适合于消费者数量少、比较集中的情况下进行促销。非人员促销，又称间接促销或非人员推销，是企业通过一定的媒体传递产品或劳务等有关信息，以促使消费者产生购买欲望、发生购买行为的一系列促销活动，包括广告、公关和营业推广等，它适合于消费者数量多、比较分散的情况下进行促销。通常，企业在促销活动中将人员促销和非人员促销结合运用。

小资料6-1

在终端为王的时代，如何实现终端促销最大效益化？

狭义上的促销，即销售促进（SP），顾名思义，所谓的有效促销就是促销达到了预期的目的，销售促进成功的最终结果就是产品销量的提升，但是产品销量提升了并不一定说明本次SP活动就成功了，为什么这么说呢？我们都知道通过SP活动达成销量提升的原因有很多，比如原有消费者的重复购买、竞品用户的抢夺、扩大整体行业份额等，我们的促销活动到底是要采取那种手段达成销量的提升呢，这就取决于我们提前设定的促销目标，需要我们去细分促销的环境、消费者心理等。

做促销前一定要考虑我们为什么要做促销，促销的理由是什么，促销的目标是什么。促销目标是对行动的召唤，可以从购买者那里得到的即时反应，每一种促销手段都会在客户心中产生一种特定的反应，但并不是所有的促销手段都可以创造销售。很遗憾很多公司在设定促销时对这些根本没考虑或者考虑得不够细，比如有的只是因为竞品在做促销所以我们就要做，竞品在做当然可以做，关键是怎么做，如果单纯地把竞品在做促销作为促销导向，那就只能在人家屁股后面走了，我们应该考虑竞品本次促销的理由是什么？是新品上市企图引起消费者关注？或者是老包装产品退出市场？还应该考虑竞品促销能引起的后果是什么，会导致我们的固定顾客转移？会扩大行业份额？等等。这些都应是我们设定促销目标必须考虑的因素。另外如果是我们主动开展促销，那就更应提前设定促销目标，只有促销目标准确了才可以选择有效的促销工具，不同的促销目标决定了促销工具的不同。选择有效的促销工具时，应该考虑以下几个方面。

产品品牌成熟度。品牌的成熟对促销工具的选择有很大影响，比如新品上市，在大多数消费者对该品牌根本没形成价格概念的时候，选择特价的促销形式，纯粹是自杀行为，而采取现场演示等方式效果就很好。曾经看到某奶粉厂家开发了高价格奶粉，上市后即开展了促销活动，买二赠一，很显然促销力度很大，但效果很差，关注者、购买者寥寥无几。该奶粉厂家就是在选择促销工具时没有考虑品牌成熟这一因素，只是因为某些知名奶粉厂家在做买三赠一的促销活动，效果很好，即进行了模仿采取买二送一，期望能夺取市场份额，殊不知人家是成熟品牌，现在的购买者多是固定消费群，产品品质和价格形象已经在消费者心中树立，而作为一个新的品牌，在消费者根本不了解的情况下，跟风开展这样的促销活动，只是变相的降价而已，根本不能引起消费者关注，更谈不上购买了。

选择促销工具时应当考虑消费者心理，不同类型、不同层次的消费者，其消费心理也有差异。根据产品使用情况的差异，我们对消费者进行分类：品牌忠诚者、竞争性品牌忠诚者、游离者、价格敏感者、非使用者。比如对于忠诚品牌使用者我们可以考虑以会员制的方式同消费者进行促销，对于竞争性品牌忠诚者我们可以以客户体验的方式（好试用、品尝等）进行影响，对于游离者类型的顾客我们可以采取提高消费者关注度的促销方式等。

产品的生命周期阶段也影响着促销工具的选择。在产品引入期阶段，广告和销售促进的成本都很高，这个时期的促销工具选择应该以推动产品试用为目的。在成长期阶段，由于购买者的口碑宣传等，市场发展迅速，这时可以适当降低促销成本，选择一般性的促销工具。在产品成熟期和产品衰退期阶段，由于市场的竞争日趋激烈，此期间销售促进成本增加，选择促销工具也应进行调整，多以同竞品进行有效区隔的促销为主。

产品定位为低溢价产品还是高溢价产品同样影响促销组合的选择。产品定位的不同决定着不同层次的消费群，同样促销组合也应改变，低溢价产品多采取全面渗透的方式进行营销，高溢价产品则采取"高举高打"的战术。

有了好的促销工具还不够，成功的促销还受到以下环节的影响，在终端竞争激烈的今天，这些环节缺一不可。

一、终端零售商的配合

在促销中我们能获得的终端支持多是场地支持、DM等工具的宣传支持、人员支持、账期的支持、配送支持等。

场地支持。现在做促销活动，场地越来越重要了，一个好的位置决定着该产品能否脱颖而出。但究竟什么才是最佳位置呢？这个因商品而定。比如电梯口、收银口等流动区对于多数快速消费品尤其是大众普遍了解的消费品是个非常不错的位置，也是很多厂家必争之地，但如果是耐用消费品比如电视、高压锅等，陈列在这样的位置无疑是不明智的。另外消费群的不同也决定着产品位置的优劣，例如我们在讲产品陈列的黄金位置多是货架的3～5层，而1～2层则被视为较差位置，但是对于目标群是儿童的部分产品来说，1～2层却是黄金位置，这一点沃尔玛超市考虑得就全面，他们将儿童玩具、儿童食品的陈列位置全调整到了儿童平视能及的地方。

商场的宣传支持。每个卖场都有自身的宣传工具，如DM、POP、店内电视等，这也是厂家有效促销必须获得的，卖场每一档DM都有不同的促销主题，结合每一档DM主题安排相应的促销活动会起到事半功倍的效果，同时可获得商场大力度的配合，另外像POP的标准悬挂、电视宣传片的播放等都是我们必须考虑的。

在经过所有的促销环节以后，完成销售还需要促销员的"临门一脚"。这就需要商场给予长期或促销期间1名以上驻场人员支持。促销员良好的促销服务可以为公司培养大批忠诚的顾客同时提高品牌知名度，并且可以培育潜在的市场，良好的促销服务可以使顾客做到持续购买、同类品牌相关购买、顾客口碑推荐购买等。总之促销员的工作是完成整个促销组合的最末环节也是最重要环节。

作为快速消费品，尤其是在促销旺季能够在促销期间获得账期支持，可以缓解很多资金压力。如某食用油厂家由于受季节性销售影响很大，在促销期间就同商场签订了促销账期协议。

配送支持。终端促销期间如果发生断货现象，损失是很大的，而有的商场有特殊的送货周期和库存指标，这些都需要在促销前同商场达成固定协议。

二、公司高端广告的配合

销售促进是对产品的推动销售，而公司的广告是拉动产品销售，如果销售促进提供了购买的刺激，那么广告就为消费者提供了购买的理由，推拉策略相互配合就会使产品销售变得更为顺畅。

研究表明，单纯的价格促销仅使销售增加15%，当它与广告结合的时候销售量增加19%，当它与广告和特殊展示相结合时销售量就会增加24%以上。

三、寻求联合厂家的支持

在当前终端促销成本很高的情况下，选择正确的联合促销伙伴也是节约成本、成功促销的一条捷径。例如苏泊尔与金龙鱼联合开展的"好油好锅，引领健康食尚"活动的成功开展就为联合促销做出很好的诠释。其时苏泊尔公司在品牌塑造上一直走在行业的前列，但在终端上由于其行业的低关注度，这些品牌信息并没有有效地传递给消费者，如何在促销活动中诠释品牌主张提升消费者关注度，成为苏泊尔营销破局的关键。针对以上诉求，苏泊尔公司创造了一个全新的创意：邀请一家快速消费品公司一起来进行联合促销，利用快速消费品高关注度的特点来共同传递促销信息，达到共赢局面。所选的促销伙伴必须有着相通的品牌诉求，可以相互依赖，苏泊尔最终选定了金龙鱼，金龙鱼是嘉里粮油旗下的著名食用油品牌，两者都倡导新的健康烹调观念。就这样"好油好锅，引领健康食尚"活动在全国36个城市同步开展，活动正值春节前后举行，人们买油买锅的欲望高涨，通过此次活动，不仅给消费者更多让利，让购物更开心，更重要的是，传播给了消费者健康知识，帮助消费者明确选择标准，通过优质的产品和健康的理念，提升国人的健康生活素质。所以这一活动一经推出，立刻获得了广大消费者的欢迎，不仅苏泊尔锅、金龙鱼油的销售大幅上涨，而且其健康品牌的形象也深入人心。

最后在设计促销组合时，我们应当经常考虑这样一个问题，我们是否借助了一切可以借助的力量？营销是需要不断创新，墨守成规只会被市场淘汰。

（资料来源：http://blog.china.alibaba.com/articte/i2918645.html，有删改）

二、促销的作用

在任何社会化大生产和商品经济条件下，一方面，生产者不可能完全清楚谁需要什么商品，何地需要，何时需要，消费者愿意并能够接受什么价格等；另一方面，广大消费者也不可能完全清楚什么商品由谁供应、何地供应、何时供应、价格高低等。正因为客观上存在着这种生产者与消费者间信息分离的"产""销"矛盾，企业必须通过沟通活动，利用广告、宣传报道、人员推销等促销手段，把生产、产品等信息传递给消费者和用户，以增进其了解、信赖并购买本企业产品，达到扩大销售的目的。随着企业竞争的加剧和产品的增多，消费者收入的增加和生活水平的提高，买方市场下广大消费者对商品要求更高，挑选余地更大，因此企业与消费者之间的沟通更为重要，企业更需加强促销，利用各种促销方式使广大消费者和用户加深对其产品的认识，以使消费者愿多花钱来购买其产品。

促销的根本目的是将企业的产品及服务的信息传递给消费者及整个渠道成员。为此，企业需要将自己的产品、服务信息进行分类、整理、编辑，通过广告、公共关系、人员推销、营业推广及中间商的帮助，把这些经过加工整理后的信息准确地传递到目标市场的顾客那里，刺激他们的购买欲望，调动他们的购买积极性，从而达到宣传企业及产品、树立企业形象的目的。

（一）传递商业信息，提升知名度

促销的最基本的作用是向目标顾客传递信息。通过促销宣传，可以使顾客知道企业生产经营什么产品、有什么特点、到什么地方购买、购买的条件是什么等，从而引起顾客注意，激发其购买欲望，为实现销售和扩大销售做好舆论准备，并经由各种不同传递渠道发布信息，提升企业和产品知名度。

（二）突出产品特点，提高竞争能力

企业在促销中要强调企业的产品与竞争者产品的差别。在激烈的市场竞争中，企业通过促销活动，宣传本企业产品的特点，努力提高产品和企业的知名度，促使顾客加深对本企业产品的了解和喜爱，增强信任感，从而也就提高了企业和产品的竞争力。

（三）提高企业声誉，巩固老顾客，稳定市场地位

企业通过促销活动，可以树立良好的企业形象和商品形象，尤其是通过对名、优、特产品的宣传，促使顾客对企业产品及企业本身产生好感，从而培养和提高其"品牌忠诚度"，巩固老顾客和扩大市场占有率。

（四）影响消费、刺激需求、增加销售量

新产品上市之初，顾客对其性能、用途、作用和特点并不了解。通过促销沟通，可引起顾客兴趣，诱导需求，并创造新的需求，从而为新产品打开市场，建立声誉。为了达成不同的目标，需要有针对性地组合运用各种促销工具进行促销活动，以达到协调和促进销售的效果。

三、促销的基本方式

（一）人员推销

人员推销，又称人员销售，是企业通过派出推销人员或委托推销人员亲自向顾客介绍、推广、宣传，以促进产品的销售。可以是面对面交谈，也可以通过电话、信函交流。推销人员的任务除了完成一定的销售量以外，还必须及时发现顾客的需求，并开拓新的市场，创造新需求。

（二）广告

广告是企业以付费的形式，通过一定的媒介，向广大目标顾客传递信息的有效方法。现代广告不只是一味地单向沟通，而是形如单向沟通的双向沟通，即把企业与顾客共同的关心点结合起来考虑广告的制作和传播。

（三）销售促进

销售促进是由一系列短期诱导性，强刺激的战术促销方式所组成的，一般只作为人员推销和广告的补充方式，其刺激性很强，吸引力大。与人员推销和广告相比，销售促进不是连续进行的，只是一些短期性、临时性的能够使顾客迅速产生购买行为的措施。

（四）公共关系

公共关系是企业通过有计划的长期努力，影响团体与公众对企业及产品的态度，从而使企业与其他团体及公众取得良好的协调，使企业能适应它的环境。良好的公共关系可以达到维护和提高企业的声望，获得社会信任的目的，从而间接促进产品的销售。

这四种常用的促销手段如表 6-1 所示。

表 6-1　常用的促销手段

人员推销	广告	销售促进	公共关系
销售展示 销售会议 样品试用 展览会	印刷广告 广播广告 电影 电视广告 宣传手册 企业名录 广告牌 POP 广告 招牌 视听材料	比赛 抽奖 奖券 样品 赠券 奖金与礼品 折扣 以旧换新 搭配商品 演示 低息贷款 招待会	记者报道 赞助 研讨会 慈善捐助 出版物 公司期刊 社区关系 标识宣传 活动

四、影响促销组合决策的因素

确定促销组合实质上也就是企业在各促销工具之间合理分配促销预算的问题。一般来讲，企业在将促销预算分配到各种促销工具或确定促销组合时，需考虑以下因素。

（一）促销目标

它是企业从事促销活动所要达到的目的。相同的促销工具在实现不同的促销目标上，其成本效益会有所不同。例如，尽管经营产业用品的企业花在人员推销上的费用远远高于广告费用支出，但是所有促销目标都靠人员推销一种促销工具去实现也是不切实际的。广告、销售促进和宣传在建立购买者知晓方面，比人员推销的效益要好得多。在促进购买者对企业及其产品的了解方面，广告的成本效益最好，人员推销居其次。购买者对企业及其产品的信任，在很大程度上受人员推销的影响，其次才是广告。购买者订货与否以及订货多少，主要受推销影响，销售促进则起协调作用。

（二）产品性质

产品性质主要是指产品是消费品还是产业用品。从现代市场营销发展史看，消费品与产业用品的促销组合是有区别的。广告一直是消费品的主要促销工具，而人员推销则是产业用品的主要促销工具。销售促进在这两类市场上具有同等重要程度。但是，广告在产业用品促销中也执行着诸如建立知晓、建立理解、有效提醒、提供线索、证明有效、再度保证等十分重要的职能。同样，一个训练有素的推销员还可为消费品促销做出重要贡献。

（三）产品生命周期阶段

在产品生命周期的不同阶段，促销支出的效果也有所不同。以消费品为例：

（1）在介绍期，促销目标主要是宣传介绍商品，通过促销活动来吸引广大消费者的注意力。广告与销售促进的配合使用能促进消费者认识、了解企业产品。

（2）在成长期，社交渠道沟通方式开始产生明显效果，口头传播越来越重要。如果企业想继续提高市场占有率，就必须加强原来的促销工作；如果企业想取得更多利润，则宜于用人员推销来取代广告和销售促进的主导地位，以降低成本费用。

（3）在成熟期，竞争对手日益增多，为了与竞争对手相抗衡，保持住已有的市场占有率，企业必须增加促销费用。这一阶段可能发现了现有产品的新用途，或推出了改良产品，在这种情况下，加强促销能促使顾客了解产品，诱发购买兴趣。运用赠品等促销工具比单纯的广告活动更为有效，因为这时的顾客只需提醒式广告即可。

（4）在衰退期，企业应把促销规模降到最低限度，以保证足够的利润收入。在这一阶段，只用少量广告活动来保持顾客的记忆即可，宣传活动可以全面停业，人员推销也可减至最小规模。

（四）推式与拉式策略

企业是选择推式策略还是选择拉式策略来促进销售，对促销组合也具有重要影响。推式策略是指利用推销人员与中间商促销将产品推入渠道，是指生产者将产品积极推到批发商手上，批发商又积极地将产品推给零售商，零售商再将产品推向消费者。拉式策略是指企业针对最后消费者，花费大量的资金从事广告及消费者促销活动，以增进产品的需求。如果做得有效，消费者就会向零售商要求购买该产品，于是拉动了整个渠道系统，零售商会向批发商要求购买该产品，而批发商又会向生产者要求购买该产品。企业对推式策略和拉式策略的选择显然会影响各种促销工具的资金分配。

（五）市场条件

市场条件不同，促销组合与促销策略也有所不同。从市场地理范围大小看，若促销对象是小规模的本地市场，应以人员推销为主；而对广泛的全国甚至世界市场进行促销，则多数采用广告形式。从市场类型看，消费者市场多靠广告等非人员促销方式；而对成交额较大的生产者市场，则主要采用人员推销形式。

（六）促销预算

企业开展促销活动，必然要花费一定的费用。费用是企业经营十分关心的问题，企业能够用于促销活动的费用总是有限的。因此，在满足促销目标的前提下，要做到效果好而费用省。

第二节　广告策划

一、广告策划的含义、特点及作用

我国引入"广告策划"的概念，是在 1984～1985 年，当时有部分学者撰文呼吁，要把现代广告策划引入中国的广告实践中，树立"以调查为先导，以策划为基础，以创意为灵魂"的现代广告运作观念。1989 年 4 月，唐仁承出版了内地第一本相关专著《广告策划》，其后，杨荣刚也出版了《现代广告策划》。关于"广告策划"的概念，两位作者均有明确的界定。

现代广告策划就是对广告的整体战略和策略的运筹规划。具体是指对提出广告决策、广告计划以及实施广告决策、检验广告决策的全过程作预先的考虑与设想。策划是通过周密的市场调查和系统的分析，利用已经掌握的知识（情报或资料）和手段，科学、合理、有效地布局营销、广告战略与活动进程，并预先推知、判断市场态势和消费群体定势的现在和未来的需求，以及未知状况的结果。策划的概念有五个要素：策划者、策划依据、策划方法、策划对象和策划效果的策定和评估。

广告策划是现代商品经济的必然产物，是广告活动科学化、规范化的标志之一。美国最早实行广告策划制度，随后许多商品经济发达的国家都建立了以策划为主体、以创意为中心的广告计划管理体制。1986 年，中国内地广告界首次提出广告策划的概念。这是自1979 年恢复广告业之后对广告理论一次观念上的冲击，它迫使人们重新认识广告工作的性质及作用。广告工作步入向客户提供全面服务的新阶段。在本书中，广告策划是指根据广告主的营销计划和广告目标，在市场调查的基础上，制定出一个与市场情况、产品状态、消费群体相适应的经济有效的广告计划方案，并加以评估、实施和检验，从而为广告主的整体经营提供良好服务的活动。

广告策划可分为两种：一种是单独性的，即为一个或几个单一性的广告活动进行策划，也称单项广告活动策划；另一种是系统性的，即为企业在某一时期的总体广告活动策划，也称总体广告策划。

二、广告策划的内容和程序

一个较完整的广告策划主要包括五方面的内容：市场调查、广告的定位、创意制作、广告媒介安排、效果测定，如图 6-1 所示。通过广告策划工作，使广告准确、独特、及时、有效地传播，以刺激需要，诱导消费，促进销售，开拓市场。

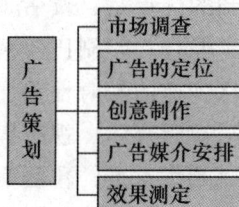

图 6-1　广告策划的内容

（一）广告策划的工作内容

1. 分析广告机会

进行广告促销，首先要通过广告机会分析解决针对哪些消费者做广告以及在什么样的时机做广告等问题。为此就必须搜集并分析有关方面的情况，如消费者情况、竞争者情况、市场需求发展趋势、环境发展动态等，然后根据企业的营销目标和产品特点，找出广告的最佳切入时机，做好广告的群体定位，为开展有效的广告促销活动奠定基础。

2. 确定广告目标

确定广告目标，就是根据促销的总体目的，依据现实需要，明确广告宣传要解决的具体问题，以指导广告促销活动的实行。广告促销的具体目标，可以使消费者了解企业的新产品、促进购买增进销售或提高产品与企业的知名度以便形成品牌偏好群等。

3. 形成广告内容

广告的具体内容应根据广告目标、媒体的信息可容量来加以确定。一般来说应包括以下三个方面。

（1）产品信息。产品信息，主要包括产品名称、技术指标、销售地点、销售价格、销售方式以及国家规定必须说明的情况等。

（2）企业信息。企业信息，主要包括企业名称、发展历史、企业声誉、生产经营能力以及联系方式等。

（3）服务信息。服务信息，主要包括产品保证、技术咨询、结款方式、零配件供应、保修网点分布以及其他服务信息。

4. 选择广告媒体

广告信息需要通过一定的媒体才能有效地传播出去，然而不同的媒体在广告内容承载力、覆盖面、送达率、展路频率、影响价值以及费用等方面互有差异，因此正确地选择是广告策划过程中一项非常重要的工作。

5. 广告媒体的特性

企业的广告策划人员在选择广告媒体时必须了解各种媒体的特性。广告可以选择的传播体及其特性的有关情况如下。

（1）印刷媒体。印刷媒体指的是报纸、期刊等印刷出版物，这类媒介是广告最普遍的承载工具。

报纸的优点是：信息传递及时，记者广泛稳定，可信度比较高；刊登日期和版面的可选度较高，便于对广告内容进行较详细的说明；便于保存，制作简便，费用较低。报纸的局限性是：时效短，转阅读者少；印刷简单因而不够形象和生动，感染力相对差一些。

期刊的优点是：读者对象比较确定，易于送达特定的广告对象；时效长，转阅读者多，便于保存；印刷比较精美，有较强的感染力。期刊的不足是：广告信息传递前置时间长，信息传递的及时性差，有些发行量是无效的。

（2）视听媒体。视听媒体主要有广播、电视等。

广播的优点是：覆盖面广，传递迅速，崭露频率高；可选择适当的地区和对象，成本低。广播的缺点是：稍纵即逝，保留性差，不宜查询；受频道限制缺少选择性，形象性较差、吸引力与感染力较弱。

电视的优点是：覆盖面广，传播速度快，送达率高；集形、声、色、动态于一体，生动直观，易于接受，感染力强。电视的不足是：崭露瞬间即逝，保留性不强；对观众的选择性差，绝对成本高。

（3）户外媒体。户外媒体包括招牌、广告牌、交通工具、霓虹灯等。

户外媒体的优点是：比较灵活，崭露重复性强，成本低，竞争少。

户外媒体的不足是：不能选择对象，传播面窄，信息容量小，动态化受到限制。

（4）邮寄媒体。邮寄媒体是指遍布全国用至全世界的邮政网络。

邮寄媒体的优点是：广告对象明确而且具有灵活性，便于提供全面信息。

邮寄媒体的不足是：时效性较差，成本比较高，容易出现滥寄的现象。

（二）广告策划的程序

广告策划围绕如何制定广告计划而进行。制订广告计划必须依据于企业的营销计划。企业策划营销计划时，要充分考虑其面临的经营环境和竞争环境，认清自身的优势与不足，做好市场分析。

企业的营销策划，一般分两种方式：一种是自上而下式，按照市场分析—营销目标—营销战略—营销战术，分层阶梯式逐次进行。这种方式是传统式的，也为一般经营规模较大的企业所采用，有时在相应层次上还可以扩展。一种是自下而上式，按照营销战术—营销战略—营销结果，颠倒正常程序来进行，首先集中全力发现一个独特的战术，接着发展成战略，然后可能会得到一个较好的营销结果。这种方式主要是一些小企业在竞争中独辟蹊径的一种做法，但往往能得到较好的效果。

广告策划实际上属于营销战术的范畴，精心策划出的广告计划，会产生具有竞争力的战术。

一般来说，广告策划可由企业提出构想和说明，具体实施运作，可委托广告代理公司。当某家广告公司参加企业的产品说明会后，或直接接受某个广告主的委托，一般按照以下步骤展开工作，如图6-2所示：

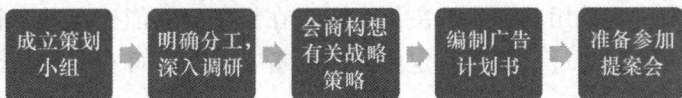

图6-2 广告策划的程序

1. 成立策划小组

策划小组需要集聚多方面的人士组成，如果实行 AE 制度或者 AP 制度，则主要成员如下。

第一，业务主管（account executive）。一般由业务部门经理、创作总监或副总经理甚至总经理担任，负责与广告主的联络和业务洽谈，保证广告客户在广告公司的活动得以开展。第二，文案撰写员（copy writer）。负责各类文案的撰写。第三，美术设计员（artdirector）。负责各种视觉形象的设计。在策划小组中，这三类人是必需的、重要的。另外，还可再配置计划书撰写人员，负责编制拟订广告计划；配置市场调查人员、媒体联络人员和公共关系人员，配合整体策划活动的进行。

2. 明确分工，深入调研

根据广告客户提出的要求，策划小组初步规划出策划活动的大致工作任务，进行分工，并向有关部门下达。第一步是要充分占有和掌握有关信息资料，如了解市场状况、目标消费者的基本情况、企业产品的生产与开发等。广告客户在广告意图的说明会上，或者广告业务洽谈过程中，已经做过一些介绍，但还是不够的，需要更深一层做好市场调研方面的工作。只有在充分了解掌握市场竞争信息、广告商品和同类商品的有关资料、总体消费环境和消费特点以及目标消费者的购买动机和购买行为等的基础上，广告策划才能做到胸中自有雄兵百万，设计谋划底气充足，构思之源"活水潺潺"。这首先要向公司内市场调研部门提出明确的要求，下达任务。同时，对创意、媒体、制作设计等部门，也应要求其做好配合。

3. 会商构想有关战略策略

在得到有关信息资料的基础上，进行品味消化，着手拟定广告战略，确定广告目标。以此为起点和方向，对品牌策略、广告主题、广告媒体战略和广告表现战略等，以及与之相配合的其他营销策略进行决策和筹划。这里，提出和确定合适的广告目标是非常重要的，它是企业广告战略的一个核心部分；其他的一些策略构想，则是为完成实现广告目标的战术措施。需要注意的是，不论是广告战略目标，还是战术策略，都不是凭空臆想，闭门造车，靠拍脑袋瓜出来的。要重视对有关资料的分析研究，还应充分酝酿讨论，集体思考，集纳大家的智慧。

4. 编制广告计划书

各部门完成既定的工作任务后，进行收集整理工作，把各部门提出的原始方案重新梳理归纳，然后编制广告计划书。

5. 准备参加提案会

广告策划能否被广告客户采纳接受，还有最后一道工序需要重视，这就是准备参加向广告客户说明介绍广告策划决策构想的提案会。大型企业、较大规模的广告活动，往往会采取竞标的方式来决定采用某一广告决策方案，在提案会上能否成功，很大程度上决定着广告策划方案能否顺利通过。故而一定要充分准备，必要时可在公司内部进行彩排，以便发现不足，精益求精。

小资料6-2

国际知名广告公司

奥美（Ogilvy&Mather，简称O&M）：隶属于世界上最大的传播集团之一WPP集团。凭借WPP集团的雄厚实力，奥美已经成为调研、公关、设计、视觉识别、零售市场营销、促销和新媒体等传媒领域的专家。奥美集团旗下已有涉及不同领域专业的众多子公司：奥美广告、奥美互动咨询有限公司、奥美公关、奥美世纪、奥美行动营销、brandtmion、ITOP、奥美红坊等。

盛世长城（Saatchi&Saatchi）：盛世长城国际广告公司是 Saatchi & Saatchi 和中国长城工业总公司合资的公司，由国家对外经济贸易部批准，成立于 1992 年 8 月。盛世长城是第一家在中国取得营业执照的国际 4A 广告公司；连续十年在中国广告业独占鳌头；国内规模庞大，拥有员工超过 7000 人。盛世长城是第一家在戛纳为中国勇夺平面大奖而扬威国际的中国广告公司，帮助客户生意屡创高峰，坚持专注创作优秀的创意作品。

麦肯光明（Mccann World Group）：麦肯光明广告有限公司是由美国麦肯世界集团与光明日报社于 1991 年底合资组建的专业广告公司。公司的外方股东麦肯世界集团成立于 1902 年，总部设在美国纽约，是全球著名的跨国 4A 广告公司之一。麦肯世界集团是世界上最大最完善的广告服务网络系统之一，其投资建立的独资或合资广告公司遍布全球 131 个国家（地区）的 191 个城市，业务涉及整合营销传播的各个领域，包括广告、直效行销/网络广告、活动行销、公共关系、品牌管理、保健行销及媒介购买等。今天的麦肯世界集团是一个拥有 263 亿美元资产、全球员工人数达 24000 名、保持着世界上最大最完善的广告服务网络系统的公司之一。

李奥贝纳（Leoburnett）：李奥贝纳广告公司是美国广告大师李奥·贝纳创建的广告公司，现在是全球最大的广告公司之一，于 1935 年成立于美国芝加哥，是美国排名第一的广告公司，在全球 80 多个国家设有将近 100 个办事处，拥有 1 万多名员工，集品牌策划、创意、媒体为一体，在中国为国际及国内的知名客户提供全方位的广告服务。李奥贝纳的客户包括全球 25 个最有价值品牌当中的 7 个：麦当劳、可口可乐、迪士尼、万宝路、Kellogg，Tampax 和 Nintendo，曾为"万宝路"牌香烟创立男性香烟的性格和美国西部牛仔的形象，把在美国市场上占有率不及 1% 的香烟，推到世界销售的第一位。

Avazu 艾维邑动：作为网络广告中的整合营销专家，属于 Avazu Inc. 旗下四个子品牌之一。Avazu Inc. 于 2009 年成立于德国，同年在文莱以及我国香港、上海设立分公司。Avazu 艾维邑动提供 SEM 搜索引擎营销、Media Buying 媒体购买以及网络公关业务。Avazu 艾维邑动拥有目前国内唯一的 DSP—广告需求方平台。Avazu 艾维邑动是一个年轻充满活力的创新企业。Avazu Inc. 业务分布于全球多个国家，目前一共有 9 个国家国籍的员工。成功与 Yahoo、Doubleclick、Bertelsmann、Microsoft、Arvato、Google、Otto Group、Rakuten 等国际知名企业合作，同时也是 Doubleclick 亚洲唯一合作伙伴。

（资料来源：http://blog.163.com/slxl28@126/blog/static/16501884620128271 13226619/，有删改）

三、广告策划的基本原则

广告策划是一个有着特殊规律的系统工程，也是一种创造性的思维活动过程。不同类型的广告在策划上会有很大差异，但其中也有一些基本原则需要共同遵守。

1. 合法性

合法性是指广告活动从形式到内容，都要符合所在地或所在国的法律制度。就我国而言，广告活动不仅要符合我国的各项法律制度，更要符合社会主义市场经济和两个文明建设的总体要求。

2. 真实性

真实是广告的生命。真实不仅是对企业的利益负责，更是对消费者的利益负责。广告在真实的基础上，允许以艺术的手法进行加工创造，使之更具表现力，产生理想的宣传效果。广告要处理好真实性与艺术性的关系，真实性是艺术性的基础，艺术性要服务于真实性。

3. 目的性

广告策划必须确定活动的主要目标，为达成目标而采取相应的战略战术，合理配置资源，避免无的放矢。明确了目标，实际上就是明确了广告活动的中心，就可以把广告活动的各种功能有效地调动起来，把各个环节有序地串联起来，为实现传播任务奠定基础。

4. 整体性

整体性也可以叫统一性，就是以系统的观点将广告活动作为一个有机整体来考虑，从系统的整体与部分、部分与部分之间相互依存、相互制约的关系中，提示系统的特征和运动规律，以实现广告策划的最优化。既要保持策划与营销整体的一致性，又要保持广告活动自身整体的一致性。

5. 效益性

广告活动作为企业经营活动的一部分，必须服从于企业的发展目标，讲求效益。效益原则是广告策划所必须遵从的一项基本原则。

首先要讲求经济效益，以最少的广告费用，取得最大的广告效果。这就要求广告经营者在进行广告策划时，从消费者和企业两方面的利益出发，认真进行经济核算，选择最优方案，使企业乐于使用，消费者也乐于接受。一般来说，好的广告策划可以使广告产生三个方面的经济效果：创造需求、树立品牌、减少流通费用。其次，广告既是一种经济现象，又是一种文化现象，因而也要讲求社会效益，要体现为社会大众服务的宗旨，正确引导消费，倡导健康的生活理念和生活方式，鼓励良好的社会风尚和人际关系，以培养公众高尚的思想情操和文化修养，推动物质文明与精神文明的发展。

6. 艺术性

广告在真实的基础上应进行加工创造，使之具有一定的艺术性。艺术诉诸人的情感而和人的心灵产生共鸣。那些集娱乐与传播信息于一体的广告总能吸引很多消费者，令人为之耳目一新，有的夸张，有的明丽，有的凝重，有的幽默等，这些广告总能引起人的遐想，激起人的情感浪花。那些枯燥、呆板、干瘪无味的广告不会给人以美感，也不会产生好的宣传效果，只是一种资源浪费。

7. 操作性

一切广告策划不能只停留在纸面上，为策划而策划，其最终目的是应用于实际，指导广告活动的操作过程。因而广告策划必须遵循可操作性原则，使策划的环节明确，步骤具体，方法可行。

第三节　公共关系策划

一、公共关系概述

（一）公共关系的含义

公共关系（Public Relation）是指某一组织为改善与社会公众的关系，促进公众对组织的认识、理解及支持，达到树立良好组织形象、促进商品销售目的的一系列公共活动。当一个工商企业或个人有意识地、自觉地采取措施去改善和维持自己的公共关系状态时，就是在从事公共关系活动。作为公共关系主体长期发展战略组合的一部分，公共关系的含义是指一种管理职能：评估社会公众的态度，确认与公众利益相符合的个人或组织的政策与程序，拟定并执行各种行动方案，提高主体的知名度和美誉度，改善形象，争取相关公众的理解与接受。

（二）公共关系的特点

公共关系是社会关系的一种表现形态，科学形态的公共关系与其他任何关系都不同，有其独特的性质，了解这些性质有助于我们加深对公共关系概念的理解。

1. 情感性

公共关系是一种创造美好形象的艺术，它强调的是成功的人和环境、和谐的人事气氛、最佳的社会舆论，以赢得社会各界的了解、信任、好感与合作。我国古人办事讲究"天时、地利、人和"，把"人和"作为事业成功的重要条件。公共关系就是要追求"人和"的境界，为组织的生存、发展或个人的活动创造最佳的软环境。

2. 双向性

公共关系是以真实为基础的双向沟通，而不是单向的公众传达或对公众舆论进行调查、监控，它是主体与公众之间的双向信息系统。组织一方面要吸取人情民意以调整决策，改善自身；另一方面又要对外传播，使公众认识和了解自己，达成有效的双向意见沟通。

3. 广泛性

公共关系的广泛性包含两层意思：一层是公共关系存在于主体的任何行为和过程中，即公共关系无处不在，无时不在，贯穿于主体的整个生存和发展过程中；另一层指的是其对象的广泛性。因为公共关系的对象可以是任何个人、群体和组织，既可以是已经与主体发生关系的任何公众，也可以是将要或有可能发生关系的任何暂时无关的人们。

4. 整体性

公共关系的宗旨是使公众全面地了解自己，从而建立起自己的声誉和知名度。它侧重于一个组织机构或个人在社会中的竞争地位和整体形象，以使人们对自己产生整体性的认识。它并不是要单纯地传递信息，宣传自己的地位和社会威望，而是要使人们对自己各方面都要有所了解。

5. 长期性

公共关系的实践告诉我们，不能把公共关系人员当作"救火队"，而应把他们当作"常备军"。公共关系的管理职能应该是经常性与计划性的，这就是说公共关系不是"水龙头"，想开就开，想关就关，它是一种长期性的工作。

二、公共关系策划

公共关系策划是在调查分析的基础上，针对存在的问题或企业的要求，确立公关目标、选择活动形式、制定公关方案的过程。如图6-3所示。

图6-3 公共关系策划内容

（一）公关调研

企业通过民意调查、传媒监测等多种方式收集企业内部与外部环境变化的信息，以了解公众对企业及其产品的态度、意见及建议，了解自我期望形象与公众对企业的实际印象之间的差距，以便企业据此确定公关活动的目标。

（二）确立公共关系目标

企业营销人员应为每一项公关活动制定特定的目标，如提高知名度和美誉度、辅助推出新产品、对成熟产品进行再定位、影响特定目标群体等。在具体的确立目标的过程中，要注意使这个目标具有可行、可控、具体的特点。可行，即企业具备实现目标的现实条件，实施过程不会出现难以排除的障碍；可控，即企业在实现公关目标的过程中有一定的回旋余地，即使中途出现问题，也能通过努力使问题得到解决，不影响目标的实现；具体，即将抽象的公关目标具体化，如"在原有知名度的基础上提高25个百分点"，或者"使85%的顾客对企业有好感"等。

（三）选择公共关系信息和工具

公共关系信息需要企业的公关人员去寻找和创造，通过收集资料，选择企业中富有吸引力的题材进行宣传。如果没有足够的资料可以利用，企业可通过创造新闻或策划一些有可能提高企业知名度和美誉度的事件，经过富有创意的设计和渲染，来吸引公众的关注，特别是要吸引并方便传播的报道。此外，企业可选择不同的公共关系工具来传播信息。如为慈善事业捐款、赞助文体赛事等。

（四）实施公共关系方案

公关方案的实施必须仔细慎重。公共关系是一项整体活动，由一系列具体的活动项目组成。具体的公共关系项目是为实现公共关系活动的总体目标而采取的一系列有组织的行动，如记者招待会、纪念庆祝活动等。需要注意的是，企业在具体实施方案时，必须要充分考虑预算开支、所需人力和技术上的可行性以及各种可控与不可控的因素，密切注意和控制事态的发展变化，预见可能出现的意外情况，并做好预防措施。

（五）评价公共关系效果

公共关系活动的效果很难精确测量。概括地说，公关评价的指标包括以下几个方面：

1. 信息传播频率

衡量公共关系效果的最简易的方法是计算出现在媒体上的信息传播次数，这通常是在公关活动实施记录中可以精确得到的，如有关纸质媒体的报道版面和读者构成、电波媒体的传播时段以及受众群体的分析报告等。

2. 受众反响

重点是通过调研，分析由公共关系活动引起的公众对企业或产品的知名度、认识或态度方面的变化。

3. 销售绩效

假定在其他促销策略（广告、销售促进等）基本不变的情况下，尽可能估算公关对销售额和利润产生的影响。

第四节　销售促进策划

一、销售促进概述

（一）销售促进的含义

销售促进是营销活动的一个关键要素。长期以来，由于翻译原因，销售促进有很多叫法。在国内早期市场营销及相关著述中，它被翻译成营业推广、促进销售、营业提升、促销推广、促销等。而国内学术界和管理界最常用的就是"促销"。其实，即便在国外学术性论文中，也有类似的习惯用法。但是，在市场营销理论中，促销与销售促进是有区别的。促销概念有广义和狭义之分。狭义的促销仅指销售促进，而广义的促销则包括销售促进、广告（advertising）、人员推销（personal sellling）和公共关系（public relations）四大促销组合（promotion mix）工具。

Haugh 在对销售促进再定义时认为："销售促进是一种直接的诱惑，它向购买产品的销售人员、分销商或者最终的使用者提供一种额外的价值或者激励，其首要的目标是创造即刻的销售。"科特勒认为："销售促进包括各种多数属于短期性的刺激工具，用以刺激消费者和贸易商迅速和较大量地购买某一种特定的产品或服务。"

（二）销售促进的方式

销售促进的方式多种多样，一个企业不可能全部使用。这就需要企业根据各种方式的特点、促销目标、目标市场的类型及市场环境等因素选择适合本企业的销售促进方式。

1. 向消费者推广的方式

向消费者推广，是为了鼓励老顾客继续购买、使用本企业产品，激发新顾客试用本企业产品，其方法主要有以下几种。

（1）赠送样品。向消费者免费赠送样品，可以鼓励消费者认购，也可以获取消费者对产品的反映。样品赠送，可以有选择地赠送，也可在商店或闹市地区或附在其他商品和广告中无选择地赠送。这是介绍、推销新产品的一种方式，但费用较高，对高值商品不宜采用。

（2）赠送代价券。代价券作为对某种商品免付一部分价款的证明，持有者在购买本企业产品时免付一部分货款。代价券可以邮寄，也可附在商品或广告之中赠送；代价券还可以对购买商品达到一定的数量或数额的顾客赠送。这种形式有利于刺激消费者使用老产品，也可以鼓励消费者认购新产品。

（3）包装兑现。即采用商品包装来兑换现金。如收集若干个某种饮料瓶盖，可兑换一定数量的现金或实物，借以鼓励消费者购买该种饮料。这种方式的有效运用，也体现了企业的绿色营销观念，有利于树立良好的企业形象。

（4）廉价包装。又叫折价包装，即在商品包装上注明折价数额或比例。廉价包装可以是一件商品单装，也可以是若干件商品或几种用途相关的商品批量包装。这种形式，能诱发经济型消费者的需求，对刺激短期销售比较有效。

（5）赠品印花。亦称交易印花。消费者购买商品时，赠送消费者印花。当购买者的印花积累到一定数量时，可以兑换现金或商品。

（6）有奖销售。以赠送物品或发放奖品为促销诱因，以刺激消费者购买产品和扩大产品知名度的一种促销方法。消费者通过参加厂商组织的各种有奖销售活动，不仅得到了额外奖励，还在了解品牌和购买产品过程中感受到了乐趣。

2. 向中间商推广的方式

向中间商推广，其目的是为了促使中间商积极经销本企业产品。其推广方式主要有以下几种。

（1）购买折扣。为刺激、鼓励中间商购买并大批量地购买本企业产品，对第一次购买的中间商和购买数量较多的中间商给予一定的折扣优待，购买数量越大，折扣越多。折扣可以直接支付，也可以从付款金额中扣出，还可以赠送商品作为折扣。

（2）资助。是指生产者为中间商提供陈列商品，支付部分广告费用和部分运费等补贴或津贴。在这种方式下，中间商陈列本企业产品，企业可免费或低价提供陈列商品；中间商为本企业产品做广告，生产者可资助一定比例的广告费用；为刺激距离较远的中间商经销本企业产品，可给予一定比例的运费补贴。

（3）经销奖励。对经销本企业产品有突出成绩的中间商给予奖励。这种方式能刺激经销业绩突出者加倍努力，更加积极主动地经销本企业产品，同时，也有利于诱使其他中间商为多经销本企业产品而努力，从而促进产品销售。

3. 向推销员推广的方式

（1）销售红利。事先规定推销员的销售指标，对超额完成销售指标的推销员按照超额指标的多少提取一定比例的红利，以此激励其努力推销商品。

（2）销售竞赛。在推销员中开展销售竞赛，对销售业绩领先的推销员给予奖励，以此调动其积极性。

（3）推销回扣。从销售额中提取一定比例作为推销员推销商品的奖励或酬劳，通过回扣方式把销售额与推销报酬结合起来，有利于激励推销员积极工作。

（三）销售促进的市场作用

1. 缩短产品入市的进程

使用销售促进手段，旨在对消费者或经销商提供短程激励。在一段时间内调动人们的购买热情，培养顾客的兴趣和使用爱好，使顾客尽快地了解产品。

2. 激励消费者初次购买，达到使用目的

消费者一般对新产品具有抗拒心理。对新产品一旦不满意，还要花同样的价钱去购买老产品，这等于花了两份的价钱才得到了一个满意的产品，所以许多消费者在心理上认为买新产品代价高，消费者就不愿冒风险对新产品进行尝试。但是，销售促进可以让消费者降低这种风险意识，降低初次消费成本，从而去接受新产品。

3. 激励使用者再次购买，建立消费习惯

当消费者试用了产品以后，如果基本满意，可能会产生重复使用的意愿。但这种消费意愿在初期一定是不强烈的、不可靠的，促销却可以帮助他实现这种意愿。如果有一个持续的促销计划，可以使消费群基本固定下来。

4. 提高销售业绩

毫无疑问，销售促进是一种竞争，它可以改变一些消费者的使用习惯及品牌忠诚。因受利益驱动，经销商和消费者都可能大量进货与购买。因此，在促销阶段，常常会增加消费，提高销售量。

5. 侵略与反侵略竞争

无论是企业发动市场侵略，还是市场的先入者发动反侵略，销售促进都是有效的应用手段。市场的侵略者可以运用促销强化市场渗透，加速市场占有。市场的反侵略者也可以运用促销针锋相对，来达到阻击竞争者的目的。

6. 带动相关产品市场

销售促进的第一目标是完成促销之产品的销售，但是，在甲产品的销售促进过程中，却可以带动相关的乙产品之销售。比如，茶叶的促销，可以推动茶具的销售。当卖出更多的咖啡壶的时候，咖啡的销售就会增加。在20世纪30年代的上海，美国石油公司向消费者免费赠送煤油灯，结果其煤油的销量大增。

7. 节庆酬谢

销售促进可以使产品在节庆期间或企业庆日期间锦上添花每当例行节日到来的时候，或是企业有重大喜庆及开业上市的时候，开展促销可以表达市场主体对广大消费者的一种酬谢。

二、销售促进决策

在运用销售促进的过程中，需要进行一系列的决策活动，其中主要的决策包括：建立销售促进目标，选择销售促进工具，确定销售促进方案，评估销售促进效果。

（一）要建立销售促进目标

一般来说，这一目标是从总的促销组合目标中引申出来的，从根本上说，它在总体上是受企业市场营销总目标所制约的，表现为这一总目标在促销策略方面的具体化。在不同类型的目标市场上，销售促进的特定目标是各不相同的。如对消费者来说，目标可以确定为鼓励经常和重复购买，吸引新购买者试用，建立品牌知晓和兴趣，改进和树立品牌形象等；对中间商来说，销售促进的特定目标可以确定为促使零售商购买新的产品项目和提高购买水平，鼓励非季节性购买、对抗竞争者的促销活动，建立零售商的品牌忠诚，打进新的零售行业等；对推销人员来说，销售促进的目标可以确定为鼓励对新的产品或型号的支持，刺激非季节性销售，鼓励更高的销售水平等。企业促销部门要通过多因素的分析，确定一定时期内销售促进的具体目标并尽可能使其数量化。

（二）选择销售促进工具

销售促进的工具是多种多样的，各有其特点和适用范围。在选择销售促进工具时要考虑的主要因素包括以下几种。

1. 市场类型

不同的市场类型需要不同类型的促销工具，比如生产者市场和消费者市场的需求特点和购买行为就有很大差异，所选择的促销工具必须适应企业所处的市场类型的特点和相应的要求。

2. 销售促进目标

特定的销售促进目标往往对促销工具的选择有着较为明确的条件要求和制约，从而规定着这种选择的可能范围。

3. 竞争条件和环境

这包括企业本身在竞争中所具有的实力、条件、优势与劣势及企业外部环境中竞争者的数量、实力、竞争策略等因素的影响。

4. 促销预算分配及每种销售促进工具的预算水平

市场营销费用中有多少用于促销费用，其中又有多大份额用于销售促进，往往也对销售促进工具的选择形成一种硬约束。

此外，往往有这样的情况，同一特定的销售促进目标可以采用多种销售促进工具来实现，这里就又有一个销售促进工具的比较选择和优化组合问题，以实现最优的促销效益。

（三）制定销售促进方案

在确定了销售促进的目标和工具后，接下来就是着手制定具体的销售促进方案了。在这一方案的制定中，以下几点是需要注意的。

1. 比较和确定刺激程度

要使促销取得成功，一定程度的刺激是必要的。刺激程度越高，引起的销售反应也会越大，但这种效应也存在递减的规律，因此，要对以往的促销实践进行分析和总结，并结合新的环境条件确定适当的刺激程度和相应的开支水平。

2. 选择销售促进对象

这种刺激是面向目标市场的每一个人还是有选择的某类团体？范围控制在多大？哪类人是促销的主要目标？这种选择的正确与否都会直接影响到促销的最终效果。

3. 销售促进媒介的选择

比如我们选定赠送这种促销工具，那么还需进一步确定有多少用来放在包装中，多少用来邮寄，多少放在杂志、报纸等广告媒介中，而这些又涉及不同的接收率和开支水平。

4. 销售促进时机的选择

在什么时间开始发动这场促销战役，持续多长时间效果最好等也是值得研究的重要问题。持续时间过短，由于在这一时间内无法实现重复购买，很多应获取的利益不能实现；持续时间过长，又会引起开支过大和损失刺激购买的力量，并容易使企业产品在顾客心目中降低身价。按照有关研究，每个季度做三周左右的促销活动为宜，每次的持续时间以平均购买周期的长度为宜。

5. 销售促进预算的分配

即销售促进预算在各种促销工具和各个产品间的进一步分配。这又要考虑到各种促销工具的使用范围、频度，各种产品所处的生命周期的不同阶段等多种因素来加以平衡和确定。

（四）试验、实施积控制销售促进方案

虽然销售促进方案是在经验的基础上确定的，但仍然需要进行必要的试验来看促销工具的选择是否适当，刺激程度是否理想，现有的途径是否有效。试验可采取询问消费者、填调查表、在有限的地区内试验方案等方式进行。经试验同预期相近时，便可进入实施阶段了。在实施中要精心注意和测量市场反应，并及时地进行必要的促销范围、强度、频度和重点的调整，保持对促销方案实施的良好控制，以顺利实现预期的方案和效果。

（五）评估销售促进效果

评估销售促进效果是一项重要而困难的工作。评估工作事实上在选择促销手段之前就已经开始了。比如制造商向推销员和中间商说明将要使用的促销手段，听取他们的意见，通过获得这些人对这些手段的反应来做出某种判断。市场营销者也可以通过各种方法来了解消费者的意见。比如销售商设置了两种奖品，可以在一部分零售店中使用奖品 a，在另外一部分零售店中使用奖品 b，通过对两组零售店销售情况的比较，判断哪种促销手段更容易被消费者接受。

在销售促进方案实施完以后对其有效性进行总的评估，最普通的方法是比较销售促进前、销售促进期间和销售促进后的销售变化。比如一个公司在销售促进之前享有 6％的市场份额，在销售促进期间激增至 10％，在销售促进刚刚结束之后落到 5％，过了一段时间又上升到 7％。这就表明这次销售促进活动吸引了新的购买者并刺激原有购买者增加了他们的购买数量。销售促进结束后销售的回落是消费者消费他们的存货引起的，最终的 7％这一结果说明公司赢得了一些新的用户。如果这一市场份额只是达到原有水平，那么它表明这次销售促进仅是改变了需求的时间模式而没有改变总需要。促销人员也可以采用消费者调查的方法来了解事后有多少人能回忆起这项销售促进活动，他们如何看待这次活动，有多少人从中得益，它如何影响他们后来的品牌选择行为等。并可以进一步采用某些标准

对消费者进行分类来研究更为具体的结果。销售促进效果的评估还可以通过变更刺激程度、促销时间和促销媒介来获得必要的经验数据，以供比较分析和得出结论。

本章小结

促销就是营销者向消费者传递有关本企业及产品的各种信息，说服或吸引消费者购买其产品，引起消费者兴趣、激发消费者欲望、促进消费者采取购买行为，以达到扩大销售量的目的。促销的作用包括传递商业信息，提升知名度、突出产品特点，提高竞争能力、提高企业声誉，巩固老顾客，稳定市场地位、影响消费、刺激需求、增加销售量。

促销的基本方式包括人员推销、广告、销售促进和公共关系。

广告策划是现代商品经济的必然产物，是广告活动科学化、规范化的标志之一。广告策划围绕如何制订广告计划而进行。制订广告计划，必须依据于企业的营销计划。广告策划的内容包括分析广告机会、确定广告目标、形成广告内容、选择广告媒体。企业策划营销计划时，要充分考虑其面临的经营环境和竞争环境，认清自身的优势与不足，做好市场分析。广告策划程序包括成立策划小组、深入调研、会商构想有关战略策略、编制广告计划书、准备参加提案会。

公共关系是指某一组织为改善与社会公众的关系，促进公众对组织的认识、理解及支持，达到树立良好组织形象、促进商品销售的目的的一系列公共活动。公共关系是社会关系的一种表现形态，科学形态的公共关系与其他任何关系都不同，有其独特的性质。公共关系具有情感性、双向性、广泛性、整体性、长期性等特征。

销售促进是营销活动的一个关键要素，科特勒（1999）认为："销售促进包括各种多数属于短期性的刺激工具，用以刺激消费者和贸易商迅速和较大量地购买某一种特定的产品或服务。"销售促进的方式多种多样，向消费者推广的方式主要有赠送样品、赠送代价券、包装兑现、廉价包装、赠品印花、有奖销售等。向中间商推广的方式主要有购买折扣、资助、经销奖励。向推销员推广的方式主要有销售红利、销售竞赛、推销回扣。销售促进有利于缩短产品入市的进程、激励消费者初次购买、建立消费习惯、提高销售业绩、带动相关产品市场、节庆酬谢。

思考题

1. 比较广告、公共关系、直复营销、销售促进这四种促销方式的特点。
2. 结合实例指出应用广告促销的优缺点。
3. 促销应遵循的原则是什么？
4. 选择一种产品或服务，并建议应选用哪些促销方式来建立其消费者偏好。

案例分析

农夫山泉 "有点甜"

在 1997 年以运动瓶盖 "扑" 的一声杀入中国水市的农夫山泉，凭借 "有点甜" 的独特创意，以差异化营销定位，在消费者心目中留下了深刻的印象，在当时已是群雄割据的市场中强行占领了一席之地，第二年就坐上了 "康师傅" 出局后空出来的中国水业 "老三" 的位置。农夫山泉的成功与其准确的市场定位、精湛的促销手段是分不开的。

大名鼎鼎的海南养生堂公司，其产品 "龟鳖丸" 和 "朵而胶囊" 的销量一直长盛不衰。1997 年春夏之交，养生堂出人意料地做起了饮用水的生意，而实际上饮用水市场的竞争早已十分激烈，早早占有一席之地的有 "金义" "娃哈哈" "健力宝" "乐百氏" 等名牌，加上其他杂牌有三四十种品牌，竞争激烈，品种繁杂，新牌子进入简直无立锥之地，养生堂究竟能有何作为呢？

养生堂推出的饮用水，取名 "农夫山泉"，广告语是 "千岛湖的源头活水"。在名称上与市场各品牌的纯净水、矿泉水、蒸馏水、太空水等截然不同，颇能引起消费者的好奇心。而千岛湖又是浙江中南著名的旅游区，水资源丰富，并且远离工业污染，易于让人产生有利的联想。而其广告语令人耳目一新，它采用故事情节式的诉求方式，通过一个小学生在课堂上拉动瓶盖发出独特的声响而引起老师的不满来表现出农夫山泉的独特。当然独特的造型还不足以引起消费者的购买欲望，而那句在广告最后出现的传播语 "农夫山泉有点甜" 才是经典之作。在当时处处诉求纯净、不含矿物质的纯净水市场，农夫山泉出其不意地从另一个角度挖掘出纯净水的特质——不是无味，而是 "有点甜"。这种诉求方式与 "七喜饮料非可乐" 的诉求有异曲同工之处。

纵观 "农夫山泉" 的上市，我们可以得出两个字：独特。独特的名称、包装、容量、广告、销售方式；还有准确的消费定位，购买者：中年人，消费者：家庭。借此，养生堂打响了 "农夫山泉" 现身市场的第一炮。

排在水市老大和老二位置的分别是 "娃哈哈" 和 "乐百氏"。"娃哈哈" 以歌星景岗山和广州广告名模曾小姐一同演绎青春、纯情、执着的爱情。景岗山的一曲《我的眼里只有你》，引起许多歌迷的注目，同时帮衬娃哈哈纯净水。"乐百氏" 广告则以 "二十七层的过滤" 做品质诉求，突出水的品质特性。两者在水界的地位稳如磐石。排名老三的 "农夫山泉" 会怎么做呢？

2000 年 4 月农夫山泉行动了。4 月 24 日，养生堂突然公开宣称，纯净水对健康无益，而含有矿物质和微量元素的天然水对生命成长有明显促进作用。作为生产厂家应该对人的健康负责，因此农夫山泉将不再生产纯净水，转而全力投向天然矿泉水的生产销售，随后又在全国一些地区的中小学中开展了纯净水与天然水的生物比较实验并广为传播。农夫山泉此举掀起轩然大波,以娃哈哈、乐百氏等为代表的全国各地数百家纯水企业与农夫山泉针锋相对,展开了一场沸沸扬扬的"水战"。

农夫山泉的纯净水一直与特定的味觉"有点甜"联系在一起,加上有效的传播策略配合事件行销,使它成为消费者高度关注的产品。但是,它相对高的价格阻挡了理性消费者的选购欲望,而在水产品前两大品牌的影响力和众多纯净水企业的竞争下,一般的消费者对农夫山泉品牌忠诚度明显不够。较弱的消费者忠诚度和强大的竞争品牌压力阻碍了农夫山泉品牌的后续发展。因此,农夫山泉此举从品牌角度来讲,实是完成一次品牌变身,割裂品牌原有的单一的"纯净"元素,向品牌中注入"天然""健康"等元素,增加附加值,使品牌再一次充满了活力。

农夫山泉的发难引发了一场旷日持久的天然水与纯净水阵营在媒体上的"口水战",此后,在唾沫四溅的舆论战偃旗息鼓不久,一场刺刀见红的价格战开始了,打响中国水品市场第三轮价格战第一枪的,又是农夫山泉。

农夫山泉要挑战两位对手并战而胜之,事实上最后只有一个对手——达能。2000年养生堂总裁在接受媒体访问时就毫不讳言:"项庄舞剑,意在达能。"娃哈哈和乐百氏先后被法国达能收于麾下,而且二者还有一个共同点——纯净水,这是娃哈哈和乐百氏暴露在对手面前的最软肋。此时农夫山泉的策略显而易见:从"天然水"在概念诉求上的"异化",一变而为价格上的"同化"。

更为重要的是,此时农夫山泉发动价格战的时机已经完全成熟:1998～2000年连续三年产量翻番,已拥有亚洲最具规模的瓶装水生产基地,规模的扩张为农夫山泉预留了较大的降价空间,价格战的主动权不知不觉转到了农夫山泉手里;其次,多年连续性的主题品牌推广,使得农夫山泉以养生堂积累的品牌厚度傲视同行;还有一点,就是2000年似乎未分出胜负的舆论战,事实上在消费者心中已起了微妙的变化——不管纯净水好不好,喝天然水肯定不会错,因为还没人说天然水不好。

农夫山泉于2001年3月20日突然出招,在北京、上海、广州、南京、杭州等全国几大城市的主要媒体同时打出了一则广告:"支持北京申奥,农夫山泉1元1瓶。"此前,农夫山泉天然水的零售价是每瓶1.5元,细心的消费者可能并不觉得突兀,早在2000年8月,农夫山泉就已为价格战热过身,那次是在北京的超市,零售价从每瓶1.5元以上降至1.1元,但为时短暂,范围也很小。在介于时尚与生活必需品之间的高档瓶装水市场,价格弹性据说可以灵敏到几分钱,农夫山泉一出手就是几毛钱的豪气,市场终端当然立即报以一片掌声。

事实上,经销商比消费者更早感受到农夫山泉的新招数。2001年年初,感觉打价格牌"有点甜"的农夫山泉通知全国各地经销商,凡在今年2月10日前打款进货者,每箱21元。而农夫山泉2000年的出厂价是每箱30元,30%以上的跳水幅度,引得经销商携货款蜂拥而来。据《21世纪经济报道》估计,农夫山泉仅这一招就吸纳了经销商不低于2个亿的资金。

由于启用了价格利剑,2001年1～5月,农夫山泉的销量已完成去年全年销量的

90%，而此时，中央电视台"一分钱"广告正渐入佳境；"再小的力量也是一种支持。从现在起，你买一瓶农夫山泉，你就为申奥捐出一分钱"。从 2001 年 1 月 1 日至 7 月 13 日止，销售每一瓶农夫山泉都提取一分钱，以代表消费者来支持北京申奥事业。随着刘璇、孔令辉那颇具亲和力的笑脸，这个广告每天在我们的生活中渗透着。随着主办城市投票鼓点的密集，申奥气氛也跟着气温一天天升高，站在申奥队列中的农夫山泉也不知不觉成了一锅沸水。以申奥来发动价格战，农夫山泉此举实是一举两得，一方面以低价来扩大市场占有率，另一方面在舆论面前显示出农夫山泉的公益性。

企业不以个体的名义而是代表消费者群体的利益来支持北京申奥，这个策划在所有支持北京申奥的企业行为中是一个创举。事实上，农夫山泉的出品人养生堂，与体育事业特别是中国奥运有着非同寻常的渊源。2000 年 7 月，中国奥委会特别授予海南养生堂"2001～2004 年中国奥委会合作伙伴/荣誉赞助商"称号，海南养生堂成为中国奥委会及中国体育代表团最高级别的赞助商之一，也是最早与中国奥委会建立合作伙伴关系的赞助企业。与国家奥委会建立长期紧密的合作关系，不是跨国公司，便是行业巨头，本身就是实力的象征。

在养生堂的棋局上，这一招显然有着比象征意义更为长远的考虑。有评论认为，不管海南养生堂承不承认，在农夫山泉温和得有些内敛的外表下，隐藏着一丝不易察觉的王者霸气。海南养生堂也许并没想这么多，但他们显然很清楚，本身做的是健康产业，出道才几年，还处于品牌的原始积累阶段。而时间和实践证明，体育是最好的积累方式。在和平时期，体育精神与企业文化具有同质性，体育是最能集中公众注意力和情感的领域，而体育热闹、紧张、激动包括失望过滤之后留下来的拼搏、平等、快乐、健康等人类情感，都是构成品牌形象的内涵元素。

从 1998 年法国世界杯后的中国乒乓球队历次国际大赛、悉尼中国奥运军团的唯一训练比赛用水，直到这次全民支持北京申办 2008 年奥运会主办权的"一分钱"活动，养生堂牵手中国体育事业的脉络清晰可见：不直接介入体育产业。因为既然是产业，就要以利润为第一考虑问题，这样一来就必然影响甚至排斥其他公益目标。竞技体育只有一个冠军，而养生堂想的是双赢，甚至多赢全赢，大家都是冠军。此次全国动员的"一分钱"活动，意义显然在于此。

2001 年 7 月 13 日，中国北京申请 2008 年奥运会申办权成功，站在申奥队列中的农夫山泉同样功不可没，申奥的成功大大提高了农夫山泉的知名度和美誉度。市场分析人士注意到：在奥运场外的夺金战中，农夫山泉的品牌含金量又多了一分。这是典型的以企业为本位的一次资源的系统整合。因为要把几千万上亿人次小到一分钱的心愿体现出来，是一项不经济的行为，成本极高，以社会化手段运作，即使不用任何动员，成本也将超过收益。而以市场机制的企业行为，边际成本很低，这是市场经济条件下企业参与公众事务的优势。而在此过程中，品牌包括企业品牌和产品品牌恰到好处地站在公众注意力焦点的边缘，既不喧宾夺主，又巧妙地借用了公众视线的余光，使品牌得到更大范围的传播和认同。

在竞争激烈的中国水市，为何农夫山泉能在其中自由遨游？行家认为，这是农夫山泉苦心经营的结果，规模实力、品牌积累、舆论准备、策略选择，农夫山泉每一步都走得既稳又准，又怎会不成功呢？

（资料来源：http://tieba.baidu.com/f？kZ＝826999694，有删改）

思考讨论题：

请结合本案例，分析农夫山泉的促销手段和效果。

1. 在竞争激烈的中国水市中要想提高市场占有率，应采用哪些策略？

2. 农夫山泉在不生产纯净水一战中的策略，有何不利之处？

3. 农夫山泉赞助中国申奥的策略有何高明之处？假如中国申奥并未取得成功，农夫山泉这一策略的收效是否会打折扣？为什么？

第 7 章

客户管理

本章导读

1. 了解客户管理的内容与方法
2. 了解客户的分析与选择
3. 掌握客户投诉的处理程序
4. 理解客户关系管理的内容与方法

导入案例

泰国的东方饭店生意兴隆几乎天天客满，不提前一个月预定是很难有入住机会的，而且客人大都来自西方发达国家。泰国在亚洲算不上特别发达，但为什么会有如此诱人的饭店呢？大家往往会以为泰国是一个旅游国家，而且有世界上独有的"人妖"表演，是不是他们在这方面下了工夫？错了，他们靠的是真功夫，是非同寻常的客户服务，也就是现在经常提到的客户关系管理。

他们的客户服务到底好到什么程度呢？我们不妨通过一个实例来看一下。

一位朋友因公务经常出差到泰国，并下榻在东方饭店，第一次入住时良好的饭店环境和服务就给他留下了深刻的印象，当他第二次入住时，几个细节更使他对饭店的好感迅速升级。

那天早上，在他走出房门准备去餐厅的时候，楼层服务生恭敬地问道："于先生是要用早餐吗？"于先生很奇怪，反问："你怎么知道我姓于？"服务生说："我们饭店规定，晚上要背熟所有客人的姓名。"这令于先生大吃一惊，因为他频繁往返于世界各地，入住过无数高级酒店，但这种情况还是第一次碰到。

于先生高兴地乘电梯下到餐厅所在的楼层，刚刚走出电梯门，餐厅的服务生就说："于先生，里面请。"于先生更加疑惑，因为服务生并没有看到他的房卡，就问："你知道我姓于？"服务生答："上面的电话刚刚下来，说您已经下楼了。"如此高的效率让于先生再次大吃一惊。

于先生刚走进餐厅，服务小姐微笑着问："于先生还要老位子吗？"于先生的惊讶再次升级，心想：尽管我不是第一次在这里吃饭，但最近的一次也有一年多了，难道这里的服务小姐记忆力那么好？看到于先生惊讶的目光，服务小姐主动解释说："我刚刚查过电脑记录，您在去年的 6 月 8 日在靠近第二个窗口的位子上用过早餐。"于先生听后兴奋地说："老位子！老位子！"小姐接着问："老菜单？一个三明治，一杯咖啡，一个鸡蛋？"现在于先生已经不再惊讶了："老菜单，就要老菜单！"于先生已经兴奋到了极点。

上餐时餐厅赠送了于先生一碟小菜，由于这种小菜于先生是第一次看到，就问："这是什么？"服务生后退两步说："这是我们特有的某某小菜。"服务生为什么要先后退两步呢，他是怕自己说话时口水不小心落在客人的食品上，这种细致的服务不要说在一般的酒店，就是在美国最好的饭店里于先生都没有见过。这一次早餐给于先生留下了终生难忘的印象。

后来，由于业务调整的原因，于先生有三年的时间没有再到泰国去，在他生日的时候突然收到了一封东方饭店发来的生日贺卡，里面还附了一封短信，内容是："亲爱的于先生，您已经有三年没有来过我们这里了，我们全体人员都非常想念您，希望能再次见到您。今天是您的生日，祝您生日愉快。"于先生当时激动得热泪盈眶，发誓如果再去泰国，绝对不会到任何其他饭店，一定要住在东方，而且要说服所有的朋友也像他一样选择。于先生看了一下信封，上面贴着一枚六元的邮票。六块钱就这样买到了一颗心，这就是客户关系管理的魔力。

东方饭店非常重视培养忠实的客户，并且建立了一套完善的客户关系管理体系，使客户入住后可以得到无微不至的人性化服务，迄今为止，世界各国的约 20 万人曾经入住过那里，用他们的话说，只要每年有 1/10 的老顾客光顾饭店就会永远客满。这就是东方饭店成功的秘诀。

现在客户关系管理的观念已经被普遍接受，而且相当一部分企业都已经建立起了自己的客户关系管理系统，但真正能做到东方饭店这样的还并不多见，关键是很多企业还只是处在初始阶段，仅仅是上马一套软件系统，并没有在内心深处思考如何去贯彻执行，所以大都浮于表面，难见实效。客户关系管理并非只是一套软件系统，而是以全员服务意识为核心贯穿于所有经营环节的一整套全面完善的服务理念和服务体系，是一种企业文化。在这方面，泰国东方饭店的做法值得我们很多企业去认真地学习和借鉴。

（资料来源：http://wenku.baidu.com/view/b08efe4ee45c3b3567ec8be0.html）

第一节　客户管理概述

一、客户管理的对象

客户管理是指对客户的业务往来关系进行管理，并对客户档案资料进行分析和处理，从而与客户保持长久业务关系。为加强服务与促销，企业必须对"产品使用者"加以有效的管理，不仅可以提升客户的满意度，而且可以增加销售机会，提高经营绩效。

要对客户进行有效的管理，我们要搞清楚的是客户管理的对象到底包括哪些？很明显，它包括客户业务关系和客户资料。

在客户管理中我们可以使用 80/20 原则服务客户。80/20 原则告诉我们：企业 80％的利润来自于20%的客户，企业80%的麻烦来自于20%的客户，企业付出80%的时间只带来20%的优质服务。因此通过80/20原则对客户进行分析，发现其中的客户给企业带来的影响，以便区分不同类型的客户：给企业带来大部分利润的客户，只买某些商品或享受某种服务的客户，需要最多服务的客户及最少量服务的客户。得到这些信息后，就会发现：企业最费时间（而且又花费很高）的服务，是为很小一部分客户提供的服务；企业最大宗的买卖及最大的利润来自相对很小一部分客户。当知道某些客户比其他客户给企业带来的影响更大时，管理者就可以做出正确的决定：如何使用有限的资源来进行更加有效的、针对性的服务。

为此，要按照不同的方式划分出不同类型的客户，因为其需求特点、需求方式、需求量等不同，所以对其管理也要采取不同的办法。划分客户意味着企业将为不同的客户提供不同的服务，采用不同的销售模式。

划分客户的方法很多，但没有绝对正确的方法。销售经理可以考虑用不同的因素划分客户：

①客户所处的方位；
②客户所买商品的类型；
③客户在公司的全部消费额；
④客户的收入；
⑤客户的年龄与个性特征；
⑥客户来公司消费的频率；
⑦客户与公司的交易总量；
⑧客户的职业（经营范围）。

实际上我们对客户的分类是从综合因素来考虑的，从时间系列和客户的重要程度两个角度将客户分为老客户、新客户和潜在客户，其中每类客户又分为重点客户（或称大客户）、一般客户和零散客户。

小资料7-1

客户是我们永远的伙伴

恒大地产集团（简称恒大）认为，"客户管理"不等同于"客户服务"，也不等同于"客户关系管理"，而是一种更高或范围更大的管理理念。"客户管理"包括三个主要任务：客户忠诚度管理、客户价值开发与促进企业运营效率的提升。

客户忠诚度管理：包括了客户服务、客户忠诚度建设。很多企业进行"客户忠诚度建设"仅仅停留在如何把客户服务好，而恒大则是从战略高度进行建设。恒大客户忠诚度建设方面最核心的做法称为"客户价值倍增计划"。"客户价值倍增计划"是以为客户提供价值、为客户提供增加价值作为指导思想的一系列工作的总称，是恒大地产客户关系的内核。

客户价值开发：开发客户除购买产品之外的价值，比如把客户转变为公司投资者，购买公司发行的信托产品等。

促进企业运营效率的提升：即从客户的角度来检讨企业的流程、产品的设计、营销的策略等。恒大的BPI（流程再造）、产品标准的完善、直复营销能力的建设也将通过客户管理的组织来发起。

恒大通过一系列的客户管理，实现其"责任创造价值"的核心价值观和"责任领跑幸福生活"的品牌追求。

（资料来源：http://heb.evergrande.com/service/default.aspx? tid=—203）

二、客户管理的内容

客户管理的内容是丰富多彩的，但归纳起来，主要有以下几项。

（一）客户基本资料的管理

客户基本资料的管理涉及客户最基本的原始资料的管理。主要包括客户的名称、地址、电话号码，所有者、法人代表及他们个人的性格、兴趣、爱好、家庭、学历、年龄、能力，创业时间、与本公司交易时间，企业组织形式、业种、资产等。

这些资料是客户管理的起点和基础，它们主要是通过销售人员进行的客户访问搜集来的。在档案中要反映客户的特征，主要包括服务区域、销售能力、发展潜力、经营观念、经营方向、经营政策、企业规模、经营特点等，表7-1为一种类型的客户资料表。

表7-1 客户资料表

客户名称		规模、人数		
客户类别				
客户特征				
单位地址		邮编		
客户方决策层资料				
姓名	职务	办公电话	手机	传真/E-mail
业务联系记录				
日期	联系人	部门	内容（与谁？谈什么？做了些什么？）	记录人

（二）交易状况的管理

交易状况管理的内容首先要包括销售实绩、经营管理者和业务人员的素质、与其他竞争者的关系、货款回收情况、交易条件、与本公司的业务关系及合作态度等，然后是反映客户的销售活动现状、存在的问题、保持的优势、未来的对策、企业形象、声誉、信用状况、交易条件以及出现的信用问题、交易记录等方面的内容。

（三）客户关系管理

客户关系管理就是要追求客户满意，培养客户的忠诚，在此基础上，最终建立起比较稳定、相互都受益的伙伴关系。结果，客户获得了满意的服务，而企业则获得了利润。更为重要的是在满意的服务中，企业最终赢得了他的客户，实现了盈利目标，销售额增加，销售费用降低，建立了自己稳定的客户关系网络。此外，由于优良的服务，客户在很多方面都相继受益，如缩短了决策时间、减少了冲突、节省了费用、盈利增加等。因此，客户关系管理一是加强与客户的感情沟通和售后服务；二是关心客户购买产品后是否真正获得了利益，必要时还应加强对客户的业务指导和帮助；三是处理好客户的抱怨，达到客户满意最大化。

（四）客户风险管理

客户风险管理是指控制货款的回收，防止因客户倒闭和有意逃债而引发的销售风险。在市场经济条件下，企业对中间商的销售大多是先货后款，赊销和信用销售占有相当比例，在货物发出后，货款的回收就存在着风险。因此，客户管理的内容之一就是要控制风险。为此，企业要制定相应的风险管理制度，将销售风险减小到最低程度。

三、客户管理的方法

对客户进行管理，需要采用科学的管理方法。一般来讲，客户管理方法主要有巡视管理、关系管理与筛选管理。

（一）巡视管理

管理客户，首先必须了解客户。而要了解客户，就要多与客户进行接触，倾听客户意见。接触的途径就是实施巡视管理。销售人员在进行巡视的时候，至少要做三项基本工作。

1. 倾听

倾听可以帮助了解客户的真实情况，加强与客户的沟通。倾听的方式既可以是拜访客户、召开客户会议，也可以是热情接待来访客户，还可以是利用现代通信工具与客户进行沟通交流。即深入到客户中去，倾听他想说的事情，了解他不想说的事情。从另一方面来看，倾听是个很好的市场调查的机会，借此可以了解客户对企业产品是否满意。同时要认真处理客户来信，及时解决客户疑惑。如现在许多企业通过安装客户热线电话来处理客户抱怨和倾听客户的声音。

2. 教育

教育是相互的，一是对客户进行教育，引导客户树立正确的合作、消费等观念，教会客户如何购买、查询和使用企业的产品和服务。二是虚心接受客户的意见，将客户信函、来电公布在企业醒目的公告牌上，把真实、完整的信函和来电让大家看，使销售人员倾听到客户的声音。

3. 帮助

帮助客户解决购买、接送、安装、支付、使用等方面所产生的问题，为客户提供优质服务。指导客户的业务，培训客户的员工，帮助客户提高经营绩效。

（二）客户管理

关系管理能指导销售人员与客户打交道。如果销售人员能与客户搞好关系，那么他就能与客户做成交易，进而培养客户的忠诚，建立长久的业务关系。

1. 为每个大客户选派精干的大户业务代表

对许多企业来说，重点客户（大客户）占了企业大部分销售额，销售人员与重点客户打交道，除了准备购买时进行业务访问外，还要做其他一些事情，比如邀请客户一起外出共同进餐，或者一起游玩，对他们业务提供有价值的建议等。因此很有必要为每个重点客户安排一名专职的业务代表。这名业务代表既要承当销售人员的职责，又要充当关系经理的角色。其职责一是协调好客户组织机构中所有与购买有影响的人和事，以顺利完成销售任务；二是协调好企业各部门的关系，为客户提供最佳的服务；三是为客户的业务咨询与帮助。

2. 加强对客户的追踪服务

对客户的追踪是与客户建立长久关系的有效途径。美国销售培训大师汤姆·霍普金斯认为，对客户的追踪有四种方法。

（1）电话追踪。电话追踪也许是最常见和成本最低的，同时也是最难将追踪活动转化为销售和长久关系的追踪方式。潜在客户可能通过自动应答机器以及语音邮件等设备回避接听电话。销售人员必须很有创意并激起对方足够的好奇才能使他们希望与其交谈。

（2）邮件追踪。这是一种常见的追踪方法，但是邮件应别具特色。就如电话追踪，也应该使计划个性化，以使客户或潜在客户有所记忆。比如，可以在邮件中包含额外优惠，即当顾客回信时将会得到物质鼓励，如特别促销折扣或者商家优惠券。如果销售人员应用这个方法，让客户知道其将在几天后打电话以求得他们的反馈。注意将要打的这个电话为有效的追踪联系开辟了另一扇大门，这是一个良性循环，客户感到自己被尊重，从而销售人员在与他们联系以期维持或获得他们的生意时，可以受到热情的欢迎。

（3）温情追踪。每个人都喜欢得到别人的感谢，所以利用追踪系统让顾客知道企业感谢他们的购买以及所有他们推荐的生意。温情追踪应该成为销售保留节目的永久部分，一般采取致谢短信的形式。

（4）水平追踪。水平追踪是指在不同的时间采用不同的追踪方式对同一客户进行追踪。例如，在下次销售会议上，可以采用另外一种追踪办法等。

（三）筛选管理

筛选管理是指企业销售人员每年年末时对手中掌握的客户进行筛选。筛选是将重点客户（大客户）保留，而淘汰无利润、无发展潜力的客户。在筛选时销售人员应将客户数据调出来，进行增补删改，将客户每月的交易量及交易价格详细填写，并转移到该客户明年的数据库里。有些客户数据库里仅填写了客户名称及地址，其他交易情况则空缺，此时就应将该客户有关情况记录进去，如客户组织中主管人员的性格志向、营业情况、财务状况等，甚至将竞争对手情形一并记入，这些数据资料十分重要，是销售人员开展销售工作不可或缺的。

当市场不景气时，销售人员更要加强对客户的筛选。在筛选客户时，销售人员可以从五个方面衡量客户，作为筛选依据。

（1）客户全年购买额。对1～12月份的交易额予以统计。

（2）收益性。即该客户毛利额的大小。

（3）安全性。销售人员要了解货款能否足额回收，客户今年的货款没有结清，哪怕他发誓明年购买量是今年的几倍、十几倍，也要坚持要他结清货款后再谈。

（4）未来性。销售人员要了解客户在同行中的地位及经营方法，分析其发展前途。

（5）合作性。销售人员要了解客户对产品的购买率、付款情况等。

针对上述五种衡量指标逐一打分，满分100分。购买量30分，收益性10分，安全性30分，未来性15分，合作性15分。对客户作如此筛选之后，销售人员会发现有一些客户犹如仓库里的呆滞品，这样就要给予特别处理，甚至淘汰。

小资料7-2

大客户管理：人脉不等于一切

企业80％的业务来源于大客户。如今，对大客户的管理已被很多公司列入销售管理的重要议程。惠普商学院的课堂上，中国惠普有限公司战略项目发展部总经理郭京以亲身经历向学员讲解了大客户管理的关键原则。

人脉不等于一切

生意场上，人脉的重要性无可否认，但它并非业务成功的唯一要素。很多人选择做销售工作，是出于对自身人际关系和行业背景的考虑。但他们的成功与否，往往不取决于自己所拥有的关系链，而在于他们是否具备在适当的时间把关系转化成合作机会的判断力与执行力。同样，对于没有关系基础的销售新手，等待他们的也并不总是失败。在当前的市场营销中，产品的优势、价格、渠道、服务等相关因素才是客户最关心的要素。郭京专门举了例子来说明这个问题。有一次，某公司的业务代表们接手一单业务，当时公司还未能与客户签约，而该业务一周后很可能会被竞争对手抢走。负责该业务的恰好是一名新人，他困惑地问："我与对方没有丝毫关系，怎么办呢？"同事和他一起分析后发现，双方一直没签合同的原因有三：一是对方高层主管有不同意见；二是财务资金没有到位；三是该项目有一定的超前性。于是他们决定直接与客户的"一把手"面谈，就这样，这位没有任何关系的新人来到客户公司。尽管对方公司的门卫连门都不让进，这位新人还是花了几个小时与他聊天，终于得知客户负责人正在开会，于是他就站在门口等候，直到晚上八点才看到该负责人下班出来。他立即迎上去自我介绍："我是某公司的业务代表，已经在这里等您一天了，希望您能给我一个陈述业务的机会。"一番交谈后，他的诚心打动了这位负责人，结果拿下了订单。后来他们才知道，之前正是这名负责人对该项目有不同意见。

"风格矩阵图"了解关键人物风格

在销售过程中，对关键客户的拜访与分析相当重要。郭京强调："了解关键客户的性格与做事风格是与其进行合作的基础。"接着，他用"风格矩阵图"向学员们介绍了关键客户即决策者的四种主要风格：领导型、施加影响型、检查型和跟随型。领导型的决策者比较重视目标，做事直接，能迅速决策。这类人不看重关系而关心产品价值，所以销售人员要用简单、直接的方式让他明白产品的重要性及其价值。施加影响型的决策人，偏向有更多的人参与决策；有情况发生时，他喜欢把几个部门的负责人召集起来一同商讨，更关心谁在使用产品或服务。对此类决策者，销售人员应该在与其建立良好沟通关系的同时，拓展与相关部门负责人的关系。跟随型的决策者较注重安全，希望与其他高层保持意见一致。而检查型的决策者则更注重任务，更需要精准性与逻辑性，最关心所购买的产品是否符合实用性要求。最后郭京指出，做好关键决策者的风格分析并不够，大客户管理依靠的不仅是机会与关系，它更依托于一套成熟的客户服务体系及制度。因此，公司内部需要建立一支组合销售团队，它不仅包括客户经理，还应包括技术支持、市场推广等与此项目有关的同事，为客户提供全方位的整体方案。

（资料来源：http://cdsp.com.ca/NewsCenter/news－2007－10－23－214119310996925.html，有删改）

四、客户管理的原则

在客户管理的过程中，需要遵循以下原则。

（一）动态管理

客户是多层次、多类型的，同时又是变化的。因此，客户档案建立后，就应当及时维护和更新。一方面，针对客户情况的不断变化，要对客户的资料加以调整，剔除过时的或已经变化了的资料，及时补充新的资料，对客户的变化进行跟踪，使客户管理保持动态性；另一方面，要注意对客户的筛选，留住大客户，淘汰无利润、无发展潜力的客户。

（二）突出重点

1. 要加强对重点客户的管理

销售人员要通过客户资料找出重点客户。重点客户不仅要包括现有客户，而且还应包括未来客户或潜在客户。这样同时为企业选择新客户，开拓新市场提供资料，为企业进一步发展创造良机。

2. 应建立不同的客户档案

客户购买企业产品后有两种情况，一是再销售，二是自己直接使用。因此客户要区分为两种"资料卡"加以建档管理，即针对销售店的"经销商资料卡"，和针对使用的"客户资料卡"两种，以免主次不分，造成管理缺陷而降低了管理绩效。

3. 对不同类型的客户应采用不同的销售策略和管理办法

因为企业的资源有限，应将有限的资源用在最有效益的客户身上。销售管理的重点也应放在大客户身上。

（三）灵活运用

客户资料的收集管理，目的是在销售过程中加以运用。所以，在建立客户资料卡或客户管理卡后，不能束之高阁，应以灵活的方式及时全面地提供给销售人员及其他有关人员，使他们能进行更详细的分析，使"死资料"变成"活材料"，提高客户管理的效率。

销售人员在开展客户管理工作中应分析每次预订、每次销售的情况，注重改进销售质量，更好地为客户服务，使与客户的长期交易关系更为稳固和可靠。

第二节　客户分析

一、客户的界定

对客户进行分析之前，首先应确定谁是自己的客户以及客户的性质。一般来说，依据与企业关系不同，客户可以划分为下面几类。

（一）个人客户

个人客户是指购买最终产品与服务的零售客户，通常是个人或家庭，大多数人充当的都是个人客户的角色。

（二）集团客户

集团客户通常是另外的企业形成的购买主体，其批量购买企业产品后用于自己再加工或生产。如肯德基就是曼可顿面包公司的集团客户，它从曼可顿公司采购面包胚作为加工汉堡的原料。

（三）渠道客户

渠道客户主要指企业的代理商或经销商，他们不直接为企业工作，而是购买企业产品在分销中获利。如滔博运动体育卖场就是耐克、阿迪达斯、彪马等名牌体育用品公司的渠道客户。

二、客户分析的内容

进行客户管理，不仅只是对客户资料的收集，而且还要对客户进行多方面的分析。分析的内容很多，但是至少应包括以下内容。

（一）客户与本公司交易情况分析

1. 客户构成分析

（1）将自己负责的客户按不同的方式进行划分。如可以分为批发店、零售店、代理店、特约店、连锁店、专营店、最终用户等。

（2）小计各类客户的销售额。

（3）合计各类客户的总销售额。

（4）计算出各客户销售额的比重，特别是大客户在总客户销售额中的比重。

（5）运用 ABC 分析法将客户分为三类。A 类占累计销售额的 80％左右，B 类占 15％左右，C 类占 5％左右。A 类是重点客户，B 类是一般客户，C 类可视为未来潜力的客户。

2．客户与本公司的交易业绩分析

（1）掌握各客户的月交易额或年交易额。具体方法是：直接询问客户；通过查询得知；由本公司销售额推算；取得对方的决算书；询问其他机构。

（2）统计出各客户与本公司的月交易额或年交易额。

（3）计算出各客户占本公司总销售额的比重。

（4）检查该比重是否达到本公司所期望的水平。

3．不同商品的销售构成分析

（1）将自己对客户销售的各种商品，按销售额由高到低排列。

（2）合计所有商品的累计销售额。

（3）计算出各种商品销售额占累计销售额的比重。

（4）检查是否完成公司所期望的商品销售任务。

（5）分析不同客户的商品销售的倾向及存在的问题，检查销售重点是否正确，将畅销商品努力推销给大有潜力的客户，并确定以后商品销售的重点。

4．不同商品毛利率的分析

（1）将自己所负责的对客户销售的商品按毛利润额大小排序。

（2）计算出各种商品的毛利润率。

5．商品周转率的分析

（1）先核定客户经销商品的库存量。通过对客户的调查，将月初客户拥有的本公司商品库存量和月末客户拥有的本公司商品库存量进行平均，求出平均库存量。

（2）再将销售额除以平均库存量，即得商品周转率。

6．交叉比率的分析

该方法的计算公式为：

$$交叉比率＝毛利率×商品周转率$$

毛利率和商品周转越高的商品，就越有必要积极促销。

7．贡献比率的分析

（1）求出不同商品的贡献比率。计算公式为：

$$贡献比率＝交叉比率×销售额构成$$

（2）对不同客户商品销售情况进行比较分析，看是否完成了公司期望的商品销售任务；某客户商品促销或滞销的原因何在；应重点推销的商品（贡献比率高的商品）是什么。

（二）客户信用调查分析

客户信用调查可利用多种方式进行。

1. 通过金融机构（银行）进行调查

一般由业务经理提出委托申请，由业务银行协助调查，可信度比较高，所需费用少，但很难掌握客户的全部资产情况及具体细节，因客户的业务银行不同所花调查时间会较长。

2. 利用专业资信调查机构进行调查

这种方式能够在短期内完成调查，经费支出较大，能满足委托方的要求。调查人员的素质和能力对调查结果影响很大，所以应选择声誉高、能力强的资信调查机构。

3. 通过客户或行业组织进行调查

这种方式可以进行深入具体的调查，但会受地域性限制，难以把握整体信息，并且难辨真伪。

4. 内部调查

询问同事或委托同事，了解客户的信用状况，或从本公司派出机构、新闻报道中获取客户的有关信用情况。

在调查客户信用时，可以调查该客户的资金筹措状况和货款支付情况，应注意是否存在以下情况：手持现金不足，提前收回货款；将票据贴现；为筹资而低价抛售；提前回收除销款经营其他；经常奔跑于各类金融机构；银行账户被冻结；不能如约付款；推迟现金支付；托词本公司的付款通知书未到；要求延长全部票据的支付期限。

调查完成后，应编写客户信用调查报告。因为对客户的管理是一个动态的过程，所以要定期写成书面的"客户信用调查报告"，及时报告给主管领导。平时还要进行口头的日常报告和紧急报告。

定期报告的时间要依不同类型的客户而有所区别。

对于A类客户每半年一次。A类客户是指规模大、信誉高、资金雄厚的客户。

对于B类客户每三个月一次。B类客户是指信用状况一般、信誉较好的客户。

对于C类客户要求每月一次。这类客户主要包括一般的中小客户、新客户、口碑不佳的客户。

调查报告须在指定的时间提交给主管领导，按照公司统一规定的格式和要求编写。调查报告应力戒主观臆断，要以事实说话，但又不能罗列数字，调查项目应尽量保证准确全面。

（三）交易开始与中止的分析处理

1. 交易开始

公司应制订详细的销售人员客户访问计划。销售人员如访问某一客户五次以上，而无实效，则应从访问计划表中删除该客户。

在交易开始时，应先填制客户交易卡。客户交易卡由公司统一印制，一式两份，有关事项交由客户填写。

客户交易卡的主要项目包括：客户名称、总部所在地、交易对象所在地、通讯地址及电话、开业时间、资本额、职工人数、管理者人数、设备、经营者年龄、信用限度申请额、基本约定、回收条件。

向业务经理提交交易卡，得到认可后，向主管经理提交报批手续，然后才能与新客户进行交易。业务主管每周至少检查销售员的客户记忆卡一次。

无论是新客户还是老客户，都可依据信用调查结果，设定不同的附加条件。如交换合同书、提供个人担保、提供连带担保或提供抵押担保等。

2. 中止交易

在交易过程中，如发现客户存在问题和异常之处，应及时报告上级。作为应急处理销售人员可以暂时停止供货。

当客户的票据或支票被拒付或延期支付时，销售人员应向上司详细报告。要尽一切可能收回货款，将损失降至最低点。销售人员根据上司的批示，通知客户中止双方交易。

销售主管要定期检查销售与收款是否平衡，有无逾期未收货款、票期过长及赊账超过信用额度的情况。

三、客户分析的方法

客户不是越多越好，而是越准确越好，每一个客户群的增加都需要成本投入，所以企业应采用科学的方法对客户进行分析和慎重选择，适当限制客户范围以提高经营效率。

客户分析方法主要包括客户类别分析和客户差异分析。

(一) 客户类别分析

企业要能够对客户进行归类分析，抓住其共性和个性特征。客户类别可以作如下划分。

(1) 按客户的性质分，可以分为政府客户（以政府采购为主）、公司客户、渠道客户和个人客户。

(2) 按交易程度划分，可以分为潜在客户、现有客户和曾有合作关系的客户。

(3) 按交易数量和市场地位，可以划分为主力客户、一般客户和零散客户。

(4) 按地区划分，以中国为例可以划分为东北、华北、华中、西北、西南、华南等区域客户。

(5) 按产品特点划分，如某生产汽车机油泵的企业，客户可以分为军用客户和民用客户两种。

按照不同的标准划分出的不同类型的客户，其需求特点、需求方式、需求量各不相同，所以对其管理也要采取不同的方法。企业需要注意客户类别的变化，特别是要关注客户中出现的新类别，时刻把握市场机会。

(二) 客户差异分析

不同客户之间的差异归纳起来主要有两点：对企业的价值贡献不同和对产品或服务的需求不同。对客户进行有效的差异分析可以帮助企业更好地配置资源，使商品或服务的改进更有成效。

对于客户对企业的价值，可以用每个客户的平均收益率、较高利润的产品或服务的使用百分比、销售或订单的增降趋势以及客户或服务支持的成本等计算值来评估。如企业年末做财务分析时，按照不同客户做出的毛利率就可以作为企业评价客户的一个标准。

在衡量价值时，企业也应当看到，客户的个性化需求是造成客户差异化的原因。越来越多的市场选择为客户提供了个性化需求的空间，反过来这些客户对企业提出了更高的要求，企业为满足这些需求，就在力所能及的范围内为客户提供了更多的选择——这构成了一个企业和客户之间互相提升的个性化需求循环。在这个循环中，企业要清楚地了解每个重要客户的现实和潜在需求，这样才能维系客户，得以生存。

同时，由上我们不难联想到，在分析客户价值与满足客户需求时，企业还必须考虑二者之间的平衡问题，也就是说不能一味为了满足高价值客户的需求而放弃关注其他客户的需求，因为这样有可能忽略潜在的重要客户；同时，企业也不能一味为了满足客户需求而忽略了对高价值客户的重点关注。因此，企业在分析客户差异性的时候，要好好把握这个平衡点。

第三节　客户投诉的处理

一、处理客户投诉的目的

客户投诉处理的最终目的无非就是要取得客户的满意，与此同时还要考虑到获取收益。因此客户投诉处理要达到以下四个目的。

（一）消除客户的不满、恢复信誉

从保护、重视消费者的立场来看，客户投诉处理是事关企业生死存亡的大事。因此，处理投诉时最为基本的目的就是要消除客户的不满、恢复信誉。企业理所当然地应该真诚、及时地对客户投诉进行处理。

（二）确立企业的品质保证体制

利用客户投诉来促进改革是一个企业很重要的能力。通过处理客户投诉，改进企业产品质量和服务水平，从而为客户提供更为满意的产品和服务。

（三）收集客户信息

客户投诉是顾客对产品和服务最真实的检查结果，也是最为可靠的市场调查结果。因此，企业要将客户的投诉收集起来，然后对它进行充分的分析，妥善地保存好其结果并在生产及试验方法的改进方面加以利用。

（四）挖掘潜在的需求

挖掘市场的潜在需求也是处理客户投诉不可忽略的一大作用。投诉是客户不满意的一大信号。但是，在现实工作中，一般都把注意力集中到追究商品缺陷的发生责任上或对投诉的处理上，却忽略了客户的真正需求。由于客户投诉是与市场紧密相关的，所以在研发新商品时如果考虑到客户投诉的提示作用，那么新商品的开发成本就会比较低，销量也会较好。

二、处理客户投诉的程序

正确处理投诉，完备的流程很重要，科学的流程可以指导客服人员在最短的时间内找到解决投诉的方法并将投诉妥善解决，帮助企业重新赢得客户。一般来说，客户投诉处理包括以下几个步骤，如图 7-1 所示。

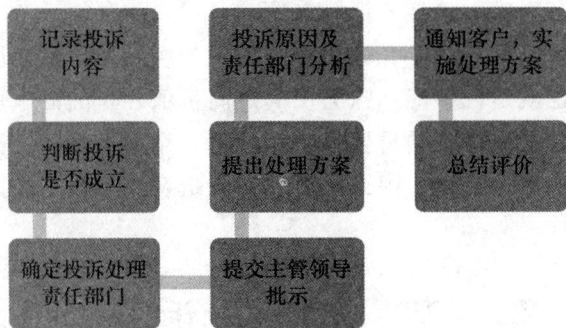

图 7-1　处理客户投诉的程序

（一）记录投诉内容

利用客户投诉记录表详细地记录客户投诉的全部内容如投诉人、投诉时间、投诉对象、投诉要求等。

（二）判断投诉是否成立

了解客户投诉的内容后，客服人员要判定客户投诉的理由是否充分，投诉要求是否合理。如果投诉不能成立，即要以婉转的方式答复客户，取得客户的谅解，消除误会。

（三）确定投诉处理责任部门

根据客户投诉的内容，确定相关的具体受理单位和受理负责人。例如如果属运输问题，则交给储运部处理；属质量问题，则交质量管理部处理。

（四）投诉原因及责任部门分析

根据实际情况，要查明客户投诉的具体原因及造成客户投诉的具体责任人。

（五）提出处理方案

依据实际情况，参考客户的投诉要求，提出解决投诉的具体方案。如退货、更换、维修、折价、赔偿等。

（六）提交主管领导批示

对于客户投诉问题，企业应予以高度重视，主管领导应对投诉处理方案一一过目，及时做出批示，并根据实际情况，采取一切可能的措施，挽回已经出现的损失。

（七）通知客户，实施处理方案

投诉解决方案经批复后，企业应迅速通知客户并付诸实施，尽快取得客户的反馈意见。同时，对直接责任者和部门主管要按照有关规定进行处罚，依照投诉所造成的损失大小，对不及时处理问题造成延误的责任人也要进行追究。

（八）总结评价

对投诉处理过程进行总结与综合评价，吸取经验教训，提出改进对策，不断完善企业的经营管理和业务运作，以提高客户服务质量和服务水平，降低投诉率。

正确处理好客户的投诉可以产生良好的效果，如图7-2所示。

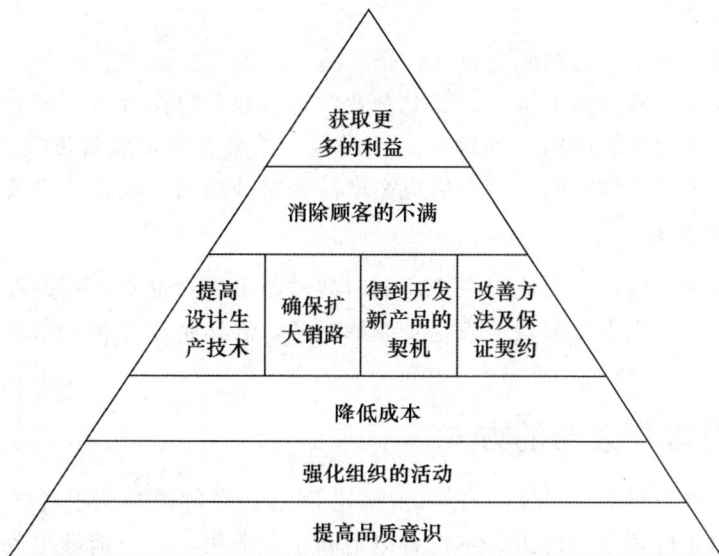

图7-2 处理客户投诉的效果

三、处理客户投诉时应注意的问题

处理客户投诉的总原则应当是"先处理感情，再处理事情"。在此基础上，企业需要注意下列问题。

（一）不与客户争辩

冷静地接受投诉，并且抓住投诉的重点，同时更清楚地明了客户的要求到底是什么。客户投诉企业，都处在心怀不满的状态，相应的情绪也会比较激动，此时与客户争辩只会令交流更为困难，往往掩盖了投诉的真正原因，不利于企业解决问题。同时，争辩还会使矛盾激化，令企业彻底失去客户。

（二）有章可循

企业在照顾客户情绪的前提指导下，要有专门的制度和人员来管理客户投诉，设计合理而完善的投诉解决流程并将其作为客户服务的重要内容之一，使客服人员能够在接到投诉后立即采取有效措施，将矛盾解决在萌芽阶段。

（三）及时处理

对于客户投诉，在专门人员的管理下企业各部门应通力合作，迅速做出反应，仔细调查原因，掌握客户心理；诚恳地向客户道歉，并且找出客户满意的解决方法；力争在最短的时间内全面解决问题，给客户一个圆满的答复。拖延的时间越久，越容易激怒投诉者，使客户关系进一步恶化。

（四）分清责任

在处理投诉时，不仅要分清造成客户投诉的责任部门和责任人，而且要明确处理投诉的各部门、各类服务人员的具体责任与权限，避免发生投诉后，企业内部互相推诿。

（五）留档分析

客户的投诉是对企业的提醒和教育，企业除应快速妥善解决投诉外，还应从其中捕捉到有利于增强内部管理的关键信息，因此企业对每一起客户投诉及处理结果都应做出详细的记录，包括投诉内容、原因、处理方式、过程、结果、客户满意度等。通过分析记录，企业需要吸取教训、总结经验，为以后提高产品和服务质量、改善客户关系提供参考。

（六）投诉追踪

当投诉解决完毕后，企业应当在合适的时间对结果进行追踪，一方面向客户了解问题解决的结果，另一方面也在客观上表达企业的诚意，表达企业对客户服务的重视，使客户恢复原有的信心。

四、应对客户索赔的方式

当客户提出抗议并要求索赔，公司内部必须细心应付，避免事件扩大，损及企业形象。再者，索赔事件若处理得当，不仅可以消除企业危机，甚至能够得到客户的谅解和长期支持。那么在进行客户索赔处理时，以下七个方面的问题值得相关执行人员的注意。

（一）保持亲切友善

与客户应对时，应切记保持亲切、友善的态度，给客户一种认真负责处理事态的责任感。

（二）诚恳表示歉意

如显然归责于本公司问题时，应速向客户道歉，并尽快处理；如原因不能确定时应迅速追查原因（应对本公司的产品具备信心），不可在调查的阶段里轻易与客户妥协。

（三）及时合理赔偿

消费者的抱怨或赔偿要求，以不影响一般消费者对本公司印象的恶化为要义，由专职专业服务人员向客户致谢，并以完好的产品予以调换；如已没有同样产品时，可给予金钱的补偿。

（四）随时跟踪服务

客户要求赔偿，若赔偿调查需要耗费较长时日时，应向客户详细说明，取得谅解（应设法取得凭证）。在处理上应注意加强追踪。

（五）分清责任轻重

如要求赔偿的原因不在本公司时，应由承办人员聚集有关人员开会以明确责任的所在，并确定应否赔偿以及赔偿的额度。

（六）快速反应联络

当赔偿事件发生时，应速将有关情报与有关部门联络，并以最快的行动来加以处理，以防同类事件的再度发生。

（七）完善索赔机制

为应付索赔、求偿，在企业内部要建立相应的机制。

(1) 明确划分有关部门、有关人员的职责范围。

(2) 培养全体员工共同合作、协力解决索赔问题的精神。

(3) 整理索赔有关资讯。利用管理系统和索赔资讯的记录表格，并依照一定的规则，将索赔发生至处理完毕的经过详细记录下来。

(4) 公司内有关人员和有关部门，协力处理索赔问题。

第四节　客户关系管理

一、客户关系管理的概念

客户关系管理（Customer Relationship Management，CRM），是指通过培养企业的最终客户、分销商和合作伙伴对企业及其产品产生更积极的偏爱和喜好，留住他们并以此提升企业业绩的一种营销策略。

客户关系管理，首先是一个管理理念。CRM 的核心思想是将企业的客户（包括最终客户、分销商和合作伙伴）作为最重要的资源，通过完善的客户服务和深入的客户分析来满足客户的需要，保证实现客户的终身价值。

客户关系管理，也是一种旨在改善企业和客户之间关系的管理机制。CRM 实施于企业的销售、服务与技术支持等与客户相关的领域，通过向企业的市场营销和相关技术人员提供全面、个性化的客户资料，强化跟踪服务与信息服务的能力，建立和维护企业与客户及生意伙伴之间一对一的关系，从而使企业提供更快捷和周到的服务，提高客户满意度，吸引和保持更多的客户，增加销售额。另外，通过信息共享和优化商业流程来有效地降低企业的经营成本。

客户关系管理还是一种管理软件和技术。CRM 将最佳的商业实践与数据挖掘、数据仓库、销售自动化以及其他信息技术紧密地结合在一起，为企业的销售、客户服务和决策提供一个业务自动化的解决方案，使企业建立面对客户的服务系统，从而实现由传统企业模式向以电子商务为基础的现代企业模式的转变。

从管理的角度来看，客户关系管理既是一种管理概念也是一种新型的管理机制，还是一整套管理软件和技术，它是指通过向企业的专业人员提供全面、个性化的客户资料，强化他们的服务跟踪、信息分析的能力，从而赋予企业更完善的客户交流及沟通能力，理解并影响客户行为，最终实现提高客户获得、客户保留、客户忠诚和客户创利的目的。它是一种注重客户保留、开发顾客终身价值的新观念，至少包括以下三个层面的内容。

C（客户）——客户服务渠道管理，即进行市场营销的综合性、互动性的服务渠道管理；

R（关系）——关系营造，建立在优质、高效、便捷服务基础上的真正的客户关系；

M（管理）——对企业的一体化管理，即前台操作与后台操作的一体化。

从销售人员的角度来看，客户关系管理是指销售人员通过精心维护与顾客的关系，提高与客户接触的效率和客户响应速度，培养客户对所销售的产品更积极的偏爱或偏好，从而提升客户价值，并以此提升销售人员销售业绩的一种营销策略。客户关系管理的最终目的是从顾客利益和公司利润两方面实现顾客关系的价值最大化。其核心思想是将客户作为最重要的资源，通过完善的客户服务和深入的客户分析来满足客户的需要，保证实现客户的终身价值。

总之，理念是 CRM 成功的关键，是 CRM 实施应用的基础；信息系统、IT 技术是 CRM 成功实施的手段和方法；管理是决定 CRM 成功与否、效果如何的直接因素。

客户关系管理的目的在于，促使企业从以一定的成本取得新顾客转变为想方设法留住现有顾客，从取得市场份额转变为取得顾客份额，从发展一种短期的交易转变为开发顾客的终身价值。

二、客户关系管理的内容

客户关系管理的基本内容主要包括客户信息管理、联系人管理、时间管理、潜在客户管理、销售管理、电话销售、客户服务、电子商务等。针对销售人员个人的客户关系管理工作主要有以下几方面。

（一）客户信息管理

搜集并记录客户基本信息，与此客户相关的基本活动和活动历史；客户方联系人的选择；交易订单的输入和跟踪；建议书和销售合同的生成；客户的分类；客户信用额度的分析与确定等。

（二）联系人管理

联系人概况的记录、存储和检索；跟踪与客户的联系，如每次联系的时间、方式、过程的简单描述、联系的任务等；客户的内部机构的设置概况记录等。

（三）时间管理

设计约见、活动计划；进行事件安排，如会议、电话、电子邮件、传真、备忘录；查看销售团队中其他人的安排，以免发生冲突；把事件的安排通知相关人员；制定任务表、记事本、提示等。

（四）潜在客户管理

业务线索的记录、整理；销售机会的分析；潜在客户的跟踪。

（五）销售管理

记录、整理销售信息，以便随时查阅；制作销售业务的阶段报告，并及时记录业务所处阶段、进行历史销售状况评价、分析成功的可能性；对自己负责的地域（地区、行业、相关客户、联系人等）进行维护；根据利润、领域、优先级、时间、状态等标准，制订将要进行的活动、业务、客户的见面等方面的计划；销售费用、应收账款管理。

（六）电话联系

设计专用的电话本、电话列表，并使它们与客户、联系人和业务建立关系；拟定电话内容草稿等。

（七）客户服务

服务的安排，跟踪与某一业务相关的事件；服务协议和合同；订单管理和跟踪。

（八）电子商务

销售人员还可设计个人个性化界面，与顾客保持多种方式、不限时的沟通。

三、客户关系管理的方法

客户关系管理的目的有两个：一是通过有规划地广拓客源、科学地层层筛选及维护，建立资源丰富的客户宝库；二是在现有客户中产生最大的销售回报。客户关系管理的工作便围绕此展开，其具体的方法有以下几种。

（一）档案管理法

1. 建立客户档案

要进行有效的客户关系管理，首先要对客户有充分的了解，能及时了解客户的各种变化，能够科学地将各种相关资料记录、分析、整理、归类，也就是要建立客户档案。

客户档案，顾名思义就是有关客户情况的档案资料，是反映客户本身及与客户关系有关的商业流程的所有信息的总和。包括客户的基本情况、市场潜力、经营发展方向、财务信用能力、产品竞争力等有关客户的方方面面。

建立客户档案的目的是为了缩减销售周期和销售成本，有效规避市场风险，寻求扩展业务所需的新市场和新渠道，并且通过提高和改进客户价值、满意度、赢利能力以及客户的忠诚度来改善企业的经营有效性。那么如何建立客户档案呢？

2. 收集客户档案资料

建立客户档案就要专门收集客户与公司联系的所有信息资料以及客户本身的内外部环境信息资料。它主要包括以下几个方面。

（1）有关客户最基本的原始资料，包括客户的名称、地址、电话以及他们的个人性格、兴趣、爱好、家庭、学历、年龄、能力、经历背景等，这些资料是客户管理的起点和基础，需要通过销售人员对客户的访问来收集、整理归档。

（2）关于客户特征方面的资料，主要包括所处地区的文化、习俗、发展潜力等。其中对外向型客户，还要特别关注和收集客户市场区域的政府政策动态及信息。

（3）关于客户周边竞争对手的资料，如其对竞争者的关注程度等。对竞争者的关系都要有各方面的比较。对于客户产品的市场流向，要准确到每一个"订单"。

（4）关于交易现状的资料，主要包括客户的销售活动现状、存在的问题、未来的发展潜力、财务状况、信用状况等。

3. 客户档案的分类整理

客户信息是不断变化的，客户档案资料就会不断地补充、增加，所以客户档案的整理必须具有管理的动态性。根据营销的运作程序，可以把客户档案资料进行分类、编号定位并活页装卷。

第一部分，客户基础资料，像客户背景资料，包括销售人员对客户的走访、调查的情况报告。

第二部分，客户购买产品的信誉、财务记录及付款方式等情况。

第三部分，与客户的交易状况，如客户产品进出货的情况登记表，实际进货、出货情况报告，每次购买产品的登记表，具体产品的型号、颜色、款式等。

第四部分，客户退赔、折价情况。如客户历次退赔折价情况登记表，退赔折价原因、责任鉴定表等。

以上每一大类都必须有填写完整的目录和编号，以备查询和资料定位。客户档案每年分年度清理，按类装订成固定卷保存。

客户信息档案表

客户姓名：联系电话：编号：

客户出生年月日联系地址：

客户来源：☐客户推荐　☐存量客户　☐自己开发　☐其他

一、用户基本资料：

---

1. 行业类别：☐学生　☐军工/教职　☐金融业　☐信息业　☐制造/营建业
　　　　　　☐餐饮娱乐业　☐家管　☐新闻/媒体　☐自由业　☐其他
2. 职务：☐一般职员　☐技术人员　☐业务人员　☐中高阶主管
　　　　☐企业负责人　☐其他
3. 婚姻状况：☐未婚　☐已婚　☐其他
4. 子女教育：☐无子女　☐1个　☐2个　☐3个　☐4个（含以上）
5. 教育程度：☐小学　☐中学　☐高中职　☐专科　☐大学　☐研究生（含以上）
6. 家庭年收入：☐5万以下　☐5万～10万　☐10万～20万　☐20万～50万
　　　　　　　☐50万～100万　☐100万以上
7. 可投资金额：☐5万以下　☐5万～10万　☐10万～20万　☐20万～50万
　　　　　　　☐50万～100万　☐100万以上

二、投资理财经验及需求调查：

A. 投资经验（可复选）：□本币 □外币 □保险 □股票 □期货 □基金 □黄金
　　　　　　　　　　　□房地产
B. 投资信息取得来源或方法：□证券商或证券顾问公司等专业机构提供
　　　　　　　　　　　　　□自行搜集分析 □本银行 □其他
C. 对投资风险承受度：□保守型（-5%～+5%） □稳健型（-15%～+15%）
　　　　　　　　　　□积极型（-25%～+25%）
D. 基金类别喜好（可复选）：□股票型 □债券型 □平衡型 □海外型
　　　　　　　　　　　　　□组合型 □资产证 □货币型 □其他
E. 投资基金经验时间：□三个月以内 □一年以内 □三年以内 □五年以上
　　　　　　　　　　□十年以上
F. 投资目标（可复选）：□追求资产成长 □节税 □退休金 □子女教育金
　　　　　　　　　　　□购房准备
G. 资产现况（复选）：□现金或定存 □基金 □房地产 □股票
　　　　　　　　　　□投资型保单 □外汇
H. 过去投资渠道：□证券公司 □基金公司 □银行 □网络购买 □其他
I. 希望客户服务方式：□电话 □短信 □邮寄DM □银行面谈 □EMAIL
J. 希望收到市场信息频率：□一个月 □一季 □半年
K. 平常获得本银行产品相关讯息方式（可复选）：□报纸 □杂志 □网络 □银行
　　　　　　　　　　　　　　　　　　　　　　□季刊 □客服中心 □其他

客户签名/留存印签填表日期：

拜访客户记录表

拜访目的：□关系经营（□客户生日 □定存到期通知 □停利停损通知 □其他）
　　　　　□推介商（□基金 □保险 □理财产品 □其他）
　　　　　□开户 □更新客户资料
　　　　　□理财规划 □要求转介绍

拜访日期	拜访方式	拜访结果	客户需求	备注

客户经理姓名：

4. 建档工作有三点值得注意

第一，档案信息必须全面详细。客户档案所反应的客户信息，是我们对该客户确定一对一的具体销售政策的重要依据。因此，档案的建立，除了客户名称、地址、联系人、电话这些最基本的信息之外，还应包括客户的经营特色、行业地位和影响力、分销能力、资金实力、商业信誉、与本公司的合作意向等这些更为深层次的因素。

第二，档案内容必须真实。这就要求业务人员的调查工作必须深入实际，那些为了应付检查而闭门造车胡编乱造客户档案的做法是最要不得的。

第三，对已建立的档案要进行动态管理。

（二）客户分类管理

客户分类是市场营销管理的内在要求。意大利经济学家及社会学家帕拉多创立的"80/20原则"，阐述的中心思想是80％的结果来自于20％的原因。据统计，现代企业57％的销售额是来自12％的重要客户，而其余88％的大部分客户对企业是微利的。根据2006年的销售情况，前10％的客户占了总销售的70％。经过调查发现多数企业在服务资源的配置上存在着"大锅饭"或"倒置"现象，即对所有客户一视同仁，重要客户并未得到更多更好的服务。任何企业的资源都是有限的，企业的各项投入与支出都应用在"刀刃"上。

客户金字塔是以销售额或利润贡献等重要指标为基准确定客户类别的方法，它把客户群分为VIP客户（A类客户）、主要客户（B类客户）、普通客户（C类客户）、小客户（D类客户）四个类别。

根据客户差异的分析，按照一定的方式确定不同客户群对企业的价值以及重要程度，并针对不同客户类制定不同的营销策略，配置不同的市场销售、服务和管理资源，以追求较高的投入产出比。按照客户价值分类，找到最有价值的客户，才是企业最重要的工作，ABCD客户分类法是一种比较实用的客户分类方法。

划分好客户类别之后，即可依据客户价值，由营业部策划配套的客户关怀项目，对VIP客户定期拜访与问候，确保重要客户的满意程度，借以刺激有潜力的客户升级至上一层，结果会使企业在维持成本不变的情况下，创造出更多的价值和效益。

VIP客户（A类客户）是公司的优质核心客户群，由于他们经营稳健，做事规矩，销量大，单价高，信誉度好，能给公司带来长期稳定的收入，值得公司花费大量时间和精力来提高该类客户的满意度。对这类客户的管理应做到以下几点。

（1）指派专门的营销人员经常联络，定期走访，为他们提供最快捷、周到的服务，享受最大的实惠；公司领导也应定期去拜访他们。密切注意该类客户所处行业的趋势、企业人事变动等其他异常动向。

（2）该类客户的订单在安排计划时采取相应的保护措施，保证货期的准确。

（3）安排优秀的跟单员跟进该类客户的订单，配套一系列好的软、硬件资源。优先处理该类客户的抱怨和投诉。

对主要客户（B类客户）管理应注意以下几点。

（1）指派专门的营销人员（或客户代表）经常联络，定期走访，为他们提供服务的同时更多的是关注；营销主管也应定期去拜访他们。

（2）密切注意该类客户的产品销售、资金支付能力、人事变动、重组等异常动向，以避免其倒闭的风险。

在当前市场竞争日趋激烈的情况下，企业要想获得最大程度的收益，就必须对自己拥有的客户进行有效的差异分析，并根据这种差异来区分不同价值的客户，指导企业更合理地配置有限的市场销售、服务和管理资源，确保企业的投入和付出都用在"刀刃"上，实现客户资源价值和企业投入回报的同步最大化。

（三）建立伙伴关系

深入满足客户的需求已成为企业成功的关键，但如果大家都奉行此道，销售人员又如何开发新客户、提高市场占有率、确立竞争优势呢？关键在于帮助销售人员与客户建立伙伴关系。所谓伙伴关系，是指销售人员在分类管理的基础上，选择有发展潜力的重要客户，利用自身的资源和能力，帮助客户成长，从而培养双方互信忠诚、长期合作的关系。建立伙伴关系的方法有以下几种。

1. 增加财务利益

其是指向经常购买或大量购买的老客户提供奖励，这是使用价格优惠与客户建立和保持关系的较传统的方法。运用这一方法，常用的手段有批量价格优惠和老客户时间价格优惠。优惠的形式有折扣、赠送商品和奖品等。通过增加财务利益，可以建立长期的、相互影响的、增加价值的关系，保持和提升来自老客户的收入。但这种方法的缺点是，容易被竞争对手模仿，对价格敏感的客户难以维持忠诚。

2. 加强社交往来

其是指将经济利益与社交手段结合起来，在给客户提供金钱利益的同时，与客户保持人际交流。这一策略不但将客户当作有个性的"经济人"，同时也将客户当作有个性的"社会人"。这一方法的优点是长期建立的社交关系较难被竞争对手模仿，有利于客户对销售人员形成依赖性，这样既可以获得短期销售效果，同时也可以获得中长期推销效果。运用这一方法常用的手段有：将服务个别化、私人化；认真履行对客户的承诺；为客户提供主动快速的服务。

3. 强化结构性联系

结构性联系是指将客户整合到服务过程中，使销售人员与客户两者间产生结构性的相依关系。这种方法实施起来较复杂，需要销售人员深入分析自己的资源和客户需求，寻找双方的结合点，从而实现资源共享、利益共分、风险共担的关系。这种关系一旦形成，竞争对手就很难打破，客户也更乐于与销售人员一起成长。

（四）客户流失管理

现代市场经济，竞争异常激烈，客户要求也越来越高，开发新客户的成本变得越来越高，如果老客户流失，将会给推销员和企业带来极大的损失。因此，减少客户流失，提高客户消费水平，进行客户流失管理，成为销售人员维系客户忠诚的又一重要方法。客户流失的原因是多种多样的，有些是和销售人员及产品直接相关的，如服务、价格、产品质量等因素，还有些并不是销售人员或企业的原因，如由于客户财务状况恶化而减少购买，客户的生活或经营状况发生改变而不再需要购买或客户遭遇新诱惑等。

面对客户流失，销售人员可以综合运用以下几种方法，力图留住有价值的客户。

1. 增进与客户的沟通

通畅的沟通，是深入了解客户和迅速响应的前提，与客户保持持续而有效的双向交流，一方面及时了解顾客的真实想法、流失的原因及竞争对手的动向；另一方面也可及时了解客户在自身发展中的新需求、新动向，以便于销售人员将企业的新信息及时传递给客户，或为客户制定更符合需求的方案，同时有助于增强双方感情，对维系关系、建立友谊起到重要作用。

2. 提供可靠的产品和服务

客户流失的原因千差万别，但究其根本，主要是需求不能得到全部满足。因此，鼓励客户留下来的最好方法是深入了解其真实需求，并提供好的产品和优质的服务，设法满足客户。要向客户提供满意的产品和服务，推销员需要提高服务能力和响应速度，加强内部沟通和协调，保证客户得到优质的产品和服务。

3. 设置障碍防止顾客流失

虽然采取了鼓励客户留下的措施，但有时综合环境会让客户重新审视是否继续这种长期存在的业务关系。这时，有一些障碍是非常必要的，这样可以约束那些有益的长期客户离去，克服他们暂时的不满情绪。销售人员可以设置的障碍的方式有建立互助互惠关系，即销售人员利用自身的资源，与客户建立利益共享的互助互惠关系，这是防止客户流失的有效障碍。因为顾客一旦退出，即意味着还要失去其他利益或客户，这会令客户望而却步。即使互助业务在金钱方面意义不大，但这样的联系显示了双边责任，客户在决定终止关系前自然会犹豫不决。如利用客户的客户，为客户提供有针对性的服务，具有很强的影响力，因为他直接关系到客户在市场上的业绩，如果其客户的客户对其提出要求，则客户很难转移。还可以对客户进行培训和教育，使他们熟悉所购买的产品，并形成技术依赖和服务依赖，从而锁定客户。

本章小结

客户管理是指对客户的业务往来关系进行管理，并对客户档案资料进行分析和处理，从而与客户保持长久业务关系。客户管理的内容主要有以下几项：客户基本资料的管理、交易状况的管理、客户关系管理、客户风险管理。客户管理的方法包括：巡视管理、客户管理、筛选管理。

客户分析的内容很多，但是至少应包括以下内容：客户与本公司交易情况分析、客户信用调查分析、交易开始与中止的分析处理。每一个客户群的增加都需要成本投入，所以企业应采用科学的方法对客户进行分析和慎重选择，适当限制客户范围以提高经营效率。客户分析方法主要包括客户类别分析和客户差异分析。

正确处理投诉，完备的流程很重要，科学的流程可以指导客服人员在最短的时间内找到解决投诉的方法并将投诉妥善解决，帮助企业重新赢得客户。客户投诉处理一般说来，包括以下几个步骤：记录投诉内容、判断投诉是否成立、确定投诉处理责任部门、投诉原因及责任部门分析、提出处理方案、提交主管领导批示、实施处理方案、总结评价。

客户关系管理是通过培养企业的最终客户、分销商和合作伙伴对企业及其产品产生更积极的偏爱和喜好，留住他们并以此提升企业业绩的一种营销策略。客户关系管理的基本内容主要包括客户信息管理、联系人管理、时间管理、潜在客户管理、销售管理、电话销售、客户服务、电子商务等。针对销售人员个人的客户关系管理工作主要有客户信息管理、联系人管理、时间管理、潜在客户管理、销售管理、电话联系、客户服务、电子商务。

客户关系管理的方法有档案管理法、客户分类管理、建立伙伴关系、客户流失管理。

思考题

1. 客户管理的内容有哪几个方面？
2. 列出销售经理的职责。试述客户分析的流程和内容。
3. 企业遇到投诉该如何处理？需要运用哪些策略？
4. 请阐述客户关系管理的含义和内容。

案例分析

万科的客户关系管理

在地产界有这样一个现象：每逢万科新楼盘开盘，老业主都会前来捧场，并且老业主的推荐成交率一直居高不下，部分楼盘甚至能达到50%。据悉，万科在深、沪、京、津、沈阳等地的销售，有30%～50%的客户是已经入住的业主介绍的。在深圳，万科地产每开发一个新楼盘，就有不少客户跟进买入。金色家园和四季花城，超过40%的新业主是老业主介绍的。而据万客会的调查显示：万科地产现有业主中，万客会会员重复购买率达65.3%，56.9%业主会员将再次购买万科，48.5%的会员将向亲朋推荐万科地产。这在业主重复购买率一直比较低的房地产行业，不能不说是一个奇迹。

（一）万科的第五专业

在设计、工程、营销、物管的基础上，万科经过多年的实践和反思，提出了"房地产第五专业"的理念，即客户关系管理，企业也从原来的项目导向转为客户价值导向。为适应企业对客户关系管理的更高诉求，万科主动引入了信息技术，探索实现了客户关系管理的信息化。他们建立了客户中心网站和CRM等信息系统，从多个视角、工作环节和渠道，系统性收集客户的意见建议，及时做出研究和响应，这些意见和建议，还为企业战略战术开发提供了指引。万科的第五专业，成为引领企业持续发展、不断续写传奇的重要动力。

（二）关注客户体验

万科素以注重现场包装和展示而闻名，同类的项目，每平方米总要比别人贵几百甚至上千元，有人不理解：我没看出万科楼盘有什么惊人之处，技术也好，材料也好，设计也好，都是和别人差不多的？其实，只要客户仔细到万科的项目上看看，基本上会被那里浓郁的、具有艺术品位的、温馨的居家氛围和某些细节所打动，他们会发现那里才是理想中的家园，于是就愿意为此多掏很多钱，愿意为瞬间的美好感受、未来的美好遐想而冲动落定。

万科以其产品为道具、以服务为舞台，营造了一个让消费者融入其中、能产生美好想象和审美愉悦的空间环境与人文环境，万科出售的不再仅仅是"商品"和"服务"，万科出售的是客户体验——客户在其精心营造的审美环境中，通过自身的感悟和想象，得到了一种精神上的愉悦。

（三）万科独有的"6＋2"服务法

万科有一个称为"6＋2"的服务法则，主要是从客户的角度分成以下几步。

第一步：温馨牵手。强调温馨牵手过程中开发商信息透明，阳光购楼。万科要求所有的项目，在销售过程中，既要宣传有利于客户（销售）的内容，也要公示不利于客户（销售）的内容。其中包括一千米以内的不利因素。

第二步：喜结连理。在合同条款中，要尽量多地告诉业主签约的注意事项，降低业主的无助感，告诉业主跟万科沟通的渠道与方式。

第三步：亲密接触。公司与业主保持亲密接触，从签约结束到拿到住房这一段时间里，万科会定期发出短信、邮件，组织业主参观楼盘，了解楼盘建设进展情况，及时将其进展情况告诉业主。

第四步：乔迁。业主入住时，万科要举行入住仪式，表达对业主的敬意与祝福。

第五步：嘘寒问暖。业主入住以后，公司要嘘寒问暖，建立客户经理制，跟踪到底，通过沟通平台及时发现、研究、解决出现的问题。

第六步：承担责任。问题总会发生，当问题出现时，特别是伤及客户利益时，万科不会推卸责任。

随后是"一路同行"。万科建立了忠诚度维修基金，所需资金来自公司每年的利润及客户出资。最后是"四年之约"。每过四年，万科会全面走访一遍客户，看看有什么需要改善的。

（四）多渠道关注客户问题

倾听是企业客户关系管理中的重要一环，万科专门设立了一个职能部门——万科客户关系中心。客户关系部门的主要职责除了处理投诉外，还肩负客户满意度调查、员工满意度调查、各种风险评估、客户回访、投诉信息收集和处理等项工作。具体的渠道有以下几种。

1. 协调处理客户投诉：各地客户关系中心得到公司的充分授权，遵循集团投诉处理原则，负责与客户的交流，并对相关决定的结果负责。

2. 监控管理投诉论坛："投诉万科"论坛由集团客户关系中心统一实施监控。规定业主和准业主们在论坛上发表的投诉，必须24小时内给予答复。

3. 组织客户满意度调查：由万科聘请第三方公司进行，旨在通过全方位地了解客户对万科产品服务的评价和需求，为客户提供更符合生活需求的产品和服务。

4. 解答咨询：围绕万科和服务的所有咨询或意见，集团客户关系中心都可以代为解答或为客户指引便捷的沟通渠道。

（五）精心打造企业与客户的互动形式

随着企业的发展，万科对客户的理解也在不断提升。在万科人的眼里，客户已经不只是房子的买主，客户与企业的关系也不再是"一锤子买卖"。于是在1998年，万科创立了"万客会"，通过积分奖励、购房优惠等措施，为购房者提供系统性的细致服务。万客会理念不断提升和丰富，从单向施予的服务，到双向沟通与互动，再到更高层次的共同分享，万客会与会员间的关系越来越亲密，从最初的开发商与客户、产品提供方与购买方、服务者与使用者，转变为亲人般的相互信任，朋友般的相互关照。

万科没有刻意强调客户关系管理，而是将客户的利益，包括诉求真正放在心上、捧在手里、落实到了行动。万科深知，对客户利益的关照需要每个子公司、每名员工的贯彻落实，而公司对子公司及员工的考核，是检验公司对客户真实看法的试金石，是引导下属企业及员工言行的指挥棒。

目前，面对市场竞争的压力，已经有许多房企开始意识到需要优质的服务才能占领或保住市场，如绿地、保利等品牌房企均倡导以服务为主题。业内专家表示，从以产品营造为中心到以客户服务为中心，这将是房地产发展的必然途径，与此同时，服务营销的观念也将推动房地产市场走向更加成熟和理性。

（资料来源：http://wenku.baidu.com/view/4d7653737fd5360cba1adbdf.html，有删改）

思考讨论题：

1. 万科是采取哪些具体措施来实施客户关系营销的？
2. 从上述案例看，房地产的客户价值是什么？
3. 借鉴万科的经验，简述房地产企业应如何实施客户关系管理？

第 8 章

销售货品管理

本章导读
1. 了解订货、发货与退货管理的流程
2. 掌握终端管理的内容
3. 掌握窜货管理的内容

导入案例

　　某快速消费品企业湖北销售分公司在年终接到一些地级市经销商的投诉，反映沙市经销商多次窜货到他们区域。分公司经过调查，拿到了其窜货的证据，却对如何处罚该经销商感到为难。

　　按照合同，可以扣除其一季度的返利。但对于快速消费品的大经销商来说，经销利润比较薄，在本已获利不大的基础上，如执行合同扣除返利则有可能将其推到竞争对手的行列。如果不对窜货的经销商进行处罚，仅仅加大对被窜货区域的促销力度，由于经销商之间长时期的竞争，结怨已深，这么做很可能引发经销商之间发生窜货报复大战，使市场秩序更加混乱。

　　与此同时，有一个全国性的大品牌正在湖北作大力推广，对本公司销量有所影响，总公司要求加大促销力度，防止经销商"跳槽"，抵制竞品的市场蚕食。如执行合同扣除返利该经销商很可能加盟竞品经销行列，窜货的经销商通路能力很强，而该公司一时找不到适合的经销商更换，那样的话调整期销量会大受影响，也给竞品留下市场空当。该公司返利是依据销量递进的，销量越大返利越高，中小城市经销商意见很大，扬言也要窜货来冲销量。

（资料来源：安贺新，《销售管理实务》，清华大学出版社）

第一节　订单、发货与退货管理

一、订单管理

　　订单管理是改善企业供货水平的关键，如果订单处理不好，很可能给企业带来巨大的损失。订单的计划管理和控制，不仅决定了销售人员能否迅速、准确地处理订单，而且也决定了企业能否对客户不间断地供货。所谓订单管理，就是从客户需求和企业自身的生产能力出发，制订供货计划，接收客户订单，并协调客户与内部各部门，尤其是生产部门和储运部门间的经营活动，以确保销售订单能够按时完成，同时也要做好售后服务等相关事宜。订单管理，主要包括针对订单报价的管理和订单流程的管理。

（一）订单报价的管理

订单的报价在实际操作过程中主要有以下两种方式。

1. 直接报价法

直接报价，是在确定了客户对产品产生购买意愿，并询问价格后，直接告知其产品的成交价格。很多企业都会对自己的产品留有一定数量的存货，并且对产品成交价格的范围也都有明确的规定，在这种情况下，一般可采取直接报价法。例如：每 12 瓶啤酒为 1 箱，每箱售价为 60 元；每辆自行车 500 元。

2. 估价报价法

在现实生活中，往往会出现客户的需求早于企业产品出现，这时企业没有现成的存货用以满足客户，而必须根据客户的具体要求为客户定做产品的情况。因而企业只有经过一系列复杂准确的估价以后，才可以向客户报价，这就是估价报价法。估价过程一般由生产部门与销售部门相互协调，对涉及交货必须注意的问题加以确认，如货品的名称、数量和规格，交易时间、地点和方式，安装与维修费用的协定等。只有对这些问题确认无误以后，企业方可对订单进行估价。

必须注意的是，无论哪种报价方式，销售人员在承接订单以后，应该区别所承接的订单来自新客户还是老客户。如果是老客户，可以通过以往的交易记录，判别该客户的品质：对于忠诚的老客户，若订单金额符合对应的信用额度，即可同意本次交易，但对于曾发生不信守契约或支票不兑现的客户，则只受理代理付款的订货方式。如果是新客户，原则上要先收纳一定数额的保证金，然后在交货的同时收取其余现金。不管是新客户还是老客户，企业必须依照规定，对估价的订单明确付款方式与条件。在对订单仔细评估以后，将此订货的估价单、客户支付的订货保证金、合同书等相关证明交由所属主管审阅，待取得所属主管同意后，才能报出对客户订单的估价。

（二）订单的管理流程

一般来说，企业的订单处理流程可以分为以下两大类。

1. 存货生产方式的订单管理流程

存货生产方式是在市场预测的基础上组织生产，产品有一定的库存。交货期限在这里不是最重要的，关键是控制好投入量和产出量，以防止产品积压和脱销。因此，市场调查与预测对存货生产企业来说十分重要，销售职能的业务工作范围也较广。

多数企业的产销形式，是属于存货生产方式，它是指依靠市场预测来确定订单的需求量，从而决定产品的生产量的产销方式。采用此法，重点在于销售预测的能力和准确性。营业部要提供销售预测，生产部门根据此预测来安排采购与生产工作。在实际运作时，每个月的实际销售量会与预测销售量有所出入。根据销售资料分析，营业部门研究何种产品会畅销或者滞销，双方再召开产销协调会以定期协调，迅速、精确地把销售分析，转为未来预测的销售量，再交由生产单位加以生产。由此可见，营销部门在存货生产方式中扮演着重要角色。

公司可作年度营业预算决定出各个月份的产品销售量，再决定各期的生产预算、原料采购预算、人工成本预算、制造费用预算及销售费用预算。有了年度的营业预算后，计划部门应随时注意市场的需求，了解消费者的信息，制定营销策略，同时也告知生产单位有关需求量的预测。企划人员一定要核查生产单位各项产品的库存量，若有较多的产品库存，则有必要凭借促销活动来吸引消费者，扩大销售量，使库存货品得以流通。

2. 订货生产方式的订单管理流程

订货生产方式是根据用户提出的具体订货要求，组织生产，进行设计、供应、制造、出厂等工作。生产出来的成品在品种规格、数量、质量和交货期等方面是各不相同的，并按合同规定按时向用户交货，成品库存甚少。因此，生产管理的重点是抓"交货期"，按期组织生产过程各环节的衔接平衡，保证如期实现。

订货生产方式的订单流程管理包括以下几个步骤。

第一，业务单位在同意客户订单之前，必须获得生产单位的确认。这一基本原则是订货生产方式与存货生产方式最为根本的差异。

第二，业务单位获得客户的订单样品和询价单价，并将样品交由研究设计部门设计打样。

第三，业务部根据制作完成的产品样品，与生产部门讨论制造流程及可能需要的生产日程后，拟具样品成本分析报告，呈报总经理核准。

第四，业务部将制作完成的产品样品及设计图样交于客户，由其认可并商议交货期，此为产品特性获得客户同意的确认行动。

第五，客户若同意交货日期，并同意接受所制成的样品，则由业务单位准确报价工作。

第六，客户若不同意样品，则由设计部门依据客户意见，再予以修改。

第七，若客户不同意交货日期，但认可所提供的样品，则由业务部与生产部及实际生产作业单位研究后，再与客户洽谈。制订交货期，必须协调客户需求与工厂生产能力。

第八，客户同意样品及交货期后，业务部门根据样品成本分析报告，再加计运费、保险费、各项费用及预期利润，订出售价，并列表呈报总经理核准。

第九，总经理同意并签准后，由业务部负责向客户报价。

第十，若客户接受报价，业务部接到客户正式订单后，首先检查订单的各项条件齐全与否，订单内容是否清楚，若有涂改应加盖印章注记。

采用订货生产方式时，生产单位应翔实提供每月的标准产量和生产计划，供业务单位确实了解并掌握厂内生产负荷状况，作为接单依据。而业务单位在与客户谈判时，亦应考虑公司目前的生产状况及未来负荷情形，尽量争取最有利条件，避免现场生产变动过于剧烈，影响现场作业士气。为使计划能顺利执行，应于每日下班前后召开生产检讨会，将当日生产数量及异常现象予以检讨，以决定加班时间、人手调派或外包措施。此外，亦可针对次日生产订单的备料及其他准备事宜先作协调。

小资料8-1

货品管理是终端运营中最重要的环节之一，货品管理包括货品的安全管理、货品的进出管理、货品的上市规划、货品的销售分析、货品的库存管理、货品的订货管理等几个方面。

货品的安全管理：终端在进出货品时要仔细清点数目和产品的质量，对于能当时解决的问题就尽量当场解决，如线头、整烫工作等，对于有明显质量问题的绝不能通过销售的方式来处理，以免影响自身声誉，对于节假日和销售高峰时候更要做好货品安全，以免带来不必要的损失。

货品的上市规划：根据当地市场情况和季节情况及时和代理商或是公司沟通，做好货品数量、款式、种类以及上市时间等规划，以抢占先机。

货品的销售分析：终端客户根据近期货品的销售情况和市场需求情况做个汇总分析，分析销售品种、面料、花色、款式等，在第一时间对畅销品进行补货或补充类似替代货品，并对滞销货品进行退换、促销等处理。

货品的订货管理：合理科学的订货既可以带动库存消化，又可以促进当季的销售。终端客户根据市场情况和自身货品销售分析以及货品的库存合理的预算估计下一季度所需货品的品种、数量、款式等，再结合总公司下一季度的产品开发情况，做出科学的订货指导计划。

（资料来源：http://info.138edu.com/Article/chuangye/xiaoshoujiqiao/201105/24939.shtml，138edu中国美容美发培训教育网）

二、发货管理

商品发货指存货的领用、消耗或交运至客户并过账。发货导致仓库存货的减少。

（一）商品发货的要求

无论何种发货方式，均应按以下要求进行。

1. 准确

发货准确与否关系到仓储服务的质量。在较短的发货时间里做到准确无误，这要求在发货工作中做好复核工作，在认真核对提货单的同时，配货、包装直到交提货人或运输人，要注意环环复核。

2. 及时

无故拖延发货是违约行为，将造成经济上的损失。为掌握发货的主动，平时应注意与货主保持联系，了解市场需求的变动规律；同时，加强与运输部门的联系，预约承运时间。在发货的整个过程中，各岗位的责任人员应密切配合，认真负责，这样便能保证发货的及时性。

3. 安全

在货物出库作业中，要注意安全操作，防止作业过程中损坏包装，或震坏、压坏、摔坏货物；同时，应保证货物的质量。在同种货物中，应做到先进先出。对于已发生变质的货物应停止发货。

（二）发货管理的内容

通常，发货管理概括来说包括商品发货的准备、发货的一般程序、商品发货的复核等。

1. 商品发货的准备

发货前的准备工作包括以下内容。

（1）原件货物的包装整理。货物经多次装卸、堆码、翻仓和拆检，会使部分包装受损，不适宜运输要求。因此，仓库必须视情况进行加固包装和整理工作。

（2）零星货物的组配、分装。有些货物需要拆零后出库，仓库应为此事先做好准备，备足零散货物，以免因临时拆零而延误发货时间；有些货物则需要进行拼箱。为此，应做好挑选、分类、整理和配套等准备工作。

（3）包装材料、工具、用品的准备。对从事组装、拼箱或改装业务的仓库，在发货前应根据商品的性质和运输部门的要求，准备各种包装材料及相应的衬垫物，并准备好钉箱、打包等工具。

（4）待运货物的仓容及装卸机具的安排调配。对于待出库的商品，应留出必要的理货场地并准备必要的装卸搬运设备，以便运输人员的提货发运。

（5）发货作业的合理组织。发货作业是一项涉及人员较多、处理时间较紧、工作量较大的工作，进行合理的人员组织是完成发货的必要保证。

2. 商品发货的一般程序

如图 8-1 所示。

图 8-1　商品发货的一般程序

（1）验单。审核货物出库凭证，应注意审核货物提货单或调配单内容，特别注意是否有被涂改过的痕迹。

（2）登账。对于审核无误的出库货物，仓库货物会计即可按照凭证所列项目进行登记，核销存储量，并在发货凭证上标注发货货物存放的货区、库房、货位编号及发货后的结余数等；同时，转开货物出库单，连同货主开制的商品提货单一并交仓库保管员查对配货。

（3）配货。保管员对出库凭证进行复核，在确认无误后，按所列项目和标注进行配货。

（4）包装。在货物出库时，往往需要对货物进行拼装、加固或换装等工作，这均涉及货物的包装。对货物包装的要求是：封顶紧密，捆扎牢固，衬垫适当，标记正确。清理这项工作在大型仓库中由专职人员负责。

（5）待运。包装完毕，经复核员复核后的货物均需集中到理货场所，与理货员办理交接手续，理货员复核后，在出库单上签字或盖章；然后填制货物运单，并通知运输部门提货发运。

（6）复核。复核货物出库凭证的抬头、印鉴、日期是否符合要求，经复核不符合要求的货物应停止发货。对货物储存的结余数进行复核，查看是否与保管账目、货物保管卡上的结余数相符。对于不符的情况应及时查明原因。

（7）交付。仓库发货人员在备齐商品并经复核无误后，必须当面向提货人或运输人按单列货物逐件点交，明确责任，办理交接手续。在货物装车时，发货人员应在现场进行监装，直到货物装运出库。发货结束后，应在出库凭证的发货联上加盖"发讫"印戳，并留据备查。

（8）销账。上述发货作业完成后，需核销保管账、卡上的存量，以保证账、卡、货一致。

3. 商品发货的复核

在货物运出仓库时，有以下三种发货复核方式。

（1）托运复核。仓库保管员根据发货凭证负责配货，由理货员或其他保管员对货单逐行逐项核对，即核对货物的名称、规格、货号、花色和数量等，检查货物发往地与运输路线是否有误，复核货物的合同号、件号、体积、重量等运输标记是否清楚。经复核正确后，理货员或保管员应在出库凭证上签字盖章。

（2）提货复核。仓库保管员根据货主填制的提货单和仓库转开的货物出库单所列货物名称、规格、牌号、等级、计量单位、数量等进行配货，由复核员逐项进行复核。复核正确，则由复核人员签字后，保管员将货物当面交给提货人，未经复核或复核不符的商品不准出库。

（3）取样复核。货物保管员按货主填制的正式样品出库单和仓库转开的货物出库单回货，核实无误，经复核员复核、签字后，将货物样品当面交给提货人，并办理各种交接、出库手续。

三、退货管理

商品退货是指仓库按订单或合同将货物发出后，由于某种原因，客户将商品返回仓库。

（一）退货的原因

根据退货产品所产生的原因，连锁零售企业可能面对的退货问题分为以下几种。

1. 货物运输方面的问题而导致的退货

如商品在搬运过程中造成产品包装破损或污染，仓库将予以返回。

2. 商品送错退回

送达客户的商品不是订单所要求的商品，如商品条码、品项、规格、重量、数量等与订单不符，都必须退回。

3. 来自顾客的退货

随着顾客对商品要求的提高，导致退货现象日益普遍。如果一件退货产品来自顾客，那么它有三种可能：第一是它有缺陷，是真正的缺陷品；第二是它本身是好的，但顾客对它不满意，认为它有缺陷，这类退货被称为"无缺陷的缺陷品"；第三是在质量保证期或维修期内被返回，要求更换或维修。

4. 时间问题所造成的退货

如产品过期（产品到保质期结束仍未销售出去），错过销售季节（产品已过销售季节但仍未销售出去而造成的退货）。

5. 协议退货

与仓库订有特别协议的季节性商品、试销商品、代销商品等，协议期满后，剩余商品仓库给予返回。

（二）退货管理中应注意的问题

在管理企业的退货时，应注意以下一些问题。

1. 退货比率约束

现在一些生产厂商有零退货的策略，零退货意味着生产厂商不接受来自零售商的任何退货，而在发货时给零售商一定的折扣。这项政策事实上是把退货的责任转移给零售商，从而减少生产商和经销商的费用，但是同时生产商失去了对商品的控制权。制定退货政策的初衷，就是为了免除或减轻销售风险，鼓励零售商大批量进货、顾客大量购买，以增加产品扩大销售的机会，使厂商和零售企业的成本利益达到最优。因此，厂商及零售商可以协商制定一个合适的退货比率以平衡由此产生的成本和收益，提高企业的竞争优势。

2. 不同部门的责任应明确

企业内不同的部门对返货承担不同的责任，只有在明确责任的前提下企业的退货管理才能真正达到目的。具体来说，对退货商品确保品质无误由产品检查部门负责；清点退货商品、商品数量准确性由仓储部门负责；调整应收账款余额等的重新处理由会计部门负责。

3. 退货价格设计

退货政策有全额和部分退款之分，全额退货是对零售商的退货按照原先的批发价进行全额退款，而部分退货则在批发价的基础上给予一定折扣。在一定的批量约束下，通过对退货价格的调整，可以使供应商和零售商的总体利益达到最优。

（三）商品退货的作业程序

商品退货的作业程序主要包括以下几个方面，如图8-2所示。

接收退货 ➡ 重新入库 ➡ 财务结算 ➡ 跟踪处理

图8-2　商品退货的作业程序

1. 接收退货

仓库接收退货要有规范的程序与标准，如什么样的货品可以退，由哪个部门来决定，信息如何传递等。

仓库的业务部门接到客户传来的退货信息后，要尽快将退货信息传递给相关部门，运输部门安排取回货品的时间和路线，仓库人员作好接收准备，质量管理部门确认退货的原因。一般情况下，退货由送货车带回，直接入库。批量较大的退货，要经过审批程序。

2. 重新入库

对于客户返回的商品，仓库的业务部门要进行初步的审核。由于质量原因产生的退货，要放在为堆放不良品而准备的区域，以免和正常商品混淆。退货商品要进行严格的重新入库登记，及时输入企业的信息系统，核销客户应收账款，并将退货信息及时通知商品的供应商。

3. 财务结算

退货发生后，给整个供应系统造成的影响是非常大的，如对客户端的影响、仓库在退货过程中发生的各种费用、商品供应商要承担相应货品的成本等。

如果客户已经支付了商品费用，财务要将相应的费用退给客户。同时，由于销货和退货的时间不同，同一货物价格可能出现差异，同质不同价、同款不同价的问题时有发生，故仓库的财务部门在退货发生时要对返回商品货款进行估价，将退货商品的数量、销货时的商品单价以及退货时的商品单价信息输入企业的信息系统，并依据销货退回单办理扣款业务。

4. 跟踪处理

退货发生时，要跟踪处理客户提出的意见，要统计退货发生的各种费用，要通知供应商退货的原因并返回生产地或履行销毁程序。退货发生后，首先要处理客户端提出的意见。由于退货所产生的商品短缺、对质量不满意等客户端的问题是业务部门要重点解决的。返货所产生的物流费用比正常送货高得多，所以要认真统计，及时总结，将此信息反馈给相应的管理部门，以便制定改进措施。退货仓库的商品要及时通知供应商，退货的所有信息要传递给供应商，如退货原因、时间、数量、批号、费用、存放地点等，以便供应商能将退货商品取回，并采取改进措施。

第二节 终端管理

终端，是所有企业营销渠道的最后一环，它直接代表了企业产品的最终营业表达。同时，也是产品流向市场、形成消费的关键。随着市场竞争的日益激烈，企业之间的竞争已趋于白热化，而竞争的重心则仍是销售终端，决胜终端已成为当今企业界的共识。

在进行商品分销的过程中，真正能够产生销售的是终端，激烈竞争的最后环节也是终端，消费者对产品的选择与消费亦在终端。如何科学有效地掌握终端，是销售管理的一个重要组成部分。

一、终端管理的常见问题

对终端销售的管理，是激烈的市场竞争对企业销售工作提出的基本要求。但是，我国大多数企业的终端销售工作做得并不理想，很多企业甚至没有形成这方面的工作计划，换句话说，一些企业并没有把终端销售管理作为企业销售活动中重要的工作来看待，有意或无意地忽略了这一环节。我国企业在终端销售管理工作中常常会出现以下一些问题。

（一）终端销售意识不强

国内很多企业对终端销售这个环节视而不见，认为太费事、太麻烦，不愿为此做出努力。更有不少企业宁愿将大笔资金用于广告，注重所谓的轰动效应，也不愿采用更为节约的方式在终端销售上下功夫。这表明我国许多企业在销售工作上仍处于粗放式的经营阶段。

（二）终端销售范围过窄

终端销售的范围，包括针对企业产品销售所经历的一切终端环节，即批发商、零售商及其他终端消费场所。从批发商来看，包括总经销商、一级、二级等各级批发商；从零售商看，包括大中型商场、便民店、百货店、连锁商店、超级市场等。尽管每个企业选择的终端环节可能不尽相同，在终端销售上也可以有重点、分层次地进行，然而这并不等于只抓上层环节，如经销商、代理商等，也不等于只抓销售大户。企业必须为此制定科学合理的计划。

（三）专业水平低，管理水平难以满足需要

管理水平难以满足需要，主要是因为从事终端销售人员的素质不能适应管理工作的要求。例如促销人员在终端促销中起到非常关键的作用。促销员的工作热情、产品知识、导购技巧等都能从不同的方面刺激消费者，促使消费者产生购买行为。但是调查表明，真正做到培训上岗，注重与顾客沟通，为顾客提供周到服务的促销员不多。主要原因是一些公司为了节省开销，并未对他们进行系统的培训，导致他们对商品、企业文化缺乏了解，沟通技巧不到位，无法消除顾客的疑问，从而导致顾客转而购买其他替代商品甚至对促销员服务态度不满直至投诉。

（四）对终端商家防范不严

一些股东人数较少的不法商贸有限公司、私营性质的中小型商场等，不仅时有违背商业信用的现象，而且采用转移地点、蓄意破产、改头换面、故意拖欠等方式逃避债务，使企业陷入困境。这就要求企业必须时刻保持防范意识，并采取积极的措施避免各类风险的发生。

二、终端管理的主要内容

终端管理的主要内容包括以下方面，如图 8-3 所示。

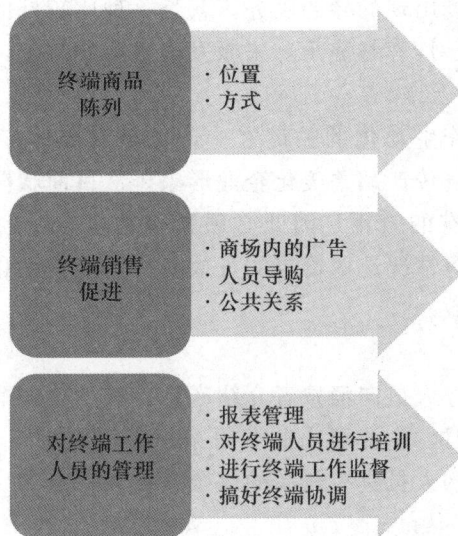

图 8-3　终端管理主要内容

（一）终端商品陈列

良好的商品陈列是企业最直观的广告，可以在现场产生较强的品牌吸引力，是导致冲动型购买的主要原因，也在很大程度上反映了企业的总体管理水平和实力。企业为了提高货品陈列的规范性和生动性，可以从货品陈列的位置和方式两方面考虑。

1. 位置

具体到某个终端而言，企业产品的陈列位置对消费者的吸引力显著不同，醒目和人流多的地方是黄金位置，如同类消费商品的出入口处或拐角等。一般来说，接触到产品的消费者越多，产品被购买的可能性就越大。企业应当对终端积极开展公关活动，争取到有利的陈列位置。此外，还必须注意货品在货架的摆放位置，要与目标消费者群体的视线及高度相适应，一般认为，普通货品陈列的黄金高度为 0.8~1.4 米。

2. 方式

首先，应尽量占据更多的陈列空间，达到充实、美观和生动的效果，显示厂家的综合实力和气势，给消费者带来较强的心理刺激和吸引力。一般要求产品集中陈列，不同品牌或型号所占空间有明确规定，同时还要考虑位置、产品次序、外观、广告品和价格标签等。需要注意的是，产品摆放不能太挤，要留有适度的空间，既方便消费者拿取，也暗示该品种十分畅销，以增强购买的自信心。其次，要按照一定的比例陈列所有规格的商品。消费者在不同的场合和时机所需商品的规格或包装不同，如果在现场找不到如意的商品就可能转而购买竞争对手的产品，这会使他们的满意度降低。

（二）终端销售促进

随着终端争夺战的加剧，仅有良好的货品陈列是不够的，还需借助适当的时机实施销售促进，即利用各种短期诱因鼓励消费者大量购买产品，这是促使其产生具体购买行动的推动力。终端销售促进的方式多种多样，各有所长。

近些年来，在各大卖场出现的导购服务，就是一种比较好的销售促进方式。导购服务主要通过导购人员的讲解、推荐与演示，来激发消费者的兴趣，促使消费者购买产品。

1. 商场内的广告

它是实现终端销售工作生动化的关键之一，也是对媒体广告的有益补充。它针对性强，能够刺激冲动购买、宣传产品并美化企业形象。从目前状况看，企业盲目地应用终端广告反而削弱了其本身应有的效用，因此必须紧密结合企业的行业和产品特点、营销策略、终端商店的位置结构等情况选取恰当的投放时机，统一细化投放的操作标准，使广告的形象和促销活动保持一致。

2. 人员导购

企业可以在终端由服务人员向消费者介绍产品，减少他们购买决策的阻力，利用双向交流说服其现场购买。同时，企业可由此获得第一手反馈资料，有利于营销组合的改进。运用这种方式必须保证导购人员具有较高的综合素质和一定的专业技能，才能达到理想的效果。

3. 公共关系

公关必须保持一定的层次性，即要求企业销售经理和终端工作人员与终端经理和业务人员展开全方位的充分沟通，相互理解，达成共识，实现双赢。需注意的是，适度的促销可让利于终端，提高其积极性，加速产品的流通，增加销售量，但如果促销过度，从长远看，可能造成他们片面追求促销利益，降低正常经营的盈利率，破坏价格体系。同时也会增大消费者的心理成本，引发他们的逆反心理。

（三）对终端工作人员的管理

对终端工作人员的有效管理是终端管理中的重要组成部分。企业对终端工作人员的管理主要表现在以下几个方面。

1. 报表管理

通过工作报表追踪终端工作人员的工作情况，是规范终端工作人员行为的一种切实有效的方法。严格的报表制度，不仅可以使终端工作人员产生动力，督促他们克服惰性，而且可以使终端人员做事有计划、有规律、有目标。同时，报表也是企业了解员工工作情况与终端市场信息的有效工具。主要报表有：竞争产品调查表、礼品派送记录表、终端岗位职责量化考评表、工作日报表、周报表、月总结表、样品及终端分级汇总表等。此外还有主管要求临时填报的、用于反映终端市场信息的特殊报表。终端工作人员一定要准确、按时填写报表，不得编造、虚报，以客观反映终端人员的工作情况，避免不实信息误导企业决策者。

2. 对终端人员进行培训

终端管理范围广、环节多，对企业管理人员的综合素质要求很高，对此企业要有计划地对他们进行在职培训，增强其管理能力。对于终端管理人员遇到的问题和困难，要及时了解，提供必要的指导和帮助，保持他们的士气和稳定性。

3. 进行终端工作监督

管理者要定期走访市场，对市场销售情况做出客观的记录，并公布评估结果。同时，企业要建立健全竞争激励机制，对成绩突出的工作人员，不仅要充分肯定其成绩，而且要鼓励他们向更高的目标冲击；对成绩一般的终端工作人员，主管不仅要协助他们改进工作方法，还要督促他们更加努力地工作；对那些完全失去工作热情的工作人员，要坚决予以辞退。

4. 搞好终端协调

企业一定要高度重视终端工作人员反映的问题，弄清情况后尽力解决。这样一方面可体现终端人员的价值，增强其认同感、归属感，另一方面可提高其工作的积极性，鼓励他们更全面、更深入地思考问题，培养自信心。企业要建立一套完整的终端人员管理制度，并通过它来规范终端工作人员的行为，保证终端管理的效果。

三、终端管理的要求

终端销售的实现往往需要企业通过整合各方面的资源来完成。尤其是竞争的压力使得终端销售的技术不断提高，对管理工作提出了严峻的挑战，所以终端销售管理必须做到以下几点。

（一）选择有利的终端类型

选择何种业态、商店或消费场所，必须经过仔细地考虑，同时还必须对这种业态或商店的商圈特征，如人口结构、生活形态、地理环境、竞争态势等进行认真评估。并非选择有名的商店或有利的商圈位置就一定能提高销售效果，企业应该认真研究自己的目标与实力，选择合适的终端类型。

（二）增加人力的支持

许多终端销售活动需要大量的人力实现，但对于许多企业而言，在短时间内培训出一支符合要求的销售队伍绝非易事。为了解决这一问题，一些企业开始雇佣商业学校的学生或临时的专业人员来从事这一工作。实践证明，这是一种既经济又高效的做法。但企业必须加强管理与监督，确保总体销售活动朝着自己确定的目标进行。

（三）提高促销的整体配合

强调终端销售的价值，绝非排斥其他形式的促销活动。终端销售的实现一般是以企业形象的确立与品牌价值的塑造为前提的，这也是知名品牌往往能在销售终端占据有利位置的原因。事实上，终端销售与其他促销形式是相辅相成的，若运用得当会收到意想不到的效果。

（四）争取店方的合作

这是改善终端销售效益工作的难点。通常情况下，店方更愿意把机会给予知名的企业或品牌，但新企业或新品牌也并非没有机会，这就要求企业必须掌握谈判的技巧，把自己的优势和特点准确地告知店方。同时，还要强化其他的促销形式，以最大限度地发挥终端的作用。

1. 上货管理

ESPRIT、ON&ON 等品牌多在商场销售，以正挂陈列为主。陈列所需面积较大，而一般商场的专柜面积只有 60 平方米左右，因此这些店铺一次性陈列出来的款式非常少。但是这些品牌每季所开发的款式数量比国内一般的品牌还要多。如何让这么多款服装通过合理的方式清晰地呈现在顾客面前，就是店铺的上货管理需要解决的问题。

中国的品牌公司和加盟商都应该加强对上货管理方面的学习。据了解，大多数品牌公司是货品从生产部入仓后第一时间发到店铺，称为"ZARA 的物流速度管理"。而加盟商则是在收到货后的第一时间将货品陈列出来。但是到了季末，60 平方米的店铺里所陈列的款式可能有 100 个以上，就会显得非常凌乱，从而影响了店铺的销售。

上货应该在订货结束后就有一个初步计划。首先结合自己店铺的面积和当季的总销售时间，除了首批上货以外，计划平均上多少次货、每次平均上几个款、每隔几天上一次新货都要做到心中有数。这样不但可以让自己的员工更好地掌握产品知识，还能提高顾客看到新款的频率。其次，上货要考虑到订货量多的单款。对于各类别订货量在前几位的款式要特别关注，因为这些款是利润的主要产生点，也是最有可能产生库存积压的。服装是一个有时效性的产品，所以这些款式的上货要结合天气情况，一旦实际上货时间晚于预期计划，某些生命周期非常短的款式就容易造成积压。另外，这些款式上货以后一定要重点陈列，重点推介。最后要考虑避开款式之间的竞争，比如有两个相类似的款式，最好不要同时上货。

2. 补货管理

订货是没有标准答案的，也不可能与实际销售完全吻合，所以在销售过程中一般还存在补货工作。为了提高店铺的货品管理效率，补货的比例要尽量少，应该把主要的比例放在订货上完成。有些品牌公司为了鼓励加盟商多订货，把订货、补货的折扣和退换货制度加以区别。这样，补货不但影响物流速度，而且提高产品进货成本。

一旦有一些款式实际销售能力比订货量强很多，加盟商需要进行补货时，不能仅仅根据眼前的销售件数卖一件补一件，而是要分析该款的销售生命周期以及每天的销售预估。生命周期包括天气、气温、当地顾客对同一款式的接受时间和最大数量等。比如某款销售生命周期还有 20 天，其中前 13 天平均每天销售潜力为 5 件，后 7 天平均每天销售潜力为 3 件，总共预估还可以销售 86 件，再减去现在的库存，就是要补货的总量。然后再根据颜色和尺码进行分配。补货还要考虑到总订货量的问题。假设总订货量偏多，超出了实际销售能力，就要减少补货量，因为销售不能只靠一个款式来完成。如果在总量偏多的情况下还对个别畅销款进行大量补货，虽然这一款式销售量提高了，但却增加了最终全盘货品库存的风险。此时可以把陈列和销售重点转移到其他款式上，谨慎补货。

3. 库存管理

库存是最令加盟商感到头痛的问题之一。加盟商对库存的理解集中在两个方面。一是认为一个季度销售结束以后，剩下的货品就称为库存；另一个理解是在一个季度里非正价销售的以及最后剩下的货品总称为库存。不同的理解表现出加盟商对库存的不同认识，以及加盟商对处理库存的不同看法。

其实，库存就是指仓库的存货，是当季所有的货品。也就是说，库存不是销售结束以后，而是在订货的时候就已经产生了。订货越多，库存就越多。那么，我们可以做两个理解。第一，销售的过程就是处理库存的过程；第二，库存的平均折扣越高，货品的利润贡献率教越高。

从理论上分析，只有订货量越多，才可能产生越多的利润。而当订货量与店铺运营成本相比过小的时候，即使是全部以正价销售出去，也不会产生太大的利润。另外，计算利润率是按销售总件数和销售平均折扣两个方面来计算的。我们考虑店铺的货品利润要同时考虑订货总件数和销售平均折扣两个方面，并不能单纯认为销售平均折扣越高就表示店铺利润越高。

（资料来源：http：// info. 138edu. com/Article/chuangye/xiaoshoujiqiao/201105/24939. shtml，138edu 中国美容美发培训教育网）

第三节　铺货与审货管理

一、铺货管理

铺货也称铺市，是某种商品初次进入某一区域市场时，厂家与中间商（或上线中间商与下线中间商）之间相互合作，在短期内把产品推向市场的活动。铺货具有时间短、速度快、手段多样等特点，有利于产品快速上市并初步形成市场价格，有利于形成"以点带线，以线带面"的销售网络。一旦铺货失败，会打击销售人员及中间商的积极性，给后续销售工作增加难度。铺货一般可以分为三个连续的阶段：准备阶段、实施阶段、服务及反馈阶段。

（一）准备阶段要做好以下几个方面的工作

1. 组织准备

包括铺货人员的选拔、培训、安排。

2. 调查研究，了解情况

掌握目标区域批发及零售市场特征，包括产品批零差价、货款支付方式等；了解目标区域当地的风俗习惯；选择中间商并协商好铺货销售策略，包括产品品种、规格、数量、价格、渠道及促销手段等。铺货时期促销品策略十分重要，包括促销品品种、规格、数量及促销品与产品的数量比例即促销品配比率等问题的决策。

3. 制定目标区域整体市场和局部市场的铺货计划以及货源调度安排

有的企业还将铺货计划设计成"铺货一览表"和"市场调查跟踪表",内容包括客户名称、地址、负责人姓名、电话、商业性质、第一次进货情况、第二次拜访时间及注意事项等。

(二) 实施阶段应做的工作

(1) 促销手段的配合,一般有广告支持、赠送促销品及其他公关推广活动。

(2) 厂家销售人员与一级中间商一道按计划铺货路线,拜访目标区域内选定的下线中间商,介绍企业情况及产品情况,说服他们订货。

(3) 及时准确填写好"铺货一览表"。

(三) 服务反馈阶段

在铺货的服务反馈阶段,厂方销售人员应针对实施情况,写出书面性总结报告;根据"铺货一览表"后续访问及供货,并认真填写"市场调查跟踪表";对于铺货情况较差的地区,销售人员应重新审定铺货计划,确定是否重铺;履行商业承诺,妥善处置各种纠纷。

总的来说,铺货前的促销支持和周密计划、铺货时的人员士气以及铺货后的兑现承诺与及时反馈等对铺货成功有决定性影响。

二、窜货管理

(一) 窜货概述

铺货任务完成以后,有的企业产品在各个销售区域井井有条,有的却可能出现混战局面,这就是许多企业头痛不已的窜货问题。窜货是厂家销售过程中的一大顽疾,它能够导致市场的混乱,是一种严重影响厂商声誉和市场秩序的恶性营销行为。经销商跨过自身覆盖的销售区域而进行的有意识的销售就是窜货,也称为冲货,是经商网络中的公司分支机构或中间商受利益驱动,把所经销的产品跨区域销售,造成市场倾轧、价格混乱,严重影响厂商声誉的恶性营销现象。窜货是商业行为,其目的是盈利。

窜货的危害较大,一旦价格混乱,将使中间商利润受损,导致中间商对厂家不信任,对经销其产品失去信心,直至拒售;供应商对假货和窜货现象监控不力,地区差价悬殊,使消费者怕假货、怕吃亏上当而不敢问津;窜货还会损害品牌形象,使先期投入无法得到合理的回报;窜货有时候会导致竞争对手品牌会乘虚而入,取而代之。

(二) 窜货的形式

无论采用直销还是间接销售方式,都有可能出现窜货。根据市场区域、厂家情况以及经销商情况的不同,窜货有以下几种表现形式。

1. 分公司与分公司之间的窜货

这是一种由于生产企业管理混乱所导致的窜货。如果厂家采取总分公司的制度,每个分公司都是一个利润中心。其中的一些分公司为完成销售指标、美化个人或者销售团队的业绩,一般会将商品以相对较低的价格跨区销售给需求量大的分公司,从而造成分公司之间的窜货。企业总部销售人员随意调配货源使区域供货平衡被打乱,导致价格混乱、市场失控。

2. 同一区域市场的经销商之间的窜货

在某一区域市场，产品往往是按照制造商、总经销商、二级经销商、批发商、零售商、消费者这样的顺序自上而下流通的，这种渠道系统为同一市场中的窜货创造了条件。由于这个链条中每一个级别之间都存在价格的级差，而价格的级差正是诱发窜货的根源之一。如果总经销商越过二级经销商直接向批发商供货，则产品下家会获得更多的价格优惠，这一价格差对于各批发商来说是极其诱人的，他们受利益驱使而引发窜货。但这无疑损害了部分渠道商的利益，增加了整个销售渠道的不稳定因素。

3. 不同区域市场的经销商之间的窜货

当两个地方的市场供求不平衡，或者当同一产品在两个区域市场的价格不同时，产品就有可能从价格低的市场窜向价格高的市场。比如，甲地需求比乙地旺。乙地经销商为了完成销售份额，常将货以低价转给甲地区。而厂家从各区域销售报表上根本发现不了问题。最后，这种行为不但扰乱了市场价格，乙地市场的问题会被虚假繁荣所掩盖，甚至可能会最终失去乙地市场。不同区域的经销商互不认识，并且受害的销售商又不能对实施窜货的经销商进行管理。因此不同区域市场的窜货是最容易发生的一种窜货形式。

（三）窜货的主体

形成窜货的首要因素是窜货能力，渠道成员必须具备窜货能力，才有可能形成窜货。窜货的最初动机来源于各窜货主体之间各方面的利益冲突，在市场上实施窜货的主体有分公司、经销商和企业自身等。

1. 经销商或代理商

如今许多企业采取的是总代理模式，设置区域总代理或总经销商，即把在某一区域或省份的产品销售权交给该经销商或代理商，依靠这些代理商或经销商自身的渠道实现企业在该市场区域的销售任务。由于一个区域只有一个经销商或代理商，那么也就决定了在这个区域只有一家经销商或代理商可以以最优的价格购进产品。经销商或代理商然后再按企业制定的二批价、三批价等向下销售。如果某区域该链条上的某个成员违反这种规则的话，就会引发窜货，打破平衡。

2. 分公司或办事处

产品销售量大且市场相对稳定的企业，一般会采用设置分公司或办事处的运作方式。而企业中某区域的分公司经理甚至某区域的业务员，有时对该区域市场的产品、价格、促销、渠道等有绝对的控制权，如果该区域当月销售任务完成情况较差时，窜货问题就可能发生。

3. 企业自身

如果某一区域的总经销商或分公司出现高价违规等销售问题时，企业必须考虑到整体市场的利益，就会可能直接向该区域发货，以平抑产品的高价，这也就造成了事实上的窜货。

（四）窜货的原因

1. 厂商向经销商分配的销售任务过重

无论代理商、经销商还是分公司，都希望完成企业的销售任务这一基本目标。为了抢占市场份额，许多厂家不顾当地市场容量、品牌现状及经销商的分销能力，盲目追求销量与规模，并将销量压力直接转移给经销商。这些厂家给经销商施加过重的压力并把奖励门槛定得很高，对持续合作要求过于苛刻，导致经销商不得不另觅捷径，依靠向其他区域窜货来完成任务量。

2. 经销商为取得高额奖励而追求销量

厂家为了提高经销商的积极性，通常在销售政策中设定各种形式的奖励，且大多采取以鼓励销量为目的的阶梯返利形式，即奖励与销量挂钩，销量越大，奖励折扣就越高。于是，原先制定好的价格体系被这一折扣拉开了空间。这导致了那些以做量为主，以赚取年终奖励为目的的经销商，开始不择手段地向自己区域外窜货。

3. 厂商的价格管理混乱

价差是窜货的必要条件。当市场存在价差，且足以覆盖运输成本时，窜货的必要条件便已形成。价差的来源较多，主要有以下几种。

（1）厂家在不同的市场实行差别定价。

（2）厂家控价措施不力，在实际操作中，由于各种人为因素造成的政策上的不平衡（即大批发商通常能获得更多的优惠政策和销售补贴）。

（3）厂家提供的促销支持和费用补贴被一些商家变成差价补贴。

（4）经销商出于商业目的，销售时故意压价，人为制造竞争筹码等。

4. 受害区域经销商施以报复性窜货

报复性窜货是商家在混乱的市场秩序中不得已采取的自卫行为，普遍存在于厂家管理乏力的区域。这种类型的窜货往往是因为厂商在运作市场方面思路有分歧，配合不默契或合作破裂，经销商为报复厂商，便低价或赔钱"倾销"给一些销售较好的区域，造成恶性窜货现象发生。

5. 广告拉力过大

厂商为了提高产品知名度，扩大销售量，会在某一区域投放大量广告。此时，如果相应的渠道建设没有跟上，而广告已吸引了很多的消费者，则过大的广告拉力和落后的渠道建设就会使市场呈现一种供小于求的局面，其他区域的经销商就会利用自己已经拥有的商品进行跨区销售，获取高价，这就导致了窜货的形成。

6. 经销商处理库存积压产品

库存积压产品在很大程度上是由于在当地不适销，为减少库存占用的资金，经销商一方面通过降低价格尽快抛售，另一方面使产品尽快流向适销地区。特别是经销商经营出现问题或与厂商终止合作后，更会不计后果地跨区低价抛售。

（五）避免窜货的方法

窜货的危害是巨大的。它可能导致市场价格混乱，假冒伪劣商品充斥，使得中间商和消费者对品牌失去信心，损害企业形象，导致区域市场的崩溃，所以有人甚至称窜货为"营销杀手"。要解决这个问题，必须加强企业内部管理，堵住内部窜货源头。内部窜货一般源于行政部门对销售部门的干扰，政出多门引起混乱。企业内部如果有严格清晰的权责制度，政令统一、奖惩有度，就可以有效地避免窜货现象的发生。此外，应加强对销售网络的管理。包括对中间商层次的管理及对销售终端（零售商）的管理。一方面要理顺价格，确保每一个销售层次的利益，让各级中间商与零售商都有合理的利润空间，避免价格倒挂现象，即零售价格低于批发价格，否则中间商被零售商的低价倒逼，就有降价窜货的冲动，因此渠道价格一定要理顺。在保证各层次合理利润的前提下，建立中间商评价淘汰体系。通过上线中间商监控下线中间商或区域独家代理等方式，避免中间商之间恶性无序的降价窜货。有的企业采用产品代码制来跟踪判断窜货现象。所谓代码制就是给每个销售区域编上唯一的号码，印在内外包装上，一旦在甲地发现乙地产品，立即采取措施。具体来说，必须从以下几个方面着手。

1. 科学稳固的渠道系统

建立科学稳固的渠道系统，明确厂商和经销商的责权利，使厂商和经销商结成双赢的利益共同体，从而实现渠道的稳固长久。其中，选择好经销商，及时发现和处理窜货经销商，消除窜货的主体条件至关重要。厂商在选择经销商时要制定合理的准入门槛，并详细考察经销商的资信和职业操守，除了从经销的规模、销售体系、发展历史等角度考察渠道商外，还要考察经销商的品德和财务状况，防止窜货经销商混入销售渠道。厂商在渠道体系的运作过程中要及时发现和清理窜货经销商，控制和稳定市场，防止窜货经销商对市场体系的进一步破坏。在进入市场的初期，企业出于拓展市场的需要，可能会允许部分职业素质差的经销商进入销售渠道，但是随着市场的扩大和健全，应加强对市场的控制力，及时发现和处理窜货经销商。

2. 统一的价格

严格遵循市场规律，厂商制定严格的全国统一零售价，消除窜货的物质基础，为经销商留下合理的利润空间，统一价格从根源上杜绝了窜货现象的发生。众所周知，各地产品之间存在价差以及经销商受利益驱动进行跨区域销售是窜货现象发生的物质基础，为了清除窜货产生的物质基础，厂商最好实行全国统一零售价格，并由厂商负责运输，做到货价的统一。即使实行全国统一零售价格有困难，也要在综合考虑运输成本的基础上合理确定各地区之间的价差，使之不足以引起窜货。

3. 合理的销售区域划分

合理划分销售区域、科学制订区域销售计划是打击窜货的另一利器。窜货产生的重要原因之一就是市场在各个地域之间发育程度不一、市场饱和程度各异，俗话说："水往低处流。"在市场规律的作用下，商品会自然地从市场饱和、竞争激烈的区域流往市场饱和程度低的地方，从而产生窜货。为了防止这种局面的出现，厂商就要保持区域内经销商密度合理，经销能力和经销区域均衡。为了合理划分销售区域，保持每一个经销区域经销商密度合理，防止整体竞争激烈，厂商可以实行如经销商区域专卖或产品专卖，以保持经销体系布局合理均衡。总之，厂商应当制订科学的销售计划，创造良好的销售环境，避免供求失衡，尽量减少引发窜货发生的市场环境。

4. 产品代码制

一旦出现窜货现象，产品代码制能够帮助厂商迅速查出货源。产品代码制就是利用通讯技术和电脑技术，在产品出库、流通等各个环节中，对商品的销售区域、真伪等信息进行加载，并通过追踪产品上的编码，监控产品的流动，对窜货现象进行有效的监控。这种窜货预警系统，对潜在的窜货经销商形成巨大的心理威慑，使他们认识到一旦窜货，企业便能立刻发现，从而减少窜货的发生。

5. 严厉的处罚措施

厂商对窜货行为进行严厉处罚，归根结底是使经销商窜货的成本远远高于其收益，才能对窜货行为形成有效震慑。厂商在招商声明和经销合同中应明确对窜货行为的惩罚规定，通过诸如警告、扣除保证金、取消相应业务优惠政策、罚款、货源减量、停止供货、取消当年返利和取消经销权等措施来惩罚窜货行为。同时奖励举报窜货的经销商，调动大家防窜货的积极性。

此外，厂商还应把监督窜货作为企业制度固定下来，成立专门机构，由专门人员定期或不定期地明察暗访经销商是否窜货，通过在各个区域市场进行产品监察，对该区域市场内的发货渠道，各经销商的进货来源、进货价格、库存量、销售量、销售价格等了解清楚，随时向企业报告，一旦发生窜货现象，市场稽查人员就马上可以发现异常，使企业能在最短时间对窜货做出反应。

6. 严格的营销队伍建设

营销人员自身的素质对窜货的治理至关重要。首先，要严格人员招聘、甄选和培训制度。企业应把好业务员的招聘关，挑选真正符合要求的高素质的能人。其次，制定人才成长的各项政策，使各业务员能人尽其才。对做出优异成绩的销售人员给予晋级、奖金、奖品和额外报酬等实际利益，以此来调动销售人员的积极性。对违反规章制度的销售人员应按规定处理。最后，严格推销人员的考核、建立合理的薪酬制度。绩效标准应当体现企业的销售额、利润额、控制销售渠道等目标，评估考核时还应考虑销售区域的潜力以及区域外形的差异、地理分布状况、交通条件等对推销效果的影响以及一些非数量化的标准，如合作性、工作热忱、责任感、判定力度等，力争从多方面杜绝窜货现象的发生。

近年来许多企业充分利用各类中介机构防止窜货。目前从事调查、咨询的公司很多，既有中国的公司也有国外的公司，他们在市场调查方面具有先进的理念和方法，许多公司通过委托中介机构对市场进行监控，以此来预防和管理窜货现象。当然，这种方法的不足就是企业必须支付一定数量的费用，对于中小企业来说意味着成本的增加。

窜货是一种极易被忽视，但却对品牌和企业经营具有很强杀伤力的营销病症。特别是对有深厚品牌积累的企业，忽视窜货，有可能导致"千里之堤，溃于蚁穴"。因此，企业应该对通路安全给予足够重视。只要企业在严格内部管理的同时，采取有效措施监控中间商网络，双管齐下，窜货问题是可以得到有力控制的。

本章小结

订单管理，是指从客户需求和企业自身的生产能力出发，制订供货计划，接收客户订单，并协调客户与内部各部门，尤其是生产部门和储运部门间的经营活动，以确保销售订单能够按时完成，同时也要做好售后服务等相关事宜。订单管理，主要包括针对订单报价的管理和订单流程的管理。商品发货指存货的领用、消耗或交运至客户并过账。发货管理包括商品发货的准备、发货的一般程序、商品发货的复核等。商品退货是指仓库按订单或合同将货物发出后，由于某种原因，客户将商品返回仓库。在管理企业的退货时，应注意退货比率约束、不同部门的责任应明确、退货价格设计等。

终端，是所有企业营销渠道的最后一环，它直接代表了企业产品的最终营业表达，意味着产品价值的实现，是消费者和经销者之间完成交换的环节。在进行商品分销的过程中，真正能够产生销售的是终端，激烈竞争的最后环节也是终端，消费者对产品的选择与消费亦在终端。终端管理的主要内容包括终端商品陈列、终端销售促进、对终端工作人员的管理等。

窜货，又称倒货或者冲货，是一种越区销售的行为，是指由于经销网络中的各级代理商、公司分支机构等受利益驱动，跨区域销售所经销的产品，造成市场倾轧、价格混乱等诸多市场问题，是一种严重影响厂商声誉和市场秩序的恶性营销行为。窜货是商业行为，其目的是盈利。避免窜货的对策包括建立科学稳固的渠道系统、制定统一的价格、合理划分销售区域、运用产品代码制、厂商对窜货行为进行严厉处罚等。

思考题

1. 比较两种订单管理流程的优缺点。
2. 企业在处理退货时应该坚持的原则是什么？
3. 简述终端管理的主要内容。
4. 简单分析出现窜货的原因。
5. 如何科学有效地进行窜货管理？

案例分析

案例一：A市某啤酒厂生产的瓶装啤酒，在本地市场售价为2.6元/瓶，经销商从啤酒厂的批发价为2.3元/瓶，该啤酒厂为了扩大销售量，决定开拓距A市100千米的B市市场。但B市也有啤酒生产厂，且B市啤酒市场竞争比较激烈，所以A市啤酒厂决定在B市销售的啤酒批发价格为2.0元/瓶，市场零售价为2.4元/瓶。该计划实施不久，A市啤酒厂发现了一重大问题，即市场出现了窜货行为。这种窜货行为严重干扰了啤酒厂的日常运营。

原来，该计划实施不久，A市场经销商就发现，如果和B市经销商达成私下交易，双方均能得利，也就是说，A市经销商不再从啤酒厂批发啤酒，转而从B市经销商批发A市啤酒厂的啤酒，批发价为2.1元/瓶，然后回到A市销售，这样B市经销商不损失一兵一卒，每瓶就能获利0.1元，而A市经销商能以更低的价格获得商品，由于A市距B市仅有100千米，把运费加到每瓶啤酒的价格中，仍远低于从啤酒厂的批发价，因此有更大的利润空间。利益因素导致了A市啤酒厂的啤酒由A市运到B市，瞬间又被运回到A市进行销售，不仅 B 市消费市场没有打开，总体销售量没有提高，而且市场也被扰乱了。

案例二：在印度，可口可乐公司每年以 15% 的幅度增长，200 毫升 1 瓶的饮料在印度市场的售价仅为 5 个印度卢比（约合 11 美分），折合成人民币大约是 0.9 元，是世界上的最低售价。在市场上，一般瓶装 250 毫升的可口可乐市场售价为 1.50 元/瓶，折合成 200 毫升的瓶装饮料也就是 1.2 元/瓶，比印度市场的售价大约多 0.3 元/瓶，按道理说，中国国内的经销商为获取更大利润，可以改从印度进口可口可乐饮料。但实际上由于关税、运输费及其他约束制度，这种倒货方式并不可行，也就是说可口可乐瓶装饮料不可能出现倒货问题。

请问：

（1）窜货现象的原因是什么？

（2）防止商品窜货应采取的主要措施有哪些？

第 **9** 章

销售人员的招聘与培训

导入案例

2008 年 2 月 20 日，阿里巴巴宣布了一项新的招聘计划，在全国各大城市将举办 180 场招聘专场，聘用 2000 名销售人才，并斥资 1 亿元人民币进行培训。其中，北京地区的招聘人数将超过百人，在阿里巴巴全国各区域内居首位，整个北京地区将达 300 人左右的规模，以加强阿里巴巴在华北以及东北等地的业务。

根据阿里巴巴公开的财务数据，截至 2007 年上半年收入达到 9.58 亿元，同比增长远 100%，共有员工 5000 名左右。阿里巴巴会员达到 2500 万左右，但付费用户数只有 25.6 万，阿里巴巴大举招聘直销人员，可以加强对用户的服务，以提高付费用户数的比例。

"我们将花 7 个月时间培养一个新人，先是带薪 1 个月培训，接着是 3 个月试用期，试用期内只要签下一个单子就能转正。如果 3 个月签不到单，还有免死金牌计划，即他们还有 3 个月时间。算下来，相当于 7 个月内做成一单，就能转正。"阿里巴巴方面表示，该公司对销售人员有一整套的福利政策及培养计划，培养一个销售新人的费用达到 5 万元。按 2000 人招聘计划预算，阿里巴巴公司将为此次招聘预算 1 亿元的培训费用。

（资料来源：《第一财经日报》，2008 年 02 月 21 日）

第一节　销售人员的招聘

一、优秀销售人员的特征

销售人员是公司收入的直接创造者，同时，公司收入的80%是由20%优秀的销售人员创造的，所以招聘和选拔优秀的销售人员对公司至关重要。那么优秀的销售人员应具备什么样的特征呢？作为公司的人力资源部门在招聘的时候应该注意应聘者的哪些特征？概括地说，优秀的销售人员表现出如下一些特征。

（一）强烈的成功欲望和自信心

对成功的欲望是成为优秀销售人员的重要条件之一。销售人员工作做得好坏关键的一点在于其是否有强烈的成功欲望，有了这一点，才可以在其岗位上获得成功。自信就是自我感觉良好，能够接受拒绝，不把它当成是对个人的否定，而是工作的一部分。

自信对于销售人员来说至关重要。当所有该说的、该做的都已经完成时，销售就成了一个与拒绝斗争的游戏。很少有销售人员能够在一两次的接触中就做成生意，撇开职业影响不说，销售工作中劝说别人而遭到拒绝的可能性比被接受的可能性大得多了。那么当不可避免的拒绝发生时，该怎么做呢？当然，他们会不自觉地很失望，但重点是销售人员从来都不能完全地绝望。一次次的失败，肯定会带来不好的感觉，关键问题在于这个人是否有弹性——或者我们说的自信——从失败中恢复过来。

自信是指一个人相信自己的程度。如果一个人有很高的自信度，那么上一次的失败将促使他做下一次的尝试。自信的人在遭遇失败的时候和别人的感觉一样糟，但是他们对失败的反应就像饥饿的人错过了一顿饭，他们只会更加期望下一次的机会。我们的销售队伍就是需要这种"饥饿的人"。

（二）具备正确的营销理念

优秀的销售人员，需要清晰地了解现代营销的发展方向。具体地说，营销理念的形成与发展，经历了从以公司为中心的生产理念、产品理念与推销理念，现阶段正沿着以客户为中心的营销理念、关系营销理念、社会营销理念方向发展。

生产理念的特点是供不应求，被动接受；公司以生产为中心，不断改进生产过程，提高生产效率。产品理念的特点是注重品质，忽视需求，克服"营销近视症"，公司以产品品质为中心，向市场提供自己能够生产的产品。推销理念的特点是以销定产，开拓市场，扩大销售，公司的任务是不遗余力地将已经生产出来的产品推销给客户。上述三个阶段的营销思路都没有对客户引起足够的重视。因此，在现代营销趋势下来看，都存在着或多或少这样那样的不足。

以客户为中心的现代营销理念，特点是强调以销定产，注重需求，营销焦点从先前的"生产"转移到"市场"。公司的任务是强调从客户的需求出发，进行营销活动，从而以适当的产品或服务来满足客户的需要与欲望。关系营销理念，强调在产品或服务的整个生命期间，销售应该集中在买卖双方之间的关系上。进一步发展的社会营销理念，其特点是强调满足需求，兼顾社会大众。公司的任务是必须在企业利润、客户需要与欲望和社会福利三方面中进行权衡，走可持续发展的道路。在当前营销趋势下，社会营销理念的一大特点表现为强调环保，凸显企业的社会责任感。

（三）具备正确的道德规范与相应的法律知识

对销售人员来说，不道德的销售行为或许在一次交易中会侥幸得逞，但要建立与发展真正的合作伙伴关系需要百分百的诚实和真挚。通常情况下，人们将道德定义为判定正确和错误行为的标准，因此，被社会大多数人认同的行为标准就是道德规范。这些规范，一部分可以用法律来约束，违反规范就要受到法律的惩罚；另一部分，不属于法律约束的范畴，因此只能用道德的力量去限制。

（四）注意在销售中情感的导入

人们常说"功夫在诗外"，销售的功夫也在销售的产品之外，销售人员要注意销售以外的事情，应该帮助客户满足某种愿望，客户只有明白产品会给自己带来某种好处才会做出购买决定。

（五）掌握销售业务知识

对优秀的销售人员来说，售前掌握必需的业务知识是非常必要的。销售需要勇气，但绝不能理解为盲目行动。在推销前，销售人员首先是向顾客介绍自己公司，所以对企业的发展历史及其在同行业中的地位、企业的规模、经营方针和规章制度以及企业的销售政策、定价策略、交货方式、付款条件、服务项目等，销售人员都应了如指掌。尤其当销售人员想和陌生的顾客之间建立信任感的时候，公司的信誉更能发挥作用。顾客很可能不熟悉销售人员，但他肯定熟悉那些著名公司的名字，要懂得公司的良好声誉可以减轻顾客对陌生销售人员的疑虑，而这种疑虑一旦消失，销售人员就少了一个可能出现的障碍。推销公司，也就是在推销自己。如果销售人员代表的是一家名不见经传的公司，那销售人员就必须依靠自己本身的经历去建立起良好的信誉。销售人员得充分利用自己的优势向顾客展示自己公司的特点，如果处理得当，公司可能得益于销售人员的技巧和策略而出名。

成功的销售基础是对客户的理解，因而需要事先调查和了解情况，掌握必要的知识。销售过程是对客户的说服与指导过程，只有掌握了必要的知识，才能进行有针对性的说服与指导。另外，销售人员还必须掌握产品性能、用途、用法、特点、价格（包括几种可能条件下的价格）、维修、管理程序、竞争产品（包括替代品及同行业的产品）、本产品的寿命周期等产品知识。

（六）善于把握销售中的一切机会

机会不是突然降临的，不是现成的收获，而是不断追求的酬劳，是艰辛劳动的成果。机会属于有准备的头脑。销售过程中的机会包括动机的准备、观念的准备和才能的准备。销售的成功是在一定的概率中实现的。优秀的销售人员总是把注意力放在排除障碍上，因为障碍的另一面就是需求。这种需求是一种潜在需求，将潜在需求转化为现实需求，销售所创造的完全是一种新格局。正因为如此，优秀的销售人员总是把拒绝看成是销售的开始。虽然事先了解、掌握销售业务的基本知识是必要的，但如果总想有了十分的把握再行动，那就失去了探索的勇气。具备"试一试"的胆略和勇气，不断地克服销售恐惧顽症，是销售人员应该具备的素质。优秀的销售人员从不言失败，只是将每一次销售都视为一种尝试，而且视为逐渐接近成功的尝试。

（七）具备学习能力

在当前的信息社会，科技在日新月异地发展，销售业务，包括销售内容、销售形式等都会随着科技的发展而不断地推陈出新。因此，优秀的销售人员需要保持旺盛的学习热情，努力学习不断更新的业务知识，掌握更为先进的销售方法与技巧。只有这样，才能不断地自我提高，不断地创造一个又一个销售契机，从而逐步成长为一个优秀的销售人员。

一个真正优秀的专业销售人员会成为客户的顾问、战略伙伴，甚至是代言人。他会为客户带来竞争优势。客户更希望销售人员成为其"业务伙伴"而不是"玩友"，销售人员应该很清楚这一点。优秀的销售人员所做的不是去讨客户的欢喜，而是应该真正去关心客户的利益，关心客户的业务发展方向，关心怎样才能帮上客户的忙。

小资料 9－1

职位分析是通过对职位的研究，确定该职位的任务、职责、与其他职位的关系以及该种职位的工作环境和任职要求。

携程销售员的职位分析是什么？

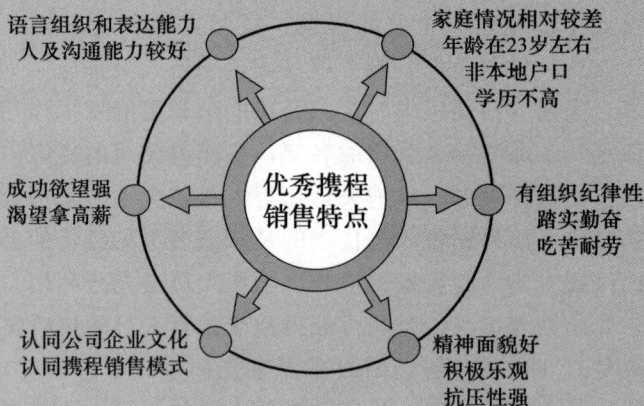

优秀携程销售特点

- 语言组织和表达能力人及沟通能力较好
- 家庭情况相对较差 年龄在23岁左右 非本地户口 学历不高
- 成功欲望强 渴望拿高薪
- 有组织纪律性 踏实勤奋 吃苦耐劳
- 认同公司企业文化 认同携程销售模式
- 精神面貌好 积极乐观 抗压性强

二、销售人员招聘的途径

在销售人员的招聘过程中，首先面临的问题是怎样吸引具备销售人员品质和能力的人来参加应聘。因为从事销售工作的人需要一些特殊的品质、技能和知识，所以如何从较大的范围内吸引具备这些潜质的人来应聘就成了问题的关键所在。企业可以从多种渠道获得人力资源。

企业文化类型的变化决定了选拔方式。如果组织要维持现有的强势企业文化，不妨从内部选拔销售人才，因为内部的销售员工在思想、核心价值观念、行为方式等方面对于企业有更多的认同，而外部的销售人员要接受这些需要较长的时间，而且可能存在风险；如果企业想改善或重塑现有的企业文化，可以尝试从外部招聘，新的人员带来的新思想、新观念可以对企业原有的文化造成冲击，促进企业文化的变化和完善。

招聘渠道可分为两类：内部渠道和外部渠道。

（一）内部招聘

内部招聘有很多优点，从内部获得人员是一种重要的来源渠道。从某种意义上讲，内部人员招聘也是企业员工职业生涯管理实现的重要的途径。

1. 员工晋升

从企业内部提拔一些适合空缺岗位要求的人员是常用的一种方法。这种方法可迅速从员工中提拔合适的人选到空缺的职位上，内部晋升为员工提供了发展的机会，使员工感到在组织中是有发展机会的，个人职业生涯是有前途的。

（1）晋升的优点：①有利于企业建立自己的稳定的、核心的人员队伍，使企业拥有高绩效的员工；②重新上任的员工能很快适应新的工作环境；③能省时、省力、省费用。

（2）晋升的不足：①由于人员选择范围小，可能聘不到最优秀的员工，而且有"近亲繁殖"的弊端；②有可能使未被晋升的优秀员工对组织产生不满而离开，导致企业人才流失。

因此，当企业的关键职位和高层级职位出现空缺时，一般采用内外同时招聘的方式。

2. 工作调换

工作调换指职务等级不发生变化，工作岗位发生变化。它是企业从内部获得人员的一种渠道。工作调换为员工提供从事组织内多种工作的机会，为员工今后的发展或提升做好准备。它一般用于中层管理人员的招聘。

3. 工作轮换

工作轮换多用于一般员工的培养上，让有潜力的员工在各方面积累经验，为晋升做好准备，也可以减少员工因长期从事某项工作而带来的枯燥、无聊。

4. 内部人员的重新聘用

有些企业由于一段时期经营效果不好，会暂时让一些员工下岗待聘，当企业情况好转时，再重新聘用这些员工。由于员工对企业了解，可对工作岗位很快适应，为此可以节省大量的培训费用。同时又以较小的代价获得有效的激励，使组织具有凝聚力，促使组织与员工共同发展。

通常，高级销售管理人才选拔应遵循内部优先原则。高级销售管理人才一方面是依靠自身的专业技能、素质和经验，能够为企业服务；另一方面更重要的是对企业文化和价值观念的认同，愿意为企业贡献自己全部的能力和知识，而后者是无法在短期内完成和实现的。企业内部培养造就的高级销售人才，更能深刻理解和领会企业的核心价值观，由于长期受企业文化的熏陶，已经认同并成为企业文化的信徒，所以也更能坚持企业的核心价值观不变，而核心价值观的延续性对企业是至关重要的。同时企业的高层销售管理团队都是以团队的方式进行工作，分工协作，密切配合，而核心价值理念相同的人一同工作更容易达成目标，如果观念存在较大差异，将直接影响到合力的发挥。

（二）外部招聘

由内部招聘获得人员的最大不足是并不能从根本上解决企业内部劳动力短缺的问题。尤其是当企业处于创业时期、快速发展时期或需要特殊人才时，仅有内部招聘是不够的，必须借助外部劳动力市场。因此，外部招聘也是重要的人员来源渠道。

1. 求职者自荐

求职者自荐是指在没有得到公司内部人员推荐的情况下，应聘者直接向招聘单位提出求职申请的方式。求职者在某种程度上已经做好了到企业工作的充分准备，并且确信自己与空缺职位之间具有足够的匹配程度，然后才会提交求职申请。

（1）求职者毛遂自荐的最大优点：①费用低廉，可以直接进行双向交流；②求职者已花费很长时间了解企业，也更容易受到激励。

（2）求职者毛遂自荐的不足之处是随机性较大，时间较长，合适人选不多。因此用这种方式招聘合格人员，需要专人负责接待，要有详细的登记表格，并尽可能鼓励求职者表现自己的才能。

2. 广告招聘

尽管通过广告所招聘来的人往往比直接来公司求职的人和被推荐来的人要稍差，并且成本通常也更高一些，但是它仍然是目前最为普遍的招聘方式之一。

企业在设计招聘广告时，首先要回答两个非常重要的问题：我们需要说些什么？我们要对谁说？就第一个问题来说，由于许多公司没有回答好，导致职位空缺的细节内容没有有效地传递出去。在理想情况下，看到招聘广告的人应当能够获得足够的信息来对工作以及要求做出评价，从而使他们能够判断自己是否具备招聘广告中的资格要求。这可能意味着广告的篇幅要长一些，成本也更高一些。

3. 就业服务机构

在我国，随着人才流动的日益普遍，随之产生了人才交流中心、职业介绍所、劳动力就业中心等就业服务机构。这些机构通过定期或不定期地举行人才交流会，供需双方面对面地进行商谈，增进了彼此的了解，并缩短了招聘与应聘的时间。根据就业服务机构的性质和服务业务的不同，可分为公共就业服务机构、私营就业服务机构与高级经理人员搜寻公司。

（1）公共就业服务机构。我国目前存在的人才交流中心、职业介绍所、劳动力就业中心多属于公共就业服务机构，能够为企业提供比较全面的人力资源管理代理服务。相当多的企业也通过它招聘所需要的人员。在劳动力市场发达的国家，公共就业服务机构的服务比较全面。如在美国，雇主可以将自己的职位空缺登记到当地的州政府就业办公室，该机构会从当地失业者的资料库中检索出合适的人选。这些公共就业服务机构免费向企业提供适合空缺职位需要的候选人，然后由雇主对他们进行面试或测验。

公共就业服务机构的优点是：应聘者众多，很难形成裙带关系，时间较短。缺点是：需要一定费用，对应聘者情况不够了解，不一定有需要岗位的合适人选，应聘人员素质较低。所以企业要选择信誉较高的机构，同时对应聘者要再进行一次测试，为了保障测试的可靠性和有效性，企业还应该让职业机构提供较为详细的应聘者资料。

（2）私营就业服务机构。一般地，公共就业服务机构主要是为"蓝领"劳动力市场服务的；私营就业服务机构则有不同之处。一是它填补了更广泛类型的工作资源，除提供文员和"蓝领"工人外，也提供技术和低层管理人员的工作；二是求职者更愿意在私人代理机构登记，因而比公共代理机构的求职者更愿意接受工作；三是其代理服务需要收费，因此受契约的约束。当较高层级的管理职位被填补时，通常是公司付费给私营代理机构，而文员和"蓝领"求职者要自己付费。私营就业服务机构减轻了企业寻找、联系、预先筛选求职者的行政负担，因此具有特殊的作用。

我国与发达国家不同，公共就业服务机构在招聘中扮演主体作用。

（3）高级经理人员搜寻公司。高级经理人员搜寻公司（executive search firms，ESF），也称猎头公司（hunterhead），它是私营就业服务机构的一种具体形式。它定位于在别的企业工作成功的经理，并未主动寻找新工作的人。近年来，为适应组织对高层次人才的需求与高级人才的求职需要，我国的猎头公司迅速增多，业务发展迅速。猎头公司在供需匹配上较为慎重，其成功率也比较高；收费也非常高，一般标准为录用后的经理人年薪的1/3左右。

对高级管理人员而言，与猎头公司打交道是一件很敏感的事情，因为他们可能不愿意将其准备离开就职企业的想法"公开"，以免引起当前雇主做出某些反应。因此猎头公司往往充当了这些高级经理人员的当前雇主与未来新雇主之间的一个秘密缓冲地带。这也是猎头公司存在的重要基础。

4. 校园招聘

在大学或学院进行招聘，正在逐步成为企业喜欢运用的招聘渠道。在我国，校园面试是招聘初级专业人员以及管理人员的一个最重要来源。许多企业认为，要想争取到最优秀的学生，除了通知这些在不久的将来会毕业的学生来参加面试之外，给学生们留下强烈印象的最好方式是实行大学生见习计划。

校园招聘的显著好处是，企业能够找到相当数量的具有较高素质的合格申请者；不足之处则是，毕业生缺乏实际工作经历，对工作和职位的期望值高，一旦录用后，容易产生较高的流失率。为了保证校园招聘的效果，要求企业精心选择学校，对招聘者进行培训，和高等院校建立良好的关系，实施大学生实习计划，以及考虑在招聘的时候采用真实工作预览的策略。

5. 电子招聘

它是一种新兴的招聘渠道，是指企业通过网络渠道来获得应聘人员的资料，从而选拔合格员工的方式。企业可用两种方式通过网络来进行招聘。一种方式是在企业网站上建立一个招聘渠道，由企业自己来进行求职者资料的获取和筛选；另一种方式是委托专业的招聘网站进行招聘，最后再进行验证测试即可。

招聘网站其实是一种新型的网上职业中介机构，它通过计算机技术，在求职者和企业之间建立了一种方便沟通的桥梁。首先，它通过数据库技术，实现对庞大的求职者资料和企业职位空缺资料进行管理，可以方便地增加、修改和删除这些资料；其次，它通过网络技术，实现异地用户之间的信息传递；最后，它通过搜索技术，使资料的查询、求职者与职位空缺之间的匹配更加迅速、便捷。

成长期的企业，由于发展速度较快，仅仅依靠内部选拔与培养销售人员无法跟上企业的发展。同时企业销售人员规模的限制，选择余地相对较小，无法得到最佳的人选。这种情况下，企业应当采取更为灵活的措施，广开渠道，吸引和接纳需要的各类销售人才。

小资料9-2

宝洁分销商销售代表的招聘

宝洁公司的销售代表体系是比较特殊的，经销商组建宝洁产品专营小组，由厂方代表负责该小组的日常管理。在宝洁公司分销商渠道中，销售代表有着非常重要的作用。他们任劳任怨，积极主动，有着极强的团队合作精神。每一个品牌分销率的提高，每一个新产品的推广，每一笔销售和回款，每一个鲜活生动的卖场陈列，都有他们的重要贡献。这些销售代表有的是分销商原来的优秀员工，有的是外聘的员工，他们一旦被录用后，有一个逐渐发展的过程，从食杂店的分销工作开始，然后到批发市场的销售、零售商店的销售一直到销售主管。他们中的优秀员工可以发展成为宝洁公司的客户经理，或成为其他企业的销售经理，也有一些人成为分销商的管理层。宝洁为中国快速消费品行业培养了最早的一批销售人员，称宝洁公司为中国消费品市场的黄埔军校毫不为过。

众所周知，宝洁的成功很重要的原因之一就是因为它有一个让同行敬佩、富有效率的销售网络。而分销商的销售代表是这个网络中最敏感的神经末梢。这些末端神经的数量多少，工作业绩的好坏，都会直接影响到公司这个神经中枢对市场反应的胜利运作。因此招聘足够数量的销售代表是销售工作顺利开展的重要环节。有适量的人员是企业开展生意的基础，因而，招聘这一工作就显得特别重要。

请永远记住一点：为分销商招聘素质高的人员，但也是适合职位的人员。不要企盼一个跨国公司总裁会来作你的分销商销售代表，因而根据生意需要和职责需要，确定人员招聘条件也同样显得非常重要。只有合适定位，才会避免较高的人员流失率，才会避免培训无效的烦恼。

宝洁一般认为，不管是零售覆盖，还是郊县拓展，销售代表应具备一些最基本的条件：积极进取，踏实肯干，吃苦耐劳，身体健康，学历原则上高中毕业或以上，年龄在18~30岁，同时具有良好的沟通技巧。以上几点是考虑到销售工作本身的艰苦性、挑战性，同时也考虑到接受培训时人员的接受能力，以及发展潜力而制定的。

与分销商一起制定招聘政策

当和分销商确定好要招聘的人数和条件后，就要开始制定有关政策和整个招聘计划。招聘政策主要指要招聘人员的工资福利政策，以及招聘活动中各种有关费用的控制。

工资福利政策在整个招聘前期的准备工作中占有非常重要的地位。因为作为销售人员，自然希望收入越多越好，但可能有的分销商管理人员希望费用越低越好。工资福利政策不合理，对于有效地鼓励、奖勤罚懒以及防止人才流失都会有很大的消极影响。因而"人马未动，粮草先行"。在宝洁公司中，销售代表是作为分销商的雇员的，宝洁需要和分销商协商确认他们的工资福利和待遇。那么，如何制定工资福利政策呢？宝洁的意见如下。

1. 工资福利的总额要参照当地同行业人才市场工资水平，高于竞争对手。

2. 要参照目前在职销售代表工资福利水平，避免差距太大或太小。

起薪太高，会造成以后销售代表的不满足感以及激励不够。因为工资不可能无限制大幅上涨，而且也容易使在职销售代表产生心理不平衡，从而影响工作热情和积极性。起薪太低，显而易见，是无法留住比较优秀的人才的。

3. 确定工资/奖金方法。

在和分销商初步确定工资总体水平后，还要根据对他的工作期望，将他应承担的职责纳入工资奖金系统中。工资制度要体现出吸引性、激励性、相对稳定性、公平性、可操作性。

一般来讲，工资制度有以下几种：固定薪水制，薪水＋佣金，薪水＋奖金以及薪水＋奖金＋佣金制。这几种方法各有利弊，宝洁建议分销商可实行薪水＋奖金制，这样既可以保持一定程度的稳定性，又有一定的灵活性，50％左右较为合适。主要工资奖金结构可分为：基本工资、销售提成、分销奖金、工龄奖金、突出贡献奖等。

4. 要有一定的福利政策。

由于目前招聘的销售代表越来越多，特别是所有的销售代表并不是宝洁公司员工，或许也只是分销商的临时员工，对于这批人员管理和激励有很大难处。因而，宝洁公司遵守《劳动法》的规定，要求分销商为新招聘新员工购买的各种保险就显得尤其重要。特别是人身意外伤害保险、养老保险等，这些必须要单独购买，而不要纳入工资里面。

关于招聘活动的各种费用，本着精简节约的原则，招聘费用预算一定要事先计划好，确保整个过程都在控制范围内，主要费用有：广告费、面试场地租金等。

宝洁招聘销售代表的途径很多，主要有以下几种。

1. 通过报纸、电视台、电台刊登招聘广告。

它的特点是传播覆盖面较广，可吸引众多的应征者，比较适合大规模招聘（比如，当地刚建经营部，需要大店、小店等各种销售员）。但目前存在的主要问题是：费用较高；位置不醒目，篇幅内容千篇一律；招聘来源数量不稳定。

招聘方式和期限：对于P&G公司来讲，一般要参与分销商招聘销售代表，这样能充分满足双方的需要。首先要安排面试，所以一般要求应聘者先寄简历，初步筛选后再安排面谈，应聘期限一般为一周至二周，而且应聘期限包括一个周末或周日，因为有很多人是在工作同时寻找更合适的工作，他们只有周末才有时间。此外，宝洁还注意准备要充分，各项工作井井有条，以免应聘者有不良印象。面试地点一般安排在公司经营部。

2. 当地定期招聘会或人才交流会。

各地区每年都要组织几次大型人才交流会。因为参加单位很多，因而规模和针对性都较强，而且时间短，见效快。参加这种招聘会，宝洁认为应注意以下几点：要尽量安排醒目的招聘台，同时要准备较充分的公司宣传材料，安排人员接待，解答应聘者问题。

3. 大中专院校及职高、技校。

这是招应届毕业生人才的主要途径，这对于有些分销商定期补充人才有很大帮助。分销商可以有选择地去某校物色人才，派人与学校召开招聘会，为鼓励学生到企业中工作，应向学生详细介绍企业情况及工作性质和要求。但需注意分销商有没有能力解决应届毕业生当地生源的户口、档案接洽落实工作。

4. 职业介绍所。

这种方法的特点是简单易行，费用较低，适于小规模招聘。但这类介绍所待业者多为能力差而不易找到工作的人。不过如果有详细工作说明，让介绍所专业顾问帮助挑选，也能找到合适人选。

5. 内部同事和朋友。

内部职员既可自行申请适当位置，又可推荐其他人。比如小店中优秀者提升为批发或大店人员，这样做既可以调动员工工作积极性，又可以降低招聘费用。但是要注意应有严格的标准，以免营私舞弊，带来裙带关系引起的纠纷。

6. 其他。

通过业务接触，工作中接触到的顾客供应商，非竞争同行及其他各类人员都可以成为销售人员的可能来源。

（资料来源：http://www.mbal63.com/glwk/scyx/200512/7960_7.html，有删改）

三、销售人员招聘的程序

销售人员的招聘程序是指企业从出现销售岗位的空缺到候选人正式进入企业从事销售工作的整个过程。这个过程包括明确岗位描述、明确任职资格、选择招聘渠道、人才甄选等一系列环节，如图9-1所示。

图9-1 销售人员的招聘程序

各个企业的招聘程序不尽相同，但必须在上一个环节检查通过之后才能进入下一个环节，以确保选出优秀的销售人员。招聘、录用销售人员是对销售人员进行管理的基础，它的成功与否关系到销售队伍基本素质的高低。录用的销售人员只有具备了一定的基础条件，再经过培训和实践的锻炼，才能成为一个合格的销售人员。

（一）明确职位描述

职位描述是在工作分析的基础上进行的，描述职位的书面结果为工作说明书，包括直接上级、工作目标、工作职责与任务、工作绩效、可轮换岗位、权限范围。其中最重要的是工作职责与任务，包括销售和服务的职责、计划、报告、工作的投入与产出、内外部联系、日常行政事务及内容处理。工作说明书因不同的产品或服务、用户购买行为、销售形式和公司文化而不同。职位描述是招聘工作的基础，是解决做什么的问题。

成功的销售人员的特点只是一些普遍共同点。每个公司和销售职位都是不同的，在聘用前要通过对每个特定职位需求相关的特点进行分析。工作与销售人员的匹配是招聘优秀销售人员的关键。对某项工作的理解是招聘过程的起点。工作描述是正式的对工作的要求。销售经理往往不是唯一的招聘决策人，如人力资源部也会参与招聘过程。

小资料9-3

某公司职位说明书

工作性质
在指定销售区域内，负责开发新客户，并完成相应的销售利润指标。

主要责任
实现产品大类以及个别产品的总销售额目标。
每天平均进行6次销售拜访。
平均每月向批发商进行一次产品推荐活动。

工作范围
在促销方面，争取来自零售商和批发商的大力支持。
对区域覆盖的范围进行有效的规划，以提高销售额/拜访次数的比例。
向地区经理提交每天或每周的拜访销售情况报告，协助上级主管人员的管理活动。

接受监督
按销售周期对一般性和具体性工作进行分配。每两个月与主管人员至少共同工作一天。

实施监督

（二）明确任职资格

描述职务之后就确定任职条件，一般有技能、经验、知识、品质、任职时间。产品销往国外市场的企业要求销售人员的语种及其程度与国内市场不同；开发新产品的企业要求销售人员的开发能力与销售老产品的人员不同；产品针对集团客户的企业要求销售人员的谈判能力与针对个人的人员不同；跨区域销售结构的企业要求销售人员具备适应出差的能力，销售经理要清楚目标市场的细分，以便找到合适的销售人员。任职资格是解决谁来做的问题。

（三）选择招聘渠道

选择优秀的销售人员，意味着寻找多种多样的渠道。招聘人员要清楚每种渠道的优缺点，以便根据具体情形正确选择。

（四）人才的甄选

1. 简历的研究

如果将收到简历的应聘者都通知来面试，那将混乱不堪。所以先要对简历仔细分析，专业性强的工作需要会同用人部门一道，筛选出合适的人选，选择的重点是看其基本条件和以往经历。基本条件要符合职位说明书中的要求，经历上最好有过类似的工作经历，并不要跳槽太频繁的人。对简历仔细筛选过后，可进行下一步工作。

2. 电话沟通

仔细研究过简历后，先不要急着通知面试，而应该先电话沟通一次。有很多应聘人员为了增加面试的机会，将简历写得天花乱坠。所以对简历要仔细研究，发现细小的问题，主要目的是为了提高招聘效率，节省成本。通过电话沟通核对简历和澄清一些基本的问题，如毕业时间、实际工作时间、主要工作经历、精通的工具等，并感受基本沟通和表达能力，将简历中不注意或隐瞒的一些问题暴露，剔除一些明显不适合所需职位的人员后，可展开下一步的工作——通知面谈。

3. 面谈

对沟通感觉可以的对象约定面谈的时间，一般将面谈时间安排到周末比较好，这个时间段应聘人员一般都有空；人员之间的面试一般需要错开一段时间，一般 20 分钟左右，避免同时来多人应接不暇。先大致面谈一下，主要注意外表、表达、性格、真实经历等，对感觉可以的，进行下一轮正式面试，否则就直接淘汰掉，不要耽误太多的时间。图 9-2 为面试考评维度。

4. 评价

为了客观公正、量化地测试应聘人员，通常采用"面试＋心理测试＋情景模拟"的方式进行，有时还要包括书面测试，如涉外的技术类产品的销售需要英语基础及专业基础，书面测试是必不可少的。通常的书面测试采用一套综合题的方式，包括：基础测试（如英语基础、专业基础），专业测试，对行业对技术的了解等分析题、表达题等。面试过程中，素质项问题的设计很关键，问题设计一定要有针对性，并且要采取开放式的问题，不要用封闭式的问题。

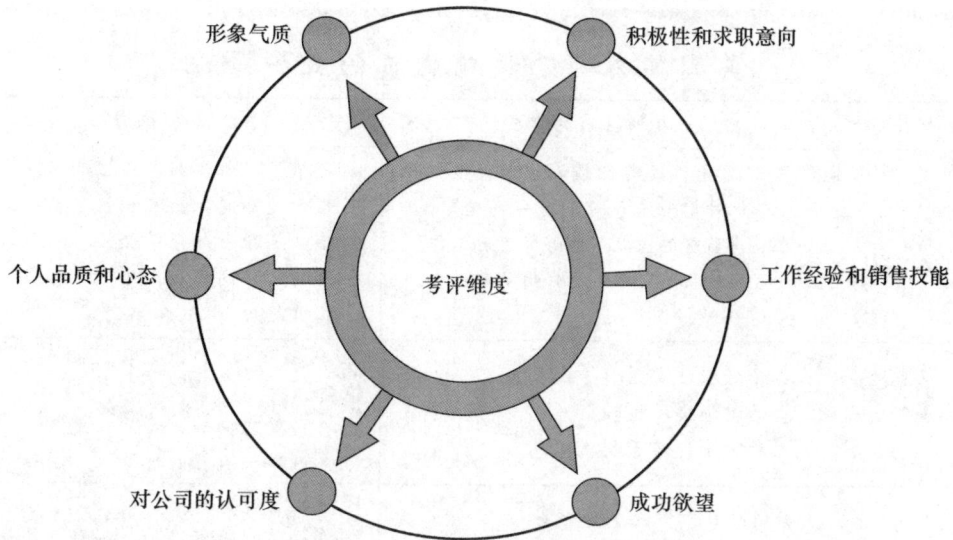

图 9-2 面试的考评维度

5. 最后的面谈

在运用各种方法对职位候选人进行几轮选拔后，我们就得到了他们能否胜任的信息，根据这些信息对胜任者做出是否录用的决定。之后，进行最后的面谈，详细介绍公司、职位、待遇要求等，双方最后达成录用协议。

小资料 9-4

某公司面谈的评定表

评定项目	应聘者表现	评定等级			
		优	良	中	劣
仪表					
口才					
知识					
经验					
思维					
……					

评语：

主聘面谈人：

美国某公司选拔销售员的五种特征

特征	对于成功所具有的重要性	如何识别
过去的工作情况	1. 真正理解金钱的价值，否则，他的第一份工作对于他来说可能是一场噩梦。 2. 在没有监督的情况下能够努力地工作。 3. 为了实现目标可以采取任何必要措施。 4. 任劳任怨	1. 每个暑假都参加实践工作。 2. 在学校期间积极参加社会兼职工作。 3. 独立承担一部分学费。 4. 具有工作的强烈愿望。 5. 工作经历
感知能力	1. 善于倾听，有效引导顾客。 2. 全面把握交易过程。 3. 思维敏捷，善于收集信息	1. 在面试过程中所表现出的成熟和稳重。 2. 合理回答问题，对答如流。 3. 面试中的自律程度
智力	优秀的学习能力和思考能力	1. 考试得分。 2. 在面试中能够准确把握自己的角色
沟通与交流能力	1. 必须具有优秀的销售能力。 2. 必须具有良好的写作能力	1. 面试观察。 2. 论文和作品。 3. 个人履历表
工作活力	1. 销售工作是一项对身体和心理有较高要求的工作。 2. 销售人员必须勤于工作	1. 同时承担多项工作的能力。 2. 面试观察。 3. 通过以前的现场工作来观察

第二节　销售人员的培训

现代人力资源管理理论认为，培训是为引发变化而进行的，培训是对人力资源增值预期的投资。销售人员的销售技能不是天生就有的，而是后天形成的，销售人员必须接受培训。销售培训的目的是要培养销售员的素质，传授销售技巧，提高其销售的自信心和能力。

一、销售人员培训的内容

销售培训是一个系统工程，内容涉及面较广，一般包括知识、技能和态度三个方面。在企业销售培训实际工作中，培训的内容根据工作的需要和受训人员的素质而定。但不管怎样培训，销售培训的具体内容一般涉及以下几个方面。

（一）企业知识的培训

（1）本企业过去的历史及成就。

（2）本企业在社会及国家经济结构中的重要性。

（3）本企业在所属行业中的现有地位。

（4）本企业的各种政策，特别是市场、人员及公共关系等方面的政策。

（5）销售工作对企业的重要性，公司对销售人员的期望及任务安排。

（6）行业与市场的发展特点。

（二）产品知识的培训

产品知识的培训内容包括：产品的类型与组成、产品的品质与特性、产品的优点与利益点、产品的制造方法、产品的包装情况、产品的用途及其限制、产品的售后服务（如维护、修理等）、生产技术的发展趋势、相关品与替代品的发展情况。

（三）销售技巧的培训

销售技巧的培训内容包括：如何作市场分析与调查，如何注意仪表和态度，访问的准备、初访和再访，推销术语，如何进行产品说明，如何争取顾客好感，如何应付反对意见，如何坚定推销信心，如何克服推销困难，如何获得推销经验，如何更新推销知识，如何制定销售计划等。

（四）客户管理知识的培训

（1）如何寻觅、选择及评价未来的顾客。

（2）如何获得约定、确定接洽日程，如何做准备及注意时效。

（3）如何明了有关经销商的职能、问题、成本及利益。

（4）如何与客户建立持久的业务关系。

（5）客户的消费行为特点。

（五）销售态度的培训

销售态度包括：对公司的方针及经营者的态度，对上司、前辈的态度，对同僚的态度，对客户的态度，对工作的态度。

（六）销售行政工作的培训

（1）如何撰写销售报告和处理文书档案。具体包括：编制预算的方法，订货、交货的方法，申请书、收据的制作方法，访问预定表的做法，日、月报表的做法，其他记录或报告的做法。

（2）如何答复顾客查询。

（3）如何控制销售费用。

（4）如何实施自我管理。具体包括：制定目标的方法、工作计划的拟订方法、时间的管理方法、健康管理法、地域管理法、自我训练法。

（5）经济法律知识。

二、销售人员培训的方法

销售培训的方法很多，企业往往根据培训目标和企业实际情况选择培训方法。美国学者 Robert E. Rite 和 Wesley J. Johnston 将培训方法分为四类：第一类是向销售人员集体传授信息的方法，如讲授法、示范法等；第二类是销售人员集体参与的方法，如销售会议法、角色扮演法、案例研讨法等；第三类是向销售人员个人传授信息的方法，如销售手册、函授、销售简报等；第四类是销售人员个人参与的方法，如岗位培训法、计划指导法、岗位轮换法等。

（一）讲授法

讲授法是企业最广泛应用的训练方法。此方法为单向沟通的训练方法，受训人获得讨论的机会甚少，因此不易对受训情况进行反馈，而培训者也无法顾及受训人的个体差异。此法最适用于有明确资料作为内容的培训，可为其他形式的训练奠定基础。使用此法时必须注意以下几点。

（1）讲授者上课前应有充分准备，如纲要及各种图表之类。

（2）利用如何、何时、何地、何故等问题加以说明，并设法与受训人交换意见，鼓励他们发问。

（3）讲授时以能兼用示范为佳，即利用各种视觉器材，如实物、模型或影片等，特别是要使用多媒体教学，以加强受训人的理解。

（4）每次讲授时间不宜太长，因为听讲人能集中注意力听讲的时间甚短，通常半小时后其兴趣即逐渐减低直至消失。

（二）销售会议法

现代企业最频繁召开的日常性会议就是销售会议，有总经理主持的整个企业的销售会议，也有销售部经理主持的部门销售会议，一般是对上周或上月或上一季度的销售情况作详尽的总结，讨论当前的销售形势，制定将来的销售方针、策略和计划，并整理会议纪要，编印销售简报，把过去和未来的销售信息传达给所有的销售人员。销售会议是一个很好的销售人员继续培训的机会，只要在每次会议的议题中增加培训的内容即可。有时候，特别是召开销售部门会议时，只要让全体销售人员一起参加，便是一个很好的培训机会。与会的销售人员针对销售中遇到的问题和困难，一起讨论，相互学习，取长补短，一方面可以提高销售会议的质量，另一方面可以帮助销售人员进步。

销售会议法为双向沟通的培训方法，可使受训人有表达意见及交换思想、学识、经验的机会，讲师也容易了解受训人对于重点问题的掌握程度，还可针对某一专题进行讨论。但会议主持人应注意以下各点。

（1）解释会议的背景、目标及利益。

（2）宣布会议讨论的目的、任务及方法。

（3）介绍会议讨论的计划、如何准备及讨论程序。

（4）特殊实例的应用及讨论。

（5）准备好各种说明图表。

（6）利用各种器材、模型及电影，使会议直观生动。

（7）会议主持人作最后的归纳及评判。

（三）案例研讨法

案例研讨法是指选择有关实例，并书面说明各种情况或问题，使受训人运用其工作经验及所学理论寻求解决之道。目的在于鼓励受训人思考，并不着重于获得某一恰当的解决方案。这种方法后来又发展成为业务游戏法（games）和示范法两种。

1. 业务游戏法

业务游戏法是假装或模仿一种业务情况，让受训人在一定时间内作一系列决定。在每一决定做出之后，业务情况都会发生新的变化，如此可观察受训人如何适应新情况。此法的最大优点是，可研究受训人所作决定在一段时间后及不稳定情况下的效果。利用此法来训练销售经理，远比训练推销员多。

2. 示范法

示范法是指运用幻灯片、影片等的示范训练方法。此法适宜在中小型场地中进行的培训使用。如果主题是经过选择的，且示范用的影视制品是由具有经验或权威的机构制作的，则可大大提高受训者的记忆效果。

（四）角色扮演法

角色扮演是指培训者安排受训者分别担任客户或销售员的角色来模拟实际发生的销售过程的一种培训方法。这种方法要求受训者以真实的客户或销售员自居，面对客户的种种问题、要求、非难、拒绝，进行介绍、讲解、展示、说服、处理异议、交易促成等。角色扮演有两种组织方式：一种是事先认真计划并安排好人选、角色、情节动作、内容说词等；另一种是事先不作计划安排，也不规定情节内容，让受训者在演练中自然地随机应变，机动灵活地处理各种问题。

（五）岗位培训法

在销售岗位培训销售人员是一个比较行之有效的方法。销售人员的岗位培训和其他岗位培训一样，有许多有益的方面。例如，适应性强，它适用于各种类型的销售部门，对新、老销售员进行培训均可采用此法；它无须大笔的预算，无须培训工具，也无须占用工作以外的时间，但是却能多快好省地发现销售员的长处与短处，帮助他们强化优点，克服缺点，提供动力，促进销售员能力的提高等。当企业新招聘的销售员在对本企业以及产品和服务有了必要的了解之后，岗位培训就可以开始了。在岗培训涉及的内容一般有知识、技能、工作习惯和工作态度四个方面。

近年开发了一些新的销售培训方法，如拓展训练。拓展训练源于对海员面对灾难的求生训练，目前已经为很多企业应用于销售人员培训，作为一种"磨炼意志、陶冶情操、完善自我、熔炼团队"的培训项目。一些企业还把拓展训练开发为企业与销售渠道互动式的训练方法，通过该项训练提高双方的互认程度和凝聚力，提高渠道合作力。

销售培训的方法有很多，对于培训方法的选择，企业要根据企业实际和销售队伍自身的状况，有目的、有针对性、符合预算地进行选择。

三、销售人员培训的程序

销售培训一般包括销售培训需求分析、制订培训计划、培训实施与控制、培训评价四个阶段，如图9-3所示。

（一）销售培训需求分析，确认培训目标

培训需求分析一般从以下三个方面去探求：组织分析，即一个良好的培训课程必须符合企业发展战略和组织目标的发展要求；工作分析，即充分了解销售人员当前的工作状况；人员分析，即不同销售人员自身的状况以及未来需要达到的目标。对于培训需求的分

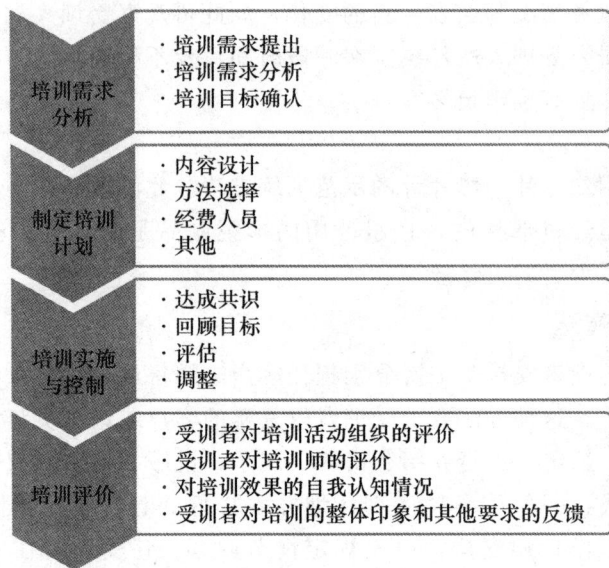

图 9 - 3　培训程序

析很多企业采用培训需求调研的方式，了解各方对培训需求的状况。通常经过培训需求的提出、培训需求分析、培训目标确认几个过程。

1. 培训需求的提出

对于培训需求的提出通常来源于企业管理层、销售经理人员、销售人员三个层次。企业管理层：形成企业对销售队伍实际绩效与企业目标绩效间的差距引发的培训需求意向。销售经理人员：形成经理人员对本销售团队实际绩效与目标绩效间的差距向培训职能部门申报的培训意向。销售人员：主要针对销售工作中存在的工作阻碍和个人职业规划与现实工作差距提出的培训申请。

2. 培训需求分析

需求确认哪些人员真正需要培训，需要哪些培训，根据企业销售目标与企业资源（如培训预算、业务时间表等）能够提供哪些培训的过程。

各级人员提出的培训需求，由于其立足点的不同会有很大差别。对于各级人员提出的要求与差距可能是多种原因共同作用的结果。培训职能人员要深入分析造成差距的真正原因是工作投入与态度问题、基本素质问题、职业技能问题、沟通等问题中的哪些问题作用的结果。如基本素质问题，如果要通过培训来提高人员的基本素质，需要较大的成本，并且培训过程会对工作产生一定的影响，就要考虑通过该员工任职调整而非培训来解决差距；对于工作投入与态度问题，可以评价其问题存在的程度是否处于可逆转阶段。对于可逆转阶段人员可以通过一系列的培训与沟通解决问题，而对于深度的不可逆转阶段，应作其他考虑。如某医药公司销售人员小张的工作绩效差，来源于个人职业规划与现实工作间的差距造成工作投入不足。他是医学专业学生，理想是当医生，本科毕业当年报考研究生落榜，公司招聘销售人员时，被招入销售岗位。小张工作后并没有放弃当医生的理想，一边工作一边学习，目前正在积极备考。对于小张的状况，需要的是充分沟通协调组织与个人目标的差距问题,而非培训能够解决的绩效差距问题。

企业的销售培训是一种经营投资行为,因此通过培训达成对绩效的改进是销售培训的根本目的。将有限的培训资源投入到改进绩效的"刀刃"上是培训职能人员的不二选择。因此,对于销售队伍中优秀销售人员的培训重点,应作为一种激励员工忠诚的工具,而销售绩效短期内提高比例有限;对于中等绩效的销售人员给予销售技能强化培训,是企业大幅度提升销售绩效的良好选择;对于长期末位绩效人员,要充分了解问题的实质,此时培训也许不是解决问题的关键,应积极采取多种措施进行绩效改进。

3. 培训目标确认

通过分析确定要对组织中进行培训的地方,即使哪些人通过培训掌握哪些知识、培训后能胜任哪些职能、培训后哪些绩效将有所改进等。如某公司销售人员区域销售物流管理短期培训项目培训目标如下。

(1)使参加培训的销售人员能够掌握公司区域销售物流管理的有关制度、规定和奖惩办法。

(2)在今后的销售管理工作中能够观察到违反有关销售物流管理有关规定的行为,使每省级区域每年发生违反有关销售物流管理有关规定的行为低于3次。

(3)企业销售绩效因销售物流窜货造成的经济损失与前一年度相比降低25%。

(二)制订培训计划

培训计划要针对确定的培训目标明确培训时间、地点、培训对象、培训内容和选择培训方法,并编制培训预算。在进行培训计划时切忌盲目照搬和赶时髦现象,应针对本企业实际和确定的培训目标进行合理的内容设计和经济、适用的方法选择。一个定位准确、组织有序、全面周密而又经济的培训计划可以帮助企业提高销售人员的销售业绩。

一旦确定培训计划的内容就要开始编制培训预算。销售培训预算一般是指实施培训计划的直接费用,主要包括两部分内容:一部分为整体计划的执行费用,另一部分为每一个培训项目的执行或实施费用。如某企业某年度销售培训预算为60万元,销售人员在册400人,人均年度培训费1500元;计划年度开展6个培训项目,各项目预算分别为区域经理管理技能提升培训8万元,销售主管培训6万元,新进销售人员培训14万元,梯队交叉培训10万元,团队拓展训练轮训10万元,经销商"合动力"培训12万元。

(三)培训实施与控制

培训实施与控制是保障培训顺利进行,实现培训目标,增强培训效果的保证。为顺利达成培训目标,在培训实施伊始培训组织者、培训师和受训者要充分了解本次培训的目标,并达成共识;在培训项目进行中培训组织者和参加者要定期回顾培训目标,对培训进程和目标达成情况进行评估,培训组织者要根据评估结果以及受训人员、培训师的反馈情况对培训计划进行适当和必要的调整。

(四)培训评价

培训评价包括对培训活动的评价和受训人员参加培训效果的评价两方面。需要明确的是评价是为了帮助企业不断了解销售人员的进步情况和培训工作的绩效,培训评价应遵循以下基本原则:要有良好的评估工具、正确的评估观念和适合的措施、完整的评价回馈系统、充分发挥评价对培训工作进行检讨和促进的作用。

对培训活动的评价通常以培训活动结束当日填写评价调查表的形式进行，主要包括以下内容。

(1) 受训者对培训活动组织的评价。

(2) 受训者对培训师的评价。

(3) 对培训效果的自我认知情况。

(4) 受训者对培训的整体印象和其他要求的反馈。培训效果评价可以根据企业实际选择三级评价方法。

一级评价为现场评价。现场评价是传统的培训评价方式，多采用培训现场对受训人员采取书面考试、操作考核的方式对培训效果进行评价。

二级评价为到任评价。到任评价即是对培训效果的评价，同时对培训效果具有推进作用。采用培训结束后1~3月内由培训机构派出人员到受训人员任职岗位进行实地考察，对受训人员回任后的行为、态度和绩效改进情况进行了解和评价的过程。可采用访谈受训人员、受训人员的同事和受训人员的上级；对受训者本人进行问卷调查、书面报告、行为观察、技能考核的方式对培训效果进行评价，并进一步交流培训内容的应用情况，发现问题及时进行辅导，巩固培训效果，对评价结果可以通过分类打分或评语的方式进行。

三级评价为任职评价。任职评价要求培训机构于受训人员回任半年或一年后进行，要求受训人员进行小结，评价自己的培训效果，同时请受训人员岗位直接上级给出评语，由培训机构进行汇总和分析。

对培训效果的评价是定义培训是否应在企业内继续进行的依据，是对培训进行持续完善的动力。对培训预算执行情况的评价是培训评价不可缺少的部分。

本章小结

销售管理的重要工作之一就是建设一支合格的销售队伍。销售人员是公司和客户之间的纽带，对许多客户来说，每一个销售人员对外代表的都是公司。反过来，销售人员又从客户那里带回许多公司需要的信息。因此，要顺利开展销售部的工作，很大意义上取决于是否有一支素质高、业务能力强的销售队伍。成功的销售人员的特点只是一些普遍共同点。每个公司和销售职位都是不同的，在聘用前要对每个特定职位需求相关的特点进行分析。工作与销售人员的匹配是招聘优秀销售人员的关键。

培训是满足企业发展需要和销售人员职业需要的一种有效方式，是企业提高市场开拓能力的重要手段。企业通过加强在职培训，用进步的观念、正确的看法、坚定的信心和先进的理念技能去影响职工，把职工培养成为具有自信心、独立性的人，培养销售员的素质，传授销售技巧，提高其销售的自信心和能力。

通常以讲授法、岗位训练、销售会议、角色扮演、案例研讨法等多种形式，针对行业与企业知识、企业产品知识、顾客知识、销售技能等内容进行训练。

影响培训效果的因素很多，培训过程中要科学地制订培训计划，严格控制培训成本，并对培训效果进行评价。

1. 销售人员招聘应遵循什么程序？
2. 简述销售人员应具备的基本特征。
3. 销售培训应遵循什么原则？
4. 销售培训包括哪些内容？
5. 有效评价销售培训的效果有哪些方法？

案例分析

IBM公司新员工培训课程

国际商用机器公司（International Business Machines Corporation，IBM）是一家拥有40万名员工，520亿美元资产的大型企业。其年销售额达到500多亿美元，利润为70多亿美元。它是世界上经营最好、管理最成功的公司之一。其计算机销量居世界之首，多年来，在《财富》杂志评选出的美国前500家公司中一直名列前茅。

IBM公司追求卓越，特别是在人才培训、造就销售人才方面积累了成功的经验。IBM公司绝不让一名未经全面培训的人到销售第一线去。因为销售人员说些什么、做些什么以及怎样说和怎样做都会极大影响公司的形象和信用。如果准备不足就仓促上阵，会使一个很有潜力的销售计划夭折。因此，该公司用于培训的资金充足，计划严密，结构合理。

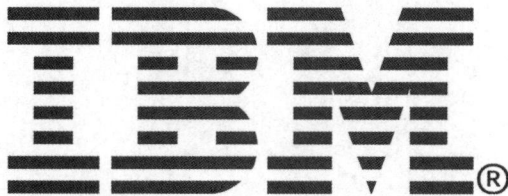

不合格的培训总是导致频繁地更换销售人员，其费用远远超过了高质量培训过程所需要的费用。这种人员的频繁更换将会使公司的信誉蒙受损失；同时，也会使依靠这种销售人员提供服务和咨询的用户受到损害。近年来，IBM公司更换第一线销售人员的比例都低于3％。所以，从公司的角度看，招聘和培训工作都是成功的。

IBM公司的销售人员和系统工程师要接受为期12个月的初步培训，主要采用现场实习和课堂讲授相结合的教学方法。培训实施的时间里，受训员工75％的时间是在各地分公司中度过的，25％的时间在公司的教育中心学习。分公司负责培训工作的中层干部将检查该公司学员的教学大纲。这个大纲包括从公司的价值观念、信念原则到整个生产过程中的基本知识等内容。学员们还要利用一定时间与市场营销人员一起访问用户，从实际工作中得到体会。此外，公司还经常让学员在分公司的会议上，在经验丰富的市场营销代表面前进行第一次成果演习。有时，有些批评可能十分尖锐，但学生们却因此增强了信心，并赢得老同事们的尊重。

IBM公司从来不会派一名不合格的代表会见用户，也不会送一名基础要求不合格的学员去接受专业培训，因为这不符合优秀企业的概念。销售培训的第一期课程包括IBM公司经营方针的很多内容，如销售政策、市场营销实践、计算机概念和IBM公司的产品介绍。第二期课程主要是学习如何销售。在课程上，公司学员可以了解公司有关后勤系统以及怎样应用这个系统。他们还要学习竞争和发展的一般业务技能。在逐渐成长为一个合格的销售代表或系统工程师的过程中，员工们始终坚持理论联系实际的学习方法。此外，学员们回到分公司之后，可以在实践中看到或体会到自己在课堂上学到的知识的实践内容，较快地实现知识技能的迁移。

（资料来源：http：// wlkc. btvu. org/rlzygl/course_case/cas_ch5_4. html，有删改）

思考讨论题：

1. 请结合以下案例，分析 IBM 公司的新员工培训遵循了哪些理论原则，结合本章所学，该公司培训管理对你提供了哪些启示？

2. 结合企业新员工培训的目的、具体的培训方法及培训效果，分析新员工培训对于员工的个人成长及其在企业发展中的重要作用。

3. 结合企业实际谈自己的收获和体会。

第⑩章

销售人员的薪酬与激励

本章导读 -

1. 了解销售人员的各种薪酬类型特点
2. 明确设计销售薪酬计划的步骤
3. 明确销售人员的薪酬管理中的常见问题
4. 熟悉常用销售人员激励组合和特点

导入案例 -

经销商与业务人员之间的关系，往往都离不开一个"钱"字。业务人员想：这么苦，这么累，再多给点钱！经销商想：能少给就少点钱吧！同样是"钱"，不同的方法产生的结果也是截然不同的。

最近到年底了，一些经销商朋友打电话给我，向我咨询在现代的企业管理中，为何作为老板很难留住手下的业务人员。笔者是从事营销问题研究的，于是我向他们讲述了三个有关经销商、业务人员和销售提成的故事，我想对大家多少会有点帮助。

故事一：言而无信，两败俱伤

忙了整整一年，年终结算，有一位年轻的业务人员按原定计划可以拿到 3 万元的销售提成，他美滋滋地盘算着：这下可以热热闹闹地过个好年。当他要求公司兑现时，却发现老板支支吾吾，一会儿说公司资金周转困难，一会儿说提成比例的百分点算错了，始终不愿马上兑现给这位年轻的业务人员，刚巧在这时，公司有一笔货款要这位业务员去收，差不多也是 3 万元左右。这位业务员一不做二不休，把钱收了，拒而不交。于是他和老板由原来的争吵，升级到最后双双动起了拳头，并闹到了派出所。最后的情况可想而知，这位年轻的业务人员因私自侵吞公司的货款，按照有关法律条例，被法院判了有期徒刑，而这位说话不算话的老板，也使客户和他的员工纷纷远离他，公司的生意一落千丈，很快就倒闭了。真可谓，言而无信，两败俱伤。本来好好的一个公司，由于老板的失信和业务人员对法律的无知，因为区区 3 万元，造成这样的后果，实在是可惜。如何预防这样的经济纠纷呢？

首先，业务人员在进入公司从事销售工作，就应该同公司签订劳动就业合同、提成报酬合同，等等。以便今后如果发生纠纷，有有力的事实依据。而不能凭借自己的冲动，做出对自己和今后非常不利的事情。既要懂得保护自己的合法权益，又要遵纪守法，不然的话吃亏的是业务人员自己。本来辛辛苦苦工作了一年，准备欢欢喜喜过个春节，却因为自己的冲动与无知而变成了阶下囚。

其次，作为老板，创立一个公司是非常不容易的。在现在竞争如此激烈的市场情况下，每向前走一步都是很难的，一个好的业务人员辛辛苦苦干了一年，如果他的销售提成是3万元的话，那么他一定为公司做出了很大的贡献。作为老板不但要给他应得的劳动报酬，还应当要再给予奖励。言而无信，不仅失去了优秀的销售人才、忠实的员工，还失去了客户与市场，一败涂地是不可避免的。

故事之二：缺乏沟通，流失人才

一位业务人员和他的公司签定了各项工作合约，按照规定他也拿到了相应的销售提成。当然在这一年走南闯北的酸甜苦辣没有人会了解，为了销售公司的产品付出了多少牺牲也不会有人知道，也没有人关心。当他在财务会计那里拿完应得的销售提成的同时，又向老板递上了一份辞职报告。老板非常惊讶："我该给的钱一分没少，说话是算数的啊。业务人员为什么会辞职呢？"当老板问他为啥要离开公司时，这位业务人员回答道："通过一年来独立的市场操作，我已经学到了丰富的销售市场的管理经验，为公司销售了几百万的产品，同时公司也给了我相应的报酬。但是现在有一家我认为非常好的公司，要我去做经理，因为我现在完全可以独立操作了，我相信我会做得很好，因为那个公司非常有前途，而且薪金也比现在高。所以我选择辞职。"一个对公司业务流程非常熟悉的业务人员离开对公司来说是个损失，可怕的是他手头有一批忠实可靠的客户也随他一起加入了对手的竞争行列。一位优秀的业务人员经过一年来市场一线的锻炼，对公司来说是个宝贵的人才资源。人往高处走，水往低处流。由于公司的管理失策，让其流失，为对手培训人才，这是管理者最愚蠢的，也是最失败的事情。这位老板悔之晚矣！如何才能留住优秀的业务人员呢？请看事业留人、感情留人、职务留人、待遇留人这四个方面。

1. 事业留人

职业生涯计划是业务人员进入企业之后，根据具体个人的条件和知识背景情况，由员工和管理者一起探讨的。让员工在企业有明确的发展方向，与企业一起成长，一起发展，既可增强企业的凝聚力，又可让业务人员为自己有良好的发展前景而不愿离开企业。好的职业规划对销售人员有着重要作用。在这方面我们应该向大的跨国公司学习。例如：美国微软公司是全世界最吸引人才、留得住人才的公司。因为公司的人力资源部制定有"职业阶梯"文件，其中详细列出员工进入公司开始，一级一级向上发展的所有可选择职务，以及不同职务需具备的工作能力和经验，包括相对应的薪金待遇，使员工在来到公司时就对今后的职业发展心中有数，目标明确。

2. 感情留人

现代的企业对人的管理是核心，尤其是对业务人员的管理，因为业务人员流动性大，他们长期在外，企业对他们不能像放出去的小鸟，不管不问。要经常与他们保持联系，加强交流，要了解业务人员在外的困难和苦衷，比如他们在外的衣食住行、口袋里有没有钱等，尽可能做好他们的后勤工作。往往在员工的生日或节日之时，打一个问候电话，能体现企业管理者对下属的重视和尊重，用充满温情的方法，将"以人为本"落到实处，用真情留住业务人员。

3. 职务留人

业绩突出的销售人员总是不断产生升职的念头，业务人员想升主管，主管想当经理。

所以要对业绩突出的人员"封爵"，给他们荣誉和表扬，如企业设立销售精英、金牌销售、销售大王等称号，鼓励大家学习，优秀的经理给他们加个总字，也未尝不可。

4. 待遇留人

金钱是人们生存的基本条件和工作动力，也是所有企业吸引人才、留住人才的"硬件"。越有能力和销售经验的人员，他们获得报酬也应当越高。薪金是人才的价值，是业务人员发挥能力的物质动力。尽管薪金不是决定业务人员留与否的唯一因素，但是大部分人都认为工资越高越吸引人。一套有效的薪资系统可以不断激励业务人员的工作积极性，创造好的业绩。比如薪资用80/20理论，奖励20%优秀的业务人员，60%中间的销售员让他们有一定的压力，而剩下的20%差的销售人员应给予辞退，建立一个有奖有惩的薪资系统。留住优秀的业务人员，使企业的销售工作顺利地开展下去，让优秀的人才为企业做出更大的贡献。

总之，在当今的市场经济环境下，不论是经销商，还是业务人员，都要多学习知识，做诚实与守信的人。要具备现代管理知识，相互保持共同的利益，共同的事业。只有这样，当经销商和业务人员达成共识，目标一致，才能使企业有一个健康成长的环境。

（资料来源：http://www.maigoo.com/maigoocms/2010/1104/53176.html）

第一节 销售人员的薪酬

销售人员的报酬是销售人员通过从事销售活动而取得的利益回报。包括企业支付给员工的经济性劳动报酬，如工资、奖金、佣金、津贴、保险、福利、红利等货币报酬；企业根据销售人员的绩效给予的精神奖励，如证书、称号等；还有企业给予的培训、晋升机会等利益回报。销售人员报酬一方面影响销售队伍的稳定性，另一方面影响销售管理的效率，进而影响企业销售目标的达成。

一、销售薪酬的作用

销售报酬是一种激励，受到激励的销售人员会更加积极、努力地做好销售工作，会促进销售业绩的提升，从而有利于企业目标的实现。

（一）激励销售人员，促进企业销售目标的顺利实现

销售报酬不仅给销售人员提供了生活需要的物质基础，也给予了他们在精神方面的鼓励，全面地满足了销售人员在生理、安全、社交、自尊以及自我实现方面的需要。报酬是否公平合理对销售人员的工作积极性起着决定作用。科学、合理的工作报酬能让销售人员以最大的热情投入到工作中，促使他们超额完成任务，最终实现企业的销售目标。从企业的角度看，报酬是人力资源管理的一项重要工具，可以用来保护和激励销售人员的工作积极性。

（二）保证销售人员利益的实现

从内涵来看，报酬实际上是企业和销售人员之间的一种公平交易，它根据销售人员劳动付出的多少、工作业绩的好坏给予相应的补偿。这种补偿既有生活上的物质利益，又有精神层面的激励，如个人职业生涯的规划、职位的升迁以及个人价值的实现。因此，科学、合理、公平的报酬制度是销售人员利益实现的保障。

（三）协调关系、配置资源

报酬管理是企业管理的一部分，企业可以从全局出发，把报酬管理和其他的管理环节结合起来，可以有效地配置人力资源，实现资源的效用最大化。另外，企业可以根据环境的变化或者企业的战略目标不断地调整报酬制度，从而将管理者的意图有效地传达给销售人员，协调销售人员和企业之间的关系，促使个人目标与组织目标的一致化。

销售报酬是否合理关系到一个企业能否吸引、保持高素质销售员工队伍，能否有效调动销售员工积极性的重大问题。销售报酬不合理可引起一系列后果。因此，企业管理人员必须高度重视销售报酬工作，力争把它做好。销售薪酬不合理可能会引起一些不良后果，如图 10-1 所示。

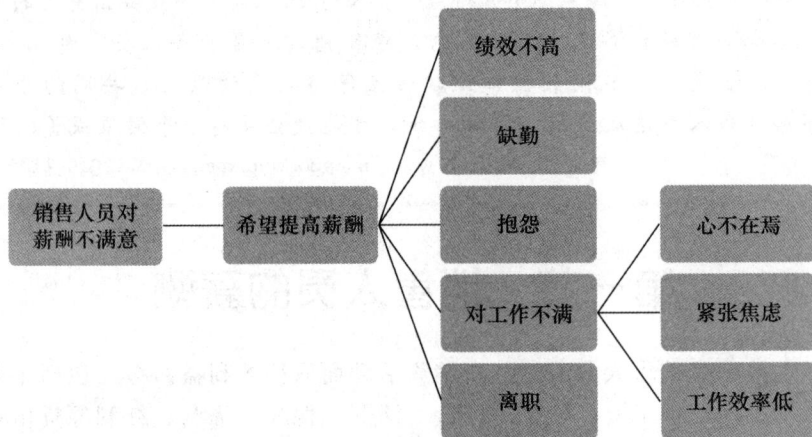

图 10-1　薪酬不合理的后果

二、销售薪酬的类型

销售人员的报酬是销售人员从事销售活动而取得的全部利益回报，是其本人及家庭的生活来源；同时销售人员的薪酬是企业重要的成本之一，是企业的一种投入；销售人员薪酬还是消费者购买产品所支付的价格的一部分。因此，企业销售人员报酬制度永远要面对这样一个事实：一是从销售人员的角度来看，他希望获得稳定而较高的收入；二是从企业管理者的角度来看，则力求成本的降低；三是从消费者的角度看，则希望从销售人员手中以较低价格获得自己所需要的商品。企业销售人员报酬制度就是要同时面对以上三重矛盾的同时寻求一种平衡，一种三方都能够接受，又能够保障三方利益的制度体系，使三方形成共赢的格局，即以企业能够接受的薪酬成本保障企业的利益，使销售人员的劳动获得合理的回报，使消费者以合理的价格获得较满意的产品与服务。因此建立一套合理并能够为利益各方接受的销售人员薪酬制度是一项复杂而艰苦的工作。根据经验，企业常见的销售人员薪酬类型有以下几种。

（一）纯粹薪水制度

纯粹薪水制度又称固定薪金制度，是指无论销售人员的销售额是多少，其在一定的工作时间之内都获得固定数额的报酬，即一般所谓的计时工资制。固定报酬的调整主要依据对销售人员的表现及销售结果的评价。

当企业销售人员需为顾客提供技术咨询或需负担很多销售推广工作时，单纯的薪水制度是最适合的报酬制度。这种制度也适用于销售人员从事例行销售工作，如驾驶车辆分送酒类、饮料、牛奶、面包和其他类似产品的情况。当公司生产的是大众化的产品而且容易推广时，销售员不需花太多时间和功夫向客户说明，生意就可能迅速成交，在这种情况下，公司会偏向于采用"不发佣金"的固定薪金制度。

纯粹薪水制度的优点是：

（1）易于操作，且计算简单。

（2）销售人员的收入有保障，易使其有安全感。

（3）当有的地区有全新调整的必要时，可以减少敌意。

（4）适用于需要集体努力的销售工作。

纯粹薪水制度的缺点是：

（1）缺乏激励作用，不能继续扩大销售业绩。

（2）就报酬多少而言，有薄待绩优者而厚待绩差者之嫌，显得有失公正。若不公平的情形长期存在，则销售员流动率将增高，而工作效率最高的人将首先离去。

（二）纯粹佣金制度

纯粹佣金制度是与一定期间的推销工作成果或数量直接有关的报酬形式，即按一定比率给予佣金。这样做的主旨是给销售人员以鼓励，其实质是奖金制度。

公司聘用销售员时如果销售的重点是获得订单，而销售以外的任务不太重要时，佣金制度常被广泛地采用，如服装业、纺织业、制鞋业以及医药业、五金材料批发业等。有些无实际产品的行业如广告、保险和证券投资业，便完全采用佣金制度。单纯佣金制度最大的优点是对业务员提供了直接的金钱鼓励，可以促使他们努力提高销售量。采用纯粹佣金制度，销售能力高者可较薪金制获得更多的报酬，同时能力低者也可获得与其能力相对等的报酬。虽然采用佣金制初期销售员的变动率会加快，但仔细分析，离开的大都是能力低的。这种制度的适应性大，可被多种类型公司采用。

佣金的计算可根据销售额或销售数量（毛额或净额）。其计算可以是基于总销量，也可以是基于超过配额的销货量，或配额的若干百分数。佣金也可以根据销售人员的销售对公司利润的贡献来定。支付佣金的比率可以是固定的，即第一个单位的佣金比率与第100个单位的佣金比率都一样，也可以是累进的，即销售量（或利润贡献等）越高，其佣金比率越高。比率也可以是递减的，即销售量越高，其比率越低。

佣金比率也应顾及产品性质、顾客、地区特性、订单大小、毛利量、业务状况的变动等。

1. 纯粹佣金的支付方法

纯粹佣金的支付方法有如下三种：

（1）保证提存或预支账户。让销售人员预支一定金额，这笔金额形成的欠款由销售人员用以后的佣金来偿还。如果所得佣金大于预支金额，则不必归还其差额，实际上与纯粹薪水方法相似。

（2）非保证提存或预支账户。销售人员必须偿还全部预支金额，如果本期佣金不足偿还，可递延至下期清算。所以预支金额实际上相当于一种借款形式。

（3）暂记账户。每个月给予各销售人员一定的金额，记入该人员暂记账户的借方；每位销售人员每月应得的佣金，应记入本账户的贷方。年底结账时，如果有贷方余额，应补发给该销售人员；如果借方有余额，可以注销如同保证预支账户，也可递延至下年度结算，如同非保证预支账户。

2. 纯粹佣金制度的优点

（1）富有激励作用。

（2）销售人员能获较高的报酬，能力越高的人赚的钱也越多。

（3）销售人员容易了解自己薪水的计算方法。

（4）控制销售成本较容易，可减少公司的营销费用。

3. 纯粹佣金制度的缺点

（1）销售人员的收入欠稳定，在销售波动的情况下其收入不易保证，如季节性波动、循环波动。

（2）销售人员容易兼职，同时在好几个企业上班，以分散风险。这类推销人员往往身带好几种名片，代表好几家公司，推销不同种类的产品。

（3）销售人员为了取得高额销售量以保证其自身的经济利益，可能利用高压式的推销策略或是价格折扣，从而有可能损害了公司在客户中的信誉。

小资料 10-1

销售人员的薪酬设计

销售人才是企业的"金山"，有人用"三分天下有其二"来形容销售队伍的重要性，说明销售队伍是公司获取利润的直接工作者。然而，这支队伍流动性最大，如何稳定优秀的销售人才？建立一个行之有效的薪酬制度是非常必要的，这样的薪酬制度既要不断激励销售员工创造业绩，又要满足其工作成就感。

1. 底薪提成制

不同需要，不同选择。我国企业销售人员现行的薪酬形式一般是基本工资加提成，但如何对工资和提成进行组合？高工资低提成，还是高提成低工资？两种薪酬制度各有利弊，要视企业的具体情况进行选择。知名度较高、管理体制趋于成熟、客户群相对稳定的企业，其销售额更大程度上是来自于公司整体规划和推广投入，采用高工资低提成或年薪制，更有利于企业维护和巩固现有的市场渠道和客户关系，保持企业内部稳定，有利于企业平稳发展。反之，如果一个企业处于起步阶段，需要依赖销售员工不断拜访客户以开拓市场，或是产品性质决定其需要不断开拓新的客户源，保持与客户的密切联系，利用低工资高提成的薪酬制度更能刺激销售员工的工作积极性。

2. 奖励薪酬制

放大薪酬效应。销售是一项极具挑战性的工作，销售员工在工作中相对要遇到更多的挫折，因此容易感到沮丧，并丧失信心。合理的薪酬奖励是激励他们克服困难、力创佳绩的法宝。多数贸易类企业对营销人员采取"底薪＋提成＋奖金"的薪酬结构，即每月800～1000元基本工资；营业额提成则在5%以内，如楼盘销售。

虽然销售员工的薪酬制度依其工作性质及公司制度而各不相同，维持一定的水准却是必要的。销售人员会通过公司间的比较，考虑在目前公司中的收入是否合理；同时也会与公司其他工作人员来比较，决定自己的付出是否值得。因此当公司判定推销人员工资水准时，应考虑目前就业市场上的绝对工资及相对工资的因素，并根据员工本身的资历、经验能力及工作内容的差异，决定其工资水平。

3. 个性薪酬制

拉近距离，注重提携。对于一般的销售人员制定薪酬比较好办，问题是对于销售管理人员及新手如何定薪不太好办。这需要根据销售人员的类别制定个性化薪酬。对于销售经理一般采取年薪制办法。一般来说，贸易公司市场部经理年薪最低也在10万元以上，营销总监至少为20万元，民营IT企业销售总监的年薪则高达30万元以上，而国际货运代理业务经理年薪更是高达50万元以上。对于销售新手，可实行"瓜分制"的薪酬制度，保障其一定工资水准的同时，也充分体现竞争体制。所谓"瓜分制"，就是企业将全体新进销售人员视作一个整体，确定其收入之和，每个员工的收入则按贡献大小占总贡献的比例计算，其计算公式为：个人月薪＝总工资×（个人月贡献/全体月贡献）。在这个计算公式中，如要将底薪导入，则可以进一步将"瓜分制"和"混合制"结合，按如下公式进行计算：个人月薪＝固定工资部分＋（总工资－总固定工资）×（个人月贡献/全体月贡献）。这样，不仅拉近了新增员工的收入距离，保障其生活供应，同时也体现了多劳多得的原则，可以增加其职业归属感和进取心。

4. 指标工资制

传统的营销人员工资管理制度往往是基薪加销售提成，使得营销人员往往对"做生意"比"做市场"更感兴趣。那么，如何使工资制度既起到激励营销人员的积极作用，又在工资总额不变的情况下，使员工的行为符合企业的总体发展需要？一种新的销售人员工资管理制度——指标工资制就是针对这个问题而设计出来的。

指标工资是遵循人的期望理论并与企业利益有效结合而设计的。由于不同的销售人员对努力和成绩、成绩和报酬之间的关系或许有不同的认识，所以指标工资制就是详细说明这些成绩指标并把它传达给销售人员，把企业的目标（并不是简单、唯一的销售额）和营销人员报酬联系起来。进一步讲，指标工资制就是企业首先将每一个销售人员岗位的所有工作分解成一系列具体指标，并依其对本企业的相对价设定一个工资总额。然后，根据每个指标在该岗位上的权重把岗位工资总额分解到每个指标上，销售人员为了完成这些指标而积极努力工作以便于满足自己的需要。最后，月底对该岗位的占有者就各项指标进行考核，实现了哪一项指标，该项指标被赋予的工资额就成为该岗位销售人员有效的工资数额；哪一项指标未能实现，则从已给定的岗位工资总额中减去该项指标被赋予的工资数额。将全部实现的各项数额加总，即得出该岗位销售人员当月的工资总额。

（资料来源：林非，《人才资源开发》2005年08期）

三、销售薪酬的选择

（一）销售报酬制度建立的原则

建立了一套比较好的报酬制度，经过若干时间之后又会发生变化。也就是说，目前情况下令人满意的报酬制度，可能一年或两年之后就变成不合适的了。但是如果经常加以调整，不但实施起来比较困难、费用较高，而且也会令销售人员感到无所适从，因此销售报酬制度的建立应遵循一定的原则。

1. 公平性原则

企业员工对薪酬的公平感，也就是对薪酬发放是否公正的认识和判断，是设计薪酬制度和进行薪酬管理时要考虑的首要因素。公平的赏罚是取得员工的信任、争取员工支持并为企业做出更大贡献的基础。当员工为企业努力工作、业绩突出时，无论他是企业的骨干，还是一般员工，也不论他以前曾有过什么过错，都应该公平地给予奖励。对于在同一个部门工作的员工，如果他们为企业做出的贡献大小相同，且其他因素也相近，那么就应该付给他们相同或相近的薪酬水平。这样，员工才不会抱怨企业的薪酬制度不公平，不至于降低士气。在企业薪酬管理中，薪酬公平的实现通过四个途径。

（1）外部公平。即同一行业同一地区或同等规模的不同企业中类似岗位的薪酬应基本相同。因为此类岗位对员工的知识、技能与经验要求相似，付出的脑力和体力也相似，薪酬水平应大致相同。属于同一行业同一地区且规模相当的不同企业中的类似岗位，薪酬水平具有外部可比性。在这种外部比较中，销售人员可以得出自己的薪酬是否具有外部公平性。外部公平是企业吸引和留住员工的一个重要因素。

（2）内部公平。在同一企业中，不同岗位的员工所获得的薪酬应正比于其各自为企业所做出的贡献。工作评价是衡量内部公平的重要依据。

（3）团队公平。许多岗位和绩效的评定，不是以员工个体为单位的，而是以团队为单位的，因此，内部公平还体现在不同的团队之间。维护团队之间公平的措施是建立科学和严格的集体绩效评估体系，按照团队内部公平的原则进行成员之间的报酬分配。

（4）个人公平。即同一企业中占据相同岗位的员工，所获得的薪酬应与其贡献成正比；同样，不同企业中岗位相近的员工，其薪酬水平也应基本相同。

为了保证企业中销售人员薪酬制度的公平性，企业的高层主管应注意以下几点。首先，薪酬制度要有明确一致的原则作指导，并有统一的、可以说明的规范作依据。其次，薪酬制度要有民主性和透明性。当员工能够了解和监督薪酬制度的制定和管理，并能对制度有一定的参与和发言权时，猜疑和误解便易于冰释，不公平感也会显著降低。最后，销售经理要为员工创造机会均等、公平竞争的条件，并引导员工把注意力从结果均等转到机会均等上来。如果机会不均等，单纯的收入与贡献比均等并不能代表公平。

2. 激励性原则

报酬制度必须能给予销售员一种强烈的激励作用，以便促使其取得最佳销售业绩，同时又能引导销售人员尽可能地努力工作，对公司各项活动的开展起积极作用。当销售表现良好时，销售员期望能获取特别的报酬。企业除了赋予销售人员稳定的岗位收入以外，要善于依据其贡献大小而在其总体报酬上进行区分，给予数额不同的额外报酬（奖励）。这是销售报酬制度真正实现激励作用的关键。当然，至于额外报酬的多少，要依据综合的因素进行评定，但决不能采取简单化的做法，认为奖励越高，激励也就越大。激励性原则还表现在销售报酬制度必须富有竞争性，薪资政策的制定，反映了企业决策层是否将薪资作为提高企业竞争力的一个有效手段。在分析同行业的薪酬数据后，企业可以根据企业实际情况确定不同的薪酬水平。同产品定位相似的是，在薪酬定位上，企业可以选择领先策略或跟随策略，给予的报酬要高于竞争对手的规定，这样才能吸引最佳的销售人员加入销售组织。

3. 经济性原则

销售人员的薪酬一般包括基本薪资（保底薪资或固定薪资）和佣金（或奖金）。基本薪资应计入企业的人力成本，而佣金或奖金往往计入销售费用。由于基本薪资在大部分销售人员的薪资中所占比重不高，所以这里所指的经济性主要指销售人员的佣金（或奖金）部分。提高销售人员的佣金水准，可以提高其竞争性与激励性，同时也不可避免地导致企业销售费用的上升和销售利润的下降。因此，佣金水平的高低不能不受经济性的制约，即要考虑销售毛利率的大小。此外，行业的性质及成本构成也影响着销售佣金的高低。比如，家电等毛利率比较低的行业中，销售佣金在总销售费用中的比重可高达50％，这时，佣金水平稍有提高，就会使销售成本明显提高；但在手机等销售毛利率较高的行业中，佣金却只占销售成本的10％～20％，而销售人员的工作热情与革新性、开拓性却对企业在市场中的生存与发展起着关键作用。当然，企业的高层主管在考察销售费用时，不能仅看佣金水平的高低，还要看员工的绩效水平。实际上，员工的绩效水平对企业产品竞争力的影响会大于销售费用的因素。总之，经济性的原则就是：花最少的钱办最多的事。

4. 稳定性原则

优良的报酬制度要能够使销售人员每周或每日有稳定的收入，这样才不至于影响其生活。因为销售量常受一些外界因素影响，销售员期望收入不会因这些因素的变动而下降至低于维持生计的水平。企业要尽可能地解决销售人员的后顾之忧，除了正常的福利之外，还要为其提供一笔稳定的收入，而这笔收入主要与销售人员的销售岗位有关，而不与其销售业绩发生直接联系。

5. 控制性原则

销售人员的报酬制度应体现工作的倾向性，应能对销售人员的努力指引方向。报酬制度应能使销售人员发挥潜能，提高其访问效率。因此，报酬制度的设立应能实现企业对销售人员的有效控制。企业所确立的销售报酬制度，不能以牺牲必要的控制能力为代价，这是企业保持销售队伍的稳定性并最终占有市场的关键。为了实现这一点，企业必须承担必要的投入风险，而不能把绝大部分风险转嫁给销售人员。

（二）销售薪酬类型的选择

由于行业、产品、区域、公司的差异性，世界上没有完全相同的销售报酬制度，更没有十全十美的、同时满足公司管理阶层和销售人员全部需求的报酬制度。一套优良的报酬制度，在理论上能够顾及双方的各种利益，但在实际中很难完全顾及。

报酬制度是影响销售人员流动率的最主要因素之一，要想留住销售人员，并使其创造良好的销售业绩，除了企业内要有发展远景规划外，还要通过"薪金"与"奖励"的巧妙搭配建立适当的报酬模式。薪金主要包括基本工资和福利，奖励包括佣金、奖金和荣誉等。在我国当前的市场经济条件下，企业销售报酬目标模式大体上存在四种具体的类型，适合于不同的企业或企业的不同经营时期，企业可以根据实际情况或发展进程，选择不同的销售报酬模式。

1. 高薪金与低奖励组合模式

这种模式比较适合于实力较强的企业或具有明显垄断优势的企业。如海尔集团销售人员的报酬制度就是这种模式。通常企业形成了比较良好的文化氛围，并为销售人员提供了良好的福利和各项保证，从而使销售人员在社会公平的比较中获得明显的优越感、归属感和荣誉感。正因为如此，即便企业所提供的额外奖励幅度较小（通常相当于岗位工资的20%～50%），该报酬方式也具有较大的激励作用。

2. 高薪金与高奖励组合模式

这种报酬模式通常适合于快速发展的企业。这种企业发展迅速，市场扩张快，需要不断加强对销售队伍的激励力度，以扩大对市场的占有和击败竞争对手。同时，处于发展中的企业又必须加强对销售人员的行为控制，以确保企业战略的实现。实行这种报酬模式的企业往往具有较大的凝聚力和团结作战的能力，因而要求销售人员具有较高的文化素质，能够准确理解公司的战略意图。该报酬模式除了其岗位工资高于其他行业或企业外（甚至高于公司内其他岗位的员工），其额外奖励的幅度通常大于岗位工资的50%，甚至数倍。

3. 低薪金与高奖励组合模式

这种报酬模式具有准佣金制的性质，销售人员的薪水不仅低于其他行业或企业，也可能低于公司内其他岗位的职工。这些薪金主要用于弥补正常的生活开支，甚至仅仅相当于部分促销补贴。在一些企业，其数额仅仅相当于企业平均工资的1/4～2/3。但这种模式的奖励幅度比较大，可以达到员工销售额的3%～10%。该报酬模式通常适合于保险、汽车、房地产、广告等服务行业，也适合处于衰退期的企业或产品采用，有助于企业收回应有的收益或减少可能的损失。在市场竞争比较激烈、企业具有一定优势而管理力量较为薄弱的情况下，也可以采用这种模式。

4. 低薪金与低奖励组合模式

推行这种报酬模式的企业，经营状况一般不是太好，或者正处于企业创业的困难时期。尽管从社会的角度来看，这种报酬方式处于劣势，但由于该报酬模式很可能是依据企业的实际而确定，因而如果做好宣传说明工作，也会得到销售人员的谅解。但需要说明的是，企业推行这种报酬模式的时间不宜太久，在条件改观时要适时进行调整，否则会使销售人员失去一定的耐心而转向为其他企业效力。许多企业创业或困难时销售人员没有流失，反而在企业好转或壮大时有销售人员离开，其原因之一就是没有及时转变销售报酬模式。

从公司规模来说，通常情况下，大型公司，尤其是具有很高知名度的公司应采用高工资、低提成的策略，原因在于以下几点。

（1）大型公司薪酬的一个主要目的在于留住人才。

（2）大型企业产品一般已经具有很高的品牌知名度，市场比较稳定，而且有一套运行良好的营销管理体制，因此对销售人员的个人销售技能依赖性不高，过多的提成无助于销售业绩的提高。

（3）大型公司更注重团队在销售中的作用，对销售人员的要求不仅仅是懂推销，最重要的是销售人员要遵守公司的市场统一部署，互相协作，销售额只是对销售人员进行考核的其中一个指标。

而新成立的公司当采用低工资、高提成的薪酬策略。新公司、小公司之所以采用这种策略，主要基于以下原因。

（1）低工资有利于降低固定费用，降低企业经营风险。

（2）小公司缺乏销售渠道、销售管理手段，销售业绩严重依赖于销售人员个人表现，因此高提成旨在使薪酬与业绩挂钩，激励销售人员积极推销。

（3）新公司、小公司资金实力较弱，资金回笼的压力大，因此对于销售人员的考核主要是销售额。但随着公司规模的不断扩大，企业管理不断成熟，需要逐渐加大固定薪酬，减少浮动部分薪酬。这样有助于留住一些骨干人员。

小资料 10－2

汽车行业销售人员的激励机制

销售是汽车行业的命脉，所以激励销售人员是汽车厂商提高销量的重要手段之一。但由于经销商和厂商所处的利益角度不同，往往厂商所推行的商务政策最终并没能好好执行，对销售人员的激励政策也是如此。不少外资品牌的汽车厂商在这方面拥有一些较好的经验做法，本文通过对这些厂商激励措施的总结，期望能给本土汽车厂商制定销售人员激励政策带来启发。

1. 日系品牌汽车销售人员的激励方案

（1）日系代表之一：一汽丰田。

一汽丰田汽车销售有限公司（FTMS）没有常规性的销售人员激励政策，但时不时会举办一些积分奖励和竞赛评比等活动来直接激励一线销售顾问。一汽丰田目前的激励制度主要包括积分奖励和竞赛评比两种形式，奖励对象主要是销售顾问和销售部长，奖励形式主要包括现金、购物卡和旅游等。积分由基础积分和岗位积分构成，根据目标达成情况设置了不同的积分系数，销售顾问和销售部长所采用的积分计算方法也完全不同。一汽丰田内部还设置了一个网络积分商城，商品品种繁多，销售人员可以根据自身积分情况任意兑换商品。

（2）日系代表之二：东风日产。

东风日产厂商正在逐步减少对一线销售顾问的直接激励，主要是因为日产经销商成立协立社，联合向厂家反映，认为厂家的直接激励影响了经销商对于自身销售人员的管理和激励效果。另一方面，厂家的直接激励，让经销商感觉是厂家在插手自己的经营，因为厂家和经销商之间是平等的商务合作关系而非上下级。目前东风日产厂商是通过经销商来间接激励销售人员。在直接激励方面，东风日产目前仅有销售积分兑换活动，销售人员可以根据各自销售情况计算具体的销售积分，每年在指定的时间段内可在厂商的积分商城上兑换相应的产品。不过，缺少物质激励的东风日产厂商在组织进阶式培训、搭建销售人员交流平台等方面取得了一定的激励成效，对稳定销售队伍起到较大的帮助作用。

东风日产厂商组织开展的全国性销售精英大赛，在组织理念和举办形式上都开辟了不少别具一格的做法，值得其他汽车厂商借鉴。东风日产通过选拔出真正代表汽车行业最高销售服务水平的精英，期望为东风日产树立一个服务标杆，带动整个东风日产的销售服务水平的发展，让消费者体验真正的尊贵服务。大赛全面考核销售顾问的知识熟练程度、销售技能的运用程度以及个人综合素质，要求选手不仅要熟悉内容包括汽车基础知识、产品知识、NSSW、销售技巧、车辆使用等销售必需的常用知识技巧，甚至时事热点也需要了然于胸。而个人反应能力和口才水平等也是考核的要点。一方面，服务搭台，客户唱戏。东风日产在海选中增加了尊贵体验月活动，让消费者参与评选，体验销售顾问在比赛中的努力。另一方面，东风日产还设置了网络虚拟小社会，销售精英官方网站也适时开通了。网站包括大赛选手形象展示，专家、媒体各界声音传达，网络票选等内容，是名副其实的交互式网站。

2. 德系品牌汽车销售人员的激励方案

(1) 德系代表之一：宝马。

宝马厂商对一线销售人员的直接激励基本上是通过培训、竞赛等活动来实现的。销售人员每卖出一台车，宝马厂商都设置了单车提成奖励，对于一些促销款车型也将提供额外奖励。宝马还设立各种奖项，奖励杰出的销售人员或团队。宝马厂商每年都会举办全国性和区域性的销售冠军竞赛，对销售人员的销售绩效、销售技能和销售知识等方面进行综合性考核，以奖金或赴德国进修的形式来激励销售人员的工作积极性。除此之外，宝马厂商每年会组织一些新车上市的培训，安排在旅游城市，相当于旅游福利。而且宝马还为每位销售人员设计了一本宝马护照，并制定相应的福利政策，以此来提高销售人员的工作积极性和工作稳定性。只要销售人员参加厂商规定的培训通过考试后即可获得，持有护照的销售顾问可以在全国宝马经销商网内自由转岗。

(2) 德系代表之二：奔驰。

奔驰中国2008年才成立市场部，其策划团队非常年轻，在市场运作方面的经验不足，因此其销售政策并没有太多亮点。奔驰厂商对销售人员的直接激励非常少，一般只采取现金奖励和物质奖励两种手段。而且所有的激励政策都是为了消化库存制定的，均属临时性政策。但在培训和认证方面，奔驰采取的 C-sales 认证对销售人员起到了较大的作用。奔驰中国对其授权经销商的销售顾问开展全球统一标准的职业资格认证，只要通过认证的销售顾问都可以享受更高的薪酬和福利。

3. 美系品牌汽车销售人员的激励方案

（1）美系代表之一：长安福特。

福特汽车的销售激励主要针对经销商，针对个人的激励通常仅限于某个车型，且持续时间较短。根据不同的汽车子品牌，经销商激励政策和个人激励政策都有所不同，例如：个人激励政策仅针对蒙迪欧品牌。具体奖励金额将随着车型、销量的不同而不同。目前，长安福特厂商对于销售顾问个人的奖励是直接打到个人账户的，并不经过经销商，这在一定程度上避免了经销商对于厂商激励的干预。

（2）美系代表之二：通用别克。

对于经销商的销售人员，别克厂家主要通过在线软件和网络平台来了解一线销售人员的销售情况，但并没有基于这一平台的积分机制或者长期激励体系。由于别克经销商在销售人员管理上有较大的自主权，各经销商可以制定自己一线销售人员的薪酬制度。基本工资也是随着销量而递增的，比如卖了 2 台，这个月的基本工资就是 1000元；卖出 3 台，基本工资就是 1200 元。销售人员的奖金主要是单车奖，公司奉行的是多奖少罚的理念，比如公司规定，销售人员每个月必须卖出 1 台二手车，完成了就会奖励 500 元/台，如果没有完成则会扣 400 元/台。当销售团队销量达到一定程度，还会获得销售团队奖励。别克厂商较少直接激励经销商一线销售人员，通常是为了消化库存而制定一些临时性奖励政策，奖励对象一般是团队，奖励方式是现金或实物奖励，奖励频次大约半年一次。别克厂商每季度会举行一次销售评比（如 MOT）。全年还有金牌销售员评比，且分全国性和区域性，得到的奖励程度将不同。别克厂商和经销商每年都会组织人员培训、人员评级等激励活动，但各自工作重点不同。别克厂商更多地关注中高层销售管理人员，而经销商在中低层销售人员管理上具有较多决定权。

通过对欧美日等品牌汽车厂商的案例分析，我国本土汽车企业可以从中得到不少建议，从而帮助汽车厂商优化各自的销售人员激励方案。

（1）在激励对象方面，一方面可以适当考虑增加经销商奖励的比重。销售人员的管理通常由经销商来直接负责，适当授予一定经济权限给经销商，将销量与经销商奖励结合起来，可以有效提高经销商的积极性，并促进厂商和经销商之间的友好合作关系。另一方面，可以适当考虑增加团队奖励的比重。汽车销售成绩是各个部门相互合作的结果，除销售顾问以外，物流、行政后勤等部门的重要性也很大。适当重视团队奖励，可以有效促进团队合作，更能发挥激励政策的作用。

（2）在激励方案设计方面，可结合旗下品牌的市场特点设置更有针对性的销售激励方案。比如 A 款车的市场销售难度稍微偏大，则可针对 A 款车设置一些短期的销售激励政策，而其他车型则更多地采取常规性激励政策。

（3）在激励手段方面，除现金奖励外，还可以考虑实物奖励相结合的模式。一方面可以有效降低税收带来的成本，另一方面多元化的奖励机制可以有效提高销售人员的满意度。在实施过程中，必须考虑奖品对销售人员的吸引力以及灵活便利的操作流程。

（4）在激励主体方面，可以考虑适当放权给经销商。在东风日产的案例中发现，激励方案不仅要对一线销售人员有效，还必须能吸引经销商的参与和支持，才能发挥其功效。除此之外，还可以借助消费者的参与来完成各厂商开展的激励竞赛等活动。东风日产在组织竞赛评比活动的时候，旨在把活动的影响力转化为销售力，既是一种激励销售人员的手段，同时也起到了向消费者传达东风日产重视服务的一种理念，这一点上值得本土汽车厂商学习。

（5）在激励形式方面，可以适当考虑增加销售个体选择的权利。目前国内大多数汽车厂商的激励形式只采取了现金激励，销售人员缺少自主选择的权利，激励效果有限。一汽丰田在设置奖励时考虑了积分商城的形式，让销售人员自行选择兑换商品，能更有效地激励销售人员的积极性。国内汽车厂商在制定销售人员激励政策时，可以考虑将激励内容尽可能地多元化，对具有不同需求的销售顾问进行有针对性的激励。

（资料来源：杨英，《改革与开放》2012 年第 03 期）

四、销售人员的福利

福利是企业为员工提供的间接形式的一切物质利益。国内外很多大企业都认为，福利是薪酬组合的一部分。优良的福利制度对于吸引优秀销售人员、提高销售人员的士气、降低人员流动率、激励和凝聚销售人员有着重要作用。

（一）福利项目

1. 医疗保险

这是公共福利中最主要的一种福利，企业必须为每一位正式员工购买相应的医疗保险，确保员工患病时能得到一定的经济补偿。

2. 失业保险

失业是市场经济的必然产物，为了使员工失业时有一定的经济支持，企业应该为每一位正式员工购买规定的失业保险。

3. 养老保险

员工年老时，会失去劳动能力，因此企业应该按规定为每一位正式员工购买规定的养老保险。

4. 伤残保险

由于种种意外事故，员工受伤致残，为了使员工在受伤致残失去劳动能力时得到相应的经济补偿，企业应按规定为每一位正式员工购买伤残保险。

5. 住房津贴

住房津贴是指企业为了使员工有一个较好的居住环境而提供给员工的一种福利，主要包括以下几种：根据岗位不同每月提供住房公积金；企业购买或建造住宅后免费或低价租给或卖给员工居住；为员工的住房提供免费或低价装修；为员工购买住房提供免息或低息贷款，全额或部分报销员工租房费用。

6. 交通费

主要指为上下班员工提供交通方便。主要包括以下几种：企业提供班车接送员工上下班，企业按规定为员工报销上下班交通费，企业每月发放一定数额的交通补助费。

7. 带薪休假

带薪休假通常指除法定节假日以外的几种情况。

（1）脱产培训。脱产培训既是企业对人力资源投资的一种商业行为，又是一种福利，尤其是该培训项目对员工有明显的直接好处时，更显示出福利的特点。

（2）病假。企业一般对员工因病需要休息制定了支付全部或部分薪水的规定。

（3）事假。通常企业对员工遇到下述情况不能工作时给予不等的有薪假期：婚假、丧假、产假、搬迁假等。

（4）公休。公休是指员工根据企业的规章制度，经有关管理人员同意，在一段时间内不来上班工作的一种福利。

（二）福利设计中应注意的问题

企业提供的福利反映了企业的目标、战略和文化，福利种类的确定、运作管理对企业的发展至关重要。有些企业由于不善于设计福利，虽然在福利方面投入了大量金钱，效果却不理想，许多优秀人才纷纷离职，企业效益明显下降。福利的设计要点涉及以下几个方面：福利的成本核算、福利的沟通、福利的调查、福利的实施。

福利的成本核算是福利管理中的重要部分，人事主管应会同财务人员花较多的时间与精力投入福利的成本核算。主要涉及以下方面。

（1）通过销量或利润计算出公司最高的可能支出的福利总费用。

（2）与外部福利标准进行比较，尤其是与竞争对手的福利标准进行比较。

（3）做出主要福利项目的预算。

（4）确定每一个员工福利项目的成本。

（5）制订相应的福利项目成本计划。

（6）尽可能在满足福利目标的前提下降低成本。

福利的沟通要了解掌握员工对工作和福利的满意度，沟通很重要。福利沟通的主要方法有：

（1）问卷法、面谈法了解员工的福利需求。

（2）公布并介绍一些福利项目让员工自己挑选。

（3）收集员工对各种福利项目的反馈。

福利调查主要涉及以下三种调查：

（1）福利项目制定前的调查。主要了解员工对某一福利项目的态度、看法与需求。

（2）员工年度福利调查。主要了解员工在一个财政年度内享受了哪些福利项目，数额多少，是否满意？

（3）福利反馈调查。主要调查员工对某一福利项目实施的反应如何，是否需要进一步改进？或是否要取消？

福利的实施在实施福利时，主要应注意以下几点：

（1）根据目标加以实施。

（2）预算要落实，这样不至于福利实施计划落空，或向员工的福利承诺不兑现。

（3）按照实施计划有步骤地实施。

（4）保持实施进程的灵活性，定期检查、定期监控。

第二节　销售人员的激励

在市场竞争日益激烈的今天，销售工作做得好坏直接影响到企业的经济效益，甚至关乎企业能否生存下去。每个人都需要激励，因此激励是管理者的重要工作任务。而销售工作是一件非常辛苦的工作，需要持续不断地努力才能取得好的业绩。销售人员通常需要独立地工作，他们的工作时间也是无规律的，通常还会遇到挫折。销售代表经常被派到全国各地，远离亲人，面临家庭和感情上的烦恼；他们时常面临着极具竞争力的对手，为了赢得顾客，他们需要做出极大的努力，而他们通常掌握有限的权利和资源，有时还会失去即将到手的订单。所以，没有一套完善的激励机制是很难将销售人员的潜力发挥出来的，没有灵活全面的激励措施也很难使销售人员的工作热情保持长久。

科学的激励能够针对销售工作的特性、销售人员的不同个性采取不同的措施，给予销售人员物质上的奖励、精神上的安慰和社会地位上的承认，从而能够最大限度地挖掘销售人员的潜力。每个销售人员都有自己的目标、优点和缺点以及工作中面临的问题。公司根据每个销售人员的情况制定一个既符合整体需要又适应于不同个体需要的、具有弹性的激励组合，这样才能达到"量体裁衣"的效果。

随着市场的变化和销售人员的成长，公司现行的激励机制可能会失去原有的效果。因此，为了保证销售工作的顺利进行，不断提升销售人员的业绩，需要不断完善和调整现有的激励机制。一套不断发展的、具有灵活性的激励组合可以适应新的情况，促进销售人员的成长，培养销售人员的忠诚度，减少由于人员过度流动带来的损失。

企业的目标不是单一的，通常是多层次、多元的。销售目标是实现企业战略目标的一个步骤，但销售目标有时可能和其他目标相冲突。比如，企业产品的目标定位高档，这就需要制定较高的价格，而销售部门为了提高销售量往往希望把价格降低。这两个目标在一定程度上是相互冲突的，而一个好的激励机制会从企业的全局出发，协调不同的目标，最终实现企业的战略目标。员工激励归纳起来不外乎两种方法：合理的薪酬制度和科学、系统的管理体系。但人的需求是多层次的，物质需求只是最低层次的需求，因而薪酬的激励作用有限；要提升业绩，实现有效激励，就要真正了解销售人员的特点，研究不同类型销售人员的表现，洞悉他们的真实需求，并采用相应的激励方式。

一、销售人员行为分析

人与动物的最大区别是人的一切活动都是有意识、有目的的活动。行为科学家和心理学家们认为，人的行为是由动机决定的，而动机是由需要支配的。人的一切行为的发生是环境与个体相互作用的结果。

销售人员的行为有多方面的表现，但本章着重探讨的是销售人员在销售工作中的行为与行为特征。一般来说行为是由动机决定的，动机是人们行为产生的原因，它引起行为，维持行为并指引行为去满足某种需要。所以，动机又来自需要。人们的动机是多方面的，有强弱之分，不是所有需要都会产生某种动机。一般来说，只有最强烈的动机、占据优势的动机才引发行为，而这种动机又来自销售人员最强烈的需要。如果销售人员有强烈的自我价值实现的需要和建功立业的需要，形成强度大、占优势的动机，必然引发企业所要求的行为。

现代西方行为科学的学者还认为，个人的行为表现是三种因素作用的结果，即个人动机因素、组织动机因素、组织与个人因素相互作用（相称或相抵）因素，如图10－2所示。一个人对他的工作行为满意了，就会形成一股内在力量，继续影响他未来的行为。当然，每个人的优势动机是不同的，有的人认为事业的成功高于一切，有的人把报酬的价值看得很重，有的人两者兼之。动机良好，才能热爱销售工作，并充分发挥自己的才能，创造性地从事推销业务。

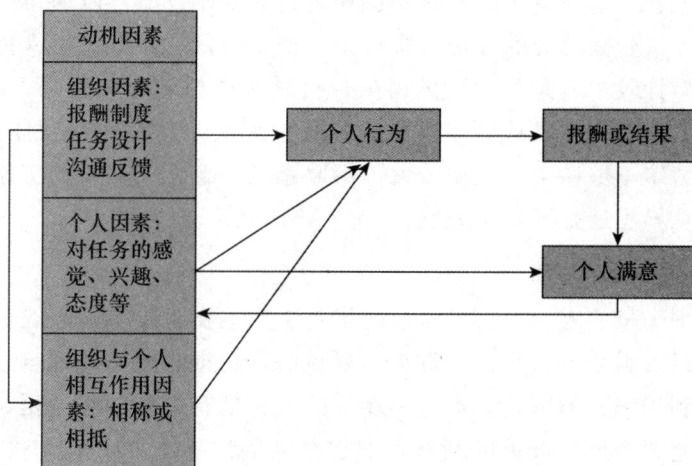

图 10－2 动机过程

根据对众多销售人员的调查，销售人员的职业动机可以划分为四种类型。

（一）经济型动机

具有这种动机的销售人员，把自身所从事的职业主要看作谋取生存的手段，以取得理想的经济报酬为主要目的。所以，对金钱的追求和满足就成了推动他们从事销售工作的主要动力。只要经济报酬合适，这些人对待工作一般都能认真负责，对待顾客的态度也比较好；薪金增加一些，干得会更好一点。但这种人雇佣思想很浓，缺乏远大理想，只关心个人利益，薪金少了点或经济报酬少了些，就会斤斤计较，工作消极被动，对待顾客不冷不热，甚至有时发牢骚。"多钱多干、少钱少干、无钱不干""按酬付劳"就是他们销售工作观的主要表现。

（二）兴趣型动机

具有这种类型动机的人从事销售工作不为名、不为利，把销售工作看成是娱乐活动，以满足个人的兴趣为目的。这种人，以家庭经济较好，生活比较安定，具有一定文化知识，而又喜欢交际、旅游的中青年为多。他们生性活泼，性格开朗，接待客户热情，对待工作认真肯干，特别是对到外地推销、到外省出差十分主动积极，不管领导在场不在场，工作态度和行为都一样热情、主动。但由于思想上缺乏远大目标和彻底为顾客服务的精神，未能把情趣与志趣结合起来，所以，在工作中遇到一些困难或重复干着一些比较单调乏味的工作时，往往不够耐心，情绪也有明显的低落。

（三）个人奋斗型动机

具有这种类型动机的人，把自身所从事的销售职业主要看作自我发展和成就的阶梯，以谋求个人的前途和社会地位为主要目的。他们一般表现为工作认真负责，热情积极，富于朝气，有比较强烈的上进心和事业心。对顾客主动热情，并能想办法帮助顾客解决一些困难或自觉当好顾客购买的参谋。平时喜欢独立思考，善于开动脑筋，爱学习，力求以个人的勤奋和聪明才智，掌握更多的文化知识和更高的专业技能，以赢得广大顾客的赞扬和领导、职工的好评，受到社会的尊重，实现个人奋斗的目的。但此类人由于是以个人奋斗为主要动力，事事计较个人荣誉地位的得失，自尊心和虚荣心都很强，不容易接受批评，听不得不同意见。当工作有成绩时骄傲自大，目中无人；当工作受到挫折时则悲观消极，自暴自弃。工作情绪不够稳定，波动较大，不愿意从事平凡、琐碎的工作，自觉位置不大合适时，就容易见异思迁，不安于现状。

（四）社会服务型动机

具有这种类型动机的人，把自身从事的销售工作主要看作追求人类最高层次的自我实现需要的手段，以贡献社会、服务人群为主要目的，希望能充分发挥自己的才能，干一番有益于人民、有利于国家的事业。有此类动机的人，是有理想、有觉悟、有道德、有情操的人。他们把社会的需要、人民的利益，摆在个人的需要之上，个人利益服从国家利益，能够正确认识和理解销售工作在整个社会中的地位和作用，从而更热爱这项平凡而伟大的工作，并树立了销售人员的光荣感、责任感和主人翁的自豪感。他们能够在任何时候、任何条件下，主动积极地搞好销售工作，对待顾客热情、诚恳，主动介绍商品，积极当好顾客参谋，想顾客之所想，急顾客之所急，为顾客服务十分周到、常使顾客深受感动。往往经过几次的交易之后，就成了顾客的知心人、好朋友；在工作、生活上都能关心职工，并能和职工、领导团结一心，共同把销售工作搞好。当然，这种类型的人并非没有缺点和失误，但由于他们有一颗全心全意为人民服务的心，一般能正视和改正自己的缺点和错误。

上述前三种类型的职业动机，都有不同程度的缺点和不足之处，只有第四种社会服务型动机才是我们所希望的、最为理想、最为正确的职业心理动机。

二、销售人员激励的方式

激励的第一步是摸清员工的需求与不满，结合不同激励对象各自的需求特点，辩证地采取相应的激励方式，以达到激励的最佳效果。每一种激励方法就像个网眼，各种方法一起才能构成一张激励之网，单靠一种方法是难以发挥作用的。激励的精髓是沟通，沟通贯穿于激励机制设计的全过程，激励约束机制需要一整套的配套制度来支持；每个企业的激励机制都不会完全一样，一定要根据自身情况设计自己的激励约束机制并不断创新。

（一）物质激励

销售人员从事销售工作是为了生活，收入是生活的保障之一。销售经理要满足他们这些最起码的需求，即生理方面的需要、安全需要。在一定的收入保障基础上，才能使销售工作进行下去。物质激励手段包括工资、奖金和各种福利。物质激励是最基本的激励手段，因为工资、奖金、住房等决定着人们的基本需要的满足。

物质激励的重要性是显而易见的。物质是人类生存的基础，衣、食、住、行是人类最基本的物质需要，从这层意义上说，物质利益对人类具有重要的意义。国外企业对物质激励是十分重视的，认为这是激发人的动机、调动积极性的重要手段。因此还建立了一系列的工资制度和工资政策，与绩效考核紧密结合。物质激励也是公认的有效的一种激励方法，因而得到各企业的广泛运用。但是，物质激励本身存在着一些无法弥补的缺陷，在应用物质激励的同时要十分注意把握度，因为重赏会带来副作用，在重赏之下的激励，很容易让人们产生拜金主义，达不到应有的长效激励效果。

（二）精神激励

精神激励是在较高层次上调动职工的工作积极性，其激励深度大，维持时间也较长。精神激励包括表扬、授予光荣称号、记功、通令嘉奖、发放象征荣誉的奖品和奖章等。这是对销售人员贡献的公开承认，可以满足他们对于尊重的需要，从而达到激励的目的。

在管理学看来，追求良好声誉是经营者的成就发展需要，或归于马斯洛的尊重和自我实现的需要。尊重并不是惧怕和敬畏，尊重意味着能够按照其本来面目看待其人，能够意识到他的独特秉性，尊重意味着让他自由发展其天性。如果我们承认马斯洛的自我实现的需要是人类最高层次的需要，那么声誉才是一种终极的激励手段。销售人员追求良好声誉是其为了获得长期利益的一种"天然"选择。对于销售队伍管理者来说荣誉激励是一种"低投入高回报"的激励方式，因此对于员工不要太吝啬一些头衔，它可以换来员工的认可感，从而激起员工的干劲。如应用比较普遍的销售主管、项目销售经理等虚位头衔，及业务明星、金牌业务员等称号。

现代企业管理实践表明，物质激励必须同精神激励相结合。尤其在物质激励不可能完全到位的情况下，有效的精神激励，可缓解某些特定时期员工的内心不平衡。因此，创造一个激励员工奋发有为的企业环境，其功效是一般物质激励难以替代的。

很多人认为精神激励的作用更长久，而有时候它可能只起到短期的作用。比如人们往往将公开的表扬不仅会看成荣耀感的提升，同时他会把表扬看成一个信号，促使销售人员萌发加薪或升职的愿望，因此如果仅仅只有表扬而无任何动作，这种激励的效果恐怕很难实现。也就是说精神激励的效果同样需要物质激励来巩固。

（三）成就激励

在职务设计中充分考虑到技能的多样性、任务的完整性、工作的独立性，并阐明每项任务的意义以及设置反馈环节，就可以使员工体验到工作的重要性、所负的责任，并及时了解工作的结果，从中产生强烈的内在激励作用，形成高质量的工作绩效和对工作高度的满足感。

成就激励其中最重要的表现形式就是合理晋升。如通过职责扩大化等，使销售人员产生成就感、荣誉感，通过内部晋升与选拔使销售人员看到自己的工作能力与业绩能够得到肯定或报偿，可以激发人才的献身精神，而且可以给其他人才一个同样的期望。

（四）授权激励

对于较成熟的销售人员给予一定范围的决策权力，既可以充分发挥人才优势，又能够激发被授权人的责任感。

（五）沟通激励

从某种意义上说，管理就是各个部门、各个层次的相互沟通，管理人员必须不断寻找部属的需求，了解员工对企业的意见，实行各种形式的民主管理，使部属知道正在进行哪些活动，让他们参与管理决策活动。激发销售人员企业的主人翁精神，通过民主制度实施的激励，可以充分调动销售人员的积极性与主动性。

（六）培训进修激励

如为拓展视野、丰富学习经验，公司组织管理人员、专业人士以及荣获嘉奖的职员到外地考察。通过培训提升销售人员的销售技能，满足他们求知、发展的需要，使他们体会到来自企业的关怀与培养，同时提高其个人职业价值及人力资源市场价值，从而激励他们为企业创造更多的财富。

（七）关怀激励

"卓有成效的企业福利需要和员工达成良性的沟通。"从某种程度上来说，员工的心是"驿动的心"。员工的需求也随着情况的涨落和自身条件的改变在不断变化。要真正获得员工的心，公司首先要了解员工的所思所想、他们内心的需求，创造一个良好的工作氛围，给予他们在大集体中结交朋友、交流感情的机会，提升团队凝聚力，使销售人员能心情愉快地开展工作。

（八）感情激励

肯定与赞美是最强有力的激励方式，而且不花钱。企业的感情投资如生日祝贺、为职工排忧解难、办实事、送温暖等都会很好地激励销售人员的销售热情。我们很多企业领导不会赞美、激励，只会批评，他们认为表扬会使员工骄傲。于是我们就见到太多被领导训得"灰头土脸的员工"，一直在这种灰色情绪下工作，如何获得良好的客户满意度？

（九）目标激励

目标激励是指为销售人员确定一些应达到的销售目标，并以目标完成的情况来激励销售人员的一种方式。通过帮助定位员工角色，明确目标期望值，明确绩效标准，建立活动规范，决定组织结构，激发员工实现自我激励。通常针对销售岗位的主要目标有销售量定额、毛利额、访问客户数、新客户数、访问费用和货款回收率等。

管理者通过目标管理，即当组织最高层管理者确定了组织目标以后，必须对其进行有效分解，转变成各个部门以及各个员工的分目标，分解到每个业务岗位及每名销售员的具体产品、时间、区域业务目标，管理者根据分目标的完成情况对下级进行考核、评价和奖惩。通过具体、明确的目标激励导致更高的人员绩效；在制定目标过程中作为销售管理者应注意销售队伍成员的业务成熟情况，保证确定的目标具有激励性。

在目标激励的过程中，要正确处理大目标与小目标，个体目标与组织目标、群众目标，理想与现实，原则性与灵活性的关系。施行目标激励要求目标具体化，明确、具体地描述预期的成果。制定工作目标时，涉及目标的所有群体共同制定目标，并共同规定如何衡量目标的实现程度；明确规定每一阶段任务完成的期限，同时不断地给予员工目标实现程度或接近目标程度的反馈，使销售人员能及时地了解工作的进展，掌握工作目标的进度，从而及时地进行自我督促和行为矫正。

（十）榜样激励

我们常讲榜样的力量是无穷的，就是一种典型人物的行为，运用国内外优秀销售人员成功的案例来激励大家，形成团队行为标杆，引发人们的内省与共鸣，从而起到强烈的示范作用。榜样就像一面旗帜，引导人们的行动，为销售人员增添克服困难、实现目标、争取成功的决心及信心。通过设立各种行为榜样．激发销售人员的共鸣，以示范作用带动销售人员的工作热情。

（十一）竞赛激励

通过竞赛的方式推动销售业绩的提升，推动新市场的开发；通过竞赛持续提高工作绩效，改进工作方法；通过竞赛方式提高销售队伍素质。经常采用的竞赛内容从业绩竞赛、服务竞赛、新产品或新市场推广竞赛、销售队伍训练竞赛、销售费用管理竞赛、销售信息管理竞赛等，针对销售队伍短期和长期目标确定竞赛主题。

◤ 本章小结

销售人员的报酬是销售人员通过从事销售活动而取得的利益回报。包括企业支付给员工的经济性劳动报酬，如工资、奖金、佣金、津贴、保险、福利、红利等货币报酬。销售薪酬的作用体现为：促进企业销售目标的顺利实现、保证销售人员利益的实现、协调关系、配置资源。

企业常见的销售人员薪酬类型分为纯粹薪水制度和纯粹佣金制度。销售薪酬的选择模式包括高薪金与低奖励组合模式、高薪金与高奖励组合模式、低薪金与高奖励组合模式、低薪金与低奖励组合模式等。

销售人员的福利制度对于吸引优秀销售人员、提高销售人员的士气、降低人员流动率、激励和凝聚销售人员有着重要作用。福利项目包括医疗保险、失业保险、养老保险、伤残保险、住房津贴、交通费、带薪休假等。

销售人员的激励方式包括物质激励、精神激励、成就激励、授权激励、沟通激励、培训进修激励、关怀激励、感情激励、目标激励、榜样激励、竞赛激励等。

思考题

1. 销售人员薪酬计划的基本类型是什么？
2. 设计薪酬计划时应考虑的因素有哪些？
3. 对销售人员的激励应遵循哪些理论？
4. 对销售人员的激励主要有哪些方式？

案例分析

销售人员薪酬激励的设计

培养好一支优秀的销售团队，应该从招聘、培训、薪酬激励和绩效回馈这四个人力资源管理环节入手，这样既保证了销售团队的流动性，又避免给销售人员过多的负担，影响队伍士气。

某公司为一家主要从事 IT 产品代理和系统集成的硬件供货商，成立 8 年来销售业绩一直节节攀升，人员规模也迅速扩大到了数百人。然而公司的销售队伍在去年出现了动荡，一股不满的情绪开始蔓延，销售人员消极怠工，优秀销售员的业绩开始下滑，这迫使公司高层下决心聘请外部顾问，为公司做一次不大不小的外科手术，而这把手术刀就是制定销售人员的薪酬激励方案。

经过调查，我们发现，这家公司的销售部门按销售区域划分，同一个区域的业务员既可以卖大型设备，也可以卖小型设备。后来，公司对销售部进行组织结构调整，将一个销售团队按两类不同的产品线一分为二，建立了大型项目和小型设备两个销售团队，他们有各自的主攻方向和潜在客户群。但是，组织结构虽然调整了，两部门的工资奖金方案没有跟着调整，仍然沿用以前的销售返点模式，即将销售额按一定百分比作为提成返还给业务员。这种做法，看似是不偏不向，非常透明，但没能起到应有的激励作用，造成两部门之间的矛盾，于是出现了上面讲到的现象。这种分配机制产生的不合理现象具体有以下原因。

1. 对于大型通信设备的销售，产品成本很难界定，无法清晰合理地确定返点数。同时，很多时候由于竞争激烈，为了争取客户的长期合作，大型设备销售往往是低于成本价销售，根本无利润可以返点。

2. 销售返点模式一般一季度一考核，而大型设备销售周期长，有时长达一两年，客户经常拖欠付款，这就使得考核周期很难界定。周期过短，公司看不见利润，无从回报销售人员；周期过长，考核前期销售人员工作松散，经常找不到订单。

3. 大型设备成交额很大，业务员的销售提成远远高于小型设备的销售，这导致小型设备的业务员心理不平衡，感到自己无法得到更高的收入，公司对自己不够重视，于是工作态度开始变得消极。

4. 大型项目一般是团队合作，由公司总经理、副总经理亲自领导，需要公司其他部门紧密配合，如何将利润分给所有参与项目的人？分配原则是什么？这些问题都是销售返点模式难以回答的。

（资料来源：谷逸人力资源专业博客作者：maiggi 2004－1－11）

思考讨论题：

请为该公司设计一套薪酬方案。

第 11 章

销售过程管理

导入案例

　　戴尔公司北方业务部有一名新员工负责河南的业务，在接受培训的时候，他的主管帮助他做了一个计划：入职一个月到两个月时，在当地较有档次的"豫达酒店"召开了一个展览会，邀请所有最重要的 100 多家潜在客户前来参会。同时，公司搜集客户的资料，通过电话或发放请柬来邀请客户前来参加。在会上，安排市场部比较擅长演讲的员工来做公司及产品的介绍。

　　3 个小时的展会上，非常专业、煽动性较强的讲演者介绍了公司和产品，同时，会议中间还准备了咖啡和茶点，然后还安排了一顿午饭。在一家五星级的酒店里，客户不仅可以看到各种各样的样品，还可以简单地做一些操作，又听到了极富煽动性的介绍，客户认为这个厂家是一流的厂家，会有非常全面的计划方案。

　　在午餐时，销售人员被分派到各个桌子上，与客户进行直接交流，同时发给每个客户一份反馈表，其中包括单位规模、年度预算，主要使用哪些厂家的产品，有没有兴趣与我们联系，有没有采购计划，一个过程走下来，大约半天的时间就认识了这个市场最重要的100 家客户，并在客户心目中树立起了良好的、一流的公司及销售人员形象。

　　在喝咖啡的时候，每个销售人员分别接触了两三个人，询问客户的家人、爱好等个人情况及最近的计划安排情况，得到了客户的一些个人资料。利用喝咖啡和吃饭的时机，跟客户建立了互信的关系，虽然只有半天时间，却非常有效，收到了很好的宣传效果。如果可以将这样的展会办成功，一般可以在 100 个客户中找到 10 个或 20 个的销售机会，如果能够赢下 3 个，就非常划算。

　　如果新员工刚入职就可以参加这样的展会，能立刻找到 10 个订单并去跟单，这将是一个良好的开端。所以，进入一个新市场，或接触一个新产品时，最好的方法不是挨家挨户去拜访，而是组织一个这样的展会。特别是要利用吃饭和喝咖啡这样的机会，全面搜集客户的资料。

销售有四种力量：介绍和宣传、挖掘客户需求、建立互信、超越客户期望，展会可以在介绍和宣传以及建立互信方面起到重要作用。

（资料来源：付遥，《成功销售的8种武器：大客户销售策略》，北京大学出版社，2010年版）

第一节　销售准备

人员推销是指通过推销人员深入中间商或消费者进行直接的宣传介绍活动，使中间商或消费者采取购买行为的促销方式。它是人类最古老的促销方式。在商品经济高度发达的现代社会，这种古老的形式依然是最重要的销售形式之一。

人员推销的基本形式有上门推销、柜台推销和会议推销等。人员推销具有信息传递的双向性、推销过程的灵活性、推销目的的双重性和满足需求的多样性等特点。

一、寻找潜在顾客

寻找客户是销售成功的第一步，常用的寻找客户的方法有以下几种。

（一）普遍寻找法

这种方法也称逐户寻找法或者地毯式寻找法。其方法的要点是，在业务员特定的市场区域范围内，针对特定的群体，用上门、邮件或者电话、电子邮件等方式对该范围内的组织、家庭或者个人无遗漏地进行寻找与确认的方法。比如，将某市某个居民小区的所有家庭作为普遍寻找对象、将某市所有的宾馆、饭店作为地毯式寻找对象等。

普遍寻找法的优势：

（1）地毯式地铺开不会遗漏任何有价值的客户。

（2）寻找过程中接触面广、信息量大、各种意见和需求、客户反应都可能收集到，是分析市场的一种方法。

（3）让更多的人了解到自己的企业。

普遍寻找法的缺点：

（1）成本高、费时费力。

（2）容易导致客户的抵触情绪。

因此，如果活动可能会对客户的工作、生活造成不良的干扰，一定要谨慎进行。普遍寻找法可以与其他促销活动结合进行的方式展开。

（二）广告寻找法

这种方法需要向目标顾客群发送广告吸引顾客上门展开业务活动或者接受反馈展开活动。例如，通过媒体发送某产品或服务的广告，介绍其功能、购买方式、地点、代理和经销办法等，然后在目标区域展开活动。

广告寻找法的优点是：

（1）传播信息速度快、覆盖面广、重复性好。

（2）相对普遍寻找法更加省时省力。

其缺点是需要支付昂贵的广告费用，针对性和及时反馈性不强。

（三）介绍寻找法

这种方法是业务员通过他人的直接介绍或者提供的信息进行顾客寻找，可以通过业务员的熟人、朋友等社会关系，也可以通过企业的合作伙伴、客户等介绍，主要方式有电话介绍、口头介绍、信函介绍、名片介绍、口碑效应等。如图 11-1 所示。

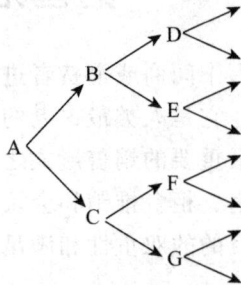

图 11-1　介绍寻找法

利用这个方法的关键是业务员必须注意培养和积累各种关系，为现有客户提供满意的服务和可能的帮助，并且要虚心地请求他人的帮助。口碑好、业务印象好、乐于助人、与客户关系好、被人信任的业务员一般都能取得有效的突破。

介绍寻找客户法由于有他人的介绍或者成功案例和依据，成功的可能性非常大，同时也可以降低销售费用，减小成交障碍，因此业务员要重视和珍惜。

（四）资料查阅寻找法

这种方法要求业务员有较强的信息处理能力，通过资料查阅寻找客户既能保证一定的可靠性，也可减小工作量、提高工作效率，同时也可以最大限度地减少业务工作的盲目性和客户的抵触情绪，更重要的是，可以展开先期的客户研究，了解客户的特点、状况，提出适当的客户活动针对性策略等。需要注意的是资料的时效性和可靠性，此外，注意对资料（行业的或者客户的）日积月累往往更能有效地展开工作。

业务员经常利用的资料有：有关政府部门提供的资料、有关行业和协会的资料、国家和地区的统计资料、企业黄页、工商企业目录和产品目录、电视、报纸、杂志、互联网等大众媒体、客户发布的消息、产品介绍、企业内刊等。

一些有经验的业务员，在出发和客户接触之前，往往会通过大量的资料研究对客户做出非常充分的了解和判断。

（五）委托助手寻找法

这种方法在国外用得比较多，一般是业务员在自己的业务地区或者客户群中，通过有偿的方式委托特定的人为自己收集信息，了解有关客户和市场、地区的情报资料等。另一种方式是，老业务员有时可以委托新业务员从事这方面的工作，对新业务员也是一种有效的锻炼。

（六）客户资料整理法

这种方法本质上属于资料查阅寻找法，但是，也有其特殊性，这里强调的是客户资料管理，因为其重要性十分突出。现有的客户、与企业联系过的单位、企业举办活动（如公关、市场调查）的参与者等，他们的信息资料都应该得到良好的处理和保存，这些资料积累到一定的程度，就是一笔财富，在市场营销精耕细作的今天，这尤为重要。

（七）交易会寻找法

国际国内每年都有不少交易会，如广交会、高交会、中小企业博览会等，这是一个绝好的商机，要充分利用，交易会不仅能实现交易，更重要的是寻找客户、联络感情、沟通了解。

（八）中介机构寻找法

一些组织，特别是行业组织、技术服务组织、咨询公司、调查公司等，他们手中往往集中了大量的客户资料和资源以及相关行业和市场信息，通过咨询的方式寻找客户不仅是一个有效的途径，有时还能够获得这些组织的服务、帮助和支持，如在客户联系、介绍、市场进入方案建议等方面。

（九）活动寻找法

企业通过公共关系活动、市场调研活动、促销活动、技术支持和售后服务活动等，一般都会直接接触客户，这个过程中对客户的观察、了解、深入沟通都非常有力，也是一个寻找客户的好方法。

有效地寻找客户的方法远远不止这些，寻找客户应该说是一个随时随地的过程。

小资料 11-1

茶歇引来的生意

刘经理参加了公司在某报社举行的产品交流会，他特别安排了一个小推车，上面有咖啡、茶点、瓜果，到客户们休息的时候，就把小推车推到门口。客户们在会上就已经非常高兴，又看到准备的点心瓜果，更加轻松愉快，纷纷谈论起来。刘经理和客户方的一位主任在一起喝咖啡，因为大家谈得高兴，时间就延长了半小时。

刘经理：主任，您平时有什么爱好？周六周日有哪些活动呢？

主任：周六周日比较闲，近来一直在打网球。

刘经理：我也在打网球。您是怎么打的？

主任：约约朋友，一起来玩。

刘经理：您没找个教练一起打？我现在有一个教练，每天都要一起打，进步很快，运动量还特别大。我每周都在打，下次我给您打电话，一块去得了。

主任：到时候再说吧。

（到了周六，刘经理就约了这位主任一起来打网球，两人玩得非常高兴。就这样，两个人在一起打了好几次网球，在充分熟悉以后，生意就在网球场上谈起来了。）

刘经理：您觉得我这个人怎么样？

主任：不错。

刘经理：那您觉得我们的产品怎么样？

主任：名牌，感觉和你一样。

刘经理：就像我们打网球一样，了解后才知道对方很好。要不您先考虑考虑我们的建议。

主任：不用考虑了，就这么着吧。

销售过程中一定要掌握的四大类资料：客户背景资料、竞争对手资料、项目资料、客户个人资料，其中客户个人资料非常重要。掌握个人资料就是为了增加与客户的接触机会，建立起互信关系，同时选择轻松的环境，项目的赢取就有很大的胜算。

（资料来源：付遥，《成功销售的8种武器：大客户销售策略》，北京大学出版社，2010年版）

二、顾客资格审查

（一）销售漏斗

销售漏斗是通用的管理大型销售机会的工具，它体现了大客户销售方法的精华，并提供了管理销售的共同语言。销售漏斗涵盖了从目标客户发现机会，直到将销售机会转变成订单的过程。一些销售机会由于客户停止采购或者选择竞争被漏掉，其他的机会则被转变成订单。从销售漏斗来看，达成销售目标的充分必要条件只有两个：首先，漏斗中要有足够的销售机会（销售预计）；其次，漏斗中的机会不断地向下流动（销售进展）。如图11-2所示。

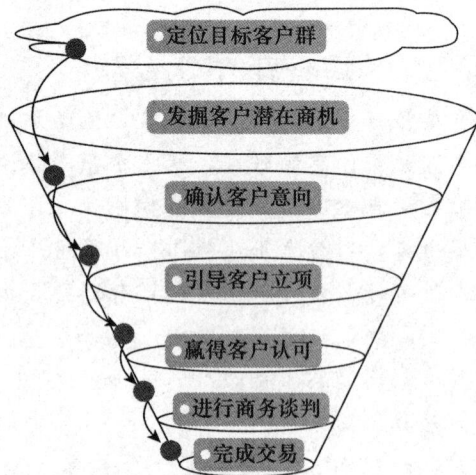

图11-2 销售漏斗

（二）顾客资格审查的原则

在分析潜在客户的过程中，可以参考以下"MAN"原则。

M：MONEY，代表"金钱"。所选择的对象必须有一定的购买能力。

A：AUTHORITY，代表购买"决定权"。该对象对购买行为有决定、建议或反对的权力。

N：NEED，代表"需求"。该对象有这方面（产品、服务）的需求。

"潜在客户"应该具备以上特征，但在实际操作中，会碰到以下状况，应根据具体状况采取具体对策。

M＋A＋N：是最有希望客户，理想的销售对象。

M＋A＋n：可以接触，配上熟练的销售技术，有成功的希望。

M＋a＋N：可以接触，并设法找到具有A之人（有决定权的人）。

m＋A＋N：可以接触，需调查其业务状况、信用条件等给予融资。

m＋a＋N：可以接触，应长期观察、培养，使之具备另一条件。

m＋A＋n：可以接触，应长期观察、培养，使之具备另一条件。

M＋a＋n：可以接触，应长期观察、培养，使之具备另一条件。

m＋a＋n：非客户，停止接触。

三、销售展示的准备

销售展示的准备主要包括潜在顾客背景材料的准备、制订销售访问计划和预约客户。

（一）潜在顾客背景材料的准备

与潜在顾客建立伙伴关系是销售哲学的基石。建立伙伴关系需要对不同的顾客区别对待。每一位潜在顾客都属于特定类型，拥有不同的个性特点。为了区别对待每一个潜在顾客，必须尽可能了解他们。当然，起点就是了解该顾客姓名的正确发音，还需要获得有关的其他信息，如其教育背景、工作经历、特殊爱好、家庭情况等。除了收集潜在顾客的个人信息以外，还必须收集与其业务相关的信息。

不同性质的顾客调查背景不尽相同，不过主要内容大体相同，以如表11－1和表11－2所示的资料卡为例来研究。

表11－1 个体客户资料卡

姓名		性别		年龄	
住址		邮编		电话	
单位		职务		民族	
家属	姓名	关系	年龄	职务	备注
特长					
爱好					
性格					
推销方法					
访问记录					
备注					

表 11-2　组织客户资料卡

单位名称		地址		电话	
成交时间		生产规模		职工人数	
经营范围		开户银行		资金信用	
负责人	姓名		年龄		
	职务		性格		
	爱好		性别		
	住址		民族		
	电话				
采购人员	姓名		年龄		
	职务		性格		
	爱好		性别		
	住址		民族		
	电话				
使用人员	姓名		年龄		
	职务		性格		
	爱好		性别		
	住址		民族		
	电话		与本单位联系		
访问记录	1				
	2				
	3				
	4				
	5				
备注					

（二）制订销售访问计划

开发潜在顾客时，最大的障碍是时间。销售人员总是没有足够的时间。在每个工作周内，销售人员经常只有不到一半的时间用于销售访问，其他时间都花费在确认和筛选潜在顾客、旅行、文书工作、制订计划、销售会议和顾客服务上。投入大量的时间用于潜在顾客的开发，意味着实际用于销售的时间减少。制订销售访问计划有助于销售人员合理利用、安排时间，有效的销售访问计划包括以下几个方面的决策。

1. 确定访问目标

没有目标的销售人员，当然也会有所收获，但如果没有目标，销售人员会变得无精打采，甚至迷失方向，就会失去工作重点。

2. 访问路线的安排

访问路线的研究要考虑访问的时间、地点、分布、频率以及次序等问题。

3. 确定销售策略和模式

主要是在见到客户之前确定即将采取的具体销售策略，可以结合 AIDA（注意力、兴趣、欲望、行动）等推销模型来制定销售策略。

4. 制定销售工具清单

准备见客户之前的相关工具，如展示设施、展示稿件、样品等。

（三）预约客户

预约客户的内容主要包括确定访问对象、确定访问事由、确定访问时间、确定访问地点等。约见的方法有函约、电约、面约等。

初入推销行业的营销员，经常会直接打电话给客户，说："我要见你们的老总。"或者突如其来地登上门去，直冲总经理办公室，不顾对方乐意不乐意，抓住机会说"我是某某公司的，我想……"如果是这样，十有八九会被人家拒绝。为什么会出现这样的局面呢？现在是一个竞争很激烈的时代，在你之前，已经有许许多多的人到这里来推销他们的产品，虽然你是第一次来，但是在客户看来，推销人员都是一样的。

因此，约见客户的技巧十分重要。我们可以先打电话预约客户，说我是某某公司的营销员，能否见见你们经理，或者你们经理什么时候有空，我想登门拜访他。这种情况，对方多半会告诉你，经理没有空，或者索性把电话挂掉。虽然如此，这项工作还是必须做的，如果贸然闯入，不仅达不到你的预期目的，甚至可能把下一次拜访的路堵死。对于工业品的营销，集团购买的客户与大众消费品的客户是有所区别的。销售人员约见的都是高、中级阶层的人士，时间紧、事情多，你去打扰他们的正常工作安排，他们当然不会高兴。最有效的办法就是让对方感觉到接见你有可能获利，对方感觉到有利可图，就会接见你。

拜访客户一定要有预备，要等待好的时机。否则会适得其反。一般而言不要在星期一和星期五访问新的潜在客户，星期一多数高管们都要开内部会议，安排一周的工作，星期五周末，大多数人早早就没了心思。这两天不是推销的好日子，应该集中在星期二至星期四，并且还要看准有没有可能出现好的时机。如果时机不宜，也不妨就此放弃访问，隔一些时间等待下一次。

由于集团购买标的高，在约见客户之前，有必要进行一次乃至数次的调查，对客户的基本情况有所了解。要搞清楚，他们最喜欢什么和最反感什么，知道这两点，在谈判时就不会处于下风。

第二节　销售展示

一、接近顾客

（一）接近客户的原则

1. 以不同的方式接近不同的客户群体

实践证明，成功的推销在很大程度上取决于销售人员的推销风格与客户的购买风格是否一致。客户是千差万别的，销售人员应学会适应客户。在实际接近时，销售人员可以用"角色扮演法"，即根据不同的客户来改变自己的语言风格、服装仪表、情绪和心理状态等。

2. 做好各种心理准备

因为推销是与拒绝打交道的。在接近阶段可能会遇到各种困难。但销售人员要充分理解客户，坦然面对困难，善于调整自己，正确发挥自己的能力和水平。

3. 设法减轻客户的压力

推销实践表明，当销售人员接近客户时，客户一般会产生购买压力，具体表现为：冷漠或拒绝，故意岔开话题，有意或无意地干扰和破坏推销洽谈。在这种情况下，销售人员要成功地接近客户，就必须想方设法地减轻客户的心理压力。根据实践可采用以下几种方法减轻压力。

（1）情景虚构法：销售人员不是以客户为直接推销对象，而是虚构一个推销对象，让客户感觉销售人员不是向自己而是向他人推销。

（2）非推销减压法：如提供产品信息、向客户提供帮助等。

（3）征求意见法：销售人员首先告诉客户访问的目的是听取意见和反应，而非推销。

（4）直接减压法：销售人员明确告诉客户如果听完推销建议没兴趣，可以随时让自己离开，不必难为情。

（5）利益减压法：销售人员首先让客户相信这次会谈是完全值得的，把客户的注意力转移到他自身的利益上来。

4. 把握时机

销售人员必须善于控制接近时间，不失时机地顺利转入正题。

（二）接近客户的步骤

（1）称呼对方的姓名及职务。

（2）自我介绍。

（3）感谢对方的接见。

（4）寒暄。

（5）表达拜访的理由。

（6）讲赞美及询问。

在这个过程中有以下几点需要注意。

（1）引起注意。通过寒暄进入主题并表现你的专业水平，使客户对你留下不错的第一印象。

（2）引起兴趣。要使客户觉得跟你说话会很高兴。

（3）引起客户的购买欲望。与客户谈话的过程中要着重于产品的解说，在进行产品展示时，通过自己的表达要非常有层次，引发顾客对这个产品的兴趣，促使他产生想拥有的欲望。

（4）产生印象。当你和客户解说时，引起了他的购买欲望，如果他当时没有立即采取购买行动，你最起码要做到，让客户对你以及你所销售的产品都能留下深刻的印象。

（5）行动。给他留下深刻的印象后，他会有一种购买的行动。

（6）购买满意。客户买完东西以后，让客户感觉到，买你的东西是一件非常愉快的事情。

（三）接近客户的方法

1. 介绍接近法

指销售人员自我介绍或由第三者介绍而接近推销对象的方法。介绍的主要方式有口头介绍和书面介绍。这是一种迂回战术，因为每个人都有"不看僧面看佛面"的心理，所以，大多数人对亲友介绍来的推销员都很客气。

打着别人的旗号来推介自己的办法，虽然很管用，但要注意，一定要有其人其事，决不可自己杜撰，要不然，顾客一旦查对起来，就要露马脚。为了取信顾客，若能出示引荐人的名片或介绍信，效果更佳。

2. 产品或服务接近法

产品接近法是指销售人员直接利用介绍产品或服务的卖点而引起客户的注意和兴趣，从而接近客户的方法。这种方法的特点就是用产品的魅力来吸引顾客。

产品接近法适合于容易携带而且很有特色的产品。这类产品容易吸引眼球引起他人兴趣。销售人员可以观察到顾客的倾向性，根据买主的反应灵活地进行推销。

3. 利益接近法

利益接近法是指销售人员利用购买商品可以得到的益处或实惠去打动顾客，以引起顾客的注意和兴趣。其是销售人员通过简要说明产品的利益而引起客户的注意和兴趣，从而转入面谈的接近方法。利益接近法的主要方式是陈述和提问，告诉购买要推销的产品给其带来的好处。利用顾客求利的心理，从实际利益去接近并打动顾客，往往是颇为奏效的营销手段。但是，在具体使用利益接近法时，应该注意两个问题：一是产品利益的陈述必须实事求是，不可夸大；二是产品利益要具有可比性。

4. 问题接近法

直接向客户提问来引起客户的兴趣。从而促使客户集中精力，更好地理解和记忆销售人员发出的信息，为激发购买欲望奠定基础。在运用问题接近法时应注意：首先，问题一针见血，切中要害。推销员所提问题，应该是在接近准备的基础上设计的问题，应是对方最关心的问题。如果所提问题漫无边际，就不能引起顾客兴趣，甚至使其产生抵触情绪。

其次，问题是顾客容易和乐于回答的，这样谈话才容易进行下去。最后，问题的表述最好能形象化、数量化。比如，一个推销节能产品的销售人员对酒店经理说："您想降低成本吗？"这样问问题就比较含糊。如果问："您希望今年的电费节省20%吗？"这样效果就会好很多。

5. 赞美接近法

指销售人员利用顾客喜欢听好话的心理，给顾客以真诚的赞美，以拉近与顾客的距离。卡耐基说，人性的弱点之一，就是喜欢被别人赞美。在了解顾客的基础上，适时的夸奖与恭维可以缩短双方的心理距离，融洽面谈气氛。销售人员利用人们的自尊和希望他人重视与认可的心理来引起交谈的兴趣。当然，赞美一定要出自真心，而且要讲究技巧。

6. 求教接近法

一般来说，人们不会拒绝登门虚心求教的人。销售人员在使用此法时应认真策划，把要求教的问题与自己的销售工作有机结合起来。

7. 好奇接近法

好奇接近法是指销售人员利用顾客的好奇心理，用一些异乎寻常的疑问，来引起顾客的注意和兴趣。一般人都有好奇心，销售人员可以利用动作、语言或其他一些方式引起客户的好奇心，以便吸引客户的兴趣。推销员在解答疑问时，很巧妙地把产品介绍给顾客。那些顾客不熟悉、不了解、不知道或与众不同的东西，往往会引起人们的注意，推销员可以利用人人皆有的好奇心理来引起顾客的注意。

在运用好奇接近法时，应适当选择引起注意的方式，合情合理，不可故弄玄虚，导致顾客失去兴趣。

8. 馈赠接近法

馈赠接近法是指销售人员利用馈赠物品的方法以接近顾客，引起顾客的注意。每个人都有贪小便宜的心理，馈赠物品就是利用人类的这种心理进行推销。销售人员可以利用赠送小礼品给客户，引起客户兴趣，进而接近客户。很少人会拒绝免费的东西，用赠品做敲门砖，既新鲜，又实用。

馈赠接近法的使用要注意以下问题：首先，要了解顾客喜好，投其所好地选择赠品才能发挥礼品的最大效果；其次，赠品最好是与所销售产品或所属企业相关，这样使赠品成为产品的宣传品；最后，赠品金额要符合法律规定，否则送礼物就成了贿赂。

需要注意的是，无论采取何种方式接近顾客和介绍产品，销售人员还要注意以下几点：一是要注意顾客的表情和反应，要给顾客说话和提问的机会，切忌一股脑地介绍，巴不得一口气将产品所有的特点和优点说完。必须知道，接近顾客并不是要展示产品和口才，而是要与顾客"搭腔"，让顾客说话，了解他真正的需求。二是提问要谨慎，不能问一些顾客不好回答的问题或是过于复杂的问题。此外，还要保持恰当的距离，不宜过近，也不宜过远，正确的距离是两臂左右，这也是我们通常所说的社交距离。

9. 调查接近法

销售人员可以利用调查的机会接近客户，这种方法隐蔽了直接推销产品这一目的，比较容易被客户接受。这也是在实际中很容易操作的方法。

10. 连续接近法

其是销售人员利用第一次接近时所掌握的有关情况实施第二次或更多次接近的方法。销售实践证明，许多推销活动都是在销售人员连续多次接近客户才引起客户对推销的注意和兴趣并转入实质性的洽谈，进而为以后的销售成功打下了坚实的基础。

小资料 11-2

索尼如何接近顾客

1. 一层代理体系

作为日韩系厂商的典型代表，SONY的渠道操作特色非常鲜明：尽可能地直接接近顾客。这一思路直接决定了 SONY 不采取总代理模式，而是与区域分销商或连锁零售商直接进行店面合作。也就是说，在 SONY 和消费者之间，只存在一个层次，而不像其他很多品牌一般具有两层代理体系。

SONY（中国）VAIO 市场科高级经理陈宁表示，采取此种模式的目的在于拉近和消费者的距离，顾客的意见建议会很快传达到市场人员和产品研发人员，为新产品的研发提供了大量可贵的信息。同时通过监控每个零售店的零售和库存，可以及时对 SONY 的生产计划进行调整，做到投放的产品适销对路，同时降低经销商的库存压力，提高资金的使用效率。

事实上，SONY 之所以能够采取如此扁平化的渠道，根本原因有二：一是基于 SONY 产品本身的消费特性，二是基于在中国市场，SONY 品牌的家电类产品很早就建立了相当强的品牌美誉度，为 SONY IT 产品的引入和推广打下了良好的根基，因此无须像其他很多厂商那样必须很大程度上借助传统渠道的推力，销售通路得以最大程度的简化，产品可以比较容易地直接供应到终端店面。

直接接近顾客是每个品牌都梦寐以求的最理想效果。毋庸置疑，这种方式可以使厂商以最快的速度获取来自市场最前沿的信息流反馈，从而保证以最快的出击速度推出最为适销对路的产品。同时，也可降低经销商库存，最大限度的减低运营成本。直接针对分销商店面的模式也使得管理相对简单易行，也得以把品牌形象最大限度的传播到消费者心目中。

2. "倒梯形"终端模式

在此基础上，就笔记本电脑产品而言，SONY 把终端建设分为四个层次进行：SONY 梦苑（SONY GAILLERY）、SONY 数码梦工厂（SONY DIGITAL WORK-SHOP）、VAIO 专卖店以及笔记本电脑专卖店。

从展示产品范围上讲，SONY 梦苑和 SONY 数码梦工厂范围最广，尤其是 SONY 梦苑，形式上从家庭影院、个人移动商务、汽车影院乃至 AIBO 机器人等涵盖了从影音到计算的 SONY 全线产品，着意打造"梦幻般的数字时尚生活"。很明显，SONY 建设这类终端的目的在于强调通过消费者亲身体验最大限度的塑造品牌及产品认知度。

和 SONY 梦苑专供展示和体验不同，VAIO 专卖店以及笔记本电脑专卖店的职能更多侧重于销售。其中，VAIO 专卖店经营笔记本、数码产品、网络随身听、投影机、手机和附件产品。从总体销售上说，VAIO 专卖店的产品销售数量占相对主要的比例。在 VAIO 专卖店里只有 VAIO 一种品牌的笔记本销售，VAIO 专卖店的定位是提供给顾客 AV＋IT 的解决方案，在 VAIO 专卖店中所有的 VAIO 笔记本都和 SONY 的数码照相机、摄像机、网络随身听等产品连接在一起，购买过这些产品的个人和企业用户在店里可以体验如何通过简单易用的软件进行各种看似复杂的编辑。而笔记本电脑专卖店为 SONY 笔记本产品的主要销售场所之一，其同时也销售其他品牌的笔记本电脑产品。

从 SONY 对终端的层次分类上讲，SONY 的"纯体验＋体验销售＋销售"模式典型地印证了"倒梯形"的渠道管理原则：在渠道管理中，设计终端规格和终端工作的层次可按 A、B、C 类不同等级零售店的价值设立终端工作的梯形规格，所有终端店在数量上是正三角形的，而在销量上可能是"倒三角形"或"倒梯形"的。也就是说，应该视终端店面对品牌的价值决定对店面的建设和支持以及对店面数量的控制，而不应过于追求单店盈利而忽视了层级划分不明确从而导致专卖店体系千人一面、毫无特色，最终在市场中被淹没。尽管"SONY 梦苑"等体验式终端成本相当昂贵，但其为品牌销量提供的市场拉力却能带来相当大的贡献。可以说，有层次、有统筹，在该投入的地方就做足分量的终端布局是 SONY 在渠道建设中的一大特色。

与此同时，其他很多品牌的经销商店面因同时承担"体验"和"销售"两种职能，出于成本考虑样机摆放不齐全、不开机、产品不撕膜等，造成体验职能不能良好达成。单独建立厂商直控的体验中心也是解决问题的良方，多为产品线齐全的厂商所采用。三星品牌在终端建设中也采纳了这种方式。

截至 2005 年 2 月，SONY 在全国已经有超过 400 家门店，同时在超过 60 个城市建立了销售网络。

3. 扩张店面技能引导

在强调店面经营的渠道模式下，SONY 的终端管理更侧重于"培训经销商如何管理和拓展终端"而非监督出货。SONY 希望经销商在与自己合作的过程中不仅仅是获得一种单纯的销售利润。

SONY 意识到：当经销商的数量，特别是门店数量变得非常庞大的时候，怎么去管理，这也是经销商自身发展需要解决的问题。"因为经销商自己开越来越多的店，在这个层面有各自的发展方向。在这方面，SONY 有一整套的原则指导方向给经销VAIO 的商户。对于经销商来讲，其得到的最大的支持是如何去做零售终端，SONY在这方面给了他们很多丰富的经验。所以，在市场中可以看到 VAIO 店面的陈列、演示和销售方法与其他代理商的运作是不同的。"陈宁表示。

举例来说，SONY 本身不是只做 VAIO 一种产品，同时在全国乃至全世界都有庞大的分支机构。管理这些数据信息的反馈至关重要，这就需要一个非常先进的系统。

引入在国外市场发展成熟的信息管理系统，SONY现在可以做到每个店每天销售多少台都能够在这个信息系统里能非常清楚地看到，比如某家门店今天卖两台VAIO，SONY的自动补货系统就能很快地把货补上，这都是合作伙伴较感兴趣的经营模式。

在具体的店面培训和管理过程中，SONY采用多种方式如集中培训、店面培训、赠送销售手册和销售视频录像等，内容涉及产品的知识、产品定位、目标客户、销售语言和行为、行业分析等，非常全面。在统一的店面设计之余，店内布局侧重于考虑顾客购物的习惯，注重顾客更方便地选机试机。全部采用开放陈列，注重产品之间的互通连接以便于演示各种应用方案。

在控制专卖体系数量、避免专卖店投资过热方面，SONY在新开店之前会对经销商进行细致的调查，共同计划销售目标、成本、利润，开店之后定期和经销商一同回顾，如果没有达到目标会通过培训、改善陈列、广告促销等方式改善。实在不能达标则进行取缔。SONY不认为经销商经营得不好仅仅是经销商的原因。

（资料来源：张津，http://tech.sina.com.cn/it/2005-03-29/1426564624.shtml）

二、销售展示

当销售人员成功地接近顾客之后，就进入了销售展示阶段。销售展示是指销售人员利用语言陈述、可视辅助手段等各种方式，向顾客传递销售信息，并说服顾客购买的过程。销售展示的目的是向目标顾客提供具体的产品信息，即向其说明产品的性能、特点、使用方法等相关产品的信息。

向目标客户介绍的重点应该放在能够为客户做些什么，解决什么问题，产品能为目标顾客带来什么效益，怎样带来效益等方面。目的是引起目标客户对产品的兴趣，认同产品，进而购买产品。向目标客户作产品介绍是将销售工作向成功推进一步。图11-3为销售展示的步骤。

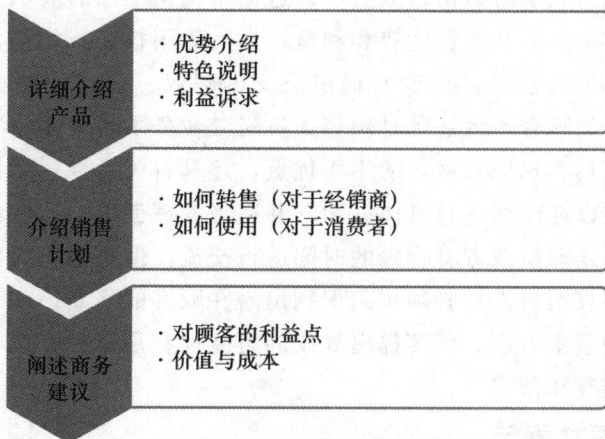

详细介绍产品	·优势介绍 ·特色说明 ·利益诉求
介绍销售计划	·如何转售（对于经销商）·如何使用（对于消费者）
阐述商务建议	·对顾客的利益点 ·价值与成本

图11-3 销售展示的步骤

那么，我们该如何进行有效的销售展示，提高成交机会呢？很多销售员都是满怀希望，做过一些准备，可是见到客户后，却不知从何说起，其原因就在于他们对自己使用的销售展示方法没有一个正确的判断。如果销售人员能熟悉各种展示方法，并根据不同的情况选择合适的方法，到了展示的时候就会非常流畅地介绍，给顾客留下深刻的印象。因此，我们应根据销售访问的目的，事先对顾客的了解和顾客利益，选择一个恰当的销售展示方法，为进行具体展示构建良好的框架。下面重点讨论四种销售展示方法。

（一）熟记式展示

熟记式销售展示是指事先计划好，以比较固定的结构进行销售展示。在熟记式销售展示过程中，销售人员控制着整个谈话内容，他的讲话大概占整个过程的 $80\%\sim90\%$，只是让潜在顾客回答一下事先拟定好的问题。这种展示方法适合于以下两种情况：一种是这些需求事先已被激发起来，而潜在顾客正在努力寻求这类产品；另一种是潜在顾客的需求是通过销售展示直接接触产品而被激发起来的。无论是哪一种情况，销售人员的作用都是将最初的愿望发展成为对最终购买请求的肯定回答。

熟记式展示的优点有：

（1）对没有经验的销售人员大有帮助，能确保销售按照逻辑顺序介绍给顾客，避免他们销售时词不达意。

（2）可以确保销售人员所做的是经过公司所有销售人员的讨论与精心策划的展示。

熟记式展示的局限性主要表现为：销售人员只是把千篇一律的销售词讲给所有的潜在顾客，没有尝试针对不同顾客的不同需要来展示产品，有很大的盲目性；另一方面，潜在顾客参与的机会少，不能与销售人员进行很好的交流，因此也不能更好地了解产品，从而不利于交易。

（二）公式化展示

公式化展示与熟记式展示比较相似，不过公式化展示的内容结构不像熟记式展示那样固定。使用公式化展示方法时，销售人员仍是主导，需要控制话题，但是首先必须了解潜在顾客的情况。在进行展示时，销售人员可以遵循结构化不强的展示要点提纲灵活地进行展示，首先详细介绍产品的特点、优势和利益，然后运用核实式结束法、回答问题、处理异议等方式引导买方发表意见，讨论并提出成交的建议。公式化展示通常适用于两种顾客：一种是最近购买的顾客，另一种是销售人员对其业务了解较多的潜在顾客。

公式化展示不仅具有熟记式展示的主要优点，还具有灵活性。销售人员只要记住展示的主要内容提纲就可以在现场进行具体展示，并适当发挥创造。这既保证了销售展示的要点不会被忽略，同时还能使双方有合理的时间进行交流。但是销售人员控制谈话的时间和强度都稍弱一些，而且销售人员必须正确识别出潜在顾客的需要。如果推销员不了解顾客的需要而使用了这种展示方法，顾客提出异议的可能性在展示初期就会上升——与运用熟记式展示时出现的情况相似。

（三）满足需要式展示

满足需要式展示不同于熟记式和公式化展示，它最具有挑战性也最富有创意，是一种灵活的相互交流式的销售展示。销售人员首先提出一个探究性的问题开始展示，讨论潜在顾客的需求。销售人员可以在讨论过程中逐步确定提供的哪种产品可能会是有益的，从哪些方面去展示产品会更利于顾客接受。如果销售人员对潜在顾客说的一些话不是很理解，那么推销员可以通过询问或重述潜在顾客的话来弄清楚。可见，这种展示方法的内容没有固定的结构。因此，满足需要式展示尤其适用于技术复杂、价位高的工业技术品。

在满足需要式展示过程中，通常谈话的前半段的时间都用在讨论潜在顾客的需要上。在发掘潜在顾客的需要时一定要谨慎。问太多的问题可能会使对方疏远，因为很多潜在顾客刚开始时都不想和销售人员讲话。一旦意识到潜在顾客的需要，销售人员就可以重述对方的需要以弄清情况，从而开始控制谈话。在展示的后半段时间里，销售人员展示产品将怎样满足对方的需要，从而促进成交。

（四）解决问题式展示

解决问题式展示是指销售人员争取与顾客一起分析问题，并提出解决方案的一种展示方法，通常用于销售比较复杂或技术性极强的产品，诸如保险、工业设备、大型软件系统、办公设备等。这种方法需销售人员做更充分的准备，对潜在顾客的了解更全面细致。运用此法时，销售人员通常需要进行几次销售访问，对潜在顾客需要情况详细分析。然后制定解决潜在顾客的问题的方案。美国销售专家查尔斯·M·福特雷尔认为，解决问题式展示常常包括六步，如图11-4所示。

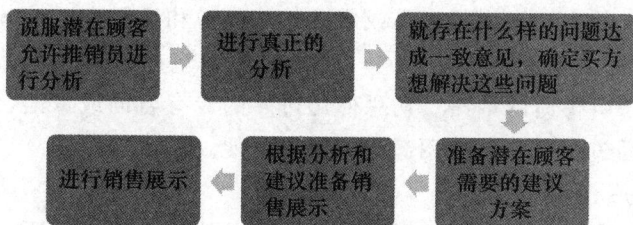

图11-4 查尔斯·M·福特雷尔的解决问题式展示

解决问题式展示是一种机动灵活、因人而异的方法，包括对潜在顾客需要的深入研究，并且要求做一个精心计划的展示。它的理论基础是合作销售理论，即双方如果能很好地合作，就能真正确定顾客的需要并最终达成交易。

三、展示的技巧

展示指把客户带引至产品前，透过实物的观看、操作，让客户充分了解产品的外观、操作的方法、具有的功能以及能给客户带来的利益，以达成销售的目的。影响展示效果的要素有：产品本身和销售人员给客户的感觉及展示技巧。

展示的优势在于能让客户愿意花一段时间专注地倾听销售人员的说明；销售人员能有顺序、有逻辑、有重点、完整地说明和证明产品的特性及利益。

展示的准则就是要针对客户的需求，以特性及利益的方式陈述，并通过实际操作向客户证明。展示常犯的错误只做产品功能的示范操作及说明。

展示的方式有：要求客户同意将产品搬至客户处展示；邀请客户至企业展示间进行展示，举办展示会，邀请客户参加；自动展示（科技含量较高的产品）等。

（一）展示前的准备

1. 产品准备

事前检查，确定产品的品质与性能符合标准。若到客户处展示，要事先确认安装的各项条件如电源、地点、操作空间等合于规定。备用品的准备，如投影机的展示须准备备用的投影灯泡，以免展示中突然坏掉。检查展示用品是否备齐。

2. 场地准备

展示会场如何布置，准备欢迎参观者的看板。

3. 自我准备

销售人员的服装、仪容准备，或者邀请适当的友好人士参观展示；事前掌握客户的需求；演练展示说辞；高技术的产品展示可能还需要一位配合的专家。

（二）展示说明的注意点

1. 增加戏剧性

最好是增加展示的戏剧性，目的是实现引起注意。

2. 让客户亲身感受

尽可能地让客户能看到、触摸到、用到产品。

3. 引用真实的例子

可利用一些动人的实例来增强产品或服务的感染力和说服力。

4. 让客户听得懂

展示时要用客户听得懂的话语。切忌使用过多的专有名词或术语，过多的技术专有名词会让客户觉得产品过于复杂，使用起来一定不方便。

5. 掌握客户的关心点

掌握客户的关心点，并证明所提供的产品或服务能满足他的需要。

（三）展示话语

展示某种产品时"欢迎各位来宾来参与我们这次的某某产品的展示，首先来介绍一下，我们是一个什么样的公司，我们公司开发该产品动用了多少人，花了多长时间，公司的发展情况，产品的沿革等以及这个产品有哪些特色、优点，它会给在座的人，甚至给企业的朋友们带来哪些好处……今天非常感谢各位的参与……"每句话都能让客户感觉到对他有帮助，这就是标准的展示话语。

准备展示讲稿的步骤，如图 11 - 5 所示。

第三节　处理顾客异议

一、顾客异议的含义与类型

（一）顾客异议的含义

顾客异议是指顾客对销售产品、销售人员及销售方式和交易条件产生的怀疑、抱怨或

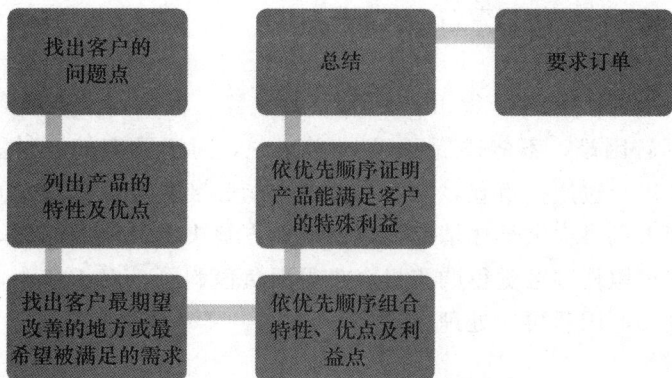

图 11 - 5 准备展示讲稿的步骤

反面意见的反应。

销售人员经常抱怨，无论自己多么努力，客户还是有异议。一般说来，顾客不提异议就购买产品的情况很少。处理顾客异议贯穿于整个销售活动之中。顾客异议既是销售过程中的障碍，也是成交的前奏和信号。顾客异议固然为进一步销售设立了障碍，但是如果没有这些障碍的出现，销售人员始终只能唱"独角戏"。顾客一旦提出异议，销售便进入了销售人员与顾客的双向沟通阶段。它表明，销售已向成交又跨进了一步。那些对销售人员的销售展示不发表意见和看法，甚至是没有反应的顾客，是对销售活动不感兴趣、无购买意向的顾客。销售人员应该充分利用顾客提出异议这一契机，及时给顾客以满意的答复，使顾客加深对推销品的认识，改变顾客原来的看法。所以说，销售人员既要看到顾客异议对销售工作的障碍性，也应看到它为最后的成交提供的机会。

对销售而言，可怕的不是异议而是没有异议，不提任何意见的顾客通常是最令人头疼的顾客。因为顾客的异议具有两面性：既是成交障碍，也是成交信号。我国一句经商格言"褒贬是买主，喝彩是闲人"，说的就是这个道理。

有异议表明顾客对产品感兴趣，有异议意味着有成交的希望。推销员通过对顾客异议的分析可以了解对方的心理，知道顾客不购买的原因，从而对症下药，而对顾客异议的满意答复，则有助于交易的成功。日本一位推销专家说得好："从事销售活动的人可以说是与拒绝打交道的人作战，战胜拒绝的人，才是销售成功的人。"

（二）顾客异议的类型

1. 需求异议

需求异议是指顾客认为不需要产品而形成的一种反对意见。它往往是在营销人员向顾客介绍产品之后，顾客当面拒绝的反应。例如，一位女顾客提出："我的面部皮肤很好，就像小孩一样，不需要用护肤品。""我们根本不需要它。""这种产品我们用不上。""我们已经有了。"这类异议有真有假。真实的需求异议是成交的直接障碍。营销人员如果发现顾客真的不需要产品，那就应该立即停止营销。虚假的需求异议既可表现为顾客拒绝的一种借口，也可表现为顾客没有认识或不能认识自己的需求。营销人员应认真判断顾客需求异议的真伪性，对虚假需求异议的顾客，设法让他觉得推销产品提供的利益和服务，符合他的需求，并使之动心，再进行营销。

2. 财力异议

财力异议是指顾客认为缺乏货币支付能力的异议。例如，"产品不错，可惜无钱购买。""近来资金周转困难，不能进货了。"一般来说，对于顾客的支付能力，营销人员在寻找顾客的阶段已进行过严格审查，因而在营销中能够准确辨认真伪。真实的财力异议处置较为复杂，营销人员可根据具体情况，或协助对方解决支付能力问题，如答应赊销、延期付款等，或通过说服使顾客觉得购买机会难得而负债购买。对于作为借口的异议，营销人员应该在了解真实原因后再作处理。

3. 权力异议

权力异议是指顾客以缺乏购买决策权为理由而提出的一种反对意见。例如，顾客说："做不了主。""领导不在。"与需求异议和财力异议一样，权力异议也有真实与虚假之分。营销人员在进行寻找目标顾客时，就已经对顾客的购买人格和决策权力状况进行过认真的分析，也已经找准了决策人。面对没有购买权力的顾客极力推销商品是营销工作的严重失误，是无效营销。在决策人以无权作借口拒绝营销人员及其产品时放弃营销更是营销工作的失误，是无力营销。营销人员必须根据自己掌握的有关情况对权力异议进行认真分析和妥善处理。

4. 价格异议

价格异议是指顾客以推销产品价格过高而拒绝购买的异议。无论产品的价格怎样，总有些人会说价格太高、不合理或者比竞争者的价格高。例如，"太贵了，我买不起。""我想买一种便宜点的型号。""我不打算投资那么多，我只使用很短时间。""在这些方面你们的价格不合理。"以及"我想等降价再买。"当顾客提出价格异议，表明他对推销产品有购买意向，只是对产品价格不满意，而进行讨价还价。当然，也不排除以价格高为拒绝营销的借口。在实际营销工作中，价格异议是最常见的，营销人员如果无法处理这类异议，营销就难以达成交易。

5. 产品异议

产品异议是指顾客认为产品本身不能满足自己的需要而形成的一种反对意见。例如，"我不喜欢这种颜色。""这个产品造型太古板。""新产品质量都不太稳定。"还有对产品的设计、功能、结构、样式、型号等提出异议。产品异议表明顾客对产品有一定的认识，但了解还不够，担心这种产品能否真正满足自己的需要。因此，虽然有比较充分的购买条件，就是不愿意购买。为此，营销人员一定要充分掌握产品知识，能够准确、详细地向顾客介绍产品的使用价值及其利益，从而消除顾客的异议。

6. 营销员异议

营销人员异议是指顾客认为不应该向某个营销人员购买推销产品的异议。有些顾客不肯买推销的产品，只是因为对某个营销人员有异议，他不喜欢这个营销人员，不愿让其接近，也排斥此营销人员的建议。但顾客肯接受自认为合适的其他营销人员。比如，"我要买老王的。""对不起，请贵公司另派一名营销人员来。"营销人员对顾客应以诚相待，与顾客多进行感情交流，做顾客的知心朋友，消除异议，争取顾客的谅解和合作。

7. 货源异议

货源异议是指顾客认为不应该向有关公司的营销人员购买产品的一种反对意见。例如，"我用的是某某公司的产品。""我们有固定的进货渠道。""买国有企业的商品才放心。"顾客提出货源异议，表明顾客愿意购买产品，只是不愿向眼下这位营销人员及其所代表的公司购买。当然，有些顾客是利用货源异议来与营销人员讨价还价，甚至利用货源异议来拒绝营销人员的接近。因此，营销人员应认真分析货源异议的真正原因，利用恰当的方法来处理货源异议。

8. 购买时间异议

购买时间异议是指顾客有意拖延购买时间的异议。顾客总是不愿马上做出决定。事实上，许多顾客用拖延来代替说"不"。营销人员经常听到顾客说："让我再想一想，过几天答复你。""我们需要研究研究，有消息再通知你。""把材料留下，以后答复你。"这些拒绝很明显意味着顾客还没有完全下定决心，拖延的真正原因，可能是因为价格、产品或其他方面不合适。有些顾客还利用购买时间异议来拒绝营销人员的接近和面谈。因此，营销人员要具体分析，有的放矢，认真处理。

小资料 11-3

妥善处理顾客异议

作为一名营销人员，你可能会经常听到顾客提出的各种各样拒绝购买的理由。例如，"太贵了、效果真像你说的那样吗""我不需要你们的产品""我已经选择其他的品牌了"等，这就是我们今天要谈的顾客异议。据美国百科全书的统计，推销员每达成一笔生意平均要受到179次异议，可见，顾客异议是常见的现象。许多推销新手面对顾客的异议常常望而却步。如何有效处理顾客异议，相信这是每一个推销员都非常关切的问题。顾客异议并不可怕，它是消费者本能的自我防卫。从心理学角度来说，每个人内心都存在着自我防卫机制。面对推销，顾客的条件反射多数表现为轻微的异议，寻找借口力求避免做出购买承诺。这种异议只是为了抵御推销员进攻的本能反应，一旦他们认识到你是诚心诚意的，你的产品和服务值得购买，戒备心就会消除。

因此，专业推销员不会被这些异议吓倒，而是用更谦和的态度拉近与顾客的距离。要求得到更多信息的委婉表达。顾客做出购买决定时，看似平静的外表下却蕴藏着内心激烈的斗争，在买与不买之间徘徊且难以做出选择。此时，他会提出各种疑虑或刁难（异议），而这些异议恰恰说明了客户对产品有渴望和需求，只是他还没有完全被说服。因此，他需要更多信息来确认做出的购买决定是正确的。可见，异议并不可怕。销售人员应当坦然面对和接受异议，因为，异议是销售真正的开始。异议有哪几种可能是由于没有被推销员本身说服，或是没有被产品说服，甚至是没有被公司说服等。这里，我们对异议的类型进行简单分析。对产品价格和效用的异议最为常见。

销售人员最常见的就是对价格的异议，实际上无论你的产品价格是多少，总有人说价格太高。这需要你来证明产品定价是合理的，可以从产品的原料、给顾客带来的价值、售后服务、单次使用成本等方面来打消顾客对价格高的顾虑。这种产品真像宣传的那么有效吗？诸如这样的产品效用异议也是许多顾客存在的疑虑。如果销售人员能够通过实际演示、销售经历或口碑效应等方式进行说服，往往会取得很好的效果。对销售人员的异议会引发对产品的质疑。日本专家曾做过一次调查，结果表明，70%的顾客没有什么真正明确的拒绝理由，只是泛泛地反感推销员的打扰，对销售人员本人产生怀疑和恐惧，进而对其带来的商品也产生疑虑。因此，销售人员在推销商品之前，要先推销自己。

顾客只有信任你，才会信任你推销的商品。而顾客对你的信任则来自于你对于自身、对于产品以及公司的知识、客观的态度以及自信。购买时机异议是顾客常用的推托之辞。"我考虑考虑""过几天再说"等以购买时机欠佳而设置的推销障碍就是购买时机异议。这可能是由于客户已使用同类竞争产品，或者尚未做出购买决策，或者只是借口来掩盖其他问题。对于这种时间拖延，销售人员应具体分析，并采取相应的转化技巧和策略。需求异议，即客户主观认为自己不需要推销品，表现为"我从来不化妆""我身体很好，不需要营养品""这种产品对我没用"等。需求异议暗示着顾客沉睡的潜在需求。这种异议看似坚决，实则是顾客还没有意识到自身对被推销产品的需求，并不代表需求不存在。

非洲原住民不穿鞋子，却被认为是推销鞋子的最佳市场。这种异议，需要销售人员唤醒顾客沉睡的潜在需求。有效处理异议，战胜异议，有两条铁规不得不守，即不打无准备之仗、永远不要与客户争辩。因此，不妨针对常见异议，编制一本标准解答的异议"红宝书"，记熟它并不断在实践中润色、修改和提高。面对顾客的异议时，也不要试图争辩以证明自己，把对不起常挂嘴边效果会更令人满意。现在，请回忆一下你的销售经历，看看下面这些异议处理方法你是否都能娴熟应用？

耐心倾听找症结。面谈中把更多的时间留给顾客，看上去顾客似乎是主动的意见发出者，而推销员是被动的接受者。其实不然，心理学家大量研究证明：说与听两者相比，听者有利。因为交谈中听者思考的速度大约是说者的5倍。因此，善于倾听的推销员可以有充分的时间，对顾客真实的需求、疑虑进行准确的鉴别和判定，及时捕捉各种购买信号。

附和异议套近乎。适时、有技巧地附和对方，是推销面谈中一种重要的语言艺术，也是使谈话持续、建立亲近感的有效方法。

孤立异议清障碍。顾客提出的异议往往是多方面、多角度的，这需要引导客户去过滤异议，将其拒绝购买的主要原因归结为一点，这就是孤立异议。因为只要清除了这个主要障碍，他就可能与你交易进而实现成功销售。孤立异议，尽量避免面面俱到地回答顾客的一切疑难，不要让自己穷于应付。

回应异议细思量。销售人员在回答顾客异议前应有短暂停顿，让顾客觉得你的回答是经过思考后说的，而不是随意敷衍。对于顾客提出的异议，销售人员要回答得清楚而有条理，最好能够给出几种解决方案供顾客选择，促使销售进入下一个程序。

解答异议适可而止。专业推销员应当是产品专家，但并不意味着要主动告诉顾客自己所知道的一切。因为滔滔不绝反而会使顾客厌烦，而且顾客得到的信息越多，他需要考虑的时间越长。推销应当简明扼要，针对顾客的需求点对症下药，有助顾客尽快做出购买决定。异议是推销过程中的一种必然存在。推销员就是与异议打交道的人，战胜异议，意味着推销成功。想让你的顾客无从拒绝，现在就开始积累和把握有效的异议处理方法和技巧吧。

永远替客户着想。在一个下雪的傍晚，美国大文豪爱默生发现农场一头小牛仍然在外面逗留。爱默生担心小牛会冻死，于是叫儿子把它拉进牛棚，两人一前一后使尽所有力气，那头牛总是固执地留在原地，动都不肯动。家中女佣见两个大男人满头大汗，徒劳无功，于是便上前帮忙。她拿了一些草让牛悠闲地嚼食，并一路牵引，很顺利地将牛引进了栏里，剩下两个大男人站在那里目瞪口呆。销售中多些换位思考，站在对方的立场上考虑其真正的需求，说些他们想听的建议而不是一厢情愿地硬向顾客塞产品。正如一位营销专家所说："我很喜欢钓鱼，我也很喜欢吃冰激凌。可是，我在钓鱼的时候绝对不会用冰激凌做鱼饵。"与客户交谈沟通，请时刻记住他们最关心的是什么，你将如何满足他们的需要，这种立场将使一切异议和困难迎刃而解。

（资料来源：赵曙明、张捷，http：// travel. damai. cn/scene/note _ 193760.html，删改）

二、顾客异议产生的原因

（一）顾客方面的原因

（1）顾客本能的自我保护。

（2）顾客对商品不了解。

（3）顾客缺乏足够的购买力。

（4）顾客已有较稳定的采购渠道。

（5）顾客对推销品或推销企业等有成见。

（二）推销品方面的原因

（1）推销品的质量。

（2）推销品的价格。

（3）推销品的品牌及包装。

（4）推销品的销售服务。

（三）推销人员方面的原因

（1）无法赢得客户的好感，举止态度让客户产生反感。

（2）做了夸大不实的陈述，以不实的说辞来哄骗客户。

（3）使用过多的专门术语，使用过于高深的专门知识。

（4）事实调查不正确，引用不正确的调查资料。

三、处理顾客异议的原则

（一）做好准备工作

"不打无准备之仗"，这是销售人员面对顾客拒绝时应遵循的一个基本原则。销售前，销售人员要充分估计顾客可能提出的异议，做到心中有数。这样，即使遇到难题，到时候也能从容应对。事前无准备，就可能不知所措，顾客得不到满意答复，自然无法成交。可以说，良好的准备工作有助于消除顾客异议的负面性。

（二）选择恰当的时机

根据美国对几千名销售人员的研究，优秀销售员所遇到的顾客严重反对的机会只是其他人的 1/10，原因就在于优秀销售员往往能选择恰当的时机对顾客的异议提供满意的答复。在恰当时机回答顾客异议，便是在消除异议负面性的基础上发挥了其积极的一面。

（三）切忌与顾客争辩

不管顾客如何批评，销售人员永远不要与顾客争辩，"占争论的便宜越多，吃销售的亏越大"。与顾客争辩，失败的永远是销售员。

（四）给顾客留"面子"

顾客的意见无论是对是错、是深刻还是幼稚，销售员都不能给对方留下轻视的感觉。销售员要尊重顾客的意见，讲话时面带微笑，正视顾客，听对方讲话时要全神贯注，回答顾客问话时语气不能生硬。"你错了""连这你也不懂""你没明白我说的意思，我是说……"这样的表达方式抬高了自己，贬低了顾客，挫伤了顾客的自尊心。

四、处理异议的方法

对顾客的异议进行处理有七种方法。销售人员应该认真分析顾客的关注点，选择最有效的方法。

（一）直接否定

直接否定就是否定顾客的观念和信念。在对顾客的异议进行处理时，直接否定法具有较高的风险。错误地使用这种方法，可能引起顾客的怨恨。

当顾客的异议是毫无根据的，有时除了直接提出否定以外别无选择。如果顾客得到的是错误的信息，则必须向他们提供正确的信息，不应该忽视误传的信息。优秀的销售人员应该对顾客的错误反应及时和直接地予以否定，从双赢的角度，坚定和诚实地陈述你的观点。但是不要攻击对方，也不要傲慢地对待顾客。

直接否定法的优点是：可以增强推销论证的说服力，增强顾客的购买信心；避免浪费销售时间，直接促成交易。这种方法的缺点是：容易使顾客产生心理压力和抵触情绪，造成销售洽谈的紧张气氛，甚至可能伤害顾客的自尊，引起顾客的反感或激怒顾客。

在这种方法的使用过程中要注意：要有确实的根据，不能自以为是；态度要诚恳真挚、平易近人，尊重顾客。销售人员反驳异议，是对事不对人。同时，销售人员还要考虑谈话对象，对不熟悉和个性敏感的顾客应尽量避免使用这种方法。

（二）间接否定

有时顾客的异议是完全有根据的，或者至少在很大程度上是正确的，就要利用间接否定法，承认顾客至少部分是正确的，并且做出少许让步。毕竟，每一种产品都有缺点和局限，不可能是完美无瑕的。间接否定的合理之处在于使顾客感觉到他们的意见是有价值的。因此，间接否定法得到了广泛的运用。采用这种方法处理顾客异议时，销售人员首先表示了对顾客的理解，使顾客心理得到某种平衡，缓和了气氛，避免引起双方对立。销售人员也可利用这个时机进行思考和判断，为下一步销售做准备。

在使用过程中要尽量少地使用"但是"一词，而实际交谈中却包含着"但是"的意见，这样效果会更好。只要灵活掌握这种方法，就会保持良好的洽谈气氛，为自己的谈话留有余地。

顾客提出营业员推销的服装颜色过时了，营业员不妨这样回答："小姐，您的记忆力的确很好，这种颜色几年前已经流行过了。我想您是知道的，服装的潮流是轮回的，如今又有了这种颜色回潮的迹象。"这样就轻松地反驳了顾客的意见。

这种方法的缺点是：销售人员的"退让"，可能会削弱顾客购买的信心，也会促使顾客因为受到鼓励而提出更多的异议。此外，转换谈话角度可能会使顾客觉得销售员玩弄技巧而产生反感情绪。

（三）提问

处理顾客异议的另一种有效方法是，把存在的问题转换成为一个新问题。提问通常能够激发顾客对产品进行深入的思考，就购买产品的成本和得到的利益进行权衡。在销售陈述的计划中，应该列出预期顾客可能提出哪些异议，然后事先准备好通过哪些问题化解顾客的异议。

（四）优越的利益

有时，销售人员不能否定顾客提出的问题。这时应该承认这些异议是有根据的，然后介绍你的产品的利益，说明其完全可以弥补存在的缺点。优越的利益是比顾客的某个关注点更有分量的利益。

（五）演示

如果销售人员对本公司的产品和竞争对手的产品都很熟悉，清楚地了解所销售的产品的竞争优势，就可以很容易地使用演示的方法对顾客的异议进行处理。产品演示法是消除顾客疑虑的最有说服力的方法之一。

（六）试用

试用是给顾客一个机会，在没有做出购买承诺时试用产品。试用很受顾客的欢迎，因为顾客可以在没有做出购买承诺时，事先熟悉产品。

（七）第三方证词

研究表明，从一个中立的第三方得到有力的证词，是应对顾客异议的一个有效的方法。中立的第三方证词的好处是不会引发顾客和销售人员之间的争论。

第四节　促进成交

一、成交的含义与原则

（一）成交的含义

所谓成交，指顾客接受推销员的建议及其推销劝导，并且立即购买推销品的行动过程。它是面谈的继续，也是整个推销工作的最终目标。简言之，它是推销员用来"诱使"顾客实现购买或承诺。为了更好地认识和把握成交，我们可从以下两个方面进行理解。

1. 成交是一个销售人员和顾客之间反复沟通的过程

成交是销售人员积极发挥主观能动性，实现最终目标的过程，同时需要销售人员和顾客共同完成。在现代销售活动中，销售人员主动向顾客销售产品，是促进成交的主体，顾客则是促进成交的客体。销售人员应通过销售展示，想方设法刺激顾客的感官，唤起顾客的注意，使顾客愿意把时间和精力转移到自己的销售上来，让顾客了解自己所销售的产品的全部优点和相对优势，引起顾客对产品的兴趣以及认识到如接受该产品确实能满足需求，激发顾客对于产品占有的心理。同时，在此基础上不失时机地促进顾客关于购买的实质性思考，帮助顾客强化购买意识，促使顾客实际进行购买。从顾客角度来说，在决定接受销售员的建议而购买产品之前需要一系列的反应判断过程，这一过程包括三个阶段。第一阶段是顾客对销售建议和销售产品的肯定过程。销售人员处理好顾客异议后，若顾客做出肯定反应，成交就进入初始阶段；如果顾客没有做出肯定反应，说明在销售过程中仍然存在障碍，需要继续分析排除障碍。第二阶段是顾客对销售建议和销售产品的信念转化过程。即使顾客做出了肯定反应，也未必能实现交易行为。这一阶段，顾客需要一个自我增强信念和外界强化信念的过程。这一过程正是销售人员运用销售技巧促使顾客达成交易的过程。第三阶段是顾客接受销售建议并决定购买销售产品的行为过程。从上述分析可以看出，成交是一个不断发展和变化的过程，是销售人员和顾客之间反复进行信息沟通的过程。

2. 成交是销售活动的根本目标和关键

成交是销售的最终目标，是整个销售工作的核心，成交前所做的工作都是为最终成交而服务的。也就是说，成交是整个销售活动的关键所在。如果在成交过程中，销售人员不能准确地察觉顾客的购买信号，及时地把握购买时机，就会丢失应该可以达成的交易，导致前功尽弃。因此，在成交阶段，销售人员必须要有高度的职业敏感性，善于察言观色，熟悉各种促进成交的策略和技巧，把握顾客的购买意向，促进成交。当然，也只有在成交前工作的铺垫下，销售工作才能顺利地进行到成交阶段。

（二）成交的原则

在复杂而又独特的成交过程中，销售人员要遵循一定的成交原则。这些原则规范着销售人员为促进成交所进行的一切活动，同时又指导着成交工作的顺利进行。成交的基本原则包括以下几个方面。

1. 真诚自愿原则

俗话说："诚信能揽天下客。"遵循真诚自愿原则开展销售工作，是销售人员的基本素质要求。它要求销售人员在成交过程中，要诚信，说实话，凭实据，卖真货，本着信誉第一及对顾客负责的精神开展销售工作，不弄虚作假欺骗顾客，也不能强迫顾客采取购买行动。它有利于获取顾客信任，树立企业的良好形象和销售信誉。以"真诚"为原则，可能会因为产品或服务的某一缺点而形成销售障碍，但却会给顾客留下诚信销售的良好形象，最终会起到促进成交的积极作用。

2. 互惠互利原则

互惠互利是指成交对交易双方彼此都有利益和好处。对企业没有利益的交易不能做，对顾客没有利益的交易更不能做。销售人员在促进成交时都迫切希望能从交易中获利，往往难以接受只对顾客有利的成交结果，不自觉地追求己方利益的最大化。但是，只对己方有利而对顾客没有利益的交易是不应该做的。这不仅有违销售人员的职业道德，而且这种不平等交易还会失去大量的回头客，造成顾客群的流失。

3. 灵活机动原则

从理论上来说，一个完整的销售过程要经历寻找顾客、审查顾客、选择顾客、约见顾客、面谈、处理异议、成交等不同阶段。但是在实际销售工作中，并不是说每一次成交都必须逐一经过每一个阶段。这些阶段相互联系，相互影响，在任何一阶段里都有达成交易的可能。因此销售人员必须遵循灵活机动原则，随机应变，具体问题具体分析，这样有利于更好地了解顾客心理，贴近顾客需求；有利于销售人员灵活处理顾客的各种异议，及时解决异议；有利于销售人员灵活综合运用各种成交策略和技巧，随时发现成交信号，把握成交时机促进成交。

4. 辩证统一原则

销售成交是销售员与顾客双方达成交易的共同行为和一致行动，它涉及产品的质量、价格、交货时间等问题。辩证统一原则就是要求销售人员在成交过程中，客观地、全面地、联系地、发展地看待与成交相关的一系列问题。因此，在成交过程中，销售人员既要考虑顾客需求动机，又要注意影响顾客需求动机的因素；既要向顾客介绍产品的优点，抓住顾客的关心点，同时也要注意到产品本身的不足；在价格方面，既要认识到货价相符，也要掌握市场供求规律对产品价格的影响；在成交时间上，既要看到尽快成交有利的一面，也要考虑由此给自己造成的不良后果。

二、影响成交的因素

(一) 顾客的因素

1. 顾客对商品的认识

顾客对推销人员所推销的商品还没有完全认识，推销人员所推销的商品或许是非名牌产品，或许是刚刚上市的新商品，因此顾客对产品本身不了解，不敢妄然去购买。

2. 顾客有购买意图，但其购买能力尚有一定限制

顾客对推销人员所推销的商品有一定的购买欲望和购买需要，但由于受其经济收入的限制，购买能力受到影响，故暂时放弃购买。

3. 顾客受到自身情绪和情感的影响

在实际中，我们经常会遇到这些情形：有些顾客在情绪特别好或特别低落时，就会去商场购物，以此来平衡自己的心理；有些顾客购物纯粹是凭着自己的某种好恶感去选择购物地点和内容的，所谓"跟着广告的感觉走"，就是其中的一个典型的例子；有些顾客则较容易受周围群体的左右，从众心理突出，尤其是支配型性格的人，较为明显。

（二）商品的因素

1. 受商品功能效用的影响

现代顾客，多数都比较看重商品自身的质量，如果商品质量低劣，即便是其价格特别优惠，也不愿意购买。花钱买"垃圾"，谁都不会做。这是影响成交的一个主要因素。

2. 受商品价格的影响

按经济学的原理，价格是价值的货币表现。"一分价格一分货""好货不便宜"。许多时候商品的价格实际反映了商品的质量问题，然而，即使商品质量可靠、耐用，但其价格过高，顾客也会感到可望而不可即，这也是影响成交的一个主要因素。

3. 受商品品牌效应的影响

一般来讲，对于有一定经济能力和大多数的男性顾客，商品品牌好、知名度高，成交的可能性就相对大些；追求经济实惠的家庭型顾客和一些女性顾客，都偏好商品的实际效用，而不一定是知名度较高的名牌商品。

"中间商品策略"利用的就是顾客的这种心理。因此商品品牌也是影响成交的一个主要因素。

（三）推销员自身的因素

1. 受推销员性格、工作态度等影响

一般来讲，推销员本身性格是内向还是外向，工作态度是热情友善、谦和还是呆板、无表情甚至冷若冰霜，是实际影响成交的一个重要因素。

2. 受推销员业务能力的影响

在推销实践中，我们也经常可以看到这样一些情形，如果推销员业务能力较强，则对商品的介绍、分析非常合理、科学，让人深信不疑，反之则会给人一个"听不明白"，或"越听越糊涂"，或"听了以后反增加疑虑"的感受，这必然会影响商品的成交机会。如果推销员善于创造一种氛围，有效地诱导顾客，则肯定会给商品多一些成交机会，反之，即使有了成交机会，可能也会丧失。

三、成交的策略与方法

（一）成交的策略

成交实现与否取决于销售人员是否真正掌握并灵活运用成交的基本策略和技术。一个积累了丰富经验、掌握了有效策略与方法的销售员，知道在什么时候，应该以什么方式并结合销售过程各个阶段的不同特征，较好地把握成交的良机。成交的策略是对成交方法的原则性规定，主要包括以下五个方面。

1. 保持自然良好的成交态度

推销成交的障碍除了顾客、商品本身以及外界其他条件外，同时来自于推销人员自己的一种情绪和心态。如果推销人员在这个阶段中表现出自信心不足，害怕遭到顾客的拒绝，不敢主动提出成交要求，被动地去等待顾客，那么毫无疑问推销是不可能取得成功的。因此，作为推销人员来讲，一定要克服自身的心理障碍，坚定自信心，即坚信自己一定能够说服顾客采取购买行动。二是要保持自然沉稳的态度。如果顾客决定购买，推销人员不要过分喜形于色，过分热情；顾客拒绝购买，也不要表现得急躁鲁莽，失望沮丧。推销人员应以自己的自然良好的态度去赢得顾客的信任、尊重与支持合作的机会。

2. 防止意外介入

在推销成交阶段，最忌意外发生和第三者介入阻挠。一般来说，推销成交过程中，顾客随时会出现修正、推迟、改变交易的心理和行为。任何意外的发生都可能影响顾客做出购买决定，强化顾客做出修正、推迟、改变成交行为的心理倾向。因此，在这个阶段中，推销人员应排除阻挠，这也是成交阶段的一个重要策略。主要做法为：一是要灵活机动，即不能死抱着一种信念、一种计划，"一棵树上吊死"；二是要随时成交。即根据具体情况随时修正、改变自己的做法，与对方达成交易。

3. 注意成交信号，把握成交时机

许多情况下，顾客都不会主动请求购买，因此推销人员要随时留心成交信号，及时把握成交时机。当然，一方面不可过于教条主义，过分重视介绍的完整性，自认为商品介绍还未完，就一直滔滔不绝地讲下去，使顾客听得兴致索然，从而失去购买热情。另一方面，要认识到顾客购买激情或交易时机不止会出现一次，失去一次还可能第二次、第三次……推销人员应尝试着反复去实践，不断地试探成交的可能性。

4. 掌握洽谈主动权

掌握主动权是取得成功的必要条件之一。在推销成交阶段，由于顾客随时都有可能修改、推迟、改变购买行为的心理倾向，因此要求推销人员做到以下几点。

（1）做好准备工作。要规划好洽谈阶段，做好充分的准备，在知己知彼情况下，制订完善的洽谈计划。

（2）运用各种方法引导洽谈按既定的轨道前进，千方百计使顾客自始至终跟着自己的思路走，直到达到目的。

（3）不要把掌握主动权理解为操纵和控制顾客。推销人员不能有任何强迫的态度和做法要求顾客按他的意志办事，而应当积极引导、鼓励顾客发表观点和提出要求，然后通过对顾客观点和要求做出恰当的反应来操纵和控制主动权。

5. 保留一定的成交余地

任何交易的达成都必须经历一番讨价还价。推销人员在成交之前如果把所有的优惠条件都毫无保留地给顾客，当顾客要求再作让步同意成交时，就会变主动为被动，毫无退让的余地，不利于最后的成交。因此，推销人员应讲究一定的策略，知道哪些应毫无保留地讲出来，哪些暂不能讲，到最后的关键时候再作为一种突破的手段，即"撒手锏"，才能取得意想不到的效果。

（二）成交的方法

顾客是否购买将受其自身的类型与特点、销售条件以及销售人员所能给予的种种有益的暗示的影响。国内外销售学家和优秀的销售人员通过对成交过程进行大量的研究，发现了成交活动的基本规律，总结出了一些比较有效的促进成交方法。所谓成交方法就是指销售人员用来促成顾客作购买决定，最终促成顾客购买产品的销售技术与技巧。关于具体的成交方法，不同的学者和专家有不同的观点和看法，我们在分析研究和总结各种观点的基础上，结合销售实践，列出了以下几种主要的成交方法。

1. 主动请求法

推销人员用简单明确的语言，向顾客直截了当地提出购买建议，也叫直接请求成交法。这是一种最常用也是最简单有效的方法。

2. 自然期待法

推销人员用积极的态度，自然而然地引导顾客提出成交的一种方法。自然期待法并非完全被动等待顾客提出成交，而是在成交时机尚未成熟时，以耐心的态度和积极的语言把洽谈引向成交。

3. 配角赞同法

推销人员把顾客作为主角，自己以配角的身份促成交易的实现。从性格学理论来讲，人的性格可以分为多种多样，如外向型与内向型、独立型与支配型等。一般的人都不喜欢别人左右自己，对于内向型与独立型的人，更是如此，他们都希望自己的事情处处由自己做出主张。在可能的情况下，推销人员应营造一种促进成交的氛围，让顾客自己做出成交的决策，而不要去强迫他或明显地左右他，以免引起顾客的不愉快。

4. 假定成交法

推销人员以成交的有关事宜进行暗示，让其感觉自己已经决定购买。假定成交法也就是推销人员在假设顾客接受推销建议的基础上，再通过讨论一些细微问题而推进交易的方法。

5. 肯定成交法

推销人员以肯定的赞语坚定顾客购买的信心，从而促成交易的实现。从心理学的角度来看，人们总是喜欢听好话，多用赞美的语言认同顾客的购买能力，可以有力地促进顾客无条件地选择并认同你的提示。

6. 选择成交法

推销人员直接向顾客提供一些购买决策选择方案，并且要求顾客立即购买推销品的一种成交方法。它是假定成交法的应用和发展。推销人员可以在假定成交的基础上，向顾客提供成交决策比较方案，先假定成交，后选择成交。

7. 小点成交法

推销人员通过次要问题的解决，逐步地过渡到成交的实现。从心理学的角度看，顾客一般都比较重视一些重大的成交问题，轻易不作明确的表态，而相反，对于一些细微问题，顾客往往容易忽略，决策时比较果断、明确。小点成交法正是利用了顾客的这种心理，避免了直接提示重大的和顾客比较敏感的成交问题。先小点成交，再大点成交；先就成交活动的具体条件和具体内容达成协议，再就成交活动本身与顾客达成协议，最后达成交易。

8. 从众成交法

推销人员利用大多数人的购买心理和行为促成交易的实现。心理学研究表明，从众心理和行为是一种普遍的社会现象。人的行为既是一种个体行为，又是一种社会行为，受社会环境因素的影响和制约。从众成交法也正是利用了人们的这种社会心理，创造一定的众人争相购买的氛围，促成顾客迅速做出购买决策。

9. 最后机会法

推销人员向顾客提示最后成交机会，促使顾客立即购买的一种成交方法。这种方法的实质是推销人员通过提示成交机会，限制成交内容和成交条件，利用机会心理效应，增强成交。

四、签订购销合同

销售人员在经过市场分析、客户选择、产品展示、谈判和促成交易等一系列工作之后，最终需要把成交结果以书面形式确定下来，即签订购销合同。购销合同是指购销双方为了实现一方将货物出售给另一方，另一方接受货物并按约定支付价款的经济目的而达成的协议。购销合同一般以书面形式为准，特殊情况下可采用口头形式。购销合同的签订既反映了销售人员的业务能力，又关系到企业自身的经济利益。因此，如何正确签订合同，防止销售成果付诸东流是十分重要的。

（一）签订购销合同的原则

1. 合法的原则

合法原则是指购销合同无论在形式上还是内容上都应符合我国法律、法规和政策的要求。它包括两个方面：首先签订购销合同的形式必须符合法律要求；其次，购销合同的内容必须真实合法，不得损害国家和社会公共利益。

2. 平等互利、协商一致、等价有偿的原则

平等互利是指购销合同双方当事人的法律地位是平等的，都能通过购销合同法律关系获取经济利益；协商一致是指购销合同的签订是双方当事人真实意志一致表示的结果；等价有偿是指购销合同当事人双方都享有对等的权利和承担相应的义务。在相互实现经济利益时，每一方得到一定的利益时都要付出相应的代价，承担相应的责任。

3. 诚实信用的原则

签订合同时，一方面要保证合同的真实可信，另一方面要遵守合同的约定。在提高企业信誉的同时，为以后的业务拓展奠定良好的基础。

（二）购销合同的签订

购销合同的签订是当事人双方对合同的条款表示意见，进行协商，最终达成一致订立

合同的过程。一般来说，这一过程包括两个阶段。

1. 要约

要约是指一方（要约人）向另一方（受要约人）就购销合同的主要条款提出意见并表示愿意与之签订购销合同。要约人要在要约过程中向受要约人明确表示签订购销合同的意愿，并明确提出购销合同的主要条款，以及要求对方做出答复的期限等，缺少任何一项都不是真正意义上的要约。一般地，要约方要向受要约人以书面形式提出，其内容必须具体，不能用选择性语句或含糊其辞，以免对方产生误解而引起纠纷。

2. 承诺

承诺是指受要约人在规定的期限内对要约内容表示完全同意或无条件接受要约的答复。承诺也是一种法律行为，要约一经承诺，购销合同就是成立的，除法律另有规定或特别约定外，当事人双方都受合同约束。承诺人在要约人未收到承诺时就声明撤回或取消承诺，则承诺失效。也可以说，购销合同的签订就是在不断地要约、再要约直至承诺的过程中协商磨合达成一致的法律行为。

五、销售服务与跟踪

成交后，销售人员的工作并没有结束，还必须给顾客提供各种各样的服务和支持，以确保他们的满意和重复购买。优秀的售后服务能够提高顾客的忠诚。有人估计当顾客停止从某个公司购买时，60％的情况是因为顾客认为销售公司的销售人员在产品售出后，态度变得冷淡。销售人员必须跟踪每笔销售以确保运输安排、产品质量或顾客的账单没有问题。除此之外，销售人员或销售团队的成员，要经常监督设备的安装，培训顾客的雇员，并确保适当的维护，以此减少可能导致顾客不满意的问题。

良好的后续跟踪服务，一方面能够掌握售后服务业务存在的不足之处，优化不足，提高客户服务满意度；另一方面能够更好地了解客户的期望和需求，接受客户提出的意见和建议，从而设计出更人性化的产品。优秀售后服务能够为销售人员和销售公司提供巨大的利益。一方面，满意的顾客可能重复购买并表示对卖方的忠诚；同时，好的服务也能导致其他相关产品和服务的销售。例如，许多供应商的服务和零件的更换比原始设备所创的销售收入更多，能带来更高的边际利润。公司的销售和顾客关系战略必须说明将提供何种售后和售中服务。

◤ **本章小结** -

寻找客户是销售成功的第一步，常用的寻找客户的方法有普遍寻找法、广告寻找法、介绍寻找法、资料查阅寻找法、委托助手寻找法、客户资料整理法、交易会寻找法、中介机构寻找法、活动寻找法等。顾客资格审查可以参考 MAN 原则，也就是金钱、决定权和需求三个方面。销售展示的准备主要包括潜在顾客背景材料的准备，制订销售访问计划和预约客户。与潜在客户建立伙伴关系是销售哲学的基石，了收集潜在顾客的个人信息以外还必须收集与其业务相关的信息；制订销售访问计划有助于销售人员合理利用、安排时间。约见客户的内容主要包括确定访问对象、确定访问事由、确定访问时间、确定访问地点等，约见的方法有函约、电约、面约等。

销售展示之前要做好准备接近顾客，接近顾客步骤一般包括称呼对方的姓名及职务、自我介绍、感谢对方的接见、寒暄、表达拜访的理由、讲赞美及询问等。接近客户的方法一般包括介绍接近法、产品或服务接近法、利益接近法、问题接近法、赞美接近法、求教接近法、好奇接近法、馈赠接近法、调查接近法和连续接近法等。销售展示是指销售人员利用语言陈述、可视辅助手段等各种方式向顾客传递销售信息并说服顾客购买的过程。销售展示方法包括熟记式展示、公示化展示、满足需求式展示、解决问题式展示。

顾客异议是指顾客对销售产品、销售人员及销售方式和交易条件产生的怀疑、抱怨或反面意见的反应。顾客异议分为需求异议、财力异议、权利异议、价格异议、产品异议、销售员异议、货源异议和购买时间异议。处理顾客异议的原则为做好准备工作、选择恰当的时机、切忌与顾客争辩、给顾客留面子。

成交指顾客接受推销员的建议及其推销劝导并且立即购买推销品的行动过程。成交的策略是对成交方法的原则性规定，主要包括保持自然良好的成交态度、防止意外介入、把握成交时机、掌握洽谈主动权、保留一定的成交余地。成交方法包括主动请求法、自然期待法、配角赞同法、假定成交法、肯定成交法、选择成交法、小点成交法、从众成交法、最后机会法。

销售人员在经过市场分析、客户选择、产品展示、谈判和促成交易等一系列工作之后，最终需要把成交结果以书面形式确定下来，即签订购销合同。一般来说，这一过程包括两个阶段：要约和承诺。

成交后，销售人员的工作并没有结束，还必须给顾客提供各种各样的服务和支持，以确保他们的满意和重复购买，这就需要进行销售服务与跟踪。

思考题

1. 常见的顾客类型有哪些？针对不同的顾客类型如何开展销售工作？
2. 顾客异议的成因有哪些？顾客异议的类型有哪些？
3. 销售展示的技巧有哪些？
4. 促进成交的方法主要有哪几种？其优缺点都有哪些？运用时应该注意哪些问题？

案例分析

销售人员李明去一家商场销售一种包装简陋、售价为 32.80 元的黏性清洁器。他向经理说明了来意后，对方表现出兴趣不大。李明毫不在意。他一声不响地从提包里拿出事前准备好的一包碎头发、一团白棉花和一小块地毯。经理及其办公室的人都好奇地看着他。李明看了大家一眼，然后将碎头发撒在地毯上，又把白棉花在地毯上搓了搓。接着李明对大家说："我们的衣服上，家里的布艺沙发上、地毯上常常会粘有灰尘、头发和宠物的毛发等，这些东西很难被清除掉。即使用水清洗，有时也很难办。别发愁，大家看！"说着，李明拿起黏性清洁器在地毯上来回推了几下，刚才还粘满头发和白毛毛的地毯一下子就干净了。再看黏性清洁器的表面沾满了原来粘在地毯上的杂物。

办公室里的人都感叹清洁器的良好效果。他们有的拿过清洁器来在地毯上试，有的把清洁器拿在手里仔细端详。有的人却说道："这么点玩意，就要30多元，包装还这么差！"

李明没有正面回答，而是说："黏性清洁器是我们的专利产品。"接着，他把专利证书的复印件递了过去，继续说到："这是我们的专利证书。乍一看我们这种清洁器，30多元好像是贵了点，但它能反复清洗使用5000多次，平均每次花费不到6分钱。每次只花6分钱，就能给我们的生活带来这么大的方便，您说贵吗？我们还替顾客着想，不让顾客花费太多，所以使用了最简易的包装，降低了价格。要不，它就不会只卖30多元了，而是40多元、50多元了。这种生活日用品是以实用为主的，商品的包装能起到保护商品的作用就够了。顾客花32.80元购买我们的黏性清洁器，是不付包装费的。"

办公室里的人们终于被李明说服了。最后商场订购了500只黏性清洁器。

（资料来源：安贺新，《推销与谈判技巧》，中国人民大学出版社，2006年版）

思考讨论题：

（1）李明是采用什么方法说服顾客的？

（2）该案例给你什么启示？

第⑫章

信用管理

本章导读 -

1. 了解信用管理的意义及内容
2. 掌握客户资信调查的方法
3. 掌握客户信用评价的方法
4. 掌握应收账款的管理方法

导入案例 -

雅芳原来是一家采用直销方式的化妆品公司。1998年4月国家禁止传销和直销,公司的销售方式因此转型为批发零售。被动转型后的雅芳销售额一落千丈,市场迅速萎缩。面对现状,公司研究了一系列的销售策略,期望在短期内回升销售额,夺回失去的市场。在销售上,雅芳采取多渠道销售方式,包括在全国范围内的商场专柜、雅芳专卖店、推销员等。

面对竞争,各种渠道的销售都需要采取信用销售的方式。尤其值得注意的是,雅芳在全国各地有数千家雅芳专卖店,占雅芳业务总量一半以上。这些专卖店都属个体经营性质。在目前中国个人信用体制尚是一片空白的环境下,要对如此规模的个体经营者进行信用销售,对公司来讲实在是一种非常冒险的尝试。但是,公司要提升销售额,就必须要采用信用销售的方式,这是公司既定的策略。作为公司一名信用管理人员,我的工作职责是制定适合的信用政策,建立一支好的信用管理队伍,促进公司销售顺利进行,确保公司资金安全使用。

面对如此不同的客户群,我不可能采用以往的经验去管理。在此情况下,我只能一方面请教专业咨询公司,专门学习"个体经营者信用评估方法"。但有了方法,你还无法得到客户的信用方面的信息。因此,另一方面我还请教银行个人消费品信贷的做法。但面对如此面广量大的专卖店和推销员,银行那套严格得近乎苛求的贷款条件、长时间的繁复的贷款审核程序和抵押手续,对企业来讲显然是不适合的。

要帮助公司在短期内迅速提升销售目标的信用政策只能是开放型的。但特定的销售对象又是高风险的群体。一不小心,会给公司带来很大的风险,那样非但不能达到公司的目标，反而会使公司雪上加霜。因此，制定一个适当的信用政策对雅芳来讲是尤其重要的。由于没有现成的经验，我只能边学习，边摸索地去制定一套适合雅芳的特别的信用管理政策。

首先，我明确公司信用政策的最终目标是："在短期内迅速提升销售，同时将风险控制在一定的范围内。"其次，分析客户群与雅芳的特定关系。在此基础上，制定了一个信用条件从严到宽，信用额度从低到高的逐步渐进的信用政策。并且在政策实施过程中，我们经常性地对各地分公司进行信用政策问题调查访问，从中发现问题，及时修订政策，使政策能够在尽可能短的时期内符合公司业务发展的需要。之后，在政策逐步完善的基础上再制定坏账考核办法，以逐步加强公司信用管理力度。再次，由于雅芳是由一个全球的直销公司转型而来，以赊销为主的零售观念还很薄弱。因此，除了制定公司信用政策的重点工作之外，还需要对公司员工进行观念上的培训。在制定公司信用政策和程序的同时，我们邀请了咨询公司先对公司管理高层进行信用管理培训，以加强公司管理高层对中国信用环境的认识和对公司信用管理工作的重视。在信用政策实施以前，又对全国所有分公司的管理人员分期分批进行大规模的培训，以确保公司所有管理人员了解一定的信用知识，掌握公司信用政策和程序。

专业的培训、政策、实施前的充分的宣传和沟通为日后的信用管理打好了坚实的基础。从雅芳两年来信用政策的实施效果来看，公司销售连年保持高速的增长，1999年销售比1998年几乎增长了一倍。2000年公司的销售更是在1999年的基础上增长了49%。更令人惊喜的是，两年来，公司的坏账只有10多万元而已，完全达到了公司所期望的目标。可以说，我很幸运，能够有机会在不同行业做信用管理，与不同客户打交道，使我在信用管理方面得到了不同的经验与体会。

总结这些年来从事信用管理的经验，我认为做好企业信用管理的关键有以下几个方面。

1. 与公司目标一致的信用政策与程序。包括适当的客户信用等级评估方法、专业的应收账款收款程序和合理的应收账款考核制度。

2. 有一套完善的信用管理电脑支持系统。可支持信用等级评估，完整的应收账款账龄、销售数据和信用分析报表。

3. 严格的应收账款日常跟踪管理和定期召开账款会议。

4. 足够的专业机构的培训与客户信用调查信息。可提供对客户风险系数的判断。千万不要因为节约一点点成本拒绝专业公司的培训和信用风险调查，而忽视了公司未来的风险。

上述几点之间的关系可以这样去形容：信用政策起关键作用，系统支持是信用管理的基础，日常管理和会议是必不可少的措施。专业培训和专业机构的信息是一个不可多得的风险指导。

（资料来源：郏进芳，http：//blog.ifeng.com/article/1564957.html？flag=1）

第一节　信用管理概述

信用（Credit）是一种建立在信任基础上的能力，是不用立即付款就可获取资金、物资、服务等的能力。这种能力受到一个条件的约束，即受益方在其应允的时间期限内为所获得的资金、物资、服务而付款或还款，上述时间期限必须得到提供资金、物资、服务的一方的认可。在这种交易过程中永远存在着一定程度的风险。《中国大百科全书》将信用解释为：借贷活动，以偿还为条件的价值运动的特殊形式。在商品交换和货币流通存在的条件下，债权人以有条件让渡形式贷出货币或赊销商品，债务人则按约定的日期偿还借贷或偿还贷款，并支付利息。

信用是社会经济发展的必然产物，是市场竞争中最宝贵的无形资产。因此，以资信、产品质量、服务为主体的企业信用体系，越来越成为现代企业生存和发展的必要条件。美国科学家富兰克林在《给一个年轻商人的忠告》中有一句话"切记，信用就是金钱"。前世界银行首席经济学家斯蒂格里茨认为，在市场经济运作中，资源配置并非完全取决于价格因素，有时更多地取决于企业信誉。

企业信用管理是指企业在力图扩大销售的同时，为控制销售风险而制定的政策、措施、业务方案和规章制度及其相关的运行活动，是企业信息管理、财物管理和销售管理相互交叉的一项管理工作。企业信用管理的目的就是：在力求销售最大化的同时控制销售风险，使其最小化，减少或避免坏账损失。

在市场经济中，任何一个企业都想把自己的产品和服务最大限度地销售出去，在追求销售最大化的同时，不可避免地存在着销售风险，除非全部销售都是现金或现汇交易。然而全部是现金或现汇交易，企业势必拒绝一切赊销，这就等于放弃了扩大市场的机会，就不能实现销售最大化；而发生赊销，就必然会有不能回收货款的风险。应该说销售最大化与风险最小化是一对矛盾，信用管理的任务，就是要妥善地处理、合理地解决这对矛盾。

信用管理的另一项重要任务就是加强企业自身的信用建设，树立自身的良好信用形象。这涉及企业的资本及运营、产品及服务、人员素质与企业管理、公共关系与社会行为以及发展趋势等多项内容。概括地说，就是如何使企业的信用行为和信用能力处于最佳状态。

一、信用管理的意义

信用管理属于风险管理的范畴，即对信用风险进行识别、分析和评估。成功的信用管理必须根据坚实的信用政策，指导和协调内部各部门的业务活动，以保障应收账款安全和及时回收的管理，目的在于有效地控制风险和用最经济合理的方法综合处理风险，使风险降低到最低程度。在信用决策与管理应收账款的组合中，许多不同的营业因素需经仔细考虑，信用决策必须依据客观的及无形的客户的信用及财务状况，也应考察受信者的市场地位及销售量，产量是否全部开动及现金余额水平也是信用管理必须注意的因素，与产品的性质也有关系。

企业的信用管理注重对客户信息的收集和评估、信用额度的授予、债权的保障、应收账款的回收等各个交易环节的全面监督。一个公司的财务依赖于良好而有效的信用管理。放任而没有限制的信用政策也许可以促进销售额并提供有力的行销工具，但却可能造成拖延应收账款，造成极高的坏账损失率。采用严格限制的信用政策的公司却可能让竞争对手增加他们的市场占有率。

（一）短期意义

随时监控客户应收账款的回收，对出现的问题及时处理。为了随时监控客户的应收账款，企业一定要与客户保持密切的联系和及时的沟通。此外在客户无法偿还款项时，应当要求其提供担保，减少坏账损失的风险。

（二）长期意义

有效提升客户的质量。信用管理规范的企业对资信状况良好的企业给予超过市场平均水平的信用额度和信用期。而对于资信状况较差的客户，则进行现款交易或给予较小的信用额度和较短的信用期。对后一类客户，其本来就存在资金周转的问题，在企业不给予融资机会时，一部分会慢慢退出，另一部分则看到资信状况较好的客户能得到更优惠的信用环境，会不断改变自身的资信状况，最终企业会拥有一个稳定守信的客户群，企业的形象也会得到很大提高。这对企业而言，是生存环境的改善，是一个对企业的发展起到推动作用的长期有利因素。

小资料 12-1

加强应收账款管理之我见

随着市场经济的深入发展，追求利润最大化已越来越成为每个企业经营的主要目标。要实现这一目标，需要从收入、成本和费用三个方面共同努力，其中增供扩销是必不可少的一环。但随着企业销售量的增大，势必增大应收账款。适量的应收账款是企业资金的正常占用，但过多的应收账款，会占用企业大量的资金，给企业带来一系列的问题。同时，应收账款的情况是在各种因素的影响下不断变化的，因此，对它的管理也应该是全员、全方位、全过程的。这里我们针对其成因，考虑其变化，提出管理之构想。

1. 事前控制

第一，信用期限。信用期限是企业允许顾客从购货到付款之间的时间，也是企业给予顾客的付款期间。信用期过短，不足以吸引顾客；信用期过长，固然会扩大销售量，但应收账款占用资金太多，会增加机会成本和坏账成本，而且由于收入按月入账，增值税、营业税、消费税、所得税等都是按销售收入或利润为课税计算依据的，不管应收账款有没有按时收回，税费都是要按时上缴的。所以，在确定信用期限时，应权衡成本与增加的收入孰大孰小；在决定是否延长信用期限时也应该做这样权衡。第二，信用标准。信用标准是指顾客获得企业的交易信用应具备的条件。如果顾客达不到信用标准，便不能享受企业的信用或只能享受较低的信用优惠。第三，现金折扣政策。现金折扣是企业对顾客在商品价格上所做的扣减，许诺顾客若在规定期限内付款，可免交一定百分比的货款。向顾客提供现金折扣，主要是为了吸引顾客尽早付款，缩短企业的平均收款期，减少应收账款。

2. 事中管理

第一，订立完备的合同。在大额销售业务发生时，应签订条款清晰、内容完备的经济合同，以保证企业利益得到法律的保护，其中应对价款数量、信用期限、折扣标准和结算方式等予以明确，同时可以在合同中订立违约条款，如价格、定金、担保、抵押、留置等项内容。第二，确定合理的结算方式。采用适当的结算方式，可以减少资金的在途时间，降低收账风险。对于和企业有长期固定关系的买家，可以采取在购货方所在地开设辅助账户，辅助账户只收不付，由单位定期自行划转回基本账户，或者要求购货方办理自带票汇，由我方催账人员带回入账等方式，以避免收账风险。第三，做好账龄分析。应收账款发生后，我们可以通过填制账龄分析表来将应收账款按其账龄划分为信用期内、超过信用期时间较短、超过时间较长三种，每种可以按具体时间细分，然后根据划分结果统计出每种情况的账户数量、金额、占企业总应收账款比重等信息，通过账龄分析，对坏账加以预测，并确定对不同拖欠时间的欠款，企业应采取不同的收账方法。第四，积极掌握信息和市场行情。要想减少企业应收账款的风险，需要了解掌握各方面的信息，尤其是长期拖欠大额款项的购货方的财务状况。我们可以要求对方按期提供资产负债表、损益表、对外提供担保（或有负债）等资料，以便于我方分析掌握。同时，对于欠款企业的外部环境也应有所了解。只有当我们对所有情况都全面了解后，才能更有针对性地确定收账方式，才能更准确地估算坏账损失。

3. 事后收账

一是实施成本—效益原则。一般"来说"，管理和收账的花费越大，收账措施越有力，收回账款越多，坏账损失也就越小，但同时管理费用也会越多（管理费用指客户信誉状况调查费用、账户的记录和保管费用、催收费用、收集信息费用等）。我们要权衡得失，根据不同的账款，选择不同的催收方式。二是积极催账，设专岗专责，与企业效益、职工利益挂钩。新修订的《会计法》规定：应收账款的内部控制制度要健全，要有明确的职责分工，建立定期催收制度。所以，企业可设清欠岗位，专门负责追款，并加大考核力度，将清欠率与职工利益紧密挂钩。三是诉诸法律解决。当账款的回收到了非用法律手段解决不可时，销售合同中的相关条款就显示出其重要性。在发生纠纷时，可以依据合同向工商行政管理部门提起调解或仲裁申请，也可以直接向人民法院起诉。四是贴现、实物偿债。如果急需资金，可要求对方开具银行承兑汇票向银行申请贴现，银行扣除的贴现息也应由承兑人负担；实物偿债指欠款方实在无力以货币偿债，可以协商以实物抵债。这两种方式都可以在较短时间内缓解企业流动资金缺乏的压力。五是代理收账。由于企业在收账中面临大量靠自身实力难以解决的问题，所以可以委托专业化的代理机构来收账，由他们负责搜集欠款企业材料，划分客户类别，审查分析报表，为企业提供信用政策和收账政策，并可以为企业提供类似抵押贷款的短期融资，缓解资金矛盾，还可以代理诉讼，维护企业合法权益。六是应收账款保险。企业为了避免大额坏账损失的产生，可以向保险公司办理信用保险，保险公司可以在规定限额内代为承担80％～90％的损失，但保险金高低要依账款的风险程度确定。七是债权转为股权。债转股的核心是通过把债权人转变为股东，使债权人有可能对企业进行监管，通过重组负债企业，建立起对管理层有效的约束和激励机制，彻底改善负债企业的经营状况，从而使债权企业和债务企业双双摆脱困境，从根本上解决问题。八是及时处理坏账、呆账。我国财务制度规定，企业应按年末应收账款的3％～5％计提坏账准备，计入管理费用。

应收账款管理的核心问题是"过量"管理。我认为，这里的"量"字有双重含意：一是数量超过最高限量，应收账款的收入和成本存在一个盈亏平衡点，如果数量过大，利润出现递差，方案就不可行了；二是指质量超过最低限度，如果应收账款的质量过低，购货方信用无法保证，那么坏账就不可避免了。因此，我们要管理好应收账款，就是要根据收益—成本原则很好地掌握这两个量，将其贯穿在应收账款管理的始终，才能收到良好的成效。

（资料来源：山西省人民政府门户网站 www.shanxigov.cn，2008年03月18日）

二、企业所面临的信用风险

信用是有风险的。收益和风险对等，收益越高，风险越大。企业利用信用来扩大销售，增加收益的同时也增加了风险。企业之间，尤其是国有企业之间的相互拖欠货款，逾期应收账款居高不下，已成为经济运行中的一大顽症。据专业机构统计分析，在发达市场经济中，企业间的逾期应收账款发生额约占贸易总额的0.25％～0.5％，而在我国，这一比率高达5％以上，而我国进出口企业近几年在海外无法正常追回的逾期账款至少在100亿美元以上，而且拖欠账款数额有逐年上升的趋势。这一方面反映了企业间信用关系的恶化，另一方面，也反映了企业自身风险控制能力的不足和信用管理水平的低下。即使面对信誉可靠的客户，也无从判断，将大量的市场机会拒之门外。显然，中国企业这种传统落后的结算方式和信用管理水平，已远远不能适应国内外市场竞争的需要。企业所面临的信用风险主要包括三个方面。

（一）客户拖欠的风险

正如信用交易是普遍存在的交易形式一样，拖欠也是普遍存在的现象。实际上，对于赊销产品的授信方，客户拖欠货款的风险总是存在的。然而，很多企业对拖欠风险的危害性认识有所忽视，甚至认为它是一种正常现象。这一方面是由于拖欠普遍存在、习以为常；另一方面则是因为客户拖欠货款所造成的损失是隐性的，即使是非常有经验的赊销企业经理人员也会有所忽视。

企业赊销的实践证明，客户拖欠货款对企业造成的损失比坏账损失还要大。在众多的企业交易中，不同的企业对于拖欠问题也有着不同的态度，这也反映了不同企业的经营风格和经营理念。按照不同的付款行为，客户可以分为收到货很快付款、快到期才付款、补提醒后才付款、受到强力催款压力后才付款、赖账不付款等几类。

（二）客户赖账的风险

赖账是指客户恶意拖欠货款的行为，最终结果可能是不还款。赖账是指有能力还款但拒绝还款。赖账是产生赊销坏账的主要原因之一。从性质上讲，赖账是欺骗行为的前兆，是一种恶劣的商业行为。为了减少客户赖账的风险，信用管理工作的重点在于事前防范，具体的手段是选择与品质优良的客户进行交易，尽量避免与品质恶劣的客户打交道。

（三）客户破产的风险

客户破产意味着欠账的客户可以免除所有的对外负债，而提供信用的企业将有可能损失全部的赊销款。这是企业赊销贸易中比较严重的风险之一。已经破产或已在破产过程中的客户将停止对外付款，赊销企业只能通过清算程序收回欠款。为了防范客户破产风险，企业在信用管理中除了要有事前防范措施，还要有必要的风险分散机制，如抵押或优先还款协议等。

所以企业信用管理的目标就是力求企业在实现销售最大化的同时，将信用风险降低至最低，使企业的效益和价值得到最大程度的提高。通过信用销售，企业可以扩大销售，提高盈利水平，但与此同时，信用销售产生的应收账款每天都在消耗着企业的利润。代表企业血液的现金流被众多应收账款占压着，企业预期利润损失是巨大的。由此可知，企业应收账款的最终管理目标是实现销售最大化，同时保持信用风险特别是坏账损失最低。

企业信用管理的实质是在收益与风险之间寻求平衡。企业采取信用的模式还是采用收现的模式进行销售并没有固定的模式可以遵循。也不是说在信用社会，信用模式就一定优于收现的模式。这完全取决于企业对风险的偏好，在市场中的地位和市场竞争环境。信用管理只是手段不是目的，通过有效的信用管理可以获得价值增值。从成本、收益与风险的角度来看，企业信用管理是一种科学。

三、信用管理的内容

要有效控制赊销拖欠风险，要对交易各环节进行精细管理，也就是说，要控制赊销拖欠风险没有诀窍和捷径，但也不复杂，在交易过程每个环节的基础管理工作都做到了，风险自然被控制了。从统计资料可以看出，大部分风险是在交货前控制不当造成的。这个阶段的风险控制管理工作，应该说相对简单得多，成本低得多；而形成拖欠以后的追讨工作，则要复杂很多，成本会高得惊人。所以，应该把控制赊销拖欠风险的工作重点放在事前控制上，图12-1为信用管理的内容。

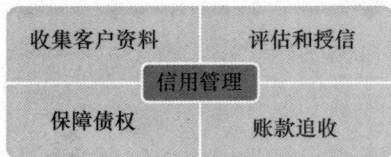

12-1 信用管理的内容

（一）收集客户资料

"知己知彼，百战不殆"，军事斗争中的成功经验同样适应于现代商业社会。买方市场形成后，由于客户资源有限，企业销售已经转变为一种竞争性的销售，赊销方式普遍流行。在这样的情况下，了解客户、合作伙伴和竞争对手的信用状况对于企业防范风险、扩大交易、提高利润、减少损失尤为重要。信息收集已经成为信用社会经济繁荣与稳定的重要基础。

信息缺乏导致在授予信息时只能凭借主观判断，没有任何基于事实依据的科学评估。于是，国内企业之间出现大量的拖欠和三角债，呆账、坏账问题十分普遍。

近年来，由于企业开始重视收集客户的信息资料，应收账款逾期率、坏账率大幅下降。目前国内征信（信用信息征集）市场从业机构较少，业务较好的有华夏邓白氏、新华信、九蚁、中商、联信等，大约占据了整个市场份额的近 90 %。

（二）评估和授信

评估客户的信用，决定给予客户怎么样的信用额度和结算方式，是企业控制信用风险的重要手段。传统的信用评估是建立在经验基础上的，很难保证评估的准确性和科学性。科学的信用评估应该建立在经验和对信用要素科学分析的基础之上。首先要求对信用要素进行详细分析，然后综合本企业的经验以及不同行业、不同企业的经验，经过比较权重、量化指标，最终达到一个统一的评价标准。

信用评估系统通过大量的实践案例，分析出濒临破产企业、劣等企业、优良企业所具有的特征，再将这些特征分成各种项目和细目并授予不同的权重，力求最大限度地体现客户的信用特征。

（三）保障债权

债权保障的工作主要有：信用管理人员和法律专业审核合同条款，排除可能造成损失的漏洞；严格审查单证票据，防止各种结算方式的欺诈；提出债权保障建议，包括保理、信用保险、银行担保、商业担保、个人担保等手段转嫁信用风险，减少信用损失。

合同条款明确、清晰，贸易文件齐备，为了使客户不会在以后就合同不明晰的条款对付款有争议，应该事前为客户解释清楚合同的有关具体规定，介绍规定的交付条件、赊销期限以及保护债权的条款；明确合同内容，将一切协议正式地、明确地落实在书面上由双方确认；整理有关贸易文件。

按照合同要求，提供客户所需的货物或服务，完备售后服务；及时解决客户提出的意见或抱怨，协助客户销售盈利，以高品质的售后服务换取客户的快速回款及新的更大的订单。

（四）账款追收

只要是从事商业活动的企业，就有可能出现逾期应收账款。企业必须认真分析每笔应收账款逾期的原因，找到最佳处理对策，并马上实施追收。处理逾期应收账款最忌讳的就是拖延，很多本来能够收回的账款，随着时间的流逝变为坏账。所以当货物发出后应积极联系客户，部分客户有时需要催逼才会付款。而且根据国外的统计资料，追账成功率随逾期月份的增长急速下降，从逾期一个月的 93.8％降至逾期 24 个月的 13.6％。

例如，某公司信用风险管理办法有以下几点：

（1）制定适合公司现状的较为保守的信用政策，确保公司的低风险要求。

（2）自行开发的计算机支持系统，易于总体控制，提高工作效率。

（3）制定严格的催账程序，控制应收账款的延期及坏账发生。

（4）每周一次收款会议制度，检讨逾期货款的原因，商定逾期款催收方案。

（5）明确的坏账界定及坏账考核规定。促使销售人员重视收款工作。

在这一系列信用管理措施中，最重要的是信用政策。一个好的信用政策能够帮助公司获得最大的利益，但一个不好的信用政策也可能导致公司亏损甚至倒闭。

四、信用管理实施对策

企业的信用管理是一项复杂的活动，在这个过程中要做到艺术性和科学性的兼顾，在实施信用管理过程中应注意以下两个方面。

（一）信用管理应该是全过程管理

对于企业而言，信用管理一般来说包括三个阶段，即资信调查阶段、营业决策阶段、跟催阶段。资信的调查就是通过调查授信对象的能力和意愿，和合适对象签订和约，最后采取种种催收技巧收回账款。据统计：实施事前控制（交货前）可以防止70％的拖欠风险，实施事中控制（交货后到合同货款到期前）可以避免35％的拖欠风险；实施事后控制（拖欠发生后）可以挽回41％的拖欠损失；实施全面控制可以减少80％的呆、坏账（以上数据由东方保理中心提供）。从统计资料可以看出，大部分风险是在交货前控制不当造成的。这个阶段的风险控制管理工作，应该说相对简单很多，成本低得多。而形成拖欠以后的追讨工作，则要复杂很多，成本会高得惊人。所以我们应该把控制赊销拖欠风险的工作重点，放在事前控制上。前期的资信调查最为重要，不经过资信调查而授予信用，发生坏账的风险是非常大的。进行信用调查就是要调查对方的能力和意愿。对意愿的调查是其中最重要的一环。

（二）企业信用管理能力的提升离不开全社会信用文化的复苏

中国文化中并不缺乏诚信传统，孔子曾说"民无信不立"，曾子在三省吾身之时就反思"与朋友交而不信乎?"，可见"信"是中国人公认的美德之一。失信在于目前的社会规范不成熟，制度安排不合理，具体表现为一方面是对失信行为惩罚不严肃；另一方面，守信的收益不明显。比如有的国有企业欠贷款不还，银行没有办法处罚，最后划为呆账、坏账一笔注销，这种企业从中获利，别的企业就会仿效。因为企业或个人都是"经济人"，在做出某种行为时，进行成本和收益的比较，对失信者不重罚。使失信者付出的成本小于失信的收益，即失信有利可图，企业或者个人当然会有一种失信倾向，这是制度对人们行为有不良诱导作用。因此首先应建立一个富有效率的社会信用体系，主要内容包括：信用数据的开放和信用管理行业的发展；信用管理系列的立法和执法，即使用信用的规范和失信惩罚机制的建立和完善；政府对信用交易和信用管理行业的监督和管理，以及信用管理民间机构的建立；信用管理教育和研究的发展等。

小资料 12－2

"长虹事件"与信用管理体系建设

一则有关"长虹在美遭巨额诈骗"的消息引起市场强烈反响。2003 年 3 月 6 日，长虹股价下跌 4％，市值损失超过 6 亿元。"诈骗"消息的真伪有待时间检验，但是企业应收账款和信用风险管理等深层次问题更值得管理层思考。

1. 组建信用管理部门很必要

外经贸部国际贸易经济合作研究院信用管理部主任，中贸远大商务咨询公司总经理韩家平表示，企业逾期应收账款不可能完全避免，但相对于发达国家，我国企业的呆账、坏账率要高出不少，这说明在信用风险管理上，中外企业差距比较大。

企业老总对"信用风险"大都深恶痛绝。根据国家统计局资料，我国企业平均无效成本（坏账、拖欠款损失、管理费用的三项总和）占销售收入的 14％。也就是说，一个销售额 1 亿的企业，坏账、拖欠款损失、管理费用三项费用白白消耗掉了 1400 万！一个企业的平均利润率才百分之几，无效成本损失了 14％，企业拿什么盈利？

韩家平说，在国外，大部分企业都会建立独立的信用管理部门，一些小企业也会有相应人员或机构，但我国大部分企业目前还没有建立信用管理部门。

邓白氏商务咨询部主管梁波也认为，在进行应收账款的管理时，应强调事前防范，而不是事后处理。通过建立一整套系统的组织结构预先防范信用风险。

2. 完善信用管理部门职能

韩家平认为，信用管理部门应该保持完全的独立性，不能是销售部或者财务部的内设部门。销售部门希望做大业务量，往往盲目赊销，忽视信用风险，而财务部门为了控制财务风险，又容易处于保守状态。建立一个独立的信用管理部门可以起到相互制衡的作用，显然更加科学。

在国外，信用管理部门的负责人都由分管财务的副总兼任，可见其在企业中的地位。在国内，信用管理逐步得到大家的重视，但信用管理部门的职能仍需进一步完善。

新华信商业风险管理公司总裁张世卿介绍，完善信用管理部门职能，建立系统性的管理非常重要。表现在一些具体业务上，比如完整的客户档案是信用管理的基础，客户档案应包括以下内容：客户基本资料、客户信用资料、赊销合同、以往交易记录等。信用管理部门依靠完整的客户资料评价和跟踪客户的信用状况，确定客户的信用额度，对逾期账款进行有效管理。客户档案应从与客户建立交易关系前就着手建立，并在客户关系的发展过程中予以及时补充和更新。

张世卿认为信用管理部门的信用审查和额度确定的主要目的是进行风险的预防，但仅仅预防是远远不够的。一方面，信用审查和信用限额毕竟是对客户未来还款能力和意愿的一种主观判断；另一方面，客户本身的经营也存在着诸多不确定因素，其还款能力和意愿也时常发生着变化。因此，对交易所产生的应收账款进行体系化的管理对及时和完全的回款也非常必要。

张世卿表示，所谓体系化的管理包括账款回收的责任管理、账款的时间管理、定期的账龄分析、账款的催收程序、委托第三方（律师或收账代理）处理的程序等。

韩家平说，西方企业几十年的经验说明，企业必须建立独立的信用管理部门，否则就无法管好。现在，只要有一点规模的西方企业，必然有独立的信用管理部门。目前，我国大多数企业尚没有建立真正意义上的信用管理部门。

据统计，欧美市场80％～90％的交易是采用信用方式进行的，我国企业目前使用赊销方式的比例只有不到20％。但就是如此悬殊的信用销售比例，我国的外贸企业在坏账率方面仍大大高出欧美企业。据悉，美国企业的坏账率为0.25％～0.5％，而中国外贸企业的坏账率却高数倍。

专家认为，国内企业必须注重应收账款的全程管理。针对我国企业信用管理的现状，外经贸部研究院的专家提出"3＋1"企业信用管理模式，外经贸部研究院信用管理部主任韩家平是"3＋1"模式的主要创始人，他说，"1"是指在企业内部应建立一个独立的信用管理机构或人员。所谓的"3"就是强调要对企业信用进行全程跟踪管理，企业内部应建立三个不可分割的信用管理机制，分别是信用管理阶段前期的资信调查和评估机制、中期的债权保障机制以及后期的应收账款管理和追收机制。

邓白氏的梁波认为，从在应收账款发生到收回进行全程的跟踪管理，非常重要。在放账之前，首先必须作信用调查，提供咨询报告。然后做出详细客观的信用评估。对客户放账之后，必须对应收账款进行动态管理。

韩家平对"3＋1"模式进行了详细的分析。资信调查和评估机制从交易前期的客户筛选、评价和控制的角度避免信用风险。韩家平认为一个典型案件就是银广夏，在案发前银广夏套了很多银行的贷款，但是其中一家天津的银行在评估银广夏公司时，发现该公司财务状况存在很多疑点，因此没有把2亿多元的贷款给该公司，避免了损失。企业经营过程中，会接触许多不同的客户，必须对新老客户的资信状况了解清楚，然后评估是否可以授信。建立企业资信调查和评估机制，才能准确把握商机和信用风险的区别。债权保障机制，就是在签约时保障或转嫁信用风险。很多企业会碰到这样的问题，一笔生意风险较大，可是利润也非常丰厚，做不做呢？可以做，前提是将风险加以转移，使债权得到保障。一方面是通过外部力量转移风险，比如银行提供的担保、保理，保险公司提供的信用保险，担保公司提供的信用担保等；另一方面是自身控制风险，如客户签署人的担保、物的担保、抵押等。据有关媒体报道，在A-PEX与长虹的交易中，凡赊销均走保理程序。APEX、保理公司、长虹三家签订协议后，保理公司通知零售商如沃尔玛，不得向APEX直接支付货款，而是把货款交给保理公司，由保理公司将钱按10％和90％的比例在APEX和长虹之间分账。

另外，为了防范沃尔玛可能倒闭带来的风险，长虹和 APEX 双方另外向保险公司投保。保理公司如果在两个月之内收不到货款，保险公司就要赔付。如果长虹急需回款，可以凭销售发票向保理公司作贴现，一般的比率是 80% 以下。

韩家平透露，与长虹合作的为国外保理公司，保理业务有一定的额度限制，如果超额度发货，保理公司将不承担责任。韩家平分析说，长虹有可能存在超额度发货的现象或者部分业务没有走保理程序。应收账款管理和回收机制，就是在应收账款发生后，通过一系列管理措施监控账款，保障账款按时回收。

一旦账款逾期，立刻分阶段加紧追收。很多企业管理者都认为，信用管理就是追账，这是认识上的误区。其实，追账只在信用管理中占很小的一部分。当货物销售出去后，应该对销售的货物和客户时时监控，保证货物和销售的安全，保证客户得到满意的服务和承受适当的压力。在账款过期后，要根据程序不断施加压力，争取早日回收账款。

3. 信用管理成效显著

东阿阿胶股份有限公司是一家医药类上市公司，该公司自 2000 年底开始推行信用管理，取得了不错的效果。公司销售总监王桂芳女士介绍，2000 年年底，东阿阿胶建立信用管理委员会，并由总经理亲自主持，各部门主管组成。制定信用政策、管理制度及工作流程；安装风险评估管理软件 RAM；建立信用评估模型；指导应收账款全过程管理。通过建立风险管理，对每一笔交易记录。

王桂芳说："东阿阿胶的信用管理主要体现在销售管理部，两位信用管理专员专门负责客户信用资料的收集、评估、实施授信等。以 90 天的应收账款为例，在 60 天时东阿阿胶给客户发对账函，到 90 天时东阿阿胶便以不同形式发催收函，当 180 天时，将转给法律事务部进行清理。"王桂芳介绍，实施规范信用管理取得了立竿见影的效果。目前东阿阿胶坏账比例大幅降低，2001 年实现销售收入 5 亿多元，2002 年销售收入 6 亿多元，但正在法律事务部进行清理的应收账款只有 300 多万。在医药行业，企业应收账款平均周转天数一般为 100 多天，而阿胶的平均周转天数仅为 1 个多月。

企业信用管理是企业诸多方面管理中最有效的管理措施之一，通过对 24 家初步建立"3＋1"科学信用管理模式的中国企业的调查显示，管理后的第一年，企业管理费用、财务费用和销售费用占销售收入比重就从 14% 下降到 9%；赊销额平均上升13%；坏账率平均下降 3.6%；销售未清账期（DSO）平均缩短 37 天；市场占有率不同程度的上升；综合经济效益指标平均上升 21。同时，客户信用数据完整，客户服务质量改善，企业各项财务指标全面高于行业平均水平，企业综合竞争力显著提高。

王桂芳强调，对客户进行放账时，应该进行比较科学的评估，在这个基础上决定是否应该放账。如果放账风险过大，应该停止发货或者采取其他现金交易等措施，统计显示，到 2002 年三季度底，因为放账风险过大，东阿阿胶停止发货的客户占总客户数量的 14%，占了 7% 的销售额度。

而长虹事件则从另外一个角度反映出企业信用管理的必要性。梁波说，如果长虹有一套成熟的信用管理体系，从信用的角度来评估 APEX，情况也许会不同。

据有关媒体报道，根据一份有关 APEX 公司的资信调查报告，2001 年（至 2001 年 7 月 31 日），APEX 的销售额为 1.5 亿美元，而截至 2002 年 1 月 31 日的 2002 年中期的销售额为 2.11 亿美元，中期净利润亦只有 45.9 万美元，利润可谓极为微薄。此外，APEX 公司 2002 年中期的流动资产总额为 1.85 亿美元，而流动负债为 1.83 亿美元，营运资本仅 180 万美元左右。

从该报告数据上发现，除去不断流转的巨量货品，APEX 没有什么重要资产。梁波认为，长虹至少可以有针对性地分散放账，或与一些资信较高的客户如沃尔玛直接打交道。

4. 加紧商账追收

中国部分企业有一个弊病，就是对应收账款漠不关心，这个问题在内外贸企业中都存在。很多应收账款的账龄已有几年，而在欧美等国家，法定超过半年的账款就必须作为坏账。

韩家平认为，账款逾期率、账款回收周期 DSO、账龄结构、坏账率，这些数据看起来枯燥乏味，却是极为重要的，必须天天研究、月月分析。应该根据这些数据调整企业的信用方针。邓白氏一份调查数据显示，应收账款逾期的时间越长，追账的成功率就越低。当逾期时间为一个月时，追账成功率为 93.8%，当逾期半年时，成功率急降至 57.8%，而当逾期两年左右时，成功率只能达到 13.5%。在发生应收账款逾期之后，怎样进行商账追收就成了企业必须解决的问题。

韩家平指出：首先是合同条款要尽量完善，避免给不良客户以可乘之机；其次业务人员在与客户沟通的时候要及早发现苗头，及时解决问题。在赊销时，产生质量等方面的争议的可能性比现金交易时会增加，此时我们应该及时地解决。在出现货款拖欠时，应当马上停止赊销，或者将交易方式改变成现金或者信用证，做动态的管理。

对于应收账款逾期 3 个月以内，企业主要是进行内部处理，如果是合理拖延，应该给客户一定的时间，但企业自身也应注意风险防范。逾期 3 个月以上，企业则需要考虑通过外部力量如追债公司进行追讨。对于逾期一年以上的应收账款，企业可以考虑采取诉讼手段，但此前企业必须进行全面考虑，因为诉讼的成本比较高，而且将导致与客户的关系完全破裂，商业成本比较高。而且在采取诉讼时必须考虑官司能否打赢和能否拿回欠款。

梁波建议：在国内企业涉及海外应收账款时，采取追债公司追账的方式比较可行。因为涉及海外应收账款时，往往会出现时差、语言隔膜、商业程序等问题。聘请专门的追债公司，会弥补企业在经验方面的不足。梁波介绍，目前追账公司追账主要有两种方式：当企业成为追账公司会员时，交纳一定的会员费即可；对于非会员来讲，则需要交纳一定的手续费。当应收账款追回时，企业与收账公司双方分成。分成比例根据应收账款追收难度的大小确定。梁波说，在邓白氏为国内企业做的咨询案例中，采取诉讼方式解决应收账款的企业还不是很多。当然这与诉讼时间比较长，地方保护主义有一定的关系。但梁波认为，在商账追收过程中，诉讼是一种比较有效的手段，我国企业应该在诉讼手段上有所加强。

（资料来源：http://www.doc88.com/p-297184871436.html，有删改）

第二节　客户信用调查

一、客户信用调查

客户信用调查是通过对客户信用状况进行调查分析，从而判断应收款项成为坏账的可能性，为防范坏账提供决策依据。几乎所有成功的企业，都非常重视客户信用调查。

通常对客户进行信用调查的方法有三种。

（一）通过金融机构或银行对客户进行信用调查

这种方式可信度高，所需费用少。不足之处是很难掌握客户全部资产情况和具体细节，因可能涉及多家银行，所以调查时间会较长。

（二）利用专业资信调查机构进行调查

这种方法能够在短期内完成调查，费用支出较大，能满足公司的要求。同时调查人员的素质和能力对调查结果影响很大，所以应选择声誉高、能力强的资信调查机构。

前两种方法主要调查客户品质、能力、资本、经济状况、连续性、抵押品等六个方面的情况。

（三）通过行业组织进行调查

这种方式可以进行深入具体的调查，但往往受到区域限制，难以把握整体信息。可以是询问同事或委托同事了解客户的信用状况，或从新闻报道中获取客户的有关信用情况。这种方法既可以针对全面情况进行调查，也可用于具体债务项目的信用和风险分析。分析内容包括五个因素：人的因素、欠款意图、还款因素、保障因素、企业前景。

调查完成后，编写客户信用调查报告。对于信用状况恶化的客户，要采取措施，如要求客户提供担保人和连带担保人，增加信用保证金，或将交易合同取得公正，减少供应量或实行发货限制，或者接受抵押等。

二、客户信用评价

根据客户的实际情况，制定出相应的信用额度。对于A类客户，信用额度可以不受限制；对于B类客户，可先确定出信用限度的上限，以后是情况逐渐放宽或收缩；对于C类客户，则应仔细审核，只能给予少量的信用限度。

（一）客户信用评价的意义

信用评价，作为对客户资信状况的一个统一的标准评价和科学的判断方法，有以下作用。

1. 选择信誉良好的客户、剔除风险较大的客户

好的信用分析方法，不仅具有坚实的理论基础和科学检验，而且要和企业的实际情况有较好的吻合度，即信用分析方法能够真正反映企业需要的是什么样类型的客户，什么样的客户才是企业真正优质的客户。那么，以这样的分析方法作为衡量的标准指标，我们就

可以清晰地了解企业拥有多少优质客户，从而积极与这些客户发展有效的信用交易；还可以了解企业的哪些客户是劣质客户，从而在今后的贸易往来中加强防范意识，主动采取些风险转移的技能和手段。

2. 保护对公司有较大交易价值的客户

当我们的优劣质客户分类不再是一种人为的随意行为之后，同样也能在很大程度上赢得那些真正优质客户的信任。一方面他们基于长期合作的需要，认可合理的商业游戏规则，并尽可能地遵守，以实现大家双赢的目的；另一方面，科学的信用分析和评价方法，让客户信赖企业的管理水平和市场拓展能力，从而为将来更大的合作奠定坚实的基石。

3. 维护企业的客户资源在一个较高的水平

通过符合企业实际情况的分析方法，不仅为企业清晰地展示了现有客户群的整体质量，了解本企业的客户质量在企业所属行业中的水平，而且还为企业挖掘更具合作意义的客户提供了思路。长期累积下来的数据资料能够充分显示，在企业的发展过程中，客户群整体质量处于怎样的变化过程中，这些变化与企业本身的管理行为和行业管理水平的关联性怎样，等等，这些分析为企业怎样更有效地提高管理质量，维护企业的客户资源在一个较高水平提供了有力支持。

4. 维护公司整体利益

当企业的整体客户群都处于较高的水平时，他们合乎商业规则的商业往来，包括合同制订、货款结算和其他有关商业行为的有序性，为企业提高各种资源的有效利用提供了一定的空间，同时，客户良好的商业行为为企业提高利润空间、扩大市场占有率，和挖掘企业发展潜力等带来积极的意义。

（二）信用评价指标

信用评价主要依据回款率（应收款额）、支付能力（还款能力）、经营同业竞品情况三项指标确定。根据这些指标可以将客户按照信用程度从高到低分为"A、B、C、D"。

1. 回款率（应收款额）

A级客户的回款率必须达到百分之百，如果回款率低于百分之百则信用等级相应降级。评价期内低于5％，降为C级或D级。

2. 支付能力（还款能力）

有些客户尽管回款率高，但由于其支付能力有限而必须降低信用等级。如某客户尽管不欠你的货款，但欠其他厂家的货款甚巨，这样的客户最多只能认定为C级客户。

确定客户的支付能力主要看以下几项指标。

（1）客户的资产负债率。如果客户的资产主要靠贷款和欠款形成，则资产负债率较高，信用自然降低。

（2）客户的盈利能力。如果客户的盈利能力差，长期亏损，则支付能力自然下降。

（3）客户、员工、供应商的满意程度。如果均有不满，则信用度降低。

（4）是否有风险性经营项目。如果客户投资于房地产，由于房地产风险较高，资金占用量大，投资周期长，则信用降低，如果客户从事期货、股票交易，则风险更大，信用更低。

3. 经营同业竞品情况

凡经营同业竞品（指竞争对手产品）者，信用自然降低为 C 级；凡以同业竞品为主者，信用等级为 D 级。

上述三项指标，以信用等级最低的一项为该客户的信用等级。除了依据上述三项主要因素进行信用等级评价外，还需根据对公司产品的重视程度、执行公司销售政策情况、送货和服务功能、不良记录等多项因素对信用等级进行修正。

（1）对公司产品的重视程度。如果客户以公司产品为主，则信用等级较高；如果将公司产品与其他公司产品同等对待，则信用等级降低；如果不以公司产品为主，公司产品仅仅是辅助经营项目，或者仅仅起配货作用，则信用等级更低。

（2）送货和服务功能。如果客户对下级客户开展送货或服务，则控制市场的能力大大增强，信用等级也相应增强；如果是普通的"坐商"，则信用等级降低。

（3）执行公司销售政策情况。如果客户未能很好地执行公司的销售政策，如经常倒货、低价倾销，则信用等级要大大下降。

（4）不良记录。如果客户曾经有过不良记录，如曾经欠款不还等，无论是针对本公司还是针对其他公司，信用等级应降低。

三、客户信用等级分类

信用评价不是最终目的，最终目的是利用信用等级对客户进行管理。公司和办事处应针对不同信用等级的客户采取不同的销售管理政策。

对 A 级客户，在客户资金周转偶尔有一定困难，或旺季进货量较大，资金不足时，可以有一定的赊销额度和回款宽限期。但赊销额度以不超过一次进货量为限，回款宽限期以不超过 10 天为限。

对 B 级客户，一般要求现款现货。但在处理现款现货时，应该讲究艺术性，不要过分机械，不要让客户很难堪，应该在摸清客户确实准备货款或准备付款的情况下，再通知公司发货。

对 C 级客户，一般要求先款后货，如对一家欠债甚巨的客户，业务员要坚决要求先款后货，丝毫不能退让，而且要考虑好一旦这个客户破产倒闭后在该区域的补救措施。C 级客户不应列为公司的主要客户，应逐步以信用良好、经营实力强的客户取而代之。

对 D 级客户，坚决要求先款后货，并在追回货款的情况下逐步淘汰该类客户。

客户信用是不断变化的，有的客户信用在上升，有的则在下降。如果不对客户信用进行动态评价，并根据评价结果调整销售政策，就可能由于没有对信用上升的客户采取宽松的政策而导致不满，也可能由于没有发现客户信用下降而导致货款回收困难。客户信用评价一般一个月一次，时间最长不能超过两个月一次。业务员对客户的信用评价结果必须及时通知办事处主管、销售经理。

四、新客户的信用评价

第一次交易的客户，一般按 C 级客户对待，实行先款后货，待经过多次交往，对客户信用情况有较多了解后（一般不少于三个月），再按正常的信用评价方式评价。需要注意的是，要谨防一些异常狡猾的骗子头几笔生意故意装得诚实守信，待取得信任后开始行骗的现象。

评价客户信用的各项信息从哪里来，是困扰一些业务员的问题。要获得这些信息，就务必要做好客户资信调查工作，一是做好客户交易记录，对每笔业务往来都有详细的记录；二是多与客户的会计、保管、业务员、供应商接触，从与他们的接触中能够获得有关客户经营方面、客户信用方面的大量信息；三是对获取的大量信息，有些甚至相互矛盾的信息去伪存真，去粗存精，保证信息的真实、准确、可靠。

第三节　应收账款管理

应收账款是企业流动资金的重要组成部分，对于一个企业来说是至关重要的，加强管理是实现资金良性循环、增强企业竞争能力、提高经济效益的重要环节。所谓应收账款，是指企业因销售产品、提供劳务等而应向购货或接受劳务单位收取的款项。随着市场经济体制的确立，企业竞争越来越激烈，应收账款的管理已成为企业经营活动中日益重要的内容，它直接关系到企业的资金能否顺畅流通。

应收账款主要有两个功能：一是促进销售的功能，二是减少存货的功能。企业发生应收账款的主要原因是为了扩大销售，增强竞争力，其管理的目标就是追求最大利润。但是企业销售收入的增大可能只给企业带来账面利润，而不能给企业带来维持经营、扩大生产规模所必需的现金流入。随着应收账款的持续增长，当达到一定限度时，企业要为此付出相应的代价，增加了企业的机会成本，即企业资金投放在应收账款而丧失的其他收入；增加了企业的管理成本，即企业对客户的资信调查费用、应收账款账簿记录费用、收账费用；增加了企业的坏账成本，即由于其他企业付款违约而导致的应收账款无法收回；增加了企业的资金占用费用，即由于赊销造成资金紧张，被迫负债经营而发生的相关费用。应收账款是企业的一项资金投放，是为了扩大销售和盈利而进行的投资，以上四项就是应收账款投资而产生的成本。

应收账款管理说到底就是在应收账款信用政策所增加的盈利和这种政策成本之间做出权衡。只有应收账款所增加的盈利超过所增加的成本，才应当实施应收账款赊销；由于竞争的日益加剧，大量企业为了占领市场，采用激进的赊销政策，由此带来的后果是应收账款余额激增，维持正常运转的现金不足和坏账的成倍增长，不少企业因此而倒闭。加强企业应收账款管理的意义就在于提高企业判断力、正确有效地制定信用政策，确保企业的正常生产经营不受影响。

一、应收账款对企业的影响

应收账款的作用主要体现在企业生产经营过程中。主要有以下两个方面：第一，扩大销售。在市场竞争日益激烈的情况下，赊销是促进销售的一种重要方式。企业赊销实际上是向顾客提供了两项交易：向顾客销售产品以及在一个有限的时期内向顾客提供资金。赊销对顾客来说十分有利的，所以顾客在一般情况下都选择赊购。赊销具有比较明显的促销作用，对企业销售新产品、开拓新市场具有更重要的意义。第二，减少库存。企业持有产成品存货，要追加管理费、仓储费和保险费等支出；相反，企业持有应收账款，则无需上述支出。因此，当企业产成品存货较多时，一般都可采用较为优惠的信用条件进行赊销，把存货转化为应收账款，减少产成品存货，节约相关的开支。但是应收账款管理不善也会带来许多问题。

（一）降低了企业的资金使用效率，使企业效益下降

由于企业的物流与资金流不一致，发出商品，开出销售发票，货款却不能同步回收，而销售已告成立，这种没有货款回笼的销售收入，势必产生没有现金流入的销售业务损益产生、销售税金上缴及年内所得税预缴，如果涉及跨年度销售收入导致的应收账款，则可产生企业流动资产垫付股东年度分红。企业因上述追求表面效益而产生的垫缴税款及垫付股东分红，占用了大量的流动资金，久而久之必将影响企业资金的周转，进而导致企业经营实际状况被掩盖，影响企业生产计划、销售计划等，无法实现既定的效益目标。例如，戴尔电脑和康柏电脑相比，他们的存货周转期和应付账款周转期相差无异，但是由于戴尔计算机采取了直销的方式，应收账款周转期甚至为负，这就导致了戴尔计算机的资金积压期大大小于康柏计算机，约为康柏电脑的1/2，表现在市场上，戴尔计算机的股价是康柏的两倍。

（二）夸大了企业经营成果

由于我国企业实行的记账基础是权责发生制（应收应付制），发生的当期赊销全部计入当期收入。因此，企业账上利润的增加并不表示能如期实现现金流入。会计制度要求企业按照应收账款余额的百分比来提取坏账准备，坏账准备率一般为3％~5％（特殊企业除外）。如果实际发生的坏账损失超过提取的坏账准备，会给企业带来很大的损失。因此，企业应收款的大量存在，虚增了账面上的销售收入，在一定程度上夸大了企业经营成果，增加了企业的风险成本。

（三）加速了企业的现金流出

在现代社会激烈的竞争机制下，企业为了扩大市场占有率，不但要在成本、价格上下功夫，而且必须大量地运用商业信用促销。根据有关部门调查，我国企业应收账款占流动资金的比重为50％以上，远远高于发达国家20％的水平。企业之间尤其是国有企业之间相互拖欠货款，造成逾期应收账款居高不下，已成为经济运行中的一大顽症。据专业机构统计分析，在发达国家市场经济中，企业逾期应收账款总额一般不高于10％，而在我国，这一比率高达60％以上。这导致企业没有足够的流动资金去更新技术和设备，提高产品本身的竞争力。产品本身的竞争力不足又导致企业为了账面的利润不得不采用赊销策略去争夺市场。这样的恶性循环必将影响企业资金的周转，使营业周期延长，使大量的流动资金沉淀在非生产环节上，致使企业现金短缺，影响工资的发放和原材料的购买，严重影响了企业正常的生产经营，无法实现既定的效益目标，甚至使得企业经营不下去。

赊销虽然能使企业产生较多的利润，但是并未真正使企业现金流入增加，反而使企业

不得不运用有限的流动资金来垫付各种税金和费用，加速了企业的现金流出，主要表现如下。

（1）企业流转税的支出。应收账款带来销售收入，并未实际收到现金，流转税是以销售为计算依据的，企业必须按时以现金缴纳。企业缴纳的流转税，如增值税、营业税、消费税、资源、税以及城市建设税等，必然会随着销售收入的增加而增加。

（2）所得税的支出。应收账款产生了利润，但并未以现金实现，而缴纳所得税必须按时以现金支付。

（3）现金利润的分配，也同样存在这样的问题，另外，应收账款的管理成本、应收账款的回收成本都会加速企业现金流出。

（四）对企业营业周期有影响

营业周期是指从取得存货到销售存货，并收回现金为止的这段时间，营业周期的长短取决于存货周转天数和应收账款周转天数，营业周期为两者之和。由此看出，不合理的应收账款的存在，使营业周期延长而影响了企业资金循环，使大量的流动资金沉淀在非生产环节上，致使企业现金短缺，影响工资的发放和原材料的购买，严重影响了企业正常的生产经营。

（五）增加了信用成本

应收账款的信用成本包括机会成本、管理成本、坏账成本。机会成本指因资金投放在应收账款上而丧失的其他收入。管理成本是对应收账款进行日常管理而耗费的开支，主要包括对客户的资信调查费用、应收账款账簿记录费用、收账费用等。坏账成本包括所有应收账款无法收回而给企业带来的损失。

由于目前我国正处在市场经济初级阶段，社会信用体系尚未建立，法制基础也比较薄弱，再加上地方保护主义的泛滥，使得我国信用短缺现象大量存在，如企业间的资金拖欠、三角债、坑蒙拐骗、呆账坏账等层出不穷，就连被称为“经济警察”的会计师事务所也失信和造假。企业对客户的资信调查变得异常困难，收账费用也十分可观。我国企业平均坏账率是 5%～10%，账款拖欠期平均是 90 多天，而市场经济发达的美国，平均坏账率是 0.25%～0.5%，账款拖欠期平均是 7 天，相差 10 多倍。应收账款不能及时收回所带来的成本越来越高。假设一个企业平均税前利润是 5%，如果他有 10 万元的货款因为管理不善等原因而成为坏账的话，为了弥补损失，需增加多少销售额才能弥补亏损呢？答案是 200 万元。在利润率较低的今天，别说是坏账这个无底洞，就连货款拖延造成的资金成本，也同样能吞噬掉企业几个月的利润。例如，北京中关村仪科慧光公司倒闭案就很能够说明问题。仪科慧光公司的财务状况非常糟糕，一直是负债经营，而且为了营业额好看不惜高价进货，低价销售，窟窿越来越大。从信用管理角度来看，这是一家“高风险”公司，不能与其做生意，更不能赊销了，可是包括联想、方正、紫光等上百家公司把货物赊销给仪科慧光公司，竟然没有一家公司认真、定期考核他的信用状况。结果，仪科慧光公司倒闭了，拖欠货款 3000 多万元，使上百家公司蒙受巨大损失。

企业面对庞杂的应收款账户，核算差错难以及时发现，不能及时了解应收款动态情况以及应收款对方企业详情，造成责任不明确，应收账款的合同、合约、承诺、审批手续等资料的散落、遗失有可能使企业已发生的应收账款该按时收的不能按时收回，该全部收回的只有部分收回，能通过法律手段收回的，却由于资料不全而不能收回，直至最终形成企业单位资产的损失。

对于一个企业来讲，应收账款的存在本身就是一个产销的统一体，企业一方面想借助于它来促进销售，扩大销售收入，增强竞争能力；另一方面又希望尽量避免由于应收账款的存在而给企业带来资金周转困难、坏账损失等弊端。如何处理和解决好这一对立又统一的问题，便是企业应收账款管理的目标。

应收账款管理的目标，是要制定科学合理的应收账款信用政策，并在这种信用政策所增加的销售盈利和采用这种政策预计要担负的成本之间做出权衡。只有当所增加的销售盈利超过运用此政策所增加的成本时，才能实施和推行使用这种信用政策。同时，应收账款管理还包括企业未来销售前景和市场情况的预测和判断，以及对应收账款安全性的调查。如企业销售前景良好，应收账款安全性高，则可进一步放宽其收款信用政策，扩大赊销量，获取更大利润；相反，则应严格其信用政策，或对不同客户的信用程度进行适当调整，确保企业获取最大收入的情况下，又使可能的损失降到最低点。

企业应收账款管理的重点，就是根据企业的实际经营情况和客户的信誉情况制定企业合理的信用政策，这是企业财务管理的一个重要组成部分，也是企业为达到应收账款管理目的必须合理制定的方针策略。

二、应收账款的处理方法

加强应收账款的管理，避免或减少损失的发生，保证企业经营活动的正常进行，提高企业的经济利益，是十分必须和重要的。应收账款的处理方法如下。

1. 设置应收账款明细分类账

企业为加强对应收账款的管理，在总分类账的基础上，又按信用客户的名称设置明细分类账，来详细地、序时地记载与各信用客户的往来情况。

对于应收账款明细分类账的设置与登记通常应注意以下几点。

（1）全部赊销业务都应正确、及时、详细登入有关客户的明细分类账，随时反映每个客户的赊欠情况，根据需要还可设置销货特种日记账以反映赊销情况。

（2）赊销业务的全过程应分工执掌，如登记明细账、填制赊欠客户的赊欠账单、向赊欠客户交送或邮寄账单和处理客户收入的现金等，都应分派专人负责。

（3）明细账应定期同总账核对。

2. 设置专门的赊销和征信部门

应收账款收回数额的多寡及时间的长短取决于客户的信用。坏账将造成损失，收账期过长将削弱应收账款的流动性。所以，企业应设置赊销和征信部门，专门对客户的信用进行调查，并向对企业进行信用评级的征信机构取得信息，以便确定要求赊购客户的信用状况及付款能力。

3. 实行严格的坏账核销制度

应收账款因赊销而存在，所以，应收账款从产生的那一天起就冒着可能收不回来的风险，即发生坏账的风险，可以说坏账风险是赊销的必然结果。坏账核销主要包括以下三个方面的内容。

（1）准确地判断是否为坏账，坏账的核销至少应经两人之手。准确地判断坏账及其多寡并不是一件容易的事情，而两人以上的经手为防止舞弊提供可能。如某位销售员对已收回的应收账款装入自己的口袋而向上级申报为坏账。

（2）在应收账款明细账中应清晰地记载坏账的核销，对已核销的坏账仍要进行专门的管理，只要债务人不是死亡或破产，只要还有一线希望，我们都不能放弃。同时还为以后的核对及审查留下信息。

（3）对已核销的坏账又重新收回要进行严格的会计处理，先做重现应收账款的会计分录，后做收款的会计处理。这样做有利于管理人员掌握信息，客户希望重塑良好形象的愿望。

（4）实行严格的内审和内部控制制度。应收账款收回数额及期限是否如实关系到企业流动资金的状况、企业生产的决策、信用客户的形象和内部控制对贪污及挪用企业款项的抵制等。

（5）合理地使用销售折扣。销售折扣会减少应收账款的风险，但是，在使用中我们还应注意使用的对象（客户、使用的方式和提供折扣的范围），否则，销售折扣就不能取得我们所希望的结果。比如，现金折扣一般不用于普通客户，而商业折扣尽量少用于赊销方式。

（6）充分利用应收账款进行融资。应收账款的持有一般不会增值，若考虑货币的时间价值，它的持有将会造成损失。因此，能充分利用应收账款，使其增值，为企业带来效益，将是一件重要的而且会是一件很有意义的事情。应收账款可以通过抵借或让售获得资金，用于生产的再循环。

（7）准确地使用法律武器。企业的经济活动受法律的约束，同时，法律也会保护企业合法的经济活动，所以，维护应收账款的完整，我们不能离开法律这一有效的武器。

4. 应收账款的跟踪评价

应收账款一旦形成，企业就必须考虑如何按时足额收回欠款而不是消极地等待对方付款，应该经常对所持有的应收账款进行动态跟踪分析。加强日常监督和管理，要及时了解赊销者的经营情况、偿付能力，以及客户的现金持有量与调剂程度能否满足兑现的需要，必要时企业可要求客户提供担保。

5. 加强销售人员的回款管理

销售人员应具有以下习惯：货款回收期限前一周，电话通知或拜访客户，预知其结款日期；回收期限前三天与客户确定结款日期；结款日当天一定按时通知或前往拜访。企业在制定营销政策时，应将应收账款的管理纳入对销售人员考核的项目之中，即个人利益不仅要和销售挂钩，也要和应收账款的管理联系在一起。

6. 定期对账，加强应收账款的催收力度

要形成定期的对账制度，每隔三个月或半年就必须同客户核对一次账目，并对因产品品种、回款期限、退还货等原因导致单据、金额等方面出现的误差进行核实。对过期的应收账款，应按其拖欠的账龄及金额进行排队分析，确定优先收账的对象。同时应分清债务人拖延还款是否属故意拖欠，对故意拖欠的应考虑通过法律途径加以追讨。

7. 控制应收账款发生，降低企业资金风险

在购销活动中，要尽可能地减少赊销业务。一般宁可采取降价销售，也不要选择大额的赊销，企业可选择：购货方承兑汇票支付方案；货款回收担保方案及应收账款风险比较选择方案。总之要尽量压缩应收账款发生的频率与额度，降低企业资金风险。一般情况下应要求客户还清前欠款项后，才允许有新的赊欠，如果发现欠款过期未还或欠款额度加大，企业应果断采取措施，通知有关部门停止供货。

8. 计提减值准备，控制企业风险成本

按照现行会计准则和会计制度的规定，企业根据谨慎性原则的要求，应当在期末或年终对应收账款和存货进行检查，合理地预计可能发生的损失，对可能发生的各项资产损失计提减值准备和坏账损失，以便减少企业风险成本。

9. 建立、健全公司机构内部监控制度

完善的内部控制制度是控制坏账的基本前提，其内容应包括：建立销售合同责任制，即对每项销售都应签订销售合同，并在合同中对有关付款条件作明确的说明；设立赊销审批职能权限，企业内部规定业务员、业务主管可批准的赊销额度，限额以上须经领导人审批的职级管理制度；建立货款和货款回笼责任制，可采取谁销售谁负责收款，并据以考核其工作绩效的政策。总之，企业应针对应收账款在赊销业务中的每一个环节，健全应收账款的内部控制制度，努力形成一整套规范化的应收账款的事前、事中、事后控制程序。

10. 重视信用调查

对客户的信用调查是应收账款日常管理的重要内容。企业可以通过查阅客户的财务报表，或根据银行提供的客户的信用资料了解客户改造偿债义务的信誉、偿债能力、资本保障程度是否有充足的抵押品或担保，以及生产经营等方面的情况，进而确定客户的信用等级，作为决定是否向客户提供信用的依据。

11. 合理的收款策略

应收账款的收账策略是确保应收账款返回的有效措施，当客户违反信用时，企业就应采取有力措施催收账款，如这些措施都无效，则可诉诸法院，通过法律途径来解决，但是，轻易不要采用法律手段，否则将失去该客户。

除了以上几个方面的管理外，对于已经发生的应收账款，还有一些措施，如应收账款追踪分析、应收账款账龄分析、应收账款收现率分析和建立应收账款坏账准备制度，也属企业应收账款管理的重要环节。

本章小结

信用是社会经济发展的必然产物，是市场竞争中最宝贵的无形资产。因此，以资信、产品质量、服务为主体的企业信用体系，越来越成为现代企业生存和发展的必要条件。

信用管理属于风险管理的范畴，即对信用风险进行识别、分析和评估。成功的信用管理必须根据坚实的信用政策，指导和协调内部各部门的业务活动，以保障应收账款安全和及时回收的管理，目的在于有效地控制风险和用最经济合理的方法综合处理风险，使风险降低到最低程度。要有效控制赊销拖欠风险，要对交易各环节进行精细管理，也就是说，要控制赊销拖欠风险没有诀窍和捷径，但也不复杂，在交易过程每个环节的基础管理工作都做到了，风险自然被控制了。

客户信用管理的核心是对客户进行信用分析和信用等级评价。通过对客户所有相关财务及非财务信息进行整理、分析，得出客户的偿债能力评估。客户信用调查是通过对客户信用状况进行调查分析，从而判断应收款项成为坏账的可能性，为防范坏账提供决策依据。

应收账款是企业流动资金的重要组成部分，对于一个企业来说是至关重要的，加强管理是实现资金良性循环、增强企业竞争能力、提高经济效益的重要环节。随着市场经济体制的确立，企业竞争越来越激烈，应收账款的管理已成为企业经营活动中日益重要的内容，它直接关系到企业的资金能否顺畅流通。应收账款主要有两个功能：一是促进销售；二是减少存货。企业发生应收账款的主要原因是为了扩大销售，增强竞争力，其管理的目标就是追求最大利润。但是企业销售收入的增大可能只给企业带来账面利润，而不能给企业带来维持经营、扩大生产规模所必需的现金流入。

思考题

1. 信用管理的内容有哪些？
2. 简述客户资信调查的方法。
3. 简述客户信用评价的指标和方法。
4. 应收账款的管理方法有哪些？

案例分析

A公司是个原本活得挺滋润的区域性家庭音响品牌，几年前在全国范围内成功迅速扩张，培养了一批吞吐量大的大户，曾经被业内传为一段佳话。但有些大客户一旦羽翼丰满，却成了喂不饱又甩不掉的鹰，不断地向企业伸手要支持，出现了客大欺主的状态，使A公司苦不堪言，成了"家里难念的经"。A公司一度在当地区域市场占据了1/3强，但随后两年时间一直都在1/3这个位次上徘徊。

当时业内采取的渠道模式是省级独家经销，再经分销后进入卖场销售。如果采取同样的渠道模式，A公司只能跟着别人的脚后跟走。A公司志在全国，显然不满意这种发展速度。于是想到了赊销。A公司决定对渠道先铺货，给各级渠道一个账期。在结算方式的吸引之下，渠道强力促销，A公司的全国网络逐步建立起来了，业绩增长大大超过了预期，而且年终一结算，净利润率达到15％左右。

但是，账面很好看，却没有看到白花花的银子。为什么呢？因为业务人员为了完成销售任务，不断向代理商压货，原以为存货越多压力就越大，就会积极地主推，谁知道代理商没有现金压力，只要仓库允许，压再多的货他们都接受。一个年销售额为900万元的代理商，仓库里积压300万元的产品不稀奇。有这么大的库存和应收款，能看到盈利才怪呢！

当时业内普遍实行的是现款现货，A公司在拍板进行"赊销"的时候，当然很清楚这是一着险棋，但是当时该种产品的市场容量很小，行业产值不大，只要能迅速启动市场、抢占先机，即便存在一些存货和压款，对A公司来说好处也是大于风险的。

年终结算见不到钱，有人开始急了，提出了现款现货的想法，但反对者马上站起来说：市场刚刚起来，这时候调整合作方式，一旦本小利薄的下游经销商出现了松动，整条渠道链势必引发动荡，尤其是代理商一旦退出合作，货款将很难收回，大笔存货可能用来低价倾销、砸货，把整个市场搅浑，以后想再招商几乎没门儿。

争执未果，问题一拖就是三年。其间，A公司凭借产品研发能力强大，产品适销，渠道利润高，促销力度大，业绩成倍增长。但是，多年潜伏的危机，也逐渐浮出了水面。

1. 代理商们手里握着巨大的货款和库存，胆子逐渐大了起来，比如有些代理商还没得到A的批准就私自上促销，促销费用则直接从货款里扣除。你批评得轻了，他嬉皮笑脸；你批评得重了，他六亲不认给你脸色看。A公司的财务和市场风险都很高，也几乎失去了市场的控制权。

2. 由于大量货款无法收回，制约了A公司的再投入和发展。比如，以前很少在品牌上投入，现在想在全国性的媒体上打广告，却抽不出钱来。

3. 渠道管理难：为了防止A公司直接掌控下游经销商，代理商对A公司派来的厂家人员或委以虚职，或做做后勤，所谓的深度分销、掌控渠道，个个都碰了钉子。

（资料来源：吕庭华，《销售与市场》，2005年版，有删改）

思考讨论题：

1. 造成A公司这种情况的原因是什么？
2. A公司应怎样进行应收账款管理？

参考文献

[1] 李先国，杨晶.销售管理[M].第4版.北京：中国人民大学出版社，2016.

[2] 熊银解.销售管理[M].北京：高等教育出版社，2006.

[3] 欧阳小珍.销售管理[M].武汉：武汉大学出版社，2003.

[4] 杜向荣.销售管理[M].北京：清华大学出版社，北京交通大学出版社，2010.

[5] 韦文.销售管理[M].北京：华夏出版社，2003

[6] 安贺新.销售管理实务.北京：清华大学出版社，2009.

[7] 万晓，左莉，李卫.销售管理[M].北京：清华大学出版社，北京交通大学出版社，2009.

[8] 叶昱克.销售管理实用必备全书[M].石家庄：河北科学技术出版社，2014.

[9] 任广新.销售管理：技能与实务[M].北京：北京大学出版社，2013.

[10] 张启杰.销售管理[M].第3版.北京：电子工业出版社，2013.

[11] 杨东旭，胡小华，吕亦方.销售管理实务[M].杭州：浙江工商大学出版社，2013.

[12] 安贺新.销售管理实务[M].北京：清华大学出版社，2014.

[13] 蔡利华.销售管理的关键控制点[M].北京：企业管理出版社，2014.

[14] 黄德华，张大亮.销售队伍管理[M].北京：清华大学出版社，2014.

[15] 张红艳.网络销售客户管理[M].北京：中国经济出版社，2013.

[16] 刘锐.销售区域管理[M].沈阳：辽宁人民出版社，2012.

[17] 艾纯志，李沫愚.管理与营销[M].北京：中国铁道出版社，2012.

[18] 秦毅.有效管控销售队伍[M].北京：北京大学出版社，2013.

[19] 姚飞.客户关系管理：销售的视角[M].北京：机械工业出版社，2014.

[20] 张友林.销售过程控制[M].北京：化学工业出版社，2012.

[21] 张雄林，胡红青，朱德明.销售管理[M].大连：大连理工大学出版社，2015.

[22] 王海滋，赵霞.销售管理[M].武汉：武汉理工大学出版社，2014.

[23] 顾金兰，肖萍，尚德萍.销售管理[M].大连：东北财经大学出版社，2013.

[24] 杜泉.销售管理[M].北京：中国人民大学出版社，2014.

[25] 张晓娟，李桂陵.销售管理[M].上海：华东师范大学出版社，2013.

[26] 杜向荣.销售管理[M].北京：清华大学出版社，北京交通大学出版社，2013.

[27] 张维智.销售管理[M].北京：北京燕山出版社，2012.

[28] 宋军，钱耀军.营销学理论与实务[M].北京：化学工业出版社，2015.

[29] 迈克尔·利维，巴顿·韦茨，利维，等.零售管理[M].北京：人民邮电出版社，2016.

[30] 高炳华.营销管理案例分析[M].武汉：湖北人民出版社，2014.

[31] 夏洪胜，张世贤.市场营销管理[M].北京：经济管理出版社，2014.

［32］郑玉香，范秀成.市场营销管理：理论与实践新发展［M］.北京：中国经济出版社，2014.

［33］马歇尔.营销管理精要［M］.北京：北京大学出版社，2014.

［34］赵晓燕，孙梦阳.市场营销管理［M］.北京：北京航空航天大学出版社，2014.

［35］丁昀.零售［M］.北京：中华工商联合出版社，2014.

［36］赵晶.零售营销学［M］.北京：清华大学出版社，2004.

［37］绳鹏.销售行为学［M］.北京：中国社会科学出版社，2008.

［38］杨东旭，胡小华，吕亦方.销售管理实务［M］.杭州：浙江工商大学出版社，2013.

［39］博恩·崔西，Brian Tracy.销售中的心理学［M］.北京：中国人民大学出版社，2013.

［40］李国彦，刘逸.客户关系管理实务［M］.西安：西北工业大学出版社，2012.

［41］苏朝晖.客户关系管理实务［M］.北京：中国经济出版社，2012.

［42］周洁如.现代客户关系管理［M］.上海：上海交通大学出版社，2014.

［43］周贺来，陈国栋.客户关系管理实用教程［M］.北京：机械工业出版社，2013.

［44］郑锐洪，李玉峰.推销学［M］.北京：中国人民大学出版社，2015.

［45］韩光军，周宏.现代推销学［M］.北京：首都经济贸易大学出版社，2015.

［46］龚荒.现代推销学［M］.北京：人民邮电出版社，2015.

［47］吴健安.现代推销学［M］.大连：东北财经大学出版社，2014.

［48］张雁白，陈焕明.现代推销学［M］.第2版.北京：中国人民大学出版社，2014.